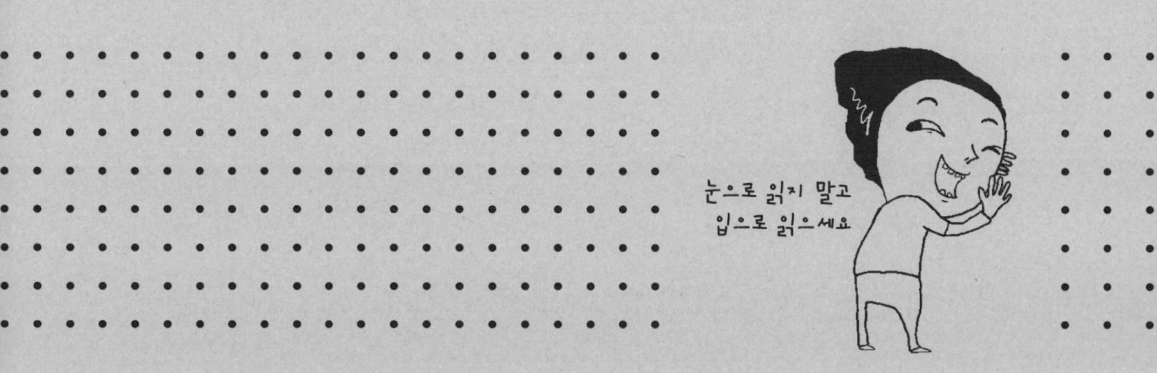

Again!
뒤집어본 영문법

Again! 뒤집어본 영문법

저자_ 오성호

1판 1쇄 발행_ 2006. 5. 19.
1판 35쇄 발행_ 2025. 9. 10.

발행처_ 김영사
발행인_ 박강휘

등록번호_ 제406-2003-036호
등록일자_ 1979. 5. 17.

경기도 파주시 문발로 197(문발동) 우편번호 10881
마케팅부 031)955-3100, 편집부 031)955-3200, 팩스 031)955-3111

저작권자 ⓒ 오성호, 2006
이 책의 저작권은 저자에게 있습니다. 서면에 의한 저자와 출판사의
허락없이 내용의 일부를 인용하거나 발췌하는 것을 금합니다.

COPYRIGHT ⓒ Sungho Oh, 2006
All rights reserved including the rights of reproduction in whole
or in part in any form. Printed in KOREA.

값은 뒤표지에 있습니다.
ISBN 978-89-349-2205-6 13740

홈페이지_ www.gimmyoung.com   블로그_ blog.naver.com/gybook
인스타그램_ instagram.com/gimmyoung   이메일_ bestbook@gimmyoung.com

좋은 독자가 좋은 책을 만듭니다.
김영사는 독자 여러분의 의견에 항상 귀 기울이고 있습니다.

세상을 떠나셨지만 내 마음 속에 영원히 살아계실 할머님과 아버님,
철부지 아들을 언제나 웃음으로 격려해주시는 어머님,
사랑합니다 그리고 감사드립니다.

|이|책|의|차|례|

1 뒤집어 다시 생각하자 …… 08
1. 영어랑 친한 사람 vs. 안 친한 사람
2. 문법 vs. 용법
3. 안다고 자랑 말고 모른다고 기죽지 마세
4. 완벽주의자의 슬픔 혹은 대단한 착각
5. 각본 없는 드라마에 대본은 무슨 소용이리
6. 보자기의 오류
7. 의미 vs. 형태
8. 문어체 vs. 구어체

2 동사숲으로 가는 길 …… 42
1. '동사' 살리고~ 살리고~
2. 저 넘치는 끼를 어찌하면 좋을꼬
3. 동사를 대하는 우리의 자세
4. 우리말도 장난 아니거든
5. 동사의 4단 변화?
6. 동사숲에는…

3 동사숲에서 만난 시제 …… 64
1. 단순현재 ┐
2. 단순과거 ┘ 기본시제
3. be와 함께 : 현재진행
4. be와 함께 : 과거진행
5. have와 함께 : 현재완료
6. have와 함께 : 과거시제 대용으로써의 완료
7. will과 함께 : 미래표현 Ⅰ
8. will과 함께 : 미래표현 Ⅱ
9. will과 함께 : 미래진행
10. will과 함께 : 미래완료

복합시제

4 동사숲에서 만난 의미 …… 132
1. 조동사
2. 가정법
3. 명령문
4. 부정문
5. 의문문

5 동사숲에서 만난 변화 …… 260
1. 분사
2. 동명사
3. 부정사

6 명사숲으로 가는 길 …… 326
1. 명사숲에는…
2. '感'의 세계
3. 명사 편애
4. 명사의 종류 다섯가지

7 명사숲에서 만난 명사 ········ 342
1. '셈'의 개념
2. CN & UN의 기준
3. CN & UN 그리고 관사
4. 셀 수 있다가도 없다가도
5. family – 단수냐, 복수냐?

8 명사숲에서 만난 관사 ········ 378
1. flower는 '꽃'이 아니다
2. the 예찬
3. THE vs. A
4. 전체를 표현하는 복수형
5. the의 구체적 용법
6. 하나와 다른 하나
7. 한정사

9 명사숲에서 만난 형용사·부사 ········ 414
1. 풍미를 더해주는 양념들
2. 명사에 맛을 내는 양념 – 형용사
3. 형용사의 용법
4. 원급·비교급·최상급
5. 동사·형용사·또 다른 부사에 맛내는 양념 – 부사

10 명사숲에서 만난 관계사 ········ 444
1. 관계사절이란?
2. 관계사의 종류
3. 관계사 앞에 찍혀 있는 콤마
4. 관계사 이해하기
5. 실제 용법

■ 책을 마치며

우리끼리 누구는 영어 잘 하고 누구는 못 하고 하는 말들, 사실 별롭니다. 다른 나라 말인 영어를 우리가 잘해봐야 얼마나 잘하고 못 해봐야 얼마나 못 하겠습니까? 우리말 가지고 "쟤는 잘 하네, 얘는 못 하네" 하는 사람 없습니다. 그래서 이 책에서는 "영어랑 친하네, 안 친하네"로 고쳐 부릅니다.

01
뒤집어 다시 생각하자

1. 영어랑 친한 사람 vs. 안 친한 사람
2. 문법 vs. 용법
3. 안다고 자랑 말고 모른다고 기죽지 마세
4. 완벽주의자의 슬픔 혹은 대단한 착각
5. 각본 없는 드라마에 대본은 무슨 소용이리
6. 보자기의 오류
7. 의미 vs. 형태
8. 문어체 vs. 구어체

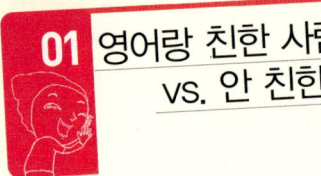

01 영어랑 친한 사람 VS. 안 친한 사람
뒤집어 다시 생각하자

영어랑 안 친한 사람의 공통점 중 하나는 '시험 잘 보기 위해 영어 공부한다'는 게 아닐까요. 이 사람들에게 "영어가 재미있다"고 말했다간 아마 외계인 취급을 당할 겁니다. 영어는 매일 조금씩 하면 어느 사이에 가까이 와 있을 거라는 말, 이 사람들은 안 믿습니다. 아니 믿을지는 몰라도 실천 안 합니다. 한참을 잊고 살다가 '시험'이 다가오면 영어책 펴고 "어디 한 번 볼까?" 이러죠. 그렇게 다시 펴보는 책 중에 가장 인기 있는 건 뭐니뭐니해도 역시 문법책이더군요. 왜 하필 문법책이냐고 물어보면, "문법부터 시작해야 하는 거 아니냐?" "그래도 문법을 제대로 해야 영어 한다고 말할 수 있지." "난 문법이 약해." |다른 건?| 이런 대답이 나옵니다. 정말 그럴까요?

지금까지 문법책 그렇게 봤는데 다시 보는 이유는 이런 게 아닐까요? '사전 한 번 찾아볼 필요도 없이 설명이 다 돼 있기 때문에. 책 속에 영어보다는 우리말 설명이 더 많아서. 그래서 '진도' 나갈 수 있는 책이라서.' 이런 게 아닐까요?

그래서 영어랑 안 친한 사람들이 좋아하는 책에는 일정한 패턴이 있습니다. 일단, 빨리 끝낼 수 있어야 합니다. 얇은 책 한 권으로 문법을 끝낼 수 있다는 광고 문구가 있으면 일단 집어 들고 봅니다. 귀찮은 것을 싫어합니다. 문법책을 보면서 사전을 사용해야 한다면 그 책은 좋은 책이 아니라고 생각합니다. 그런데도 설명은 간단해야 합니다. 이거면 이거 저거면 저거 확실해야 합니다. "이렇게 말하는 게 원칙이지만, 구어체에서는 또 달라요." 혹은 "이렇게 말하면 어감이 달라져요."

이런 얘기 나오면 책을 도로 놓습니다. 문법 '문제' 가 있어야 합니다. 그래야 자신의 영어 '실력' 을 가늠할 수 있거든요. 영어랑 아직 친하지 않기 때문에 영어만 생각하면 조급해집니다. 그래서 바로 앞 페이지에서 외운 내용을 잊어버리기 전에 곧바로 문법 문제를 풀고 싶어합니다. 그래서 각 단원마다 문제가 있어야 하고, 답과 해석은 책 뒤보다 문제 바로 밑에 있는 것을 더 좋아합니다. 문제를 풀어보지만 많이 봤던 내용이라 신선함이 없습니다. '동명사' 단원에 나오는 문제는 답이 전부 '동명사' 와 관련 있는 거라 스릴도 쾌감도 없습니다. 무덤덤하게 답을 적고 확인하고 책을 덮습니다.

전혀 그럴 필요가 없는데 문제 맞춘 개수에 따라 그 날 기분이 달라집니다.^^ 시험은 당장 코앞에 다가왔는데 문제는 자꾸 틀리니 열이 날 수 밖에 없습니다. 한 시간 영어 문제 풀고 세 시간 동안 술 먹습니다. 그리고는 이렇게 외쳐댑니다. "에이씨~~ 이 놈의 영어는 왜 해도 해도 안 느냐?" 시험 끝났습니다. 결과야 어쨌든 이제 당분간 '영어의 구속' 에서 벗어나 '자유' 를 누릴 수 있는 시기가 다시 찾아온 겁니다. 앞으로는 매일 조금씩이라도 영어를 보라고 누가 말해도 그럴 맘이 전혀 들지 않습니다. 그런데! 세월은 흐르고 보기도 싫은 '영어 시험' 의 필요성이 또 대두됩니다. 그러면 지금까지 적은 스토리 그대로 재방송 모드로 들어가는 겁니다.

그럼 이제 영어랑 친한 사람들은 어떤지 볼까요? 이 사람들 얘기를 본격적으로 쓰려면 책 한 권 분량은 됩니다. 하지만 지금은 문법 얘기를 하는 거니, 문법에만 국한시켜 이 사람들을 훔쳐보기로 합니다.

영어랑 친한 사람들의 공통점 중 하나는 '영어는 말이고 그냥 매일 영어를 접한다'는 것입니다. 물론 이 사람들 중에도 올챙이 적 생각 못 하고 문법의 필요성을 필요 이상으로 깎아내리는 경우가 있지만, 어렸을 때 외국에 살면서 영어와 직접 친해진 경우가 아니라면, 대부분 살아오면서 문법책 한두 권 정도는 공부해 본 사람들입니다. 단, 영어랑 안 친한 사람들처럼 옛날에 본 문법책을 몇 번씩 다시 보지는 않습니다. 문법을 100퍼센트 아는 건 아니지만, 그 사실을 불안해하지 않습니다. 오히려 그 불완전한 틀을 바탕으로 '스스로' 영어를 접하는 것을 두려워하지 않습니다. 시키지 않아도 매일 자신이 좋아하는 것을 알아서 찾아서 하는 스타일이죠. 그래서 영어랑 정말 친한 분들은 영어를 '공부'라고 생각하지 않습니다. '생활의 일부'로 받아들입니다.

시험이 다가오면? 모든 시험에는 나름의 유형이 있습니다. 이 사람들에게 필요한 건 '특정 시험의 유형'에 대비하는 것뿐입니다. 이미 가지고 있는 실력을 그 특정 유형에서 어떻게 가장 잘 발휘할 수 있을지 준비하는 것이죠. 토플 다시 시작하고, 텝스 다시 시작하고, 토익 다시 시작하지 않습니다. 모양만 다르고 같은 시험임을 알기 때문입니다. 시험 점수 잘 나왔다고 마구 좋아하지도 않습니다. 그보다는 며칠 전 스스로 익혔던 표현을 다른 책이나 드라마, 영화에서 마주치게 되면 마구 좋아합니다. 그 표현을 자신이 직접 말로 하고 글로 쓰는 게 이 사람들의 목표입니다.

영어랑 친한 사람들은 영어에서 '1+1=2' 식의 딱 부러지는 답이 나올 거라고 생각하지 않습니다. 어떤 영단어의 뜻이 단 하나라고 생각하지 않으며, 어떤 문법 내용이 항상 적용된다고 생각하지 않으며, 같은 문장도 문맥에 따라 얼마든지 여러 해석이 가능하다고 생각합니다. 그래도 두렵지 않습니다. 이 사람들은 이렇게 '불확실한 측면'을 오히려 즐깁니다. 조급해하지도 않습니다. 그래서 "이렇게 하면 언제쯤 영어를 잘 하게 되는 걸까?" 이런 생각 거의 안 하고 영어를 봅니다. 조급하지 않기에 한꺼번에 외워버리려는 무모한 욕심도 부리지 않습니다. 이 사람들은 문법이란 영어를 하기 위한 최소한의 도구라고 생각합니다. 문법으로 자신의 실력을 가늠한다거나 다른 사람에게 자랑하지도 않습니다.

그리고 문법책 한 권 끝내는 게 영어 공부의 골인 지점이 될 수 없습니다. 진짜 영어는 그 다음부터라고 생각하는 게 이 사람들입니다. 물론 이 사람들도 영어를 화제로 삼아 술 마시는 경우 많습니다. 그러나 입에서 나오는 대사는 '영어랑 안 친한 친구들'의 그것과는 사뭇 다릅니다 ―"영어는 하면 할수록 느낌이 달라. 안 그러냐?" 이 사람들의 가장 큰 특징은 영어는 '시험 과목'이 아니라 '말'이라고 생각한다는 점. 그래서 영어를 하는 이유는 "영어를 통해 다른 이의 말을 이해하고 자신의 말을 하는 거"라고 말할 겁니다. 문법은 그곳으로 가기 위한 하나의 길에 불과할 뿐이죠.

영어랑 아직 친하지 않은 분들, 이제 생각을 바꾸세요. 영어에 대한 근본적인 생각을 바꾸지 않으면 영어는 늘지 않습니다. 아니, 늘 수가 없습니다. 영어는 '말'이기 때문입니다. 이 책 역시 '영어는 말'이라는 기본 명제를 바탕으로 해서 써 나가겠습니다.

02 문법 vs. 용법

뒤집어 다시 생각하자

문법 얘기 할 때마다 "문법과 용법을 헷갈리지 말자"고 늘 강조합니다. 엄연히 다르거든요. 문법이란 '모든 단어'에 적용되는 일반적인 규칙을 말합니다. 예를 하나 들면,

> **문법**
> 3인칭 단수 명사가 주어로 오는 현재시제 문장에서는 동사에 s나 es를 붙인다.

주어에 he가 오든, the president of the Republic of Korea가 오든, Sungho가 오든 | "이게 뭐지?" 하는 분 있나요? 제 이름이에요. | 그 다음 동사에는 -s나 -es를 붙입니다. 이런 게 문법입니다. 물론 지금 말한 이 문법 사항을 모르는 분은 거의 없을 겁니다. 하지만 단순히 지식으로 알고 있는 것과, 그 지식을 실제 적용할 수 있는 능력 사이에는 큰 차이가 있습니다. 조금 후에 한 번 보세요. 반면에, 용법은 각 단어들 나름대로의 독특한 사용 방법이라고 할까요?

> **용법**
> wish는 '앞으로의 바람'을 의미하는 동사이다. 그러나 뒤에 '주어+동사' 형태의 문장이 올 때는 '실현 가능성이 없는 바람'인 반면, I wish to go. 혹은 I wish you a Merry Christmas. 같은 형태에서는 그렇지도 않다.

이런 게 용법이에요. 모든 단어가 이런 식은 아니겠죠? 어디까지나 wish라는 '한 단어에 국한된 내용' 이거든요. 이게 용법이고, 영어의 묘미는 문법이 아닌 용법에 있습니다.

자, 그럼 둘 중 뭐가 더 어려울까요? 생각할 필요도 없이, '용법' 입니다. 용법은 영어를 하는 한 죽을 때까지 계속 공부해야 합니다. 사실 영어를 한다는 건 '문법' 을 공부하는 게 아니라, 각 단어의 '용법' 을 공부하는 거라고 말해도 지나치지 않아요. 그리고 이런 용법은 각자가 스스로 영어에 부딪쳐보면서 해결해야지, 책 몇 권으로 끝날 수 있는 성질의 것이 아닙니다. 반면에 문법은 '제대로 된' 책 한 권이면 끝낼 수도 있습니다. 제대로 된 문법책이란? 영어를 하나의 '말' 로 여기고 그 말을 하기 위한 틀을 제시하는 설명이 나와 있는 문법책을 말합니다. 시중에는 영어를 하나의 시험 과목으로 생각하고 시험에 나올 만한 사항만 정리한 책도 있습니다. 그 책의 목적 자체가 시험이라면, 시험이 아닌 실제 상황에서는 큰 쓸모가 없는 게 어찌 보면 당연합니다.

문법은 커다란 그릇이라고 생각하세요. '영어' 라는 음식을 담기 위한 그릇입니다. 지금까지 여러분은 그릇을 수없이 닦았습니다. 문제는 기름기가 잔뜩 끼어 있는 그릇을 휴지로만 대충 닦으려 했기에 그 기름기가 계속 남아 있어서 음식을 담아 먹기에 찝찝했던 겁니다. 처음에 제대로 닦아 놓으면 나중이 참 편합니다. 그런데 그렇게 계속 그릇만 닦았는데 배는 안 고프세요? 언제까지 그릇만 닦을 건가요? 죽을 때까지 '문법' 이라는 그릇만 닦지 말고, 이제는 내가 먹을 수 있는 음식을 스스로 만들어야죠. 아직 시도해보지 않은 분은 '영어' 라는 음식에 한 번 도전해보세요. 그릇만 닦고 있을 때보다는 백 배 천 배 재미있는 세상이 기다리고 있을 겁니다.

다음 문장 보세요.

a. The flirty black dress Eva Longoria of *Desperate Housewives* wore to the Golden Globe awards have been very popular, as have gowns worn by Cameron Diaz and Halle Berry.

b. The very idea that the people downloading *Star Wars* to watch on their computers might somehow be dissuaded to shell out for the movie in theaters is ludicrous.

갑자기 어려워졌나요? ^^ 문장 다시 보세요. 어때요? 전반적으로 예뻐 보이나요, 아니면 중간에 고개를 갸우뚱하게 만드는 부분이 있나요? 조금 어렵게 느껴지는 문장일지 모르겠지만, 일단 시도해 보세요. 원래 문장에서 약간씩 바꿔서 일부러 어색하게 만든 겁니다. 뭐가 어색할까요? |시도해 보지도 않고 다음에 나오는 설명 먼저 보기 없기예요.^^|

a 문장은, 주어가 the flirty black dress, 따라서 동사는 have been이 아니라 has been. 에고, 이건 앞에서 봤던 그 3인칭 단수 주어일 때 동사에 s나 es 붙이는 거네요. 흔히 말하는 '중학교 1학년 문법'.^^ 이 문장을 읽으면서 어색한 걸 못 느꼈다면? s나 es 붙인다는 '지식' 만 머릿속에 들어 있는 상태입니다. 실제 적용은 하지 못하고 머릿속에만 있는 죽은 지식. '영어는 말' 이라는 관점에서 보면 별 쓸모없는 지식에 불과하다고 봅니다. a 문장은 '문법' 문제예요. 그러나, b 는 아닙니다. b 문장은 dissuaded 다음이 이상합니다. dissuade는 "말을 통해 누군가를 ~하지 않게 하다" 는 뜻이거든요. 어떤 행동을 하지 않게 만드는 거니까 to shell out보다는 from shelling out이 더 어울립니다. |참고서에 잘 나오던 prevent ~ from -ing 할 때 나오는 그 from -ing예요.| 이건 문법이라기보다는 dissuade라는 단어

의 용법을 묻는 문제입니다. 그러나 시험 문제에는 두 가지 모두 "문법적으로 어색한 것은?"이라고 나옵니다.

다른 건 괜찮게 하는데 '문법' 문제만 나오면 막힌다고 착각하고 계신 분! 왜 문법이 어려운지 생각해 보세요. a와 같은 경우, 문법 내용은 이미 알고 있거든요. s나 es 붙이는 거 모르는 건 아니잖아요? 답을 모르는 이유는 문장을 이해하지 못하기 때문입니다. 어디까지가 주어이고, 어느 단어가 문장의 동사인지 모르는 겁니다. 이런 거 틀리고 나서, "아~ 이거 해석만 되면 맞출 수 있는 건데." 하지 마세요. 해석만 되면? 그 해석 제대로 하는 게 얼마나 힘든 건지 알면 이런 얘기 안 합니다. 자신의 문제가 이런데 문법책만 몇 번씩 더 본다고 그 문제가 해결될 리 없습니다. 진짜 어려운 건 b입니다. dissuade라는 단어를 평상시 혼자서 얼마나 봤느냐가 이 문제 해결을 좌우하거든요. 그런데 이런 문제 틀렸다고, "나는 문법이 약해"라고 진단내리고 또 문법책을 보기 시작한다면? 쳇바퀴 도는 다람쥐나 다름 없는 영어 인생을 살고 있는 겁니다.

자, 이제 어느 정도 문법과 용법이 구분될 겁니다. 문법책에서 너무 많은 용법 설명을 기대하지 마세요. 그건 영어에 달려들어 여러분이 직접 해야 하는 겁니다.

03 안다고 자랑 말고 모른다고 기죽지 마세

뒤집어 다시 생각하자

우리나라에서는 누가 영어를 잘 하는지 판단을 할 때 문법이 꼭 필수조건으로 들어가는 거 같아요. 영어 좀 한다는 소리를 들으려면, 문법 사항 많이 알고 있어야 하고, 누가 뭐 물어보면 모르는 거 없이 모든 질문에 척척 정답을 줘야 합니다. 뭐 많이 알아서 나쁠 거야 없지만, 실제로 영어로 의사 표현은 못하면서 문법책 달달 외워서 기계처럼 읊어대는 사람이라면 '영어 도사' 라는 칭호가 어울리지 않겠지요. 영어는 하나의 '말' 일 뿐이라고 했지만, 사실 많은 사람들에게 영어는 엄연한 '지식' 으로 자리잡고 있습니다. 과연 영어가 하나의 지식일까요? 영어가 지식일지 우리말에 한번 적용해 보면 의외로 답이 쉽게 나옵니다. 여러분은 친구들에게 "나, 우리말 잘 한다. 너 이런 우리말 문법 알아? 나야말로 우리말 도사지." 이런 말 하나요? 우리말을 배우려는 외국인에게, 여러분 친구를 소개해주며 "얘가 우리말을 참 잘해요. 도사예요"라고 하나요? |정말 하는 사람이 있으면 어쩌죠? ^^|

영어나 우리말이나 다 기본적으로 '말' 이라고 생각합니다. 의사소통 하는 데 도움을 주는 '도구' 에 불과합니다. 우리말만 배워온 토종 한국인들이 남의 나라 말인 영어의 기본 구조를 이해하기 쉽게 길을 제시하는 게 문법입니다. 책상에 스탠드 켜놓고 교재에 밑줄 그어가며 연구하는 식으로 달려들 대상은 아닙니다. 또 어느 정도 안다고 남들에게 자랑할 것도 아닙니다. |언어학자가 아닌 보통 사람들을 말합니다.| "3인칭 단수 명사가 주어로 오는 현재시제 문장에서는 동사에 s나 es를 붙인다"는 것은 남들에게 "너, 이거 알아?"라고 자랑할 만

한 게 못 됩니다. 그래서 자랑하기 좋아하는 사람들은 이런 기본 규칙보다는 잘 나오지도 않는 '규칙의 예외'를 그렇게 좋아합니다. 유명 사이트에 가보면, 영어에 관한 질문이 참 많이 올라옵니다. 그런데 다른 사람이 최선을 다해 예문까지 들어가며 질문에 대한 답글을 달아놓으면, 꼭 그 밑에 예외를 들먹이는 사람들이 있더군요.

자기는 뭐 길게 말하지도 않아요. 뭔가 예외가 있다는 암시만 주고 그건 너희들이 알아서 찾아보라는 식으로 "항상 그런 거 아닌 거 알죠?" 딱 한 줄 쓰고 사라집니다. 왜 그렇게 예외를 중요하게 생각할까요? 영어를 '지식'으로 여기기 때문이 아닌가 싶어요. 문법 내용을, 아니 잘 나오지도 않는 예외 사항을 얼마나 많이 알고 있는지를 과시하고 싶어서일까요? 영어는 누구한테 자랑하려고 하는 거 아닙니다. 모르는 거 있는 게 당연한 거고 모르면 그냥 모른다고 하면 됩니다. 문법 예외 사항 몰라도 영어 하는 데 큰 지장 없습니다. 문법학자가 될 건가요? 그렇다면 그쪽으로 파고들면서 열심히 연구에 매진하세요. 그러나 그럴 생각이 없다면 영어의 모든 문법사항을 반드시 알고 있어야 영어를 잘 할 수 있다는 강박관념에서 벗어나세요. 영어를 '말'이라고 생각한다면, 흔히 나오는 '영어의 大家'나 '영어 제일 잘 하는 사람' 같은 호칭은 별 의미가 없습니다.

문법, 남에게 자랑하기 위한 지식 아닙니다. 몇 년 영어 해도 들어볼까 말까 한, 원어민조차도 그런 게 있냐고 되물을 정도로 잘 안 나오는 예외적인 내용은 오히려 그냥 건너뛰는 게 정신 건강에 좋습니다. 오히려, 기본적인 것만 '제대로' 알면 되는 게 영어 문법입니다. 그래서 이 책에서는 기본적인 걸 '제대로' 하는 쪽으로 풀어갈 겁니다.

완벽주의자의 슬픔 혹은 대단한 착각 04

뒤집어 다시 생각하자

교통표지판이에요. 이 표지판 이름이 뭔가요? 그림 보니까 대강 짐작은 할 수 있을 것 같은데요.

이런 얘기 들어보셨죠? '미국 사람들하고만 있을 땐 어느 정도 영어 하겠는데, 우리나라 사람이 한 명이라도 끼면 그때부터 이것저것 신경 쓰느라 잘 되던 영어가 갑자기 안 된다'는 얘기. 이건 또 왜 그럴까요?

태어나서 지금까지 우리가 매일 해온 우리말. 우리가 우리말 할 때 생각해보세요. 말이 잘 안 나오거나 표현이 생각나지 않아 더듬거리는 경우 많아요. 어떻게 말해야 할지 몰라 꿀 먹은 벙어리처럼 아무 말 못할 때도 있습니다. 도중에 말이 이상해져 버려서 처음부터 다시 하기도 합니다. 못 알아들어서 "뭐라고?" 다시 물어도 누가 뭐라고 안 합니다. 그런데, 영어할 때 이런 행동들이 나오면 죄라도 지은 사람처럼 고개를 못 드는 이유는? 또, 왜 미국 사람하고만 있을 때는 부담이 덜 하다가, 영어 실력 비슷한 우리나라 사람이 있으면 더 영어가 힘들어질까요?

우리는 영어에 대해서 필요 이상으로 '엄격'합니다. 아니, '엄격'이 아니라 '가혹할 정도로 완벽함'을 요구합니다. 선생님이 그랬고 주변 친구들의 눈총이 그랬던 겁

니다. 수업 시간에 발표 지명을 받았을 때, 나를 쳐다보던 선생님과 같은 반 친구들의 눈빛. 지금 생각해도 무섭습니다. ^^

학교 때 많이 봤던 영어 문제 유형이에요.
◎ 다음 중 나머지 문장과 문장 형식이 다른 것은?
◎ 다음 to부정사의 용법 중 나머지 셋과 다른 것은?
◎ 다음 현재완료 용법 중 나머지 셋과 다른 것은?
◎ 다음 중 문법적으로 틀린 것은?

온통 다른 거, 틀린 거 찾아내라는 거 투성입니다. 다른 거요? 왜 굳이 다른 걸 찾아내야만 하는 걸까요? 각각의 용법을 제대로 잘 사용하면 그걸로 된 거 아닌가요? 외국인한테 우리말 가르치면서 "자, 이제 내가 문장 몇 개 말할 테니 용법이 다른 거 함 찾아봐"라고 하나요? '틀린 것' 찾기도 너무 좋아합니다. 맞는 거 제대로 하기도 벅찬 게 영어인데 우리는 어렸을 때부터 틀린 거를 찾아내야 했던 겁니다. 수학이라면 모를까 영어에 틀렸다고 딱 부러지게 말할 수 있는 게 과연 얼마나 될까요?

틀리지 않으려면 '완벽' 해야 합니다. 그래서 머릿속에서 '완벽' 하게 정리되기 전까지는 영어가 입 밖으로 나오지 않습니다. 자기 자신의 마음이 이렇기 때문인지, 우리는 다른 사람이 영어하는 걸 보면 '틀린 점' 은 없는지부터 찾아내려 듭니다. 그래서 우리는 영어에 관한 한 '완벽주의자' 가 돼버렸습니다. 또 아주 웃긴 건 원어민들은 아무 말 안 하고 그냥 넘어가는데 우리들끼리 서로 완벽주의를 강요한다는 것. 언어를 놓고 '틀리다'라고 하기보단 '어색하다'거나 '부자연스럽다'거나 '경우에 맞지 않는다'거나, 혹은 가장 많이 나오는 '그렇게 말하지는 않는다' 같은 표현이 더 어울리지 않을까요? 2+4를 7이라고 했으면 틀렸다고 해야겠지만, 말 좀 어색하게 한 걸 가지고 '틀리다?' 이건 너무 심한 것 같아요.

문법을 신봉하는 사람들은 영어에는 무지막지하게 엄격한 잣대를 들이댑니다. 그러나 정작 자신의 모국어인 우리말에는 창피할 정도로 관대합니다. 다른 사람의 글이 영문법적으로 틀렸다고 게시판에 답을 올리면서, 정작 그런 자신의 글 속에 얼마나 많은 우리말 '틀린 점'이 있는지는 신경 안 씁니다. 아래는 어느 사이트의 게시판에서 본 글입니다. 어떤 사람이 그냥 장난삼아 영어 한 마디 했는데 이상한 게 있으니까, 바로 밑에 누가 이렇게 적었더군요.

작성자	제목	조회	추천	작성일
XYXY	초등학생이 영어 해도 그거보다 낳겠다. 않되는 영어 하지마!"	65	12	06/03/05

문장이 이상하죠? 뭐가 이상한지 모르는 분은 주변에 있는 '한국어 원어민'에게 물어보세요. ^^! 자기는 우리말을 이렇게 이상하게 적으면서, 남의 나라 말인 영어 조금 이상하다고 뭐라고 하는 게 우리들의 모습 아닐까요? 이 댓글 보고 이상한 점을 하나도 못 찾아내는 분! 분명히 있을 겁니다. 그런데도, "야~ 내가 우리말 한 게 몇 십 년인데 이런 것도 모르냐?"며 가슴을 치는 분은 거의 없을 겁니다. 우리는 우리말에 이렇게 관대합니다. '지식'이 아니고 '말'로 생각하기 때문입니다. 그렇다고 "우리말부터 제대로 해야지, 영어는 무슨 영어야?"라는 주장을 하고 있는 건 아닙니다. 영어에도 우리말 정도의 관대함을 주자는 겁니다. 우리말을 '말'로 생각하듯이, 영어도 '말'이라고 생각하세요. 그럼 필요없는 '완벽주의' 따위는

벗어버릴 수 있지 않을까요?

면허 시험 다 붙고 면허증 나왔습니다. 차도 새로 구했습니다. 운전하러 나가기만 하면 됩니다. 그런데 현관을 나가려다가 다시 집 안으로 들어옵니다. 그리고는 운전면허 필기시험 대비용 교재를 펼쳐 들고 "여기 나오는 내용을 완벽하게 다 알 때까지 난 운전하면 안돼!" 이렇게 말하고 머리에 수건을 질끈 동여매는 모습. 이게 어쩌면 문법, 아니 영어에 대해 우리가 가지고 있는 '완벽주의'의 모습이 아닐까요? 아까 그 표지판, 이름은 몰라도 대강 무슨 뜻인지 감이 옵니다. 설마 '행인에게 물 튀겨라!' 로 볼 사람은 없을 테니까요. 운전은 실제 도로에 나가서 실수도 하면서 욕도 들어가며 땀도 흘려가며 배우는 겁니다. 책 내용을 완벽하게 알 때까지 기다리다가는 평생 운전 한 번 못해볼 수 있습니다. 우리네 인생, 완벽하게 살기엔 너무 짧습니다.

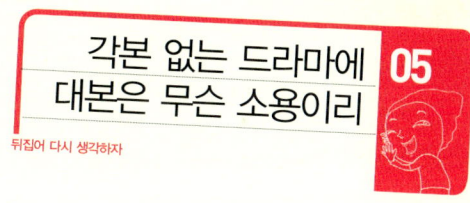

각본 없는 드라마에 대본은 무슨 소용이리

뒤집어 다시 생각하자

흔히 듣는 말.

"영어를 문법 위주로 가르쳤으니 이렇게 말 한 마디 제대로 못 하는 거 아니냐? 회화 위주로 가르쳐야 한다. 문법 물러가라!!"

사실 영문법은 이 세상에 하나 밖에 없습니다. 미국 문법, 영국 문법, 호주 문법이 서로 다른 거 아니거든요. 물론 100퍼센트 같다고 볼 수는 없지만. 그런데 이렇게 하나였던 영문법이 우리나라에 오면 두 가지로 변신합니다.

 **문법 문제를 풀기 위한 문법**   **영어 문장을 잘 이해하기 위한 문법**

문법은, 우리말과 다른 영어의 특징을 하나씩 알려주는 고마운 놈입니다. 문법을 통해서 영어라는 언어의 구조를 알았으면 그 다음엔 뭘 하면 될까요? 네, 맞습니다. 실제로 영어를 보면서 그 문법을 적용하는 연습을 하면 되는 겁니다. 영어를 보기 위해 문법을 써먹는 거죠. 그러나, 우리는 문법 하나를 가르쳐주고는 기어코 그 문법이 들어간 '문법 문제'를 만들어내고 아이들에게 그걸 강요합니다. 그러니, 아이들 입에서 '독해는 되는데 문법이 약하다'란 모순된 말이 나오는 겁니다.

아니, 문법이 약한데 어떻게 영어를 읽고 이해하는 독해가 잘 될까요? 걸음마도 제대로 안 되는 아기가 100미터 달리기는 잘 한다는 건가요? 생각해보니 아니네요. 이 아이가 말을 제대로 못 한 겁니다. 말을 이렇게 했어야죠. "저는요… 독해문제는 답을 잘 맞추는데 문법문제는 잘 틀려요."

문법의 탄탄한 기반 없이 과연 회화가 가능할까요? 그런데, 또 생각해보면 흔히 말하는 '영어회화'란 게 도대체 뭔지부터 잘 모르겠습니다. 사전을 찾아보죠.

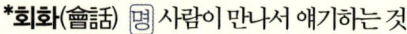
*회화(會話) 명 사람이 만나서 얘기하는 것

시중에 나와 있는 수많은 영어회화 교재를 보면서 우리는 착각에 빠집니다. 그 책 한 권만 무조건 따라 하면서 달달 외우면 뭔가 '회화'가 되지 않을까 하는 착각. 정말 '대단한 착각'입니다. 우리가 하는 말은 크게 두 가지가 있습니다.

- 하는 말이 뻔하다–대본이 있는 경우
  "여기 햄버거 하나 주세요?"⇨"뭘로 드릴까요?"⇨"더블 버거요."⇨"드시고 가실 건가요?"⇨"네."⇨"앉아서 기다리세요."

- 그때그때 다르다–대본이 있을 수 없는 경우
  (해외 바이어가 느닷없이 한글에 대해 물어본다.)
  "한글이 참 과학적이라면서요?"⇨"Yes…"⇨"자부심이 대단하시겠어요?"⇨"Yes…"⇨"한글에 대해 좀 알고 싶은데요?"⇨"(에이ㅅ~~~, 대본대로 해, 대본대로!)……"

'뻔한 경우'는 어느 정도 회화책으로 보완할 수 있습니다. 사실 회화책의 한계는 이렇게 뻔한 대화 이상은 알려줄 수 없다는 거지만. '상황에 따라 다른 경우'는 이 세상 그 누구도, 아무리 훌륭한 영어 교재도 답을 제시할 수 없습니다. 그리고 미국에 가서 살지 않는 한 별로 쓸 일이 없습니다. 우리나라 어디에 가서 영어로 햄버거 달라고 하시겠어요? 무엇보다 이렇게 뻔한 경우는 굳이 말로 안해도 손짓으로 알아서 다 굴러갑니다. |우리 어머니들 영어 못해도 해외여행 잘 다녀오시잖아요.|

우리나라에 살면서 영어 회화가 필요하다면, '뻔한 경우'가 아닌 '그때그때 다른 경우'가 대부분일 겁니다. 우리말을 놓고 매일 매일을 생각해보세요. 대본 써놓고 대본대로 말하는 사람 있나요? 앞으로 10초 후에 무슨 말을 하게 될지 모르면서 살아가는 게 우리입니다.

'회화'는 회화책에 나와 있는 정해진 대화를 외워서 읊는 게 아닙니다. 그건 사람이 아니라 앵무새죠. 사람을 만나서 영어로 얘기한다는 일명 '영어회화'는 자신이 하고 싶은 말을 할 수 있어야 가능한 겁니다. 네, 자신이 하고 싶은 말을 해야 합니다! 여러분이 하고 싶은 말은 수백, 수천, 아니 수만 가지에 달할 수도 있습니다. 그걸 누가 다 가르쳐줄까요? 우리가 매일같이 하는 우리말들, 이거 어디 가서 한국어회화 수업 듣거나 한국어회화 책 읽고 배운 거 아닙니다. 살면서 남이 써놓은 글을 읽고 남이 하는 말을 들으면서 우리 스스로 머릿속에 다 입력시켜 놓은 결과지요. 그리고 그걸 입으로 뱉어내는 연습을 매일 한 결과예요. 영어? 하나도 다를 거 없습니다.

일단 여러분 스스로 문장을 만들어낼 수 있는 능력이 있어야 그 '회화'라는 게 비로소 가능해지는 것입니다. 왜, 회화가 안 될까요? |성격이 소심해서 말을 잘 못하는 것 같은 언어 외적인 요소는 빼고| 답은 간단합니다. 자기가 하고 싶은 말을 스스로

만들어 낼 능력이 없는 겁니다. 그래서 처음에 인사 몇 마디 주고받고는 서로 계속 쳐다보기 무안한 상태가 되는 겁니다.

자기가 말하고 싶은 문장을 만들어 내려면 많은 요소가 필요하지만 탄탄한 문법 실력은 '기본적으로' 갖추고 있어야 합니다. 앞에서도 말했지만 잘 깨지지 않는 그릇이 필요한 겁니다. 그러나 우리는 시험 잘 보는 문법 위주로 공부했죠. 실제 응용할 수 있는 차원의 문법은 도외시된 겁니다. '현재완료'라는 표현이 언제 어떤 의미로 하는 말이라는 건 제쳐두고, '완료, 경험, 결과' 같은 거 골라내기에 치중해 왔습니다. 이런 문제를 풀 수 있다고 해서 실제 회화하면서 '현재완료'를 적절하게 사용할 수 있는 건 아니거든요. 우리에게 필요한 문법은, 시험 문제가 아닌 영어 문장을 제대로 보고 그래서 그걸 내 것으로 만드는 데 도움을 주는 문법입니다. 문법은 더도 덜도 말고 딱 필요한 만큼 '제대로' 알고 있어야 합니다.

보자기의 오류 06

뒤집어 다시 생각하자

'시험을 위한 문법', 과연 이게 뭘 말하는 걸까요? 먼저 '문장 바꿔쓰기'란 게 있습니다. 대표적인 예가 수동태와 분사구문.

- 능동태를 수동태로 바꾸기
  A ball hit my sister. → My sister was hit by a ball.
- 부사절을 분사구문으로 바꾸기
  When he saw me, he stood up and held out his arms.
  → Seeing me, he stood up and held out his arms.

이 내용이 맞는지 틀리는지 여부를 떠나서, 이걸 왜 해야 하는지 저는 잘 모르겠습니다. 우리말을 배우려는 미국 사람에게 문장 하나를 주고 "자, 이 문장을 단어 순서와 형태를 바꿔서 다른 문장으로 바꿔. 그래야 우리말 잘 할 수 있게 되거든." 할까요? 조금 극단적으로 말해서 영어가 세상에 처음 태어났을 때 능동태 문장이 먼저 있었고, 어느 날 이 능동태 문장을 사람들이 수동태로 바꿔 쓰기라도 한 걸까요? 지금 이 순간 영어를 모국어로 하는 사람들은 수동태 문장을 말하기 위해 능동태에서 순간적으로 확 바꾸기라도 하는 걸까요? 물론 영어랑 어느 정도 친한 단계에 있는 사람들은 "일단 이렇게 배우고 영어 많이 보면 나중에 자연적으로 수동태 문장이 나와." 말할 수 있습니다. 그러나 그건 일부 소수의 얘기죠. 영어랑 안 친한 사람들은 지금 이 시간에도 문장 바꿔쓰기에 매달리고 있습니다.

말이라는 게 머릿속에서 그려지는 대로 바로 나와야 하는데, 이렇게 문장 하나를 만들기 위해 머릿속이 복잡해져야 한다면 대화가 제대로 될 리가 없습니다. 물론 이런 바꿔쓰기 자체가 우리에게 해를 준다고 볼 수는 없습니다. 수동태나 분사구문의 특성을 설명하기 위한 도구로만 사용하면 그만입니다. 그러나 이런 문장 바꿔쓰기를 기어이 시험 문제로 만들어 문장을 바꿔 쓰라고 강요한다면 얘기는 달라지는 게 아닐까요? 그 결과, 우리는 이런 문장 바꿔 쓰기를 잘 해야 영어를 잘 하는 거라고 생각하게 됩니다. 실제 수동태 형식의 말은 입에서 제대로 안 나오는데, 바꿔쓰기만 제대로 하면 그 문장이 입에서 나올 거라는 착각도 하게 됩니다. 이런 착각이 있기에, 우리는 "영어 한다고 하는데 왜 안 늘지?"라고 말하나 봅니다.

다음으로 '묶어서 정리하기'를 들 수 있습니다.

문장 5형식(1~5형식)
명사의 종류 |고유 · 추상 · 물질 · 집합 · 보통 명사|
동명사를 목적어로 취하는 동사들
부정사를 목적어로 취하는 동사들

묶어서 정리하려는 대표적인 경우입니다. 이 역시 뭔가를 한 번에 외워서 빨리 내 것으로 만들 수 있다는 착각을 줍니다. 그러나 '빨리 내 것으로 할 수 있다'는 게 이것들의 치명적인 단점입니다. 아기가 "엄마"라고 말하는 데 보통 일 년이 걸린다고 합니다. "아니, 그게 뭐가 어렵다고 일 년씩?"이라고 생각하세요? 네, 저도 그렇게 생각합니다. |우리 모두 올챙이 적 시절 생각 못 하는 거죠.^^| 하지만 아기가 일 년 동안 "엄마"라는 말을 얼마나 하고 싶었겠어요? 매일 보는 사람인데 뭐라고 부르긴 불러야겠고, 주변의 눈치를 살피니 "엄~~"라는 사람 같고, 그래서 잠 안 잘 때 매일 연습을 하는 겁니다. 그렇게 노력한 결과 처음으로 나오는 말이 바로 "엄

마". 이 세상에서 제일 따뜻한 단어, 외국에서 아무리 오래 살다 온 사람도 죽을 때까지 잊어버리지 않는 단어, "엄마"는 그렇게 우리 머릿속에 들어온 겁니다.

세상 모든 게 쉽게 얻으면 또 그만큼 쉽게 나간다고 하잖아요? '말'은 특히 더 그렇습니다. 외울 때는 편하고 좋을지 몰라도, 막상 실전에 나가 내 입이나 내 손에서 나오려면 처음에 묶었던 보자기를 다시 다 풀어야 합니다. 힘들더라도 하나씩 들고 왔어야 하는데, 귀찮다고 보자기에 묶어 왔거든요. 근데, 막상 들고 와보니 이놈의 보자기가 안 풀리는 겁니다. 이른바 '보자기의 오류'에 빠집니다. |제가 만든 말이에요.^^ |

영어 하면서 뭔가를 외우려고 한다는 자체가 사실 무모한 거라고 생각합니다. 그런데 한 술 더 떠서 외우는 시간을 줄이려고 여러 가지를 한꺼번에 묶어서 외우려든다면? 영어는 매일 제자리걸음만 할 뿐입니다. 이렇게 한꺼번에 하려고 하면 반드시 체합니다.

네, '반드시' 체합니다. 단어 하나 하나를 천천히 느긋하게 내 것으로 만드는 게 결국은 이기는 길입니다.

07 의미 vs. 형태

뒤집어 다시 생각하자

"현재완료가 뭐죠?" 질문을 던져 봅니다. 여러분도 뭐라고 대답할지 한 번 생각해 보세요. 제가 생각하는 '현재완료'는 간단히 말해 '과거의 동작+현재의 의미' 예요. 과거에 발생한 동작이 현재 어떤 의미를 지니는가를 표현하는 방식입니다. 그러나 "현재완료가 뭐죠?" 물으면 대부분은 'have 플러스 피피(p.p.)'가 먼저 나옵니다. 현재완료라는 게 정확히 어떤 '의미'를 지니는지, 또 언제 그 표현을 사용하는지에는 별 관심이 없습니다. 우리의 주된 관심사는 '의미'가 아닌 '형태'였거든요. 또 "가정법 과거는요?" 하고 묻습니다. 역시 "이프 플러스 주어 플러스 동사의 과거형에, 주어 플러스 ~~~~~~~~~~~" 자랑스럽게 외웁니다. |플러스? 수학도 아닌데 플러스들이 왜 이렇게 많이 나온답니까?|

어떤 문법 사항이든지 당연히 '형태'와 '의미' 두 가지를 다 알아야 합니다. 그러나 우리는 이상하리만큼 '형태'를 중시하는 문법을 가르칩니다. 가정법이 정확히 어떤 의미를 지니는지보다는 공식 몇 개 만들어 놓고 그 형태를 외우길 강요합니다. 부정관사 a도 그렇습니다. 모음 앞에서는 'an'이 된다는 건 강조하지만, 우리말에는 없는 부정관사의 정확한 용법에 대해서는 별 신경을 쓰지 않습니다.

이 역시 시험 때문이 아닐까요? 시험에서는 복잡한 '의미'보다는 간단한 '형태'를 더 선호하기 때문인 것 같습니다. 문법책 그렇게 여러 번 봐도 영어의 개념이 잡히지 않는 가장 큰 이유 중 하나가 바로 이겁니다. 외우긴 꽤 많이 외운 것 같은데, 막상 말하려고 하면 도대체 지금까지 뭘 했나 싶거든요. 영어라는 놈이 '의미'

가 아닌 '형태'로 여러분 머릿속에 들어가 있는 건 아닌가요? 정확한 의미도 모르고 개념도 없는 상태에서, 나중에 그게 말로 나오고 글로 써지길 바란다는 것 자체가 욕심이라고 생각합니다.

외국인에게 우리말을 가르쳐 줍니다. 여러분이라면 어떤 문장의 '정확한 의미'와 '맞춤법' 중 어느 것을 먼저 가르쳐 주시겠습니까? "무슨 말인지는 몰라도 되니까 일단 받아쓰기부터 하면서 맞춤법을 익히자." 이렇게 하시겠어요? 사실 우리말이든 영어든 일상 대화에서 더 중요한 건 '형태'가 아니라 '의미' 입니다. '문맥' 이라는 요소가 항상 존재하기 때문에 형태가 이상해도 그냥 넘어가는 경우가 많이 있습니다. 물론 시시콜콜 따지고 드는 사람이 있다면 어쩔 수 없겠죠. 그러나 그렇게 따지는 사람, 주변에서 별로 좋아하지 않습니다. ^^

미국 사이트 게시판을 읽다 보면 would of gone이라는 표현을 자주 보게 됩니다. 처음에는 "이게 뭘까? 이런 것도 있었나?" 했는데, 문맥을 보고 발음을 해보니 would have gone인 겁니다. 기본 형태는 would have gone인데 따로 따로 발음하기보다는 would've gone 식으로 많이 줄이거든요. 그냥 아무 생각 없이 would've gone, would've gone, would've gone... 하다 보니까 would of gone이 돼버린 겁니다. 물론 예쁜 영어는 아닙니다. 하려면 제대로 해야죠. 그러나! '형태'에 구애 받아서 말 한 마디 못 하는 것보다는, 형태는 틀리지만 이렇게라도 의사 표현을 하는 게 더 좋아 보이지 않나요? '문맥'이 도와줍니다. 그래서 의사소통이 가능해지는 겁니다. '문맥' 이라는 말이 계속 나오고 있는데, 영어를 계속 해나가다 보면 결국은 '문맥'이 제일 중요한 사항임을 알게 될 겁니다. 약간 성격은 다를지 모르겠지만, 우리말에서 문맥의 예를 들어볼게요.

헤어짐을 눈앞에 둔 두 남녀가 있다고 해볼까요? 여자는 자기를 보내달라고 하고,

남자는 그렇게는 못 하겠다고 버팁니다. '형태'를 더 중요시하는 남자라면 "나는 너를 절대로 보내줄 수 없어." 하겠지만 '의미'를 더 중요시하는 남자라면 "너 안 가!" 이렇게 센 척 할 수도 있습니다. 다른 문맥에서라면 "너 안 가"라는 말이 간단하게 You don't go. 혹은 읽는 방법에 따라서 의문문 You're not going?이 될 수도 있지만, 위의 상황에서는 I'll never let you go.라고 문맥이 가르쳐주고 있는 겁니다. 아래 문장에서 "어~ 이상한데" 하고 생각되는 곳이 있는지 한번 보세요.

- The original vinyl is getting hard to find, and it's hard to play a LP in the car.

vinyl이나 LP는 옛날 레코드판|검정색 판 알죠? ^^ |을 말합니다. 위 문장은 원판 구하기가 갈수록 어려워지고 LP는 차에서 틀기가 어렵다는 말인데, 뭐 이상한 부분 없나요? 아무리 봐도 어색한 부분이 안 보이는 분이라면, 아마도 '의미'보다는 '형태'에 더 신경을 쓰는 분이 아닐까 합니다. '형태'를 중요시하는 공부는 십중팔구 '눈'으로 하게 돼 있거든요. 반면에 '의미'를 중요시하는 공부는 '입'으로 하는 게 보통입니다. 영어 공부 하고 나서 가만히 보세요. 눈이 침침해졌는지 목이 칼칼해졌는지.

이 문장을 눈으로 보면 어색할 거 없지만 읽어보면 'a LP'에서 걸립니다. 철자는 L이지만 발음은 모음으로 시작하기 때문에 'a LP'가 아니라 'an LP'가 돼야겠죠. 한 번이라도 입으로 해보는 사람과, 눈으로만 대충 보고 지나가는 사람의 영어 차이는 엄청납니다. 출발점은 같을지 몰라도 몇 년 후에 한번 보세요. 두 사람 실력이 얼마나 차이 나는지. 시험을 위한 '형태' 공부보다는 실제 의사소통을 위한 '의미' 공부를 하세요.

문어체 vs. 구어체 08

뒤집어 다시 생각하자

영어로는 formal & informal이라고 흔히 말합니다. 직역하면 '격식을 차리는' & '격식에 얽매이지 않는' 정도. formal이 '글(문어체)'의 영역이라면, informal 은 '말(구어체)'의 영역이라고 보세요. 사실 이건 문법책에 나올 내용은 아니에요. 그리고 영어공부 하면서 크게 신경 쓰는 내용도 아닙니다.

그러나 영어를 '말'이라고 생각하면 이제는 신경 써야 합니다. 우리말도 친구끼리 하는 말투나 표현은 회사 사장님한테 할 때와는 다릅니다. 글도 마찬가지예요. 인터넷 게시판에 쓰는 글투가 있는 반면, 입사원서의 자기소개서에 쓰는 글투가 따로 있거든요. 물론 글과 말에 근본적인 차이가 있는 건 당연하겠죠.

우리가 보아온 문법책에서는 사실 informal한 문장은 거의 찾아볼 수 없었습니다. informal은 고사하고 인문과학 전공 서적 문장 같은 분위기를 주는 예문이 주류였습니다. 좀 심하게 말하면 '고상한 문장의 극치'를 보여주는 글을 제대로 해석해야 영어 잘 한다는 일종의 겉멋에 빠져 있었던 게 아닐까 할 정도.

이렇게 편식하면 안 좋겠죠? 그래서 이 책에서는 그냥 일상적인 말투로 들릴 수 있는 informal한 문장도 가급적 많이 소개하려고 합니다. 물론 formal한 쪽 문장도 나옵니다. "내가 너라면 ~할 텐데." 이런 표현 들어보셨죠? 문법책을 보면 "나는 네가 될 수가 없기에 가정법을 써야 하고 그래서… |중간 생략| If I were you 라고 한다." 이렇게 나옵니다. 주어가 I인데 be 동사 were가 나왔죠? 10여 년 전

만 해도 If I was you라고 하면 '틀린다'고 했습니다. 물론 지금도 '틀린다'고 생각하는 사람들 많습니다. 하지만 이제 영어를 모국어로 하는 지역의 대세는 "뭐, 어때?" 쪽입니다. 이런 건 어느 한쪽이 맞고 틀리고를 떠나서, formal과 informal의 벽이 계속 허물어져가는 모습으로 보면 됩니다. 그런데, 이상하게도 꼭 한쪽만을 고집하는 사람들이 있습니다.

굳이 이럴 필요 없습니다. 우리도 글과 말이 다르고, 또 여러 다양한 말투가 존재하듯이 영어도 그렇게 받아들이면 됩니다. 지금까지는 너무 일방적으로 formal 쪽만 강조됐기 때문에, informal 쪽도 신경쓰자는 뜻에서 하는 말이니까요. "formal과 informal을 구별하는 법칙은 뭐야?" 당연히 그런 법칙은 없습니다. 개인마다 다르니까요. 사실 이런 기준이 다 같다면 '오해로 인한 말다툼'은 지금보다 훨씬 줄어들겠지만, 한편으로는 세상 사는 재미가 그만큼 덜 하지 않을까요?

앞으로는 사전을 볼 때 한 번 더 보세요. 대부분의 사전|영영사전|에는 formal이나 informal 둘 중 어느 한쪽으로 성향이 두드러진 단어나 표현일 경우 따로 표시해 줍니다. 그리고 둘 사이의 경계선은 시대에 따라 다를 수도 있으니 가장 최근 자료가 있는 인터넷 사전을 이용하는 것도 한 방법입니다. 물론 가장 좋은 방법은 그 여러 표현을 원어민들이 어떻게 사용하고 있느냐를 보는 겁니다. 그렇다고 모두 미국에 갈 수 있는 상황이 되는 건 아니므로 우리나라에서 구할 수 있는 자료를 최대한 활용하세요. informal한 표현을 공부하자면 아무래도 영화나 드라마

가 가장 좋을 거예요. 대본이랑 같이 구해서 보세요. 네, 당연히 '눈'이 아닌 '입'으로 봐야 합니다.

앞에서 If I were you를 통해 봤지만, 문법책에 나오는 여러 '규칙'이 구어체에서는 지켜지지 않는 경우가 참 많습니다. 이건 우리가 우리말 할 때도 그렇죠. 항상 '문법'에 딱 맞게 말하는 사람은 사실 별로 없거든요. 말과 글, 두 가지는 같은 것처럼 보이면서도 한편으로는 꽤 다릅니다. 가장 이상적인 건 '구어체'와 '문어체' 모두 신경 쓰는 거겠죠. 같은 말을 하더라도 격식을 따지지 않을 때와 따질 때를 구별해서 구사할 수 있어야 진짜 실력인 겁니다. 그러나 말처럼 쉽지는 않을 거예요. 그래서 영어를 배우는 '외국인'의 입장에서는 일단은 '규칙'을 존중하는 영어 공부를 하셨으면 합니다. 규칙을 무시하는 건 나중에 실력이 늘어서 자기도 모르게 '자연스럽게' 되는 것이지, 억지로 그렇게까지 할 필요는 없거든요.

cool이라는 단어, 요즘 우리도 많이 씁니다. 영화에서 몇 번 들었다고 정확한 뜻도 모른 채 이상한 감탄사나 욕을 내뱉고, 규칙을 무시한 채 속사포 식으로 단어만 뱉어내는 모습. 자기 소개서 한 줄 영어로 못 쓰면서, 영어는 말만 하면 된다고 주장하고 문법은 전혀 할 필요 없다고 말하는 모습. 이런 게 cool하게 보이나요? 우리말을 배우는 외국인이 이런 모습이라고 생각해보세요. 저에게는 전형적인 uncool의 모습입니다.

너무 문법에 얽매여 있는 모습 그리고 문법을 완전히 무시하는 모습, '문법 공부'의 해답은 이 두 모습의 중간 어디엔가 있을 겁니다.

❻ 명사숲으로 가는 길
즐거운 명사숲 관람을 위한 안내사항

1. 명사숲에는…
2. '感' 의 세계
3. 명사 편애
4. 명사의 종류 다섯가지

❼ 명사숲에서 만난 명사
'센다' 는 것, 홍아무개냐, 홍길동이냐

1. '셈' 의 개념
2. CN & UN의 기준
3. CN & UN 그리고 관사
4. 셀 수 있다가도 없다가도
5. family – 단수냐, 복수냐?

❽ 명사숲에서 만난 관사

1. flower 는 '꽃' 이 아니다
2. the 예찬
3. THE vs. A
4. 전체를 표현하는 복수형
5. the의 구체적 용법
6. 하나와 다른 하나
7. 한정사

❾ 명사숲에서 만난 형용사 · 부사

1. 풍미를 더해주는 양념들
2. 명사에 맛을 내는 양념 – 형용사
3. 형용사의 용법
4. 원급 · 비교급 · 최상급
5. 동사 · 형용사 · 또 다른 부사에
   맛내는 양념 – 부사

❿ 명사숲에서 만난 관계사

1. 관계사절이란?
2. 관계사의 종류
3. 관계사 앞에 찍혀 있는 콤마
4. 관계사 이해하기
5. 실제 용법

책을 마치며

출구

문법책 보면 재미있는 게 있어요. 하나의 문법을 놓고 쓴 책인데, 책 속의 '차례'가 책마다 다르다는 겁니다. 누구는 시제 먼저, 또 누구는 명사의 종류 먼저, 어떤 책은 동명사 먼저, 이렇게 다 달라요. 그런데 이렇게 아무 원칙 없이 순서를 정하는 것보다는, 서로 관련 있는 애들끼리 사이좋게 묶어주면 어떨까 합니다.

그래서 저는 이 책을 크게 '동사' 와 '명사', 두 개로 나눠봤습니다. 사실 영어 문장은 아무리 복잡해도 파헤치고 들어가면 '~은|는, 이, 가 ~ 이다' 일 뿐입니다. 이건 우리말도 마찬가지. 이 핵심 부분을 이해하면 그 문장을 이해하는 것이고 그렇지 않다면 헛고생만 한 거죠. '~은|는, 이, 가 ~이다' 의 중요성에 동의하신다면 출발점이 눈에 보이죠? **결국 주어와 술어 싸움. 그래서 주어를 담당하는 명사와 술어를 담당하는 동사, 이렇게 크게 두 개로 나눈 겁니다.**

동사는 문장의 전체적인 의미를 가지고 놉니다. 그래서 관련 문법사항도 참 많습니다. 시제를 결정하죠. 긍정인지 부정인지 말해 줍니다. 의문문인지 아니면 평서문인지 결정합니다. 이 과정에서 조동사의 도움도 받게 됩니다. 또 자기가 막 탈바꿈을 합니다. 동명사로, 분사로, 부정사로 마구 변합니다.

명사는 동사에 비해서는 상대적으로 얌전합니다. 그리고 동사에 비해 문장에 미치는 영향력도 그렇게 크지 않아요. 그렇지만 명사가 빠지면 허전합니다. 또 이런 명사만 바라보고 사는 놈들도 있습니다. 관사, 형용사|부사, 그

리고 형용사가 혼자 오지 않고 뒤에 줄줄이 달고 올 때는 관계사.

문법이 어려웠던 이유 중, 문법 전체에 대한 개념이 없었다는 걸 우선으로 꼽고 싶습니다. 각 단원별로만 외웠지, 각 단원이 서로 어떤 관계에 있는 전체 그림은 소홀히 했던 게 사실입니다. 그래서 우리는 이해하면 쉬운 것들을 억지로 외워야만 했던 게 아닐까요? 이제는 큰 그림을 보세요. 영문법 공원 안에 있는 두 개의 커다란 숲|동사숲 & 명사숲|, 그리고 각각의 숲에 있는 여러 나무들|조동사 나무, 시제 나무, 관사 나무 등|이 서로 어떻게 어울리고 있는지 보는 겁니다. 공원의 전체 모습이 머릿속에 있으면 길을 잃을 확률이 아무래도 많이 줄어들지 않을까요?

마지막으로, 이 책을 읽으려고 지금 이 페이지까지 오신 분들께 하고 싶은 말이 있습니다.

"조급증을 버리세요."

물론 명사도 중요하죠. 그러나 영어를 하면 할수록 우리에게 어렵게 다가오는 건 동사여야 합니다. 동사를 모르면 그렇게 매일같이 외워대는 명사와 명사의 자식들(형용사, 부사 등등)을 제대로 꿰어줄 수가 없기 때문이에요.

02

동사숲으로 가는 길

1. '동사' 살리고~ 살리고~
2. 저 넘치는 끼를 어찌하면 좋을꼬
3. 동사를 대하는 우리의 자세
4. 우리말도 장난 아니거든
5. 동사의 4단 변화?
6. 동사숲에는…

01 '동사' 살리고~ 살리고~

동사숲으로 가는 길

동사의 중요성을 얘기할 때마다 늘 생각나는 대화 한 토막.

A 가?
B 어, 가.
A 그래, 가아아~~

글로 쓰려니 어감 살리기가 무지 어렵네요. 일단 보기에는 모두 같은 "가". 언뜻 보기에는 모두 주어가 없는 문장입니다. 주어가 없어도 하고 싶은 말을 서로 다하고 있죠? 그것도 아주 간결하게. 이 대화 이해 못하는 분은 없겠지만 숨어 있는 주어를 넣어서 다시 써볼게요.

A 너 가니?
B 어, 나 가.
A 그래, 그럼 너 가라.

'동사'와 '명사'라고 했습니다. 그런데 그 둘 중 어느 게 더 중요할까요? 위 대화가 보여주듯이 아무래도 '동사'가 아닐까 합니다. 한 문장의 의미를 결정하는 건 바로 동사거든요. 네, 동사는 문장의 '전체적인 의미'를 결정합니다. 그래서 무지 중요합니다. 우리말 문장 하나 더 보세요. |영문법 책인데 영어는 언제 나오려는 건지…^^|

영어 한 지 10년 넘었는데 영어 하나도 못 한다고 생각하는 사람이 이 책을 보면 일주일

만에 말문이 트이고, 안 들리던 영어 뉴스는 석 달 만에 들리고, 여섯 달이면 자유자재로
글을 쓸 수 있을 거라고 난 생각하지 않는다.

끝에 가서 하는 말이 '생각하지 않는다?' 이 순간 앞에서 침을 튀겨가며 했던 말
이 졸지에 별 의미가 없어집니다. 우리는 여기서 술어|동사|의 중요성을 잘 알 수
있습니다. 통역사들이 "우리말은 끝까지 들어봐야 안다"고 흔히 말하는데, 이런
문장을 보면 정말 실감나죠. 우리말은 술어|동사|가 뒤에 나오기 때문에 문장이 끝
날 때까지 절대로 방심하면 안 되는 언어입니다. |영어는 I think / I don't think가 먼저
나와 주니까 이런 면에서는 편하지요.| 자, 그럼 이 시점에서 영어 문장 하나쯤 소개하는
게 영어책에 대한 예의겠죠.^^

He objected that the information was irrelevant.

그렇게 어려운 단어는 없어 보입니다. 있다면 irrelevant|관련 없는, 부적절한|정도.
무슨 뜻이죠? 동사 object가 '반대하다' 는 뜻이니, "그 정보가 관련 없다는 사실
에 나는 반대한다" 정도가 되겠네요. |정말요? 정말 그런 뜻인 거예요?| 아닙니다.
object 다음에 전치사 to가 안 나오고 지금처럼 문장이 목적어로 오면 'that절 내
용을 반대한다' 는 말이 아니라, 'that절이라는 근거로 나는 반대한다' 가 됩니다.
자신이 반대하는 근거가 that절의 내용이 됩니다.

난 생각이 달라. 왜냐고? 그 정보는 관련 없기 때문이야.

요게 제대로 이해한 겁니다. 자, 그럼 이건 처음에 이해한 내용과는 정반대가 돼
버립니다. 이건 무지 심각하네요. 나중에 큰 싸움이 날 수 있을 정도의 오해가 생
겨버리니까요. 문장의 의미를 결정하는 데 동사가 얼마나 중요한지 아시겠죠? 그

런데도 우리는 영어 학습을 하면서 명사에 너무 치중하는 경향이 있습니다. 왜 그럴까요? 공부하기 편해서가 아닐까요? 영어 단어 하나, 우리말 뜻 하나, 이렇게 외우면 끝나는 것처럼 보이니까요. 시중에 나와 있는 단어 학습서들을 보면 이를 잘 알 수 있습니다. 주로 명사의 나열이거든요. 그런 책을 보고 평상시에 잘 나오지도 않을 단어들을 마구 외워댑니다. 그리곤 이렇게 자랑까지 합니다.

A 너, carnivore가 뭔지 알아?
B …
A 짜식, 육식 동물 아니냐? 그럼 herbivore는?
B …
A 초식 동물도 몰라? 너 영어 쫌 한다며?
B 어… 근데 난 아직 have가 뭔지도 잘 모르겠어.
A 이거 영어 하나도 모르는구먼. '가지다' 아니냐? 가지다! 나 참…

|A 같은 사람을 보면 안타까운 마음 밖에 안 듭니다.| 물론 명사도 중요하죠. 그러나 영어를 하면 할수록 우리에게 어렵게 다가오는 건 동사여야 합니다. 동사를 모르면 그렇게 매일같이 외워대는 명사와 명사의 자식들|형용사, 부사 등등|을 제대로 꿰어줄 수가 없기 때문이에요. 운전에 비유한다면, 명사는 '청와대, 시청, 남대문, 해운대, 땅끝 마을, 제주도' 같은 지점이고, 동사는 내가 있는 곳에서 그곳까지 가는 길이라고 보면 됩니다. 따라서 명사에 치중하는 공부는 뭐가 어디 있는지만 평생 외우는 겁니다. 그곳에 가는 길은 전혀 모르는 상태에서요. 아는 단어는 많은데|솔직히 이게 정말 아는 건지도 확실히 말할 수 없지만| 말은 잘 못 하는 사람들이 정말 많습니다. 왜 그럴까요? 명사 아무리 많이 알아도 정작 문장을 만들어주는 건 동사이기 때문입니다.

문법적인 지식도 마찬가지예요. 뒤에서 '관사'의 중요성에 대해 말하겠지만, 그

래도 솔직히 말하면 관사 하나 틀린다고 문장의 의미가 완전히 바뀌는 건 아닙니다. 관사 하나 못 들었다고 무슨 말 하는지 전혀 모르는 거 아니에요. 하지만 동사의 의미나 관련 문법사항(시제, 조동사 등)을 모르면 의미 파악 자체가 어렵습니다.

동사가 중요하다는 걸 강조하기 위한 예 하나 더. 좋아하는 여자가 있습니다. 그 어떤 형용사로도 표현할 수 없을 정도로 아름다운 여자. 그런데 그녀 앞에만 가면 숨이 탁악 막히고 도저히 아무 말도 못하는 순진한 청년이 있습니다.

백날 "저기요"만 해봐요. 바뀌는 거 하나 없습니다. 이러고 있는데 옆에서 웬 이상한 놈이 나타나서 그 여자에게 내뱉는 한 마디. "사랑한다!" 게임 끝.

그런데 가만히 생각해보면, 여자가 바보가 아닌 이상 "나는요… 당신을요…" 없어도 분위기 상 그 순진한 청년이 '무슨 말'을 할지 알고 있지 않을까요? 그 중요한 '무슨 말'은 바로 명사가 아닌 동사에 있습니다. 동사는 이만큼이나 중요합니다. 그래서 우리는 동사 관련 문법부터 봅니다.

02 저 넘치는 끼를 어찌하면 좋을꼬

동사숲으로 가는 길

have를 '가지다'로만 생각하고 "have 그거 쉽지."라고 생각한다면 ········· 할 말 없습니다.^^ 동사가 어려운 이유는, 단어 하나 하나의 의미나 용법이 복잡하기 때문이에요. 이런 면에서 명사는 도저히 동사의 상대가 될 수 없죠. 죽을 때까지 영어 해도 have를 제대로 알 수 있을까 하는 생각이 들 정도로 복잡한 게 동사예요. 근데 단어의 의미나 용법 말고 더 있습니다. 동사 관련 문법 사항, 이게 장난이 아니거든요. 지금은 일단 대강만 보겠습니다.

1. **동사는 문장의 시제를 결정합니다.** '언제'인지 말해주는 거죠. 근데 문제는 이 시제가 우리말과는 다르다는 사실. 단순히 외워서 될 일은 아니고익숙해지려면 상당 기간이 필요합니다.

2. **동사는 문장의 전체적인 뉘앙스를 결정합니다.** 쉽게 말해, '아 다르고 어 다르게' 하는 역할이에요. 공손하게 말할 수도 있고, 위협적으로 말할 수도 있고, 확실하게 말할 수도 있고, 애매모호하게 말할 수도 있고, 있는 그대로 객관적으로 말할 수도 있고, 아니면 자기 생각이나 주장을 말할 수도 있고.

3. **동사는 문장의 긍정, 부정 여부를 결정합니다.** '그런지 아닌지'를 말하는 거죠. 결국, 부정문이란 문장에 있는 동사를 부정하는 거니까.

4. **동사는 의문문 여부를 결정합니다.** 주어와 동사의 위치를 바꾸면 의문문이 되니까.

> **5. 동사는 딸린 자식이 세 명이나 있습니다.** 우리말에 어미 변화가 있듯이 영어에서도 동사의 형태를 바꿔서 동사, 명사, 형용사로 사용합니다. 우리가 준동사라고 배웠던 분사, 동명사, 부정사, 바로 얘들입니다.

'동사의 숲속으로 들어간' 3장부터 이걸 하나씩 볼 겁니다. |"근데 이걸 언제 다 보나?" 하는 분은 없겠죠?^^| 기존 문법책에서는 개별 단원으로만 봐왔다면 이제 생각을 조금 바꾸라고 했습니다. 전체적인 숲을 봐야 합니다. 단원 하나하나가 동사라는 커다란 숲에 자리하고 있는 각각의 나무들이거든요.

03 동사를 대하는 우리의 자세

동사숲으로 가는 길

문법 영역이 아닌 용법의 차원에서 볼 때, 동사는 그 용법이 동사마다 다릅니다. 이 사실이 우리를 힘들게 합니다. 어떤 동사는 목적어가 꼭 있어야 하는데, 다른 동사는 목적어가 바로 뒤에 오면 안 되고, 목적어를 두 개 갖는 동사도 있고, 진행형으로 쓸 수 없는 동사도 있고, 뒤에 전치사가 올 경우도 각 동사마다 모두 다릅니다. 이런 동사를 공부하는 방법 중 하나로 우리가 오랜 세월 신봉해 온 '문장 5형식'이 있죠. 일단 그 내용을 적어볼게요.

1형식 : 주어+동사(완전자동사)
2형식 : 주어+동사(불완전자동사)+보어
3형식 : 주어+동사(완전타동사)+목적어
4형식 : 주어+동사(수여동사)+간접목적어+직접목적어
5형식 : 주어+동사(불완전타동사)+목적어+목적보어

저 어렸을 때, 이거 모르면 영어 못하는 거고 어떤 문장을 보고 "이건 3형식, 이건 5형식" 빨리 말하는 사람이 영어 잘 하는 걸로 여겨지곤 했습니다. 이제는 그러지 않겠죠?(정말? 설마??^^) 그래도 설마하는 마음에 5형식 얘기를 또 해봅니다.

이 5형식이란 걸 누가 먼저 생각해냈을까요? 정확히 누군지는 잘 모르겠지만 확실한 사실 하나는 영어를 무지 잘 하는 사람이었을 겁니다. 영어 문장 내에서 일정한 규칙을 찾고자 했던 학자가 내놓은 결과물이 아닐까 생각합니다. 또 확실한 사실 하나는, 영어를 모국어로 하는 엄마가 아이에게 영어를 가르칠 때 문장 5형식에 맞춰 하도록 가르치지는 않는다는 것입니다. 다시 말해, 이미 사용하고 있는 영어를 여러 각도에서 보기 위한 방법 중 하나이지, 영어 학습을 위한 유용한 도구는 아니라는 거지요.

그러나 우리는 문장 5형식이 영어 학습법의 커다란 줄기 중 하나라고 굳게 믿었습니다. 네, "믿었다"라고 과거형으로 말하고 싶네요. 물론, 이 자체가 우리 영어 학습에 해가 되는 건 아닙니다. "각각의 동사는 용법이 다 다르다. 여러 가지가 있지만 대략 다음 다섯 가지로 나눌 수 있다." 선에서 그치면 아무 문제 없습니다. 그러나 우리는 이걸 가지고 시험 문제를 만들어냈고 영어 실력을 평가하는 잣대 중 하나로 사용했습니다. "다음 중 나머지 문장과 형식이 다른 것은? 다음 중 3형식 문장은?" 이렇게 말입니다. 네, 백 번 양보해서 여기까지는 괜찮다고 할 수도 있습니다. 재미로 문제 풀면 되니까….^^ 그러나, 이런 지식이 실제로 영어를 하는 데 지장을 주고 있다면 그건 큰일이 아닐까요? 이건 아닙니다.

- 영어로 말 한 마디 제대로 못 하는데, 어떤 문장을 보고 몇 형식인지 빨리 분석(?)할 수 있다고 해서 영어 꽤 한다는 착각에 빠진다면.
- 반대로 영어를 너무 좋아하는 아이가 빨리 분석할 수 있는 능력이 없다고 해서, 또 그것 때문에 문제를 틀려서 실의에 빠진다면.
- 평생이 걸리더라도 문장을 통해 동사의 용법을 하나씩 익혀가고 있는 사람을 보며 "5형식 공식만 보면 되는데 뭐 하는 거지?" 생각하는 사람이 있다면.
- 빨리 외울 수 있기에 나중에 입에서도 빨리 나올 수 있을 거라는 커다란 착각을 하고 있는 사람이 있다면.
- 그런데 이런 착각을 하는 사람이 영어를 가르치는 위치에 있는 사람이라면.

문법책 5형식 부분을 보면 동사를 어느 일정 기준으로 분류해 그 기준에 부합하는 동사를 일괄적으로 제시합니다. 비슷한 성격의 동사를 한데 묶어 외워버리게 하는 거죠. 예를 들면, 수여동사에는 이런 동사가 있고 2형식 동사인 감각동사에는 이런 동사가 있다는 식. 착각하기 딱 좋습니다. 마치 당장 뭔가를 외워서 내 머릿속으로 들어왔다는, 그래서 나중에 내 입에서 그런 식으로 나올 거라는 착각. 가르치는 입장에서도 전혀 나쁠 거 없습니다. 시험 문제 재료로 더 할 나위 없이 좋으니까요.

그러나!!! 한 번만 더 생각해 보세요. 막상 문장에 적용해서 이 지식을 끄집어내는 데는 그 단어의 용법을 개별적으로 파악해 알고 있는 것보다 시간이 더 걸릴 수밖에 없습니다. 왜? 여러 개를 하나로 묶어 놓은 보자기를 풀어야 하니까요. 영어로 말을 하고 글을 쓰는 것은 다른 사람과의 의사소통을 위한 겁니다. 그런데 영어를 말하면서 "3형식 문장을 만들어서 말해야지. 아! 쟤가 하는 말은 1형식이네."라고 생각할까요? 물론 영어에 어느 정도 익숙해지면 누구든지 형식의 종류를 생각하지 않고 글을 읽고 말하게 됩니다. 따라서 어느 정도 영어가 익숙해지면 5형식 학습을 되돌아보며 문제라고 생각하는 사람 역시 많지 않은 게 사실이고요.

'영어는 말' 이라는 지극히 당연한 진리가 무시되는 현실, 왜일까요?

$2 \times 9 = 18$

생각도 안 하고 답이 나옵니다. 구구단이라는 걸 외웠기 때문입니다. 그러나 영어를 제대로 하려면 시간이 걸리더라도 $2 + 2 + 2 + 2 + 2 + 2 + 2 + 2 + 2 = 18$이라고 해야 하지 않을까요? 영어는 수학이 아닙니다. 편한 공식이 있는 게 아닙니다. 영어는 '말' 이기 때문입니다.

우린 너무 편하게 가르치고 배우려는 게 아닐까요? 동사를 다섯 형식으로 분류하고 각 형식별로 대표적인 동사 몇 개를 추려내고 이것만 시험문제에 나옵니다. 배우는 사람들도 "아! 이 동사는 몇 형식 동사구나. 이것만 알면 되지, 뭐."라고 자기도 모르게 암기하는 쪽으로 가게 됩니다. 더 큰 문제는 문장을 보면서 문장 그 자체를 받아들이는 게 아니라 "이 문장이 몇 형식이지?"라고 한 번 더 생각을 하게 만든다는 것. 여기서 한 걸음 더 나가, 문장의 전체적인 의미를 이해하면서도 몇 형식인지 구분을 못한다고 해서 그 문장을 모르는 것이라고까지 생각한다면?

동사는 어렵습니다. 하나의 동사, 특히 기본동사를 자기 것으로 만드는 것은 오랜 세월을 요하는 작업이에요. 단순히 연습장에 단어만 쓰면서 암기해서 끝날 일이 결코 아닙니다. 여러 동사를 하나의 포장지에 싸서 한꺼번에 내 것으로 만들 수는 없습니다. 동사 하나하나에 개별적으로 접근해 이 단어가 쓰이는 용례를 정말로 '여러 번' 접할 때 그 동사는 비로소 내 것이 될 겁니다. 아니, 영원히 내 것이라고 말할 수 없을지도 모릅니다. 우리말 동사 중에 '완전히 내 것'이 됐다고 자신 있게 말할 수 있는 단어가 과연 있을까요? 우리말은 '말'로 생각하기에 전혀 개의치 않으면서 영어만 보면 '말'이 아니라는 듯 빨리 해치우고 싶어합니다. 그러기에 우리는 영어를 '외우려는' 무모함을 범하고 있는지 모릅니다.

5형식을 외우고 까먹고 또 외울 시간이 있으면 그 시간에 여러 문장을 접하면서 많은 동사와 접할 수 있는 기회를 갖는 것이 어떨까요? 동사는 하나하나씩 천천히 드세요. 안 그러면 반드시 체한다고 그랬죠?

04 우리말도 장난 아니거든

동사숲으로 가는 길

우리는 영어가 무지 어렵다고 생각합니다. 네, 어렵습니다.^^ 그런데요, 우리말 배우려는 외국사람 본 적 있나요? 이 사람들 말 들어보면 우리말 배우기는 정말 말로 표현할 수 없을 정도로 어렵다고 합니다. 그래서 "뭐가 제일 어려운데?" 물어본 적이 있죠. 그랬더니 변화무쌍한 우리말 어미 변화를 말하는 친구가 많았습니다. "가다"를 예로 들어볼게요.

- 가다, 갔다, 가는 것, 갔었다, 가는, 가지 않았다, 갈 거다, 가려고 했다, 가던 중이다, 갈 뻔했다, 가다 말 뻔했다, 가지 않을래, 갔다고 하더라, 간다면서, 가지 않을래? 가면 좋고, 가기, 감, 간다던데, 가면서, 간다며, 가걸랑 등등.
- 가부러, 간당게, 가시남유, 가드라고, 가드래요, 간다카이, 가카마시, 가쌌노, 가능교 등등. |이것보다 훨씬 더 많겠지만 일단 생각나는 것만.|

자기 딴에는 어느 정도 우리말에 자신 있던 한 외국인 친구가 겪었던 에피소드. "갈 것이다, 가려고 한다" 정도의 표현은 알고 있다고 생각한 이 사람. 친구 집에서 놀다가 집에 가려고 일어서려는데, 친구가 자기한테 이렇게 얘기를 했다고 합니다.

　　"왜, 가게?"

교실에서 배운 우리말은 "지금 가려는 거니?" 정도. '가게'도 '가다'의 변화 중 하나인줄 몰랐던 그는 store를 떠올렸다고 합니다.^^ 우리말은 기본 동사를 놓고 이렇게 여러 가지 요술을 부립니다. 교과서 한국어가 부끄러워 고개를 못 들 정도로. 사실 우리 같은 '네이티브 코리언'들은 느낌으로 알지만, 하나 하나 그 용법을 배워서 터득해야 하는 외국인 입장에서는 여간 곤혹스러운 게 아닐 거예요. 그런데, 영어는 좀 다릅니다. 아니, 아주 많이 달라요. go라는 동사에서 go 자체를 변화시키는 경우는 별로 없습니다. 지금 세어보니 세 가지 정도 밖에 없는 것 같네요.

- go의 과거형 went
- go의 현재분사 겸 동명사 going
- go의 과거분사 gone

이거 말고 또 있나요? 아무리 생각해봐도 이 세 가지밖엔 없는 것 같은데…. 그럼 영어는 그 무수한 표현을 과연 어떻게 처리하는 걸까요? 네, go 자체를 변화시키기보다는 다른 단어를 go 앞에 놓고 여러 가지 표현을 만들어냅니다. go, do not go, will go, should have gone, have gone 등등. 하지만 이런 여러 결합은 우리말 어미 변화에 비하면 상대도 안 될 정도로 간단합니다. 자, 그럼 동사를 어떻게 공략해야 하는지가 이제 조금씩 보이죠?

- go라는 단어 자체의 수많은 용법 (용법의 영역)
- 다른 단어가 go 앞에 와서 느낌을 표현하는 몇 가지 방법 (문법의 영역)

자, 둘 중 과연 어느 게 더 어려울까요? |고민하세요? 앞에서 그렇게 말했는데^^| 당연히 첫 번째 go 자체의 용법이죠. 한 단어의 '용법'은 며칠 책 읽어서 끝낼 수 있는 차원이 결코 아니라고 했습니다. 영어를 하는 한 계속 보고 듣고 또 직접 쓰면서 익혀나가는 거니까요. 두 번째는 순수한 '문법'의 차원. 이건 용법에 비해 그렇게 오래 걸리지 않습니다. 개념 정리가 잘 돼 있는 괜찮은 책 한 권이면 충분할 수도 있다고 했습니다. 이 책에서 다룰 내용은 문법에 국한된 겁니다.

"왜, 가게?"를 얘기하고 나니까 에피소드 하나가 더 생각나는데, 역시 조금 전에 소개한 그 사람 얘기. 자신이 가르치던 학생한테 뭘 해달라고 부탁을 했는데 평소에 착하다고 생각했던 그 학생의 입에서 나온 말.

"그르께요."

'아니, 그릇을 깨라니?' 이 말을 듣는 순간 '웃기지 말라'는 정도의 뜻을 가진 비속어 표현인줄 알고 심정 좀 상했다고 합니다. |저 어렸을 때 비속어로 "깨고 있네~"가 있었는데.^^| 이 정도로 변화무쌍한 우리말에 비하면, 영어 동사의 변화는 사실 아무것도 아닐지 모릅니다.

동사의 4단 변화? 05

동사숲으로 가는 길

우리말에 비하면 영어의 동사 변화는 사실 아무것도 아니라고 했는데, 어느 정도로 아무것도 아닐까요? 네, 위 제목대로 몇 개 안 됩니다. 그런데, 3단 변화는 들어봤지만 4단 변화는 처음이죠? |네, 저도 이렇게 글로 쓰기는 처음입니다.^^|

go - went - gone

이건 우리가 흔히 본 '동사의 3단 변화' 네요. 그런데 하나가 더 있는 거 아닌가요? going은 어디 간 걸까요? 이렇게 하나 더 있는데 왜 우리는 3단 변화라고 해서 외웠던 걸까요? 저 혼자 생각이지만, going은 무조건 ing만 붙이면 되니까 굳이 따로 외울 필요가 없는 거고, gone은 이른바 '불규칙 변화'가 있기 때문에 '3단 변화'라고 만들어 외워야 한다는 경각심(?)을 주려고 했던 게 아닐까요? 사실 "왜 그랬을까?"가 뭐 그렇게 중요하겠습니까? 네, 이런 거 상관없이 go란 놈을 제대로 가지고 놀 수만 있다면요. 그런데 go-went-gone이라는 3단 변화가 우리를 헷갈리게 한다면? 그렇다면 한 번은 생각해 보고 가야 하지 않을까요?

분사의 정체

'동사의 3단 변화'라는 이름으로 외우라고 하기 때문에, 우리는 마지막에 나오는 gone까지 동사로 생각하는 경향이 있습니다. 그런데 과연 동사일까요? 문법책에 나오는 용어는 우리를 참 많이도 헷갈리게 합니다.

과거분사 gone : 분사가 뭔지는 잘 모르지만 과거가 뭔지는 압니다. 그래서 우리는 gone을 보면 뭔가 '과거시제'와 관련 있다고 단정합니다. 그리고 '동사의 3단 변화'에 속해 있기 때문에 gone은 동사라고 착각합니다.

현재분사 going : 분사가 뭔지는 잘 모르지만 현재가 뭔지는 압니다. 그래서 우리는 going을 보면 뭔가 '현재시제'와 관련 있다고 단정합니다. 그리고 going을 보면 '현재분사'인지 '동명사'인지 헷갈립니다. 사실 이 부분은 전체적인 동사숲의 맥락에서 보면 그렇게 어렵지 않은 부분이에요. 이건 나중에 자세히 다루기로 하고, 여기서는 간단히 볼게요.

- **'분사'**는 '동사를 형용사로 사용하기 위한 동사 변화'라고 생각하세요. 물론 동사의 요소가 완전히 없는 건 아니지만 형용사로 보면 사서 고생할 일이 많이 줄어듭니다.
- **'동명사'**는 현재분사와 겉모습은 같지만 그 속은 완전 달라요. 형용사로 쓰기 위한 게 분사라면, 동명사는 '동사를 명사로 사용하기 위한 동사 변화'라고 생각하세요.

우리말을 예로 들면, '가다'라는 동사를 가지고 '가고 있는 차' '가버린 열차' '서울로 가는 것' 이런 식으로 변화를 주는 걸 생각하면 됩니다. 일단 강조하고 싶은 건 3단 변화 마지막에 나오는 과거분사는 그 자체로는 동사와 거리가 멀다는 것.

시제의 정체

우리는 흔히 시제를 '과거 & 현재 & 미래' 이렇게 세 가지로 나눕니다. 하지만 이번 기회에 약간 생각을 바꿔보는 건 어떨까요? 동사의 변화 중 시제와 관련 있는 건 '과거형 went' 밖에 없습니다. 동사 go 자체가 바뀐 미래형 동사는 없다는 말입니다. goll, gaall, gull… 이런 단어 없습니다.^^ go는 시제 상으로 보면 go와

went 이렇게 두 개죠.

따라서 시제를 볼 때, '과거 & 현재 & 미래' 이렇게 하는 것보다 '과거 & 비과거', 다시 말해, '이미 지나간 동작이나 상태 & 아직 지나가지 않은 동작이나 상태'로 나누는 게 문법 이해에는 더 편할 수 있습니다. |나중에 다른 문법 사항 설명하면서 '과거 & 비과거'라는 표현이 나와도 너무 놀라지 마세요.| 일견 더 복잡하게 느껴지는 분을 위해 우리말 예를 들어볼게요.

"나 내일 <u>간다</u>."
"오늘 밤 할 일 <u>없어</u>."
"20년 후 우리는 다시 <u>만난다</u>, 꼭!"

분명히 미래의 동작이나 상황이지만 동사 표현만 놓고 보면 '현재 표현'과 다를 게 없죠? 뭐, 굳이 "나 내일 갈 것이다" "오늘 밤 할 일 없을 것이다" "20년 후 우리는 다시 만날 것이다, 꼭!" 이렇게 해도 문제는 없겠지만 우리도 은연중에 미래를 얘기하면서 현재표현으로 말합니다. 이렇듯, 흔히 말하는 '현재시제'와 '미래시제'는 경계선 자체가 참 애매모호합니다. 그래서 이 책에서는 시제 단원을 다음과 같이 나누어 보았지요.

기본 시제 동사 go의 변화만 가지고 표현하는 시제	동사 go가 다른 단어나 표현의 도움을 받아 표현하는 시제
단순현재 단순과거	be와 함께 하는 진행표현 (be + -ing) have와 함께 하는 완료표현 (have + p.p.) will 등과 함께 하는 여러 가지 미래표현

이렇게 써놓으니 복잡하고 어려워 보이지만, 안을 들여다보면 그렇지 않습니다.

아직도 '미래시제'에 미련이 남은 사람을 위해 하나만 더 말해볼까요? 미래를 표현하는 방식은 이렇게 많습니다.

- 단순현재   The exhibition <u>opens</u> on November 1.
- 현재진행   What <u>are</u> you <u>doing</u> tomorrow?
- will의 도움을 받아서   It'<u>ll</u> be spring soon.
- be going to와 함께   Who'<u>s going to</u> cook tonight?

will 말고 다른 조동사로 미래를 표현할 수도 있어요. 아니, 거의 모든 조동사가 옵니다.

- I <u>can</u> come tomorrow.
- They <u>might</u> see you next week.
- <u>Could</u> you be here with me tonight?

그냥 일반적인 동사만으로 미래를 표현하기도 합니다.

- I <u>want</u> to be there soon.
- I <u>hope</u> that you pass the exam.

이 정도 되면 사실 조동사 will로 대표되는 '미래시제'라는 용어보다는 그냥 '미래표현'이라고 하는 게 사실 더 어울리지 않을까요? 가뜩이나 복잡한 문법책 용어에 일조를 하는 것 같아 마음이 그렇지만, 더 간단히 볼 수 있기 때문에 이런 제안을 하는 거라고 생각해주세요.

동사숲에는… 06

동사숲으로 가는 길

이번 완전개정판에서는 순서에 변화가 있습니다. 전에는 명사를 먼저 소개하고 동사가 나왔는데, 이번에는 동사를 먼저 보겠습니다. 이전 '뒤집어본 영문법'을 다시 뒤집는 거라고 할까요?^^

순서 외에 동사 편에 변화를 많이 주었습니다. 마음에 드실 겁니다.

첫째, **내용을 좀 더 보강했습니다.** 사실 이전판에서는 굵직굵직한 내용 위주로 소개했는데, 이번에는 조금 더 자잘한 내용까지 다 포함했습니다.

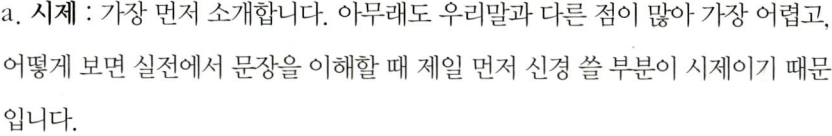

둘째, **각 파트 배열을 새롭게 했습니다.** 고민을 상당히 많이 한 부분인데요. 각 단원별 이름을 조금 색다르게 붙여봤습니다. "시제 · 의미 · 변화" 이렇게요.

a. **시제** : 가장 먼저 소개합니다. 아무래도 우리말과 다른 점이 많아 가장 어렵고, 어떻게 보면 실전에서 문장을 이해할 때 제일 먼저 신경 쓸 부분이 시제이기 때문입니다.

앞에서 go가 나왔을 때 잠깐 언급했는데, go 자체만 가지고 표현할 수 있는 시제는 두 가지 밖에 없습니다 — 현재|go|와 과거|went|. 그래서 '기본 시제'에서는 이렇게 두 가지만 봅니다.

그리고 다른 동사의 도움을 받아서 만들어내는 시제에는 '복합 시제'라는 이름을 붙였습니다 — be의 도움을 받는 진행 표현, have의 도움을 받는 완료표현, will의 도움을 받는 미래표현.

b. **의미** : 동사 파트의 '꽃'입니다. 동사가 문장의 의미를 가지고 노는 멋진 모습, '조동사'의 숨겨진 화려한 모습을 보여드립니다. 애들이 하는 일은 문장을 '아 다르고 어 다르게' 하는 겁니다. 우리말은 어미 변화가 화려하다면, 영어는 조동사를 가지고 여러 가지 다른 뉘앙스를 만들어냅니다.

그리고 '의미' 편에는 조동사 말고 몇 가지가 더 들어갑니다. 일단, 기존 문법책에서 '법(Mood)'이라고 나왔던 부분입니다. 다시 말해, 있는 그대로 객관적으로 말하는 직설법과 자신의 주관적인 느낌 · 생각 등이 담긴 가정법, 이렇게 두 가지를 살펴볼 겁니다. 정확히 모르면 의미 파악에 있어 상당히 커다란 걸림돌로 작용하는 애들이니 잘 보세요.^^

그리고 '명령'의 어감을 표현하는 방법을 봅니다. 이 외에 부정문과 의문문에 관한 내용을 포함시켰습니다. 이 세 가지는 다른 내용에 비하면 상대적으로 쉽게 느껴질 겁니다.

c. **변화** : 기존 문법책에서 '준동사'라고 나왔던 부분. 동사 자체가 변화해서 다른 품사로 사용되는 세 가지, 즉 부정사 · 동명사 · 분사를 살펴보는 곳입니다. 이 부분 역시 단순히 외운다는 쪽보다는 근본적인 이해가 필요한 곳입니다.

물론 명사도 중요하죠. 그러나 영어를 하면 할수록 우리에게 어렵게 다가오는 건 동사여야 합니다. 동사를 모르면 그렇게 매일같이 외워대는 명사와 명사의 자식들(형용사, 부사 등등)을 제대로 꿰어줄 수가 없기 때문이에요.

03 동사숲에서 만난 시제

1. 단순현재 ┐
           단순시제
2. 단순과거 ┘
3. be와 함께 : 현재진행 ┐
4. be와 함께 : 과거진행 ┘
5. have와 함께 : 현재완료 ┐ 복
6. have와 함께 : 과거시제 대응으로써의 완료 ┘ 합
7. will과 함께 : 미래표현 Ⅰ ┐ 시
8. will과 함께 : 미래표현 Ⅱ ┤ 제
9. will과 함께 : 미래진행 ┤
10. will과 함께 : 미래완료 ┘

01 단순현재

동사숲에서 만난 시제

🔔 내가 '지금 현재'로 보이니?

가장 간단한 시제처럼 보이지만, 의외로 그렇지 않습니다. 이름은 '단순현재'지만 그 의미는 '지금, 현재'와는 거리가 멀기 때문이에요. 헷갈리는 분들을 위해 조금 더 자세히 보면 영어의 단순현재시제는 |지금 현재 어떻다는 걸 말하는 게 아니라| '항상 늘 그런 일반적인 사실'을 말할 때 나옵니다. 다시 말해, '과거에도 그랬고 지금도 그렇고 앞으로도 그럴 것 같은' 시제. 이름은 '단순현재'지만, 실제로는 현재에만 국한된 시제가 아닙니다.

- Fish <u>live</u> in water. 물고기는 물 속에 산다.

항상 그렇죠? '지금 현재' 어떻다는 말은 '현재진행'의 몫입니다. |이 얘기는 뒤에 나옵니다.| 일단 단순현재 문장 몇 개 보세요.

- I <u>take</u> a shower every day. 나 매일 샤워해.
- The sky <u>is</u> blue. 하늘은 푸르다.
- Sungho <u>works</u> at a bank. 성호는 은행에서 일한다.
- The shop <u>opens</u> at 9 o'clock. 그 가게는 9시에 문을 연다.
- The earth <u>goes</u> round the sun. 지구는 태양 주위를 돈다.

문장들을 보니까 그림이 그려지죠? 지금 이 순간 그렇다는 게 아니라, 항상 그렇다는 그림이. I take a shower every day. 하면 지금 샤워를 하고 있는 게 아니

라, 누가 "좀 씻고 다녀!"라고 했을 때 "나 매일 늘 샤워해!"라고 말하는 그림입니다. 마지막 세 개의 문장들을 보면 work, open, go에 s나 es가 붙어있는 게 보이죠? 주어가 3인칭 단수이고 시제가 현재일 때는 뒤에 나오는 일반동사에 s나 es를 붙이기 때문입니다. 이런 거 우습게 보지 말라고 했을 겁니다. |앞에서 한 번 당했으니 잘 아시겠죠?^^| 눈이 아닌 입으로 연습해야 할 부분입니다. The earth goes round the sun. 지금까지 문법책에서 많이 봤던 '불변의 진리 혹은 사실'에 해당하는 문장이네요. 그런데 뭐 어렵게 불변·진리·사실이라고 할 필요없이 "옛날에도 그랬고, 지금도 그렇고, 앞으로도 그럴 것 같은 동작이나 상태"라고 생각하는 게 더 편하고 정확합니다.

이에 반해, 진정한 '현재, 지금'을 표현하는 시제는 현재진행입니다. |나중에 자세히 나옵니다.|

> **단순현재 vs. 현재진행**
> "옛날에도 그랬고, 지금도 그렇고, 앞으로도 그럴 것 같은 동작이나 상태"는 단순현재 시제! 진정한 '현재, 지금'을 표현하는 시제는 현재진행!

A What <u>are</u> you <u>doing</u>? 뭐 하니?
B <u>I'm doing</u> the dishes. 설거지 하는 중이야.

🔔 단순현재로 표현하는 미래

'단순현재'를 가지고 '미래' 의미를 표현하는 경우도 있습니다. 여기에는 어느 정도 일정한 규칙이 있어요. 일단 보세요.

- The exhibition <u>opens</u> on November 1. 전시회는 11월 1일 시작한다.
- His train <u>arrives</u> at 10:30. 그 사람이 탈 기차는 10시 30분에 도착한다.

학교 때 '왕래발착동사, 가고 오고 떠나고 도착하는 뜻의 동사'라고 배웠던 바로 그 내용입니다. 하지만 이 기회에 조금 더 넓게 잡고 들어가보죠. '공식적인 일정이나 시간표에 나와 있는 미래표현'이라고! 우리말 번역 '시작한다, 도착한다'를 봐도 단순현재입니다. 그럼 이런 걱정이 들 수도 있습니다. "아니, 그럼 동사만 보고 현재 얘긴지 미래 얘긴지 어떻게 알 수 있다는 거지?" 항상 잊어서는 안 되는 '문맥'. 네, 문맥을 보면 됩니다. 한 문장의 문맥, 그리고 앞뒤 문장들과 어우러졌을 때 나오는 문맥을 보면 됩니다. 위 문장에서는 November 1이나 10:30를 보고 동작이 미래에 발생한다는 걸 알 수 있습니다. 이런 표현이 안 나오면 앞뒤 문맥을 가지고 알 수 있는 거고요. 지금은 문법 설명이니까 주로 문장 하나만 소개하지만 실제 글을 읽게 되면 '문맥'이 많이 도와주죠.

중요한 건 '왕래발착 동사가 오면 현재시제가 미래를 대신한다' 같은 문법 사항을 외우는 게 아닙니다. 이런 문장을 여러 번 보면서 자연스럽게 느끼고 쓸 수 있는 것이 중요합니다. |사실 문법 모르면서 말을 자연스럽게 술술 하는 사람들이 더 무섭지 않나요?^^|

🔖 약속이나 맹세

약속이나 맹세를 항상 늘 하는 사람은 없습니다. 그런 사람은 오히려 더 못 믿을 사람이죠. 약속이나 맹세는 이렇게 '항상 하는' 건 아니지만 단순현재로 하는 게 일반적입니다. 대표적인 동사로는 promise와 swear.

- I <u>promise</u> never to lie again. 다신 거짓말 안 한다고 약속할게.
- I <u>swear</u> that I will never walk away from you again.
  다시 당신을 떠나는 일은 절대 없을 거야. 맹세해.

이렇게 단순시제로 나오는 동사들을 가만히 보면 '동작'보다는 '상태'에 주안점

을 두고 있는 단어들입니다. 근데 이것도 잘 생각해보면 이해가 됩니다. 단순현재는 '늘, 항상 그렇다' 는 '상태' 의 개념이고, 현재진행 표현은 '지금 현재 벌어지고 있는 동작' 의 개념이니까요. '상태' 개념의 대표적인 동사로는 like, love, think, understand, want, hear, see, seem, own 등이 있어요. 이런 동사는 '동작' 의 개념인 진행표현에는 나오지 않는 게 일반적이에요. 우리말로는 "난 그 사람을 좋아하고 있어"라고 할 수 있지만, 영어로는 I'm liking him very much.가 아니라 그냥 I like him very much.이 얘기는 조금 후에 현재진행 얘기할 때 자세히 할게요. |너무 화내지 마시고 조금만 기다리세요.^^|

03 동사숲에서 만난 시제

02 단순과거

동사숲에서 만난 시제

🔸 **"그냥 그때 그랬을 뿐야. 그게 다야."**

과거를 말하는 가장 일반적인 시제라고 생각하세요. 다음에도 나오지만 과거진행 표현이 어떤 동작이나 상황이 과거의 어느 한 시점에서 진행되고 있는 경우라면, 이에 반해 과거시제는 과거 어느 한 시점을 기준으로 진행이 아닌, '이미 끝난' 상황이라고 생각하면 됩니다.

- Yesterday it <u>rained</u> all morning. 어제는 아침 내내 비가 왔다.
- He <u>watched</u> television last night. 그는 어젯밤 텔레비전을 보았다.

all morning이나 last night라는 과거의 한 시점에 일어난 일을 말하고 있습니다. 단순과거는 그 자체만 보면 그렇게 까다롭지 않거든요. 그냥 과거의 어느 한 시점에서 벌어진 일'이에요. 그 이상도 그 이하도 아닙니다.

|사실 좀 복잡한 애는 현재완료죠.| 처음 문장은 all morning이라는 시점에서 비가 왔다는 사실 하나를, 다음 문장은 어젯밤 텔레비전을 봤다는 사실 하나만을 전달하고 있습니다. 반면에 현재완료는 이런 하나의 사실 외에 더 있다고 보면 됩니다. 이 얘긴 역시 잠시 후에…^^

단순과거에 대해 한 가지 더. 과거의 한 시점이라

고 하니까 상당히 먼 옛날 얘기처럼 들릴지 모르지만, 방금 몇 초 전에 일어난 일도 이미 끝난 상황이라면 과거시제입니다.

- <u>Did</u> the phone ring? 방금 전화 울렸니?

딱딱하지 않아, 그래서 공손하게 들리기도 하고 I

과거는 시제와 상관없이 어떤 표현을 유연하게 만들기도 합니다. '유연하다' 는 말이 조금 애매한데요. 의사 표현을 너무 직접적으로 하지 않는 것을 말합니다. 그래서 공손하게 들릴 수도 있어요. 너무 복잡하게 말한 것 같은데 다시 정리할게요. '덜 딱딱하고' '덜 직선적이고' '표현이 유연하고' 그래서 '공손할 수 있는' 그런 느낌… 느낌이 왔나요? 우리말에도 "내일 아침 9시까지 와." 같은 직선적인 표현에 여유를 줄 수 있습니다. "내일 아침 9시까지 올 수 있으면 좋지 않을까 생각했거든." 이렇게요. 지금 이 두 문장의 느낌 차이가 바로 영어에도 있습니다. 두 번째 문장의 부드러움 혹은 여유를 과거시제로 표현할 수 있지요. 그래서 hope나 wonder 같은 단어와 함께 사용해 '공손한 표현' 을 하는 경우에 과거시제가 나옵니다. 바로 말 못 하고 돌려서 말하는 거지요. 해석도 그렇게 '돌려서' 할게요.

- I <u>wondered</u> if you were free this evening.
  너 오늘 밤 시간 있지 않을까 궁금했는데…
- I <u>hoped</u> we could have a quick word before the meeting.
  너랑 회의 전에 잠깐 얘기할 수 있었으면 하고 생각했는데…

물론 생김새는 영어나 우리말이나 '궁금했다', '희망했다' 입니다만, 의미는 '과거' 그랬다는 게 아니라 '지금' 그런다는 것입니다. 왜냐고요? 시제를 과거로 이동시켜서 직선적인 뉘앙스를 피하자는 의도라고 보세요.

현재시제가 주는 느낌은 '뭐는 뭐다' 같은 겁니다. 좀 딱딱한 느낌이 없잖아 있죠. 그래서 공손하게 말할 때는 현재시제에서 벗어나서 다른 시제를 쓰는 겁니다. 그럼, 진짜 단순과거시제와 구별이 어렵지 않을까 걱정하는 분도 있을 거예요. 그러나 이번에도 역시 '문맥' 이 도와줄 겁니다. 너무 걱정 마세요. 머리 아파할 사람이 있을지 모르니 여기서는 이 정도만 할게요. |여기서는?^^| 네, 조금 후에 다른 시제 할 때 나오고 더 나중에 조동사 얘기할 때 또 나오거든요. 형태는 과거로 보이지만 그 역할은 직선적인 뉘앙스를 피하는 경우. 그 대표적인 예는 모두 잘 아시는 "Would you~~?" 같은 문장. 공손하기 위해서는 직선적으로 물어봐서는 안 되는 겁니다.

be와 함께 : 현재진행 03

동사숲에서 만난 시제

'지금' 그리고 '변화'

'지금, 현재'를 표현하는 방식입니다. 형태는 다들 아시듯이 'be동사+-ing'. 이 책에서는 '형태'보다는 '의미' 쪽에 중점을 둔다고 했으니까, 동사의 -ing형 만드는 방법은 생략할게요. '지금, 현재'를 말할 때는 단순현재가 아니라 바로 이 현재진행이 나옵니다.

- Please be quiet. I'm working. 조용히 좀 해주세요. 작업 중이에요.
- Eric is writing a letter. 에릭은 편지를 쓰고 있다.
- The phone is ringing. 전화가 울리고 있다.

항상 작업 중인 것도, 항상 편지를 쓰는 것도, 항상 전화가 울리는 것도 아닙니다. '말하는 지금 이 시점에, 일시적'으로 일어나고 있는 상황이나 동작이겠죠. 그래서 현재진행인 것입니다. **'일시적'** 이라는 말 기억하세요.^^

여기서 하나만 더 나가보죠. '말하고 있는 지금 이 시점'에서 working, writing, ringing 하고 있는 것은 분명히 맞지만, 엄밀히 말해 지금 말하고 있는 이 순간에만 이 동작이 이루어지는 건 아닐 겁니다. 분명한 것은 말하기 이전에 |단 몇 초라도| 이미 이 동작을 시작했다는 거죠. 그리고 지금 말하고 있는 이 순간이 지나도 그 상황이나 동작은 어느 정도 계속된다는 의미가 들어 있습니다. I'm working. 해 놓고 금방 일 걷어치우고 룰루랄라 놀러 갈까요? 편지를 쓰고 있던 에릭이 말하자

03 동사숲에서 만난 시제   73

마자 금방 편지 쓰는 걸 멈추지는 않을 겁니다. 지금 울리고 있는 전화벨도 누가 받기 전까지는 계속 울릴 거고요. 이 얘기를 하는 이유는, 진행형이라고 해서 단순히 말하고 있는 지금 이 시점에 관련된 것만은 아니기 때문입니다. 그래서 다음과 같은 용법도 있습니다. **뭔가가 '변하고 있을 때', 다시 말해 우리말의 '~해지고 있다' 정도의 뉘앙스일 때에도 현재진행시제는 나옵니다.**

- He's getting bigger every day. 애가 하루가 다르게 매일 쑥쑥 크네.

현재진행 표현의 기본적인 내용은 이 정도면 충분합니다.

단순현재 vs. 현재진행

단순현재와 마찬가지로 현재진행 역시 앞으로 있을 일을 표현할 수 있습니다.

- I'm seeing Irene tomorrow. 나 내일 아이린 만나기로 돼 있어.

분명히 am seeing, 현재진행 표현인데 떡 하니 tomorrow라는 미래를 나타내는 부사가 오고 있네요. 틀렸을까요? 아뇨. 맞습니다. 헷갈리세요? 자세한 설명은 나중에 미래표현 얘기할 때 몰아서 할 겁니다. 조금만 기다려주세요. 네, 조금만요.^^

이제 단순현재와 현재진행을 비교해 볼 차례입니다. 다른 점은 이겁니다. **항상** |permanent| **對 지금** |temporary|. 앞에서 여러 번 나왔으니까 감이 올 겁니다. 영어로 permanent와 temporary의 어감이라는 것도 기억하세요.

- [a] You live in Seoul, don't you? 서울 사는 거 맞지?
- [b] I'm living with my parents for the moment. 지금은 부모님과 함께 살고 있어.

ⓐ The river <u>flows</u> into the Indian Ocean. 그 강은 인도양으로 흘러간다.
ⓑ The river <u>is flowing</u> very fast after last night's rain.
어젯밤 비가 온 뒤로 지금 강물이 매우 빨리 흐르고 있다.

ⓐ문장들은 일반적인 상황을 말하는 데 반해, ⓑ문장들은 지금 이 순간의 상황을 말하고 있죠? 예를 들어, 서울이 집인데 지금은 사정상 부산에서 형과 함께 살고 있다면 I live in Seoul, but now I'm living with my brother in Busan.

그런데 이 두 가지 시제를 비교할 때마다 생각나는 게 있어요. 몇 년 전 외국 가수가 한국에 와서 인터뷰를 하는데, 사회자가 "아버님은 뭐 하세요?"라고 직업을 물었죠. 그러자 옆에 있던 다른 사회자가 영어로 What is your father doing? 물어봤어요. 순간 무지 당황한 가수, "@#$%)#$%!@#$%^~~~"라고 역시 못 알아들을 얘기로 대답하더군요.

당황한 이유 알겠죠? What's your father doing?은 "지금 아버지가 뭘 하고 있냐?"는 말이거든요. 현재 미국에 계신 아버지가 뭘 하고 있는지 한국에 있는 아들

은 알 턱이 없죠. 그럼 제대로 하려면 어떻게 했어야 할까요? What does your father do (for a living)? 이렇게 단순현재 시제로 해야 "아버지가 늘 항상 하는 게 뭐냐?", 다시 말해 "아버지 직업이 뭐죠?"라는 질문이 됩니다. 차이가 보이세요? 하나 더 보죠.

- He is very nice to me. 그 애는 항상 나한테 잘해줘.

이건 늘 그렇다는 말일 거고요.

- Why are you being so nice to me? 왜 이렇게 나한테 잘해주는 거야?

이 문장은 조금 다르겠죠? 평상시에 안 그러던 녀석이, 또는 누군지도 잘 모르는 사람이 나한테 잘 해줄 때 "너, 왜 그래?" 같은 뉘앙스가 숨어 있는 게 보이네요.

단순현재 = permanent
현재진행 = temporary

'단순현재'나 '현재진행'을 한마디로 요약해줄 수 있는 이 두 단어는 나중에 또 나옵니다. 둘은 달라도 아주 많이 다릅니다. 상황에 따라서는 정반대의 느낌도 와야 합니다.

'진행'과 어울리지 않는 동사들

영어의 모든 동사가 진행표현에 나오는 건 아니에요. know, like, love, remember, understand, want, hear, see 같은 동사는 진행표현에는 나오지 않는다고 합니다. 이 단어들의 공통점이 뭘까요?

알고, 좋아하고, 사랑하고, 기억하고, 이해하고, 원하고, 듣고, 보고…

어떤 '동작'이 들어간 단어들이 아닙니다. 그 반대인 '상태'를 표현하는 동사들입니다. 움직임의 요소는 없고, 오히려 정지해 있는 상태를 묘사하는 단어들인 거지요.

A Do you <u>know</u> him? 그 사람 알아?
B Yes, but I don't <u>remember</u> his name. 어, 근데 이름은 기억 안 나.

두 문장에 knowing이나 remembering은 이상하겠죠.

- I'm tired. I <u>want</u> to go home. 피곤해. 집에 가고 싶어. (I'm wanting 이상해요.)
- I don't <u>understand</u>. 이해가 안 된다. (I'm not understanding 어색합니다.)

그런데 이게 생각만큼 그렇게 쉬운 문제가 아니에요. 일단 움직임이냐 정지 상황이냐를 판단하는 게 쉬운 일이 아닙니다. 그것보다 더 우리를 힘들게 하는 건 '우리말에 영어를 끼워맞추려는 오류' 바로 그겁니다. "난 널 좋아하고 있어. 그렇게 생각하고 있어. 그 사람 지금 가길 원하고 있어." 등등 우리말로는 "~하고 있다"고 해도 전혀 이상하지 않지만, 영어로는 진행표현이 어울리지 않거든요. 왜? '매일 영어만 하는 저쪽 나라 사람들은 이런 단어들 자체에 동작의 의미가 없다고 생각하기 때문' 입니다.

사실 이런 단어를 다 적으면 한도 끝도 없을 겁니다. 중요한 건 이런 단어를 모두 외우려 하지 말고 |외울 수도 없습니다|, 평소에 영어를 보면서 입으로 훈련해야 한다는 겁니다.

"I'm loving it!" 진행형 안 된다며?!

드디어 나왔습니다. 진행시제에는 안 쓴다더니 모 햄버거 광고에 떡하니 나옵니다. 이 문장이 주는 느낌은 이런 게 아닐까요? 햄버거를 먹기 위해, 침이 잔뜩 고인 입을 쫘악 벌리면서 "이 순간, 아~~ 난 이 순간이 너무 좋아!" 너무 좋아서 미칠 것 같은 느낌이 파악 오나요? 이런 어감으로 I'm loving it을 이해하면 loving이라고 쓴 느낌을 제대로 받으시는 겁니다. 문법적으로는 하자가 있을지 몰라도, 말하는 사람이 '지금 이 순간'을 강조하고 싶은 거죠. 문법이 사람의 자유로운 언어 생활을 지배할 수는 없으니까요.

그러나! 이런 현상을 안 좋게 보는 사람들도 있습니다. |문법에 어긋난다는 점 외에| 미국에 살지만 영어에 익숙하지 않은 사람들이 be loving something이라고 love를 잘못 사용한다고 합니다. 이 광고는 사실 그런 사람들까지 염두에 둔 겁니다. 문법적으로야 틀렸지만, 사람들이 늘 쓰는 말이니까 더 친숙하게 느끼라고요.

사실 be loving something은 이 광고가 아니더라도 실생활에서는 흔히 접할 수 있는 표현입니다. 이론과 현실의 차이라고 할까요? 드라마나 영화, 노래를 보면 참 많이도 나옵니다. 독일 밴드 Scorpions의 대표곡 중 (I'm) Still loving you가 있습니다. 이 그룹의 공연을 보러 간 한 문법 신봉자는 Still loving you라고 외쳐대는 Scorpions를 보면서 No, that's bad grammar!라며 공연을 즐기기는커녕 못마땅해 합니다. 그러면서 옆에서 따라 부르는 아들에게도 호통을 칩니다. That ain't no

right way to speak! |절케 말함 안돼!| 본인이야말로 비문법의 극치 같은 말을 아무렇지도 않게 하면서요. 머리와 입이 따로 놀고 있는 모습이죠?^^

영문법학자의 입장에서 보면 마음에 안 들겠지만, 세월과 함께 말은 계속 바뀌어 가는 게 정상입니다. 그렇게 변해가는 모습을 문법이라는 이름으로 멈출 수는 없지요. 아니, 오히려 그렇게 변해가는 모습을 정리하는 게 문법이 아닐까 생각합니다. 그렇게 보면, 지금 이 책에 나오는 내용 중 몇 년 후, 몇 십 년 후에는 다른 모습으로 바뀌는 것도 꽤 되지 않을까요?

love와 loving의 뉘앙스에는 이런 차이도 있습니다. I love McDonalds. 이건 '항상 좋아한다'는 것입니다. 뭐, 좋아하는 건 사실이지만 그렇게까지 강하게 표현하고 싶지 않을 수도 있습니다. 그럴 때에는 I'm loving it.

잘 보세요. **현재진행이 단순현재보다는 더 '가볍게 던진다'는 느낌이 오시나요?** 진행시제는 '가볍게 지나가는 뉘앙스'일 수도 있어요. 앞에서 말한 'permanent vs. temporary'와 연결되지요. 헤어스타일을 바꾼 친구에게 "너 오늘 머리 죽이는데."하고 싶으면 I'm loving your hair today라고 가볍게 말하면서 지나가는 모습, 미국 드라마나 영화에 많이 나옵니다. 하지만 아무리 아버지하고 사이가 안 좋아도 I'm loving my dad today. 할 사람은? 글쎄요, 없겠죠?^^

그러나 I'm loving~형태는 상당히 informal한 쪽이니, 시험에 문제로 나오거나 외국계 회사에 들어가기 위해 자기소개서 쓸 때는 참아주세요.

이렇게 문법의 틀을 깨는 상태동사는 love뿐만이 아닙니다. 특히 구어체에서는 흔한 현상입니다. 그러나 문법책을 쓰면서 문법을 무시해도 좋다고 말하려는 건 아닙니다. 단, 법이라는 테두리에 갇혀서 그 밖의 세상은 '무법천지'이고 절대로 가서는 안 된다는 생각은 하지 않았으면 좋겠다는 생각에서 드리는 말씀입니다.

겉모습보다 마음을 보세요

하나의 동사가 가지는 다중의 의미에 따라서 진행시제가 되기도 하고, 안 되기도 합니다. 이런 대표적인 단어에 have가 있습니다.

- a He <u>has</u> a lot of money. 그 사람 돈 많아. (He's having은 이상해요.)
- b He's <u>having</u> breakfast now. 그 사람 지금 아침 먹고 있어. (이건 괜찮아요.)

a 의 have는 '가지고 있다'는 '상태'를, 반면에 b 는 '먹는다'는 '동작'입니다. 그러니까 have는 진행이 안 된다고 무조건 외우지 마세요. have가 어떤 뜻으로 나오느냐, 다시 말해 have의 용법에 따라 될 수도, 안 될 수도 있는 거니까요.

"어! see는 이상하네. '보다'는 동작이잖아? 진행형이 왜 불가능하지?" 이런 생각이 들 수도 있습니다. 흔히 see를 '보다'라고 알고 있는데 정확히 말하자면 see는 '보이다'로 이해해야 합니다.

"아무것도 안 보이던데"를 영어로 옮기면서 Nothing could be seen. 하고 우리말을 곧이곧대로 옮기는 경향이 있는데, 그냥 I saw nothing. 하는 게 제일 깔끔합니다. 내가 보려고 해서 보는 게 아니고, 내 의지와는 관계없이 보이는 상태를 말하는 것이 see입니다. 자, 이제 '보이다'로 이해하면 '동작'이 아닌 '상태'의 그림이 그려집니다.

- I <u>see</u> nothing over there.
  저기에 아무것도 안 보이는데. (I'm seeing~~ 은 이상합니다.)

그러나,

- I'm seeing Irene tomorrow. 나 내일 아이린 만나.

이럴 땐 또 진행형이 가능합니다. 이 문장의 see는 '만나다'는 뜻이거든요. 자신이 그렇게 한다는 말, 그래서 의지가 들어간 동작이므로 진행형이 가능합니다. 참고로 see와 비슷한 뜻으로 알고 있는 watch나 look은 자신이 보려고 해서 보는 동작입니다. 따라서 이 두 동사는 진행표현이 당연히 가능합니다. 중요한 것은 '이 동사는 -ing가 되고, 저 동사는 안돼' 가 아니라 동사 하나가 가진 여러 가지 의미에 따라 그때그때 달라질 수 있다는 것입니다. 그래서 넓은 마음이 필요해요.

진행표현에 오는 always의 '강한' 향기

단순현재가 '항상'의 그림이고 현재진행은 '지금'의 그림. 그런데 진행표현과 always가 함께 올 때가 있을까요? 이상하지만 둘이 함께 나올 때가 있습니다.

- I'm always losing my keys.

우리말로 하면 "난 항상 열쇠를 잃어버리고 있다". 우리말로도 뭔가 좀 어색하게 들리죠? 이런 문장을 가만 살펴보면 '생각보다 자주 어떤 일이 벌어질 때' 나오는 경향이 있음을 알 수 있습니다. lose my keys 하는 걸 좋아할 사람은 없겠죠? 이런 식으로 좋지 않은 내용일 때 나오는 always는 '항상'의 어감보다 '밤낮' 쪽이 더 잘 맞습니다. "넌 왜 밤낮 얻어맞고 다니냐?" 할 때 그 '밤낮' 아시죠? 그겁니다. 그래서, I'm always losing my keys.를 우리말로 옮겨보면 "난 항상 열쇠를 잃어버린다니까!" 정도. '짜증'의 그림이 그려지죠? 그래서 '짜증'의 대표적 단어인 complain은 이런 식으로 자주 나옵니다.

- You're always complaining when things don't go your way.
  넌 네 뜻대로 일이 안 풀리면 늘 불평불만이더라.

하지만 그렇다고 반드시 나쁜 것만은 아닙니다.

- I like him a lot. He is always giving me advice and helping to improve my skills. 그 분 참 좋아해요. 항상 내게 충고를 해주고 내 기술 향상에 도움을 주시거든요.

이럴 때는 '짜증'이 아닙니다. 오히려 always의 어감이 더 강해지는 느낌이 들죠? "늘 그러신다니까요." 의 어감입니다. 사람들 생각이나 내 예상보다 그 사람이 giving과 helping을 더 많이 하는 걸 느낄 수 있습니다.

단순현재와 비교해보세요.

- When Eric comes, I always meet him at the station.

단순현재가 오면 '늘' 그렇게 하는 겁니다. 에릭이 날 만나러 오면 늘 역에 마중 나가는 일상적인 습관의 담담한 기술입니다. 반면에

- I'm always meeting Eric at the station.

이건 "역에만 가면 꼭 만난다니까." 정도의 의미입니다. 다시 말해, 현재진행형에 always가 오면 '생각이나 예상보다 어떤 일이 더 자주 발생할 때'라고 알고 있으면 됩니다. 단순현재와는 풍기는 뉘앙스가 다르죠?

딱딱하지 않아, 그래서 공손하게 들리기도 하고 II

왜 II라고 붙였는지 아시겠죠? I은 앞에서 단순과거시제 할 때 한번 나왔었거든요. 자, 다시 말합니다. 단순현재는 느낌이 딱딱합니다 —"뭐는 뭐다"는 식의 딱딱함과 엄함. 반면에 진행표현은 듣는 순간 유연한 느낌을 줍니다. 이렇게 나오는 진행시제는 '항상 그런 건 아니다'로 보면 더 쉽게 이해할 수 있어요. '지나가는 말투'라고 할까요. 앞에서 말한 permanent vs. temporary 생각나죠? temporary, 그래서 '지나가는 말투'입니다. 일단 문장 보세요.

- I'm hoping that you can give me some advice. 나한테 조언 좀 해줬으면 하는데.

I hope라고 할 때보다는 hope의 강도가 좀 약합니다. 우리말로는 "늘, 항상 그런 건 아니고, 지금 그런 생각이 드네. 괜찮겠니?" 정도의 느낌. 직선적인 느낌의 '단순현재'를 피하기 위해 앞에 나왔던 '단순과거'나 지금처럼 '현재진행'의 표현이 나옵니다. 그럼 다음에 나올 완곡하고 공손한 표현 III는 뭔지 아시겠죠? 답은 이미 다 나왔는데…^^ 네, 과거진행입니다. 다음 페이지에 나옵니다.

04 be와 함께 : 과거진행

동사숲에서 만난 시제

🔔 '과거' 그리고 '진행'

과거진행은 말 그대로 과거 특별한 한 시점에서 어떤 상황이나 동작이 진행되고 있는 경우이지요.

- I <u>was watching</u> TV when you called me last night.
  어젯밤 니가 전화했을때 나 텔레비전 보고 있었어.
- I don't know. I <u>wasn't listening</u>.
  모르겠는데. 안 듣고 있었거든.
- What <u>were</u> you <u>doing</u> at three o'clock?
  3시에 뭐 하고 있었니?

현재진행에서 하나 과거로 간 형태라고 생각하면 그렇게 어렵진 않겠죠. 현재진행을 말하면서 always와 함께 나오는 경우를 방금 봤는데, 과거진행 역시 마찬가지예요. 문장이 내포하는 의미는 현재진행 때와 같습니다.

- When he worked here, Eric <u>was always making</u> mistakes.
  에릭이 여기서 근무할 땐 하여간 실수투성이었어.

딱딱하지 않아, 그래서 공손하게 들리기도 하고 Ⅲ

눈치가 빠른 분이라면 앞에서 현재진행과 단순과거에 이게 나왔으니까, 두 개가 합쳐진 과거진행에는 당연히 나올 걸로 예상하셨을지도 모르겠네요. 단순과거나 현재진행은 단순현재보다 '덜 딱딱하고 덜 직선적인' 표현입니다. 따라서 이 두 가지가 합쳐진 과거진행 역시 마찬가지예요. 두 가지가 합쳐진 거니 당연하겠죠.

- I was wondering if you could help me out.
  날 도와주실 수 있지 않을까 생각했는데.
- I was hoping we could dance together.
  우리 둘이 함께 춤 췄으면 했거든요.
- I was hoping we could have dinner together.
  같이 저녁 식사 했으면 했거든요.

실제 상당히 많이 나옵니다. 자연스럽게 나올 수 있게 계속 입으로 연습하세요. ^^

05 have와 함께 : 현재완료

동사숲에서 만난 시제

🔍 현재완료, 너 대체 누구냐?

이제 have의 도움을 받는 '완료표현'을 보겠습니다. 기본 형태는 'have+p.p.'입니다. 과거완료는 have를 had로, 미래완료는 have를 will have로 바꿔 주면 됩니다. 중학교 때, 현재완료를 처음 배우면서 네 가지 용법이 있다고 들었을 겁니다. 경험, 계속, 결과, 완료 이렇게 네 가지.

- I have been there before. 전에 거기 가본 적 있다. (경험)
- He has gone to Japan. 그 사람 일본으로 가버렸다. (결과)
- I have waited here for two hours. 여기서 두 시간 동안 기다렸어. (계속)
- Judy has just come home. 주디는 방금 집에 왔다. (완료)

네 가지가 틀렸다는 말은 물론 아닙니다. 그러나 역시 5형식 분류 때 했던 말을 또 해드리고 싶어요. 그렇죠, '시험 문제.' ^^

◎ 다음 네 문장 중 나머지 셋과 용법이 다른 현재완료 문장은?

현재완료 용법만 나오면 이 문제가 단골이었기 때문에, 참고서를 보면 각 용법에 자주 나오는 표현을 |경험: ever, never, before / 계속: since, for / 완료: just| 외워야 한다는 친절한 충고가 늘 있었습니다. 현재완료의 정확한 개념은 모른 채 우리는 네 가지 용법 골라내기만 했던 겁니다.

의문사 when으로 시작하는 문장에는 현재완료 표현을 쓸 수 없다는데, 왜 그럴까요? 물론, 왜 그럴까를 몰라도 현재완료 표현이 입에서 자연스럽게 나오면 문제는 없습니다. '영어는 말'이니까요. 그런데 문제는 푸는데, 입으로는 자연스럽게 나오지 않는다면?

네 가지 중 다른 용법을 골라내는 문제만 풀어왔기 때문인지 모르겠지만, 현재완료 용법이 우리말에는 없다는 말조차 받아들이지 않습니다. 우리말에 있다고 생각하는 이유를 물어 보면 "우리말로 해석이 되니까"라고 자신 있게 말합니다.

과연 그럴까요? 이제부터 보게 될 완료표현, 얘 좀 특이합니다. 먼저, 완료표현은 앞에서 나온 시제들을 마구 넘나듭니다. 현재완료는 현재와 과거의 짬뽕이고, 과거완료는 과거와 그 이전 과거 대과거 의 짬뽕인 셈이죠. 또 우리말에는 없습니다. 그래서 우리말을 먼저 생각하고 여기에 영어를 끼워 맞추려고 하면 영어 공부가 피곤해지고 영어가 미워질 수밖에 없습니다. 우리말에 끼워맞추려고 했다가는 "1990년부터 그를 알고 있다"를 I know him since 1990.이라고 합니다. 우리말을 보면 '알고 있다'는 현재시제이니까요. 또 "3년 동안 영어 배우고 있다"는 '아! 지금 하고 있는 거니까 현재진행형을 쓰면 되겠네' 생각하고 I'm learning English for three years.라고 하기도 합니다.

영어랑 좀 친한 분이라면 위 문장들이 이상할 겁니다. 그러나 애석하게도 이렇게 잘못된 방식으로 영어를 표현하는 분들이 상당수입니다. 네, '상당수.' 영어를 잘 하려면 영어식으로 생각하라고 흔히 말하는데, 이런 경우를 두고 하는 말입니다. 우리말을 생각하고 여기에 영어를 끼워 맞추려고 한다면 완료표현은 아마도 여러분 곁에 영영 오지 않을 겁니다. 자, 이제 완료표현 들어갑니다.

🔍 용어가 수상하다

현재완료의 생김새는 'have+p.p.'예요. 이때 have는 '가지다'가 아니고, 3인칭 단수 주어가 오면 has로 바뀌는 것은 일반 시제 때와 같습니다. 그 다음 나오는 p.p.는 풀어 쓰면 past participle, 일명 '과거분사'. 문장들은 조금 후에 보기로 하고, 일단 짚고 넘어갈 건 지금 나온 용어들입니다. 이 용어 때문에 이렇게 착각하는 분이 꽤 되거든요.

- 현재완료는 현재에 완료된 뭔가가 아닐까?
- 과거분사는 분사가 뭔지 잘 모르겠지만 아무튼 뭔가 과거와 관련 있는 게 아닐까?

이렇게 생각하지 말고 생각을 바꿔보세요.

1. '현재완료'의 '현재'

용어에 있는 '현재'에서 알 수 있듯이, '현재완료' 표현은 '현재' 어떻다고 말하는 겁니다. 지극히 당연한 얘기! |그런데, 우리말 해석이 '~ 했다'로 나오는 경우가 많아서 그런지 '과거'와 관련짓는 분이 많습니다.| 앞에서 나왔던 Judy has just come home 은 보통 "주디는 방금 집에 왔다"라고 우리말로 해석됩니다. '왔다'가 보이니까 무심코 '과거'의 뭔가가 아닐까 생각하기 쉽지만 아닙니다. 기억하세요. '현재' 어떻다는 말을 하고 있는 게 '현재완료' 표현입니다.

2. '현재완료'의 '완료'

'완료'를 보고 뭔가 '끝난|finished|' 쪽으로 생각하는 경우가 많습니다. 그렇게 생각하면 I haven't finished it yet|아직 못 끝냈어|와 같은 문장은 졸지에 갈 데가 없어집니다. 아직 finished된 상태가 아니거든요. 가령, 6시까지만 작업하고 집에 가라고 지시를 내립니다. 6시가 되면 작업이 어떤 식이든 결말이 나 있겠지요. 다

끝났을 수도 혹은 아닐 수도. 다시 말해, 6시까지의 작업은 '다 끝난 상태'로 작업 완료될 수도, '끝나지 않은 상태'로 완료될 수도 있는 겁니다. 이런 그림인 거죠. 따라서 '완료'라는 용어보다는 차라리 '결말, 결과' 쪽으로 이해하는 게 더 편합니다.

3. '과거분사'의 '과거'

조금 심하게 말하면, '현재' '과거' '미래' 같은 말이 들어가 있는 문법용어치고, 이름 그대로 '현재' '과거' '미래'와 직접적인 관련이 있는 경우는 거의 없다고 보면 됩니다. |'단순현재'가 대표적인 예| '과거분사'의 '과거'라는 말도 그런 예에 해당됩니다. 이건 여러분이 생각하는 "~했다" 같은 '과거'를 말하는 게 아니거든요. 동작이 '진행' 중일 수도 있고, 그 동작이 '완료'될 수도 있습니다. '과거분사'의 '과거'는 이 둘 중에 '완료된 상태'라는 의미로 봐야 합니다. 문법책에 자주 나오는 "떨어지는 나뭇잎" 아시죠? 현재 떨어지고 있는 상태면 <u>falling leaves</u>, 이미 떨어진 상태면 <u>fallen leaves</u>. 이미 떨어졌으니 '과거'라고 보고 이름을 '과거분사'라고 붙인 것 같습니다. 아무튼 한 번에 이해하기 편한 이름은 결코 아닙니다. 지금은 이 정도로만 하고 나중에 '분사'할 때 자세히 하겠습니다.

일단 현재완료의 '형태'는 'have+p.p.'라는 걸 알았습니다. 시작이 반이라고 하니 현재완료의 반은 끝난 셈이라고 할 수 있을까요? 글쎄요, 진짜 중요한 현재완료의 '의미'는 이제부터 시작입니다.

🔍 우리말에는 없다

현재완료는 우리말에는 없는 용법입니다. 현재완료 문장을 우리말로 해석할 수 있는데 왜 우리말에는 없다는 건지 궁금하실 겁니다. I have lost my watch.를 예로 들게요. 해석은 "나는 시계를 잃어버렸다".

- 현재완료는 '과거의 동작 + 현재의 의미'
- 그러나 현재완료가 표현하려는 건 과거의 동작이 아니고, '현재의 의미'. 이름이 말해주듯 이 '현재' 어떻다는 말을 하려는 게 현재완료입니다.

그럼 단순과거 I lost my watch.는 어떻게 할까요? 이 문장 역시 "나는 시계를 잃어버렸다"인데요? 우리말에 없다고 말하는 건, 현재완료라는 '하나의 문장'이 표현하는 의미를 우리말 '하나의 문장'으로 표현할 수는 없다는 뜻입니다. 제대로 따지고 들어가면 I have lost my watch.를 단순히 "나는 시계를 잃어버렸다"로 하는 건 100% 맞는 해석이 아닙니다.

I have lost my watch.에는 I lost my watch.의 과거 동작과 so I don't have a watch now.의 현재 의미가 동시에 들어 있습니다. 그래서 우리말로는 I have lost my watch.를 한 문장으로 표현할 길이 없습니다. 뭐, 굳이 하자면 "시계를 잃어버려 지금 시계가 없다" 밖에는 안 되지요. 그리고, 잘 기억해야 할 게 있습니다. 현재완료는 어느 한 시점의 시제가 아닙니다. 다시 말합니다! '어느 한 시점'을 말하는 게 아닙니다. 단순과거 시제와 비교해 보면 이게 무슨 말인지 납득이 될 거예요.

- I lost my watch.

이 문장은 과거의 어느 한 시점에서 시계를 잃어버렸다는 사실 그 자체를 말하려는 겁니다. 그 이상도 그 이하도 아닙니다. "너 시계 어쨌니? 잃어버린 거야, 아니면 누구 준 거야?"에 대한 답으로 "잃어버렸어"라고 할 때라고 보시면 됩니다.

- I have lost my watch.

이건 어느 한 시점의 개념이 아닙니다. 과거에 시계를 잃어버렸지만 그게 중요한 게 아니라 그 사실이 '지금, 현재에 어떤 의미가 있고 어떤 결과를 낳았느냐'가 중요한 겁니다.

예를 들어 What time is it?에 대한 대답으로 I have lost my watch.는 나올 수 있어도 I lost my watch.는 생뚱맞습니다. have lost란 '과거'에 시계를 잃어버렸다는 말도 하는 거지만, 그보다 더 중요하게 '지금 시계가 없어서 몇 시인지 가르쳐 줄 수 없다'는 의미이기 때문입니다.

차이가 느껴지나요? 따라서 현재완료는 '과거의 분명하지 않는 한 시점에서 현재까지 일정 기간에 걸쳐 있는 '선의 시제''라고 할 수 있습니다. 반면에, 단순과거는 분명한 과거의 한 시점의 상황만을 말하는 '점의 시제'입니다.

🎓 단순과거 : 현재완료 = 점 : 선

수학에 나오는 공식으로 단순화시켜 봤습니다. 현재완료를 좀 알게 되면 가장 헷갈리는 게 아마 단순과거와의 차이입니다. 이 차이를 아느냐 모르느냐가 현재완료 이해의 관건이라고 할 수 있거든요.

단순과거에서 말하는 것은 지나간 과거의 특정 시점에서의 상황이나 동작입니다. 현재완료는 과거의 불특정 시점에서 시작된 상황이나 동작이 현재에 어떤 의미를 지니고 있느냐입니다. 그래서 단순과거 문장에는 보통 과거의 분명한 한 시점을 나타내는 단어들이 옵니다. 사흘 전 three days ago, 작년 last year... 이에 반해, 현재완료에는 불분명한, 언제인지 콕 집어서 말할 수 없는 단어들이 옵니다. 완료표현에 자주 나오는 ever, never, already, yet, just 같은 애들이 좋은 예입니다.

언제인지 확실하지 않지만 과거에 "~ 한 적이 있다"고 할 때 ever, "~ 한 적이 없다"고 할 때 never. 그냥 막연히 "~ 전에"라고 할 때 before, 역시 막연히 "이미 ~를 했다"고 할 때 already, "아직 ~ 하지 않았다"고 할 때 yet, "방금 전"이라고 할 때는 just. 하나같이 흐리멍덩한 녀석들뿐입니다. 그저 "어어~~ 그냥 과거의 막연한 때야"라고 얼버무리고 있지 않습니까? 현재완료는 과거 언제가 중요한 게 아니라, 오히려 언제인지는 모르지만 과거에 시작된 행동이나 상황이 '현재 어떤 의미'를 지니느냐에 그 중요성이 있습니다.

구체적인 차이

"1시간 전", 영어로 an hour ago는 지나간 한 시점입니다. 현재와는 아무 상관 없습니다. 그러나, "1월 이후로", 영어로 since January는 가령 지금이 5월이라고 한다면 1월, 2월, 3월, 4월 그리고 지금 5월을 모두 말하고 있는 겁니다. 선의 개념입니다. 그래서 an hour ago가 있을 때는 '단순과거'가 나오고, since

January처럼 과거의 한 시점과 현재를 연결해주는 부사가 나오면 '현재완료'가 등장하는 겁니다. 생각보다 쉽죠?

- I <u>saw</u> him an hour <u>ago</u>. 나는 그를 1시간 전에 보았다.
- I've <u>been</u> here <u>since</u> January. 1월 이후로 지금까지 여기 살고 있다.

여기서 하나 더 가봅니다. 다음 두 문장에 눈길 한 번 주세요. 그리고 아래 질문을 생각해 보세요.

[a] I <u>didn't see</u> him this morning.
[b] I <u>haven't seen</u> him this morning.

우리말로는 두 문장 모두 "오늘 아침에 걔 못 봤어"로 같습니다. 그런데 상황을 하나 드리죠. 지금이 오후 2시고 여러분은 this morning에 그를 본 적이 없습니다. 그러면 [a], [b] 중에 어느 쪽을 택하실래요? 중요한 것은 '이 말을 언제 하고 있느냐?' 입니다.

말하고 있는 시점이 오후 2시면 [a]가 자연스럽겠지요. [a]에 나오는 this morning은 현재에서 봤을 때 이미 지나간 과거의 한 시점입니다. 따라서 '단순과거' 시제가 오는 겁니다. "본 적이 없다"라고 무조건 현재완료가 오는 건 아닙니다. 그렇다면 말하고 있는 시점이 아직 오전일 때는? 지금이 this morning인데 현재까지 그를 본 적이 없다"이므로 [b]가 자연스럽습니다.

for와 since가 현재완료와 함께 하는 경우를 볼까요? 만약 지금이 2006년 5월 1일이고 3월 1일 이후 이곳에 살고 있다고 말하려면?

- I have lived here since March 1.
- I have lived here for two months.

이렇게 두 가지 표현이 가능합니다. 동작이 완료된 게 아니라 말하고 있는 시점까지 계속되고 있는 모습이네요. 과거와 현재가 연결된다는 현재완료의 기본 틀을 벗어나지 않고 있습니다. since(~ 이래로) 다음에는 그 동작이 시작된 특정 시점이 오고, for(~ 동안) 다음에는 구체적인 기간이 옵니다. 그래서 since는 현재완료 이외에 단순현재나 현재진행, 단순과거와는 어울리지 않습니다.

- I live[am living; lived] here since March 1.(이건 이상합니다.)

반면에 for는 단순과거시제에도 나올 수 있지만 그 뜻이 조금 달라지겠죠. 가령 I have lived here for two months는 내가 두 달 전에 여기로 이사 왔고 지금도 이곳에 살고 있다는 뜻입니다. 그러나 I lived there for two months가 되면 앞뒤 문맥이 없어서 언제인지는 구체적으로 알 수 없지만, 과거의 한때 두 달 동안 그 곳에 살았다는 단순한 사실만을 말할 뿐입니다. 지금은 더이상 그 곳에 살고 있지 않을 때|I don't live there now| 더 어울릴 거예요.

또, 현재완료의 문장은 같은 의미의 단순현재로 나타낼 수도 있습니다. 네, '현재' 시제로요!

- **She's gone to bed.** – 과거의 어느 한 시점에서 She went to bed보다는 She is in bed now 또는 She isn't here now에 초점
- **I've broken my ankle.** – 과거의 어느 한 시점에서 발목이 부러졌지만 (과거의 동작) 그게 중요한 게 아니라 바로 지금 My ankle is broken now가 중요.
- **We've bought a new house.** – 과거의 어느 한 시점에서 새 집을 샀다는 게 중요한 게 아니라 We have a new house now가 중요
- **Have you seen Judy?** – 과거에 Judy를 봤느냐 안 봤느냐를 물어보는 게 아니라 Where is she now?(주디가 지금 어디에 있어?)의 어감.

'형태'만 외울 게 아니라, 문장의 정확한 '의미'를 알아야 합니다.

말은 혼자 하는 게 아니다

just라는 부사가 있습니다. 뜻은 "방금 전에". 우리말도 그렇듯이 영어에서도 현재완료 문장에 just가 오면 과거에 시작된 행동이 이미 끝난 상태임을 암시합니다.

- They've just arrived. 걔들 방금 도착했어.
- I've just had lunch. 방금 점심 먹었어.

그럼 다음과 같은 생각이 들지 않을까요? "과거에 이미 끝난 동작인데 왜 단순과거가 아니라 현재완료가 왔을까?" 위 두 문장은 이미 끝난 arrived나 had lunch라는 동작을 말하려는 게 아닙니다. 그럼 뭘까요?

- 도착해서 They're here now.
- 점심을 먹어서 I'm not hungry now.

이렇게, 현재의 상황을 말하려는 겁니다. 와 닿지 않나요? 영어는 '말'입니다. 말은 혼자가 아니라 둘이서 하는 것이니, 우리는 문장 하나만 달랑 놓고 이해할 게 아니라, 문맥을 통해 이해해야 합니다. 그럼 문맥을 가정하고 위 문장들의 확연한 차이를 보기로 해요.

A가 Did you have lunch? "점심 먹었니?"라고 물어봅니다. A가 궁금한 건 점심을 먹었는지 여부. 이럴 때 B의 대답은, Yes, I had lunch.라고 단순과거로 나올 겁니다. |물론 짧게 Yes, I did.로 하겠지만 지금은 설명을 위해 길게 적을게요.| 그러나 A가 Are you hungry now?|지금 배고파?|라고 물었다고 해보죠. 만약에 방금 점심을 먹어서 배가 고프지 않다면, B는 No, I've just had lunch.라고 현재완료로 답할 겁니다. 이제 I've just had lunch.가 말하려는 게 무엇인지 더 잘 알 수 있고, just가 방금 어떤 행동을 '마쳤을' 때 쓰는 부사이지만, 현재완료에 나오는 이유를 이해하실 거예요. 상대가 뭐라고 말할 때 이 말이 나올까를 생각하면 영어 문법이 단순히 암기가 아니라는 걸 깨닫게 될 겁니다.

분명한 시점과 불분명한 시점
1. 과거의 분명한 시점과 현재완료는 같이 놀지 않는다

an hour ago, three days ago, last year처럼 과거의 분명한 한 시점을 나타내는 부사는 현재완료와는 어울리지 않습니다. 당연하겠지요. We've bought a new house.라는 문장에서 말하려는 것은 We have a new house now.라는 현재의 상황입니다. 현재 어떻다는 말을 하면서 We've bought a new house yesterday.라고 할 순 없는 노릇입니다. I am happy yesterday.가 이상한 만큼, We've bought a new house yesterday.도 이상해야 합니다. 무조건 외우

려고 하지 마세요. 말이 안 되기 때문에 이상한 거지 문법에 어긋나서 이상한 게 아니니까요.

- I saw him <u>yesterday</u>.
- I didn't go there <u>last year</u>.
- What did you do <u>last night</u>?
- <u>When</u> did they arrive?

처음 세 문장은 모두 yesterday, last year, last night이라는 분명한 과거의 한 시점을 나타내는 표현이 있는 과거시제 문장입니다. 그렇다면 마지막 문장에는? 바로 when 입니다. 거의 같은 개념인 What time ~?으로 시작하는 문장에서도 현재완료는 어울리지 않습니다. "그 사람 언제 도착했냐?"는 과거의 한 시점을 물어보는 문장이기 때문입니다. They've just arrived.라는 문장이 말하려는 것이 They're here now.라고 했죠? 따라서 "너 언제 도착했니?"라는 뜻으로 When have you arrived?라고 말한다면 상대방은 "도대체 무슨 말을 하려는 거냐?"는 표정을 지을 겁니다.

2. 불분명한 시점들은 과거시제와도 어울린다

ever, never, already, yet, before 등은 모두 흐리멍덩한 표현이라고 했습니다. 그래서 일정 길이의 선의 개념인 현재완료와 어울린다는 말도 했고요. 그렇다고 단순과거시제와는 같이 오지 않을까요? 그렇지 않습니다. 미국영어에서는 현재완료와 단순과거의 벽이 무너져가고 있습니다. 물론 지금까지 말한 근본적인 차이는 아직 존재합니다. 벽이 무너지는 부분은 ever, never, already, yet, before, just 같은 표현에서입니다. 미국영어에서는 지금 나온 부사들이 단순과거 문장에 나오는 경우를 흔히 볼 수 있거든요. 따라서 현재완료 문장을 경험, 결과, 완료, 계속 등으로 나눈 다음, 위의 부사들을 가지고 'before나 ever가 나오면 현재완료의 경험'이라든가 'just는 현재완료에 쓰이고 단순과거에는 just now가 나온다' 식으로 외울 필요는 더 이상 없는 것입니다.

- Judy <u>just</u> called. (Judy has <u>just</u> called.)
- Did you eat <u>already</u>? (Have you eaten <u>already</u>?)
- I didn't call him <u>yet</u>. (I haven't called him <u>yet</u>.)
- Did you ever see anything like this <u>before</u>? (Have you ever seen anything like this <u>before</u>?)

위 예문들은 상황에 따라 다를 수 있지만, 거의 같은 의미로 봐도 무방합니다.

상황이 말한다

다시 말하지만, 단순과거는 이미 지나간 과거의 분명한 한 시점 얘기입니다. 이에 반해 현재완료는 막연한 과거의 한 시점과 현재를 연결하며 중요한 것은 **현재와 관련이 있다**는 사실입니다. "우리 할머니는 나에게 많은 걸 해주셨다"는 말을 해볼까요?

[a] My grandmother did a lot for me.
[b] My grandmother has done a lot for me.

둘 다 가능합니다. 그러나 특정 상황을 주면 그렇지 않습니다. 할머니께서 이미 돌아가신 경우라면 [b]는 말이 안 됩니다. 왜? has done이란 시제는 지금도 그렇다는 거니까요. 과거에도 그랬고 지금도 여전히 변치 않는 할머니라면 has done a lot for me가 맞습니다. [a]문장을 보면 "과거에 그렇게 했다. 지금은 그럴 수도 있고 아닐 수도 있다." 쉽게 말해 "현재 상황에 대해서는 아는 바가 없다" 쪽입니다. 조금 더 볼까요? 현재완료에서 중요한 건 '동작'이라기보다는 '시간' 쪽이에요.

따라서 I have made a big mistake five weeks ago.는 그 영 어색하겠지요. five weeks ago는 이미 끝난 time이기 때문이죠. I made a big mistake five

> - today, this week, this month, in my life, ever, never – 이 단어들은 말하는 지금 시점에서 이미 끝난 게 아니죠. 그러니 현재완료가 와도 이상할 게 없습니다.
> - yesterday, last week, last year, in 1985, five days/weeks/months/years ago – 이 단어들은 말하는 지금 시점에서 이미 끝난 상태에요. 따라서 단순과거와 어울립니다.

weeks ago(나는 5주 전에 큰 실수를 했다). 이게 더 좋아 보입니다. 하나 더 보세요.

- They have given a lot of support to the project.
  그 프로젝트에 많은 지원을 했다.

프로젝트가 아직 끝나지 않은 시점이라면 이 문장은 괜찮습니다. 그러나 만약에 이미 그 프로젝트가 끝난 경우라면 They gave a lot of support to the project. 이렇게 단순과거가 더 좋을 거예요.

- I've been to Paris twice in my life. 지금까지 살면서 파리에 두 번 간 적이 있다.

그래서 이런 문장이 나오는 겁니다. 파리에 간 동작은 이미 끝났지만, 시간의 개념은 |여기서는 my life| 아직 끝난 게 아니거든요. 그래서 현재완료형이 어울립니

다. 이해가 더 쉬워졌죠? ^^

🔖 현재완료를 하나씩 과거로 옮기면 과거완료

단순과거나 현재완료를 말할 때는 현재와 과거의 어느 한 시점을 비교해 설명했습니다. 현재와 과거라는 두 가지를 놓고 본 거죠. 이제 하나를 더 볼 차례입니다. 과거의 한 시점보다 더 과거, 흔히 말하는 '대과거'입니다. 이미 말했듯이 완료표현은 기본적으로 선의 시제예요. 현재완료가 '과거의 어느 한 시점에서 현재까지'라면, 과거완료는 '과거의 어느 한 시점보다 이전의 한 시점에서 과거의 어느 한 시점까지'라고 생각하면 됩니다. 쉽게 생각하면 현재완료를 그대로 과거로 옮겨놓은 것이 과거완료라고도 할 수 있지요. 다시 말해 '과거의 한 시점 이전 동작 + 과거의 의미'!

- I <u>am</u> very excited because I <u>have</u> never <u>been</u> to a concert before.
  지금까지 콘서트에 한 번도 가본 적이 없어서 매우 기대가 돼.

이 문장을 하나씩 과거시제로 옮기면

- I <u>was</u> very excited because I <u>had</u> never <u>been</u> to a concert before.

이게 과거완료죠. 하나 더 볼까요?

- I <u>am</u> not hungry now. I <u>have</u> already <u>eaten</u>.
  지금 배고프지 않아. 이미 밥 먹었거든.
- I <u>was</u> not hungry when I met you. I <u>had</u> already <u>eaten</u>.
  너 만났을 때 배고프지 않았어. 그 전에 이미 먹었거든.

자, 현재완료가 하나씩 과거로 이동한 것이 과거완료라고 생각하면 그렇게 어려울 것은 없어 보입니다. 현재완료를 볼 때 살펴본 여러 내용을 과거 완료에서도 적용시켜 생각해보세요.

과거완료 : 전후 상황을 표시

전후 상황을 보여주는 접속사들이 있을 때는 굳이 과거완료를 사용할 필요가 없습니다. 물론 과거완료를 쓴다고 뭐라고 그럴 사람도 없구요.

- <u>After</u> I (had) finished, I went home. 다 끝낸 후에 집으로 갔다.
- <u>As soon as</u> I (had) put the phone down, it rang again.
  전화를 내려놓자 마자 벨이 다시 울렸다.

after나 as soon as를 통해 어느 상황이 먼저 일어났는지 알 수 있습니다. 이럴 때는 하나 이전의 상황일지라도 굳이 '과거완료'를 쓸 필요가 없습니다. 그러나 같은 시간을 나타내주는 접속사라도 when은 그 의미가 애매할 수 있습니다. 다시 말해 전후 관계가 불분명하다는 말입니다. 따라서 when이 나왔을 때는 문장의 의미에 따라 시제를 확실히 밝혀주어야 할 때도 있습니다.

| a | The patient <u>died</u> when the doctor arrived.
| b | The patient <u>had died</u> when the doctor arrived.

| a | 문장은 의사가 도착했을 때 그 환자가 숨을 거두었다는 말이고, | b | 문장은 의사가 도착했을 때에는 이미 숨을 거둔 상태였다는 뜻. 약간 다르죠?

하나 더 보세요.

ⓐ When Eric arrived, Judy <u>left</u>.
ⓑ When Eric arrived, Judy <u>had left</u>.

ⓐ문장은 아주 잠깐 동안이었을지언정 Eric은 Judy를 본 경우이고, 반면에 ⓑ문장은 Judy를 전혀 보지 못한 경우예요. 완료표현이라는 커다란 틀에서 생각하시면 그렇게 어렵지 않을 겁니다. 그리고 과거완료는 그 기준 시점이 반드시 과거이어야 합니다. 무슨 말이냐 하면, 현재 얘기를 하면서 (다시 말해 문장이나 대화의 시제가 현재로 진행되다가) 과거완료로 두 단계를 뛰는 경우는 없다는 거죠. 가령 이런 문장은 어색합니다.

- I <u>had left</u> some photos to be developed. <u>Are</u> you ready yet?

현상해 달라고 사진을 맡겼는데 준비됐냐는 말을 하려는 것 같은데, I had left가 이상합니다. 서로 관련 있는 두 개의 상황을 표현하면서 과거완료와 단순현재라는 '서로 머나먼' 두 시제가 중간의 단순과거시제를 훌쩍 뛰어넘고 함께 어울리고 있거든요. 위 문장에서 I had left는 단순과거 I left로 충분합니다.

완료 진행형

현재/과거/미래에 각각 진행표현이 있듯이 완료에도 역시 진행표현이 있습니다.

현재완료진행 시제는 과거에 시작한 상황이나 동작이 현재까지 계속돼 왔다는 걸 표현합니다.

- I've been working all day. 나 오늘 하루 종일 일하고 있어.

과거완료진행 시제는 지금 방금 본 현재완료진행시제에서 하나씩 과거로 당겨서 생각하세요.

- I was very tired then. I had been working all day.
  나 그 때 매우 피곤했어. 그 때까지 하루 종일 일했었거든.

계속의 의미를 담은 완료표현 문장에는 for와 since가 자주 나옵니다. 이렇게요.

- I've been working for the company for three years.
  지금까지 3년 동안 그 회사에서 일하고 있다.

그러나 말하고 있는 시점에서도 일을 하고 있는지의 여부는 딱 잘라서 말할 수 없습니다. 다른 문장과 어울렸을 때, 다시 말해 문맥에 따라 판단할 문제죠. 다음 문장 보세요.

- a It's been raining since last Monday. 지난 월요일 이후 계속 비가 오고 있다.
- b Sorry I'm late. Have you been waiting long? 늦어서 미안. 오래 기다렸니?

a 에서는 아직도 비가 오고 있다는 걸 짐작할 수 있지만, b 에서는 만날 사람이

나타난 상태이므로 더 이상 waiting하고 있는 상태는 아니겠죠?

현재완료 vs. 현재완료진행

둘 다 과거의 상황이나 행동이 현재에 어떤 결과를 낳고 있을 때 사용합니다. 사실 거의 같아요. 그러나 차이가 아주 조금 있는 것도 사실입니다. 가장 쉽게 말하면, 현재완료진행으로 나오면 행동이나 상황을 '계속'의 개념으로 보지만, 현재완료는 '완료'된 상태에서의 현재의 결과 쪽에 더 주안점을 둔다는 거죠. 다음을 비교해보세요.

a I've been reading your book. – 지금까지 계속 책을 읽어오고 있는 쪽에 초점
b I've read your book. – 책을 다 읽었다는 완료 쪽에 초점

a I've been painting the room. – 방에 페인트칠을 계속해 왔다는 쪽에 주안점을 두면서 아직 끝나지 않은 쪽을 의미
b I've painted the room. – 이미 방에 페인트칠을 마쳤다는 쪽에 초점

하지만, 솔직히 말하자면 이렇게 간단한 건 아닙니다. 그래서 조금만 더 들어가보겠습니다. 네, 조금만요. ^^ "난 평생 이 동네에서 살았다"를 영어로 해보세요.

a I've lived here all my life.
b I've been living here all my life.

우리는 습관상 이렇게 두 문장을 적어 놓으면 어느 게 맞고 어느 게 틀리는지를 먼저 생각합니다. |별로 좋지 않은 습관입니다. 그래도 문제 냅니다.^^| 어느 게 맞고 어느 게 틀릴까요?

네, 답은 둘 다 맞습니다. l"이럴 줄 알았어" 생각한 분도 있을 걸요.^^l 둘 다 문법적으로는 문제가 없습니다. 그러나 b보다는 a가 더 자연스럽게 다가오는 게 일반적이 아닐까요? 물론 사람마다 그렇지 않을 수도 있고, 뒤에 오는 문장에 따라 달라질 수 있습니다. 오해 마세요. b가 문법적으로 이상한 문장이라고 말하는 거 아닙니다. 아까 말한 '동작이 지금 연속되고 있느냐' 여부 가지고는 두 문장 차이를 설명하기에 충분하지 않아 보입니다. 두 경우 모두 지금 계속 살고 있으니까.

앞에서 단순현재와 현재진행 할 때 나온 permanent vs. temporary 기억하세요? '지금, 현재, 이 순간'의 개념이 진행형입니다. 진행형 자체는 temporary의 개념이 강합니다. I'm loving your hair.하면서 '지나가는 말투'라는 말도 했을 겁니다. 이렇게 temporary 성격이 강한 게 진행형이기 때문에 all my life 같이 거대한 놈하곤 잘 어울리지 않는 게 보통입니다. 네, 어감상 그렇습니다. 차라리…

- I've been living here <u>for a year</u>.

all my life가 아니라 for a year 정도면 완료진행이 어색할 게 전혀 없습니다. 그럼 경계선이 어디냐는 질문이 나오겠지만, 저도 모릅니다. 사람마다 어감은 다르니까요. "I've been living here all my life."가 "아무 이상 없다"고 말하는 사람도 많거든요. **'법'의 차원이 아닌 '감'의 차원에서 보셨으면 합니다.** 여러분 스스로 영어를 많이 보세요. 그것만이 답입니다. 이번에는 동사를 바꿔서 볼까요? 그럼 이해가 더 쉬울 거예요.

a I <u>have been working</u> in this office for <u>two hours</u> now.
b I <u>have worked</u> in this office for <u>two years</u> now.

하나는 두 시간, 다른 하나는 2년입니다. 완료진행은 '동작' 쪽입니다. 반면에 현재완료는 '상태' 쪽이죠. 쉽게 말하면 a 는 실제 하고 있는 동작입니다. 두 시간 동안 실제로 일하는 동작. |"아니, 도대체 몇 시간을 계속 일한 거야?" 라고 물어봤을 때| 반면에 b 는 현재 상태를 말하는 거죠. 2년 동안 재직해 왔다는 상태. |"너 요즘 뭐해?" "어, 이 회사 2년 째 다니고 있어."의 상황|

그렇다면 아까 처음에 소개했던 '계속 vs. 완료' 외에 '동작 vs. 상태' 라는 그림을 하나 더 가져보는 게 어떨까요? 말 나온 김에 하나 더 보세요.

A How long have you been playing the guitar?
B 1시간.|아마도 이런 답을 기대했을 것입니다.|
A How long have you played the guitar?
B 열다섯 살 때부터.|아마도 이런 답을 기대했을 것입니다.|

자, 다시 말하지만 하나는 맞고 다른 하나는 이상하다고 말하는 거 절대 아닙니다. 지금 소개한 예문 모두, 현재완료와 현재완료진행을 얼마든지 서로 바꿔 쓸 수 있습니다. 어느 한 쪽이 문법적으로 이상하다고 말하는 거 아닙니다. 그리고, 실제 말할 때는 여기까지 신경 쓰는 경우가 거의 없을 겁니다. 물론, 글에서라면 "약간 신경 써볼까?" 정도.^^ '영어의 감'이라는 차원에서 보고 지나가는 거라고 이해해주세요. |골치 아프면 이 부분은 그냥 가세요.^^|

have와 함께: 과거시제 대용으로써의 완료 06

동사숲에서 만난 시제

현재완료는 참 쓸모가 많아요. 앞에서 현재완료는 '과거의 동작 + 현재의 의미'라고 하면서, 중요한 건 '현재의 의미'라고 했습니다. 그런데 '과거의 동작'이라는 기능을 그냥 버리지 않고 활용하는 경우가 있습니다. 과거시제 대용으로 완료형을 활용하는 거죠. 학교 때 배운 '완료 동명사' '완료 부정사' 같은 거 생각나실 거예요. 바로 그겁니다. 이제 이 완료형이 과거의 의미로 쓰이는 경우 몇 가지를 보겠습니다. 분명히 의미상 동사의 과거 형태가 와야 하지만 '피치 못할 사정'에 의해 과거 형태가 못 오는 경우입니다.

추측의 조동사 뒤

조동사 뒤에는 동사원형이 온다고 알고 있습니다. 더 정확히 말하면 동사원형이 아니라 원형부정사입니다. 원형부정사란 to가 없는 부정사. 그러니 겉모습이 동사원형과 같습니다.

조동사 뒤에 나오는 원형부정사를 과거로 해야 할 때 완료형이 옵니다.

　　may : 일반 추측 (~일 것이다) He <u>may</u> be rich.
　　must : 강한 긍정의 추측 (~임에 틀림없다) He <u>must</u> be rich.
　　can't : 강한 부정의 추측 (~일 리 없다) He <u>can't</u> be rich.

그렇다면 "~ 였을 것이다 / ~ 였음에 틀림없다 / ~ 였을 리 없다" 같은 과거형은 어떻게 할까요? 주의할 점은 조동사 부분이 과거 형태로 바뀌는 것이 아니라 조동사 뒤 동사원형 부분이 과거로 바뀐다는 겁니다. 하지만 He may was rich처럼 쓸 수는 없겠죠? 바로 이때 완료형을 사용하는 것입니다.

- He <u>may have been</u> rich. 그는 부자였을 것이다.
- He <u>must have been</u> rich. 그는 부자였음에 틀림없다.
- He <u>can't have been</u> rich. 그는 부자였을리가 없다.

가정법 과거완료의 주절

가정법 과거완료는 과거 사실의 반대이므로 과거보다 하나 더 거슬러 올라간 시제, 즉 대과거가 나온다고 배웠습니다. 나중에는 이렇게 설명 안 할 테니 외울 필요 없습니다. 그래서 가정법 과거완료는 이런 형태를 취합니다.

가정법 과거완료 : If+주어+had+p.p., 주어+조동사 과거형+have+p.p.

if절은 'had+p.p.', 즉 과거완료를 사용해서 대과거를 표현하고 있죠. 주절은 '주어+조동사의 과거형+have p.p.' 입니다. 바로 이때 |주절 시제에| 같은 논리가 적용됩니다. 과거를 두 번 적어야 대과거가 되는데 조동사의 과거형이 왔으므로 다음에 과거시제가 한 번 더 와야 대과거가 되겠죠. 그런데 would went 식으로는 적을 수 없으니 과거시제 대신 완료형이 오는 겁니다. 따라서 주절을 보면 주어 다음에 '조동사 과거형 + have+p.p.' 가 오게 됩니다.

- If I had come in time, I <u>could have seen</u> him.
  늦게 오지만 않았어도 그 사람을 만날 수 있었는데.

- If you had been careful, you wouldn't have said that.
  조심했더라면 그런 말은 하지 않았을 거야.

🕵 단순 부정사 vs. 완료 부정사

나중에 나오겠지만 동사의 변형에 부정사, 동명사, 분사가 있습니다. 얘들 역시 과거를 나타낼 때 완료형을 취합니다. 부정사를 예로 들면, to go라는 to부정사를 과거로 만든다고 to went라고 할 수는 없는 노릇입니다. to부정사는 동사 원형에 to를 붙인 거니까. 이럴 때 완료형을 사용하는 겁니다. 따라서 to go의 과거형은 to went가 아닌 to have gone이 되는 거예요. 이것이 우리가 '완료부정사'라고 부르는 형태입니다. 중·고등학교에서 문장 전환 시 단골로 나오는 것이 바로 단순 부정사와 완료 부정사입니다.

- It seems that he is rich. 그 사람은 (지금) 부자인 듯이 보인다.
- It seems that he was rich. 그 사람은 (과거에) 부자였던 것처럼 (지금) 보인다.

첫 번째 문장은 He seems to be rich로 해도 됩니다. 문제는 두 번째 문장이죠. 원래대로 시제를 따지자면 He seems to was rich가 되겠지만, 말도 안 되죠. |부정사는 to 다음에 동사원형이 와야 되니까요.| 이때 완료형을 써서 to have been rich로 합니다.

- He seems to have been rich.

학교에서는 한 쌍을 더 가르쳐주죠.

[a] It seemed that he was rich. 그 사람은 (그때) 부자인 듯이 보였다.

b It seemed that he had been rich.
그 사람은 (그 전에) 부자였던 것처럼 (그때) 보였다.

여긴 헷갈리는 게 하나 있어요. 학교 문법책에서는 현재시제일 때는 단순 부정사를, 과거시제일 때는 완료 부정사를 쓴다고 가르쳐 줍니다. 그럼 a 문장의 was rich가 과거시제니까 He seemed to have been rich.로 써야 할까요? 그럼 b 문장 It seemed that he had been rich.는 어떻게 바꾸나요? 과거완료, 즉 대과거일 때는 어떻게 하라는 말이 없거든요. 이 부분에서 혼동하면 안 됩니다. 현재시제에는 단순 부정사를 쓰고 과거시제에는 완료 부정사를 쓴다고 흔히 말하지만 여기서 한 걸음 더 들어가 볼 필요가 있습니다. 여기서 말하는 현재, 과거시제는 절대시제가 아니고 상대시제입니다. 절대시제와 상대시제? 이건 또 무슨 말인가요?

절대시제 vs. 상대시제

It seems that he is rich. 이 문장의 동사는 seem일까요, 아니면 is일까요? 당연히 seem입니다. is는 that 절의 동사지 문장의 동사는 아닙니다. 그냥 알기 쉽게 문장 전체의 동사는 '엄마동사', 문장 속 또 하나의 문장인 that절의 동사는 '아기동사'라고 할게요. |물론 정식용어가 있지만.^^| 즉, 엄마동사는 seem이고 아기동사는 is입니다. 위의 경우처럼 아기동사를 to부정사로 바꿔 주는 경우에는 상대시제가 적용됩니다. 상대시제란 아기동사가 엄마동사와 시제가 같으면 현재시제, 시제가 하나 과거로 거슬러 올라가면 과거시제로 보는 거죠.

다음 네 문장의 that절에 있는 아기동사를 절대적 시제와 상대적 시제로 나눠서 생각해 봅시다.

- It <u>seems</u> that he <u>is</u> rich. 절대시제-현재 / 상대시제-현재
- It <u>seems</u> that he <u>was</u> rich. 절대시제-과거 / 상대시제-과거
- It <u>seemed</u> that he <u>was</u> rich. 절대시제-과거 / 상대시제-현재
- It <u>seemed</u> that he <u>had been</u> rich. 절대시제-대과거 / 상대시제-과거

부정사로 바꿀 때는 '상대시제'를 봐야 합니다. 상대시제가 현재면 단순 부정사로, 과거면 완료 부정사로 바꾸는 거죠. 그냥 단순하게 현재, 과거시제로 이해하면 조금 피곤해집니다. 네 문장을 각각 바꿔 보면,

- It <u>seems</u> that he is rich. → He seems <u>to be</u> rich.
- It <u>seems</u> that he was rich. → He seems <u>to have been</u> rich.
- It <u>seemed</u> that he was rich. → He seemed <u>to be</u> rich.
- It <u>seemed</u> that he had been rich. → He seemed <u>to have been</u> rich.

아시겠죠?

그러나!! 정말 중요한 건 방금 한 것처럼 바꿔 적는 게 결코 아닙니다. 앞에서도 강조했지만, 이렇게 문장 바꿔 쓰기를 기계적으로 하는 것은 영어 공부에 거의 도움이 되지 않습니다. 그냥 각 문장을 보면서 의미를 파악하는 것이 가장 이상적입니다. 예를 들어 He seems to have been rich. 문장을 보고, 정확한 의미는 별로 생각도 않은 채 It seems that he was rich.로 바꿔 쓰는 기계가 돼서는 안 됩니다. 오히려 바꿔 쓰기는 못해도 상관없습니다. 'seems는 현재인데 to have been을 쓴 걸 보면 지금이 아니라 과거에 부자였다는 말'이라는 걸 알면 충분합니다.

단순 동명사와 완료 동명사

부정사와 마찬가지로 동명사도 상대시제에 유의해야 합니다. 나머지는 거의 같으니까 별 어려움은 없을 겁니다. 자주 사용되는 예문을 들어 보겠습니다. |상대시제를 생각해 보세요.|

- I am proud that I am your student.
- I am proud that I was your student.
- I was proud that I was your student.
- I was proud that I had been your student.

문장을 바꿔서 순서대로 쓰면 |상대시제가 현재면 단순 동명사로, 과거면 완료 동명사로| 다음과 같습니다.

- I am proud of being your student.
- I am proud of having been your student.
- I was proud of being your student.
- I was proud of having been your student.

will과 함께 : 미래표현 I 07

동사숲에서 만난 시제

가장 먼저 떠오르는 것이 바로 조동사 will과 shall. 제가 중학교 다닐 때만 해도 will와 shall을 가지고 각 주어별로 표를 그려서 외웠던 기억이 납니다. 하지만 요 사이는 이거 별로 안 할 거예요. 틀린 내용이라서요? 단지 이제는 shall을 쓰는 일이 거의 없기 때문에 주어 따지며 이럴 때 will, 저럴 때 shall을 외울 필요가 없어졌거든요. | '이건 뭔소리?' 하시는 분들, 그냥 무시하셔도 되는 소립니다.^^|

인칭이나 의미에 따라 will과 shall을 구별할 필요는 이제 거의 없습니다. 뭐 거의 will의 독무대가 됐다고 해도 틀린 말은 아니에요. 미래표현을 본다는 건 어떻게 보면 조동사 will의 용법을 살펴본다고 해도 맞을 겁니다. 그러나 조동사 will 외에도 미래를 표현하는 방법은 여러 가지가 있습니다. 모양은 현재시제인데 의미는 미래인 경우가 있습니다. 앞에서 봤듯이 단순현재와 현재진행이 그렇지요. 그런데요, 그게 끝이 아닙니다. 진짜 무서운 복병 하나가 더 있는데, 바로 'be going to ~' 용법. 그래서 미래 일을 말할 때 시제 표현법은

조동사 will | 단순현재 | 현재진행 | be going to ~

이렇게 네 가지네요. 얘들 사이에 차이가 없다고 생각해도 되지만, 차이가 있는 것도 사실입니다. 앞으로 그 차이를 간단하게 봅니다. 일단 will을 시작으로 기본적인 내용을 살펴보고, 현재시제를 이용한 미래표현 방법과 각 용법의 차이점을 보기로 하겠습니다.

미래시제 들어가기 전에 잔소리 한 번 더. 우리말에 영어를 맞추지 마세요! 미래표현만큼 이 잔소리가 절감되는 곳도 없을 겁니다. 왜냐하면 앞으로 나올 다양한 미래표현 모두 우리말로 "~ 할 것이다"로 번역할 수 있기 때문이에요. 각 용법이 주는 어감을 통해 서로 다른 걸 느껴야지, 우리말 번역을 통해 차이를 비교하기 시작하면 미래표현법이 한없이 복잡해질 수 있기 때문이에요.

will의 용법 1 : 순수한 의미의 예측

사실 조동사 will에는 크게 두 가지 용법이 있습니다. 그냥 단순하게 '미래'라고만 여기지 말고 각 용법의 뉘앙스 차이를 느껴보세요.

[a] 단순한 예측, 가능성, 그렇게 될 거다 – "내일이면 우리 만난 지 100일이 된다."
[b] 말하는 사람의 의지가 들어간 경우 – "나 너랑 결혼할 거야."

내일 무슨 일이 벌어질까요? 사실 아무도 모릅니다. 내일이 돼봐야 알겠죠. 이렇게 모르는 상황에 대해 순수한 의미로 예측을 하는 게 will의 첫 번째 용법, [a]의 경우입니다. 미리 결정된 것도 없고, 하겠다는 강한 의도가 있는 것도 아니고, 상황을 예측할 만한 근거도 없습니다. 쉽게 말해 '그냥 아무 생각 없이' |이 말 마음에 드네요.| 앞으로 어떻게 될 거라고 말하는 경우가 will의 첫 번째 용법입니다.

- It'll be spring soon. 곧 봄이 될 거야.
- You can call me this evening. I'll be at home.
  오늘 저녁에 전화해도 돼. 나 집에 있을 거야.
- Who do you think will win on Saturday? 토요일에 누가 이길 것 같아?
- I shall be rich one day. 언젠가는 부자가 될 거야.

모두 다 막연히 미래에 그렇게 될 거라는 내용입니다. 네 번째 문장에 I shall be ~ 라고 나왔지만, 이미 말했듯이 이렇게 쓰이는 shall은 이제 찾아보기가 힘들거든요. 사실 일반 대화에서는 Shall I ~, Shall we ~? 하고 물어볼 때 말고는 찾아보기 힘든 것이 바로 shall입니다. will(shall)의 첫 번째 용법은 어떻게 보면 간단합니다.

will의 용법 2 : 미래에 대한 의지

하지만 얘는 조금 까다롭습니다. 앞으로 나올 '현재시제로 나타내는 미래표현' 과도 구별해야 하니까 조금 신경 써서 읽어주세요.

형용사 willing, 명사 will(유언), 조동사 will... 가만히 보세요. 공통의 그림이 보이나요? |잠깐 보고 모르겠다고 하지 말고 좀 보세욧!^^| 네, 우리말로는 '의도'나 '의지', 영어로는 intention이 보일 겁니다. 안 보인다면 세 가지 단어를 제대로 알고 있는 게 아닙니다. 사실 첫 번째 용법, '순수한 의미의 예측' 보다는 바로 이게 조동사 will의 본 모습입니다. 영어로 프러포즈하는 건 영화에서 많이 보셨을 거예요.

Will you marry me?

이걸 will의 첫 번째 용법으로 보면, |약간 오버해서| "근데 네 생각엔 어떨 거 같아? 너 나랑 결혼할 거 같니? 뭐 확실하지 않겠지만 한 번 얘기해봐." 정도. 두 번째 용법으로 봐야 이 문장의 진짜 뜻이 보이겠죠! 단순하게 앞으로 어떻게 될 거라는 쪽

보다는, "앞으로 ~ 하겠다"라는 의지나, 약속 혹은 결심의 뜻이 이때 will의 모습이죠.

첫 번째 용법이나 두 번째 용법 모두 우리말로는 "~ 할 것이다"로 같아 보일지 모르겠지만, 영어에서는 그렇게 생각하지 않습니다. 우리말에 맞추려 하지 마세요. 두 가지의 차이를 느끼기 힘들어집니다. 순수한 의미의 예측이 아닐 경우, 즉 지금 소개하는 will에는 기본적으로 "앞으로 어떻게 하겠다는 의지나 의도"가 담겨 있습니다. |I'm willing to help. 아무 생각 없이 외운 '기꺼이 ~ 하다'보다는 '~ 할 의사가 있다'가 더 명확히 이해되듯이.| 자, 구체적 용법 보세요.

1. 말하는 순간 내리는 결정 |이미 내린 결정일 때는 will이 어색해요.|

A The phone's ringing. 전화 왔어.
B I'll answer it. 내가 받을게.

A My bag is very heavy. 가방 무지 무겁다.
B I'll carry it for you. 내가 대신 들어줄게.

전화가 울리는 순간에 받겠다고 자신의 의지를 밝힌 겁니다. '의지를' — 이것만 기억하면 쉽겠죠? 울리기도 전에 "전화 오면 내가 받을 거야. 넌 받을 생각도 마"라고 미리 생각한 건 아닙니다. 두 번째 문장도 같은 맥락에서 이해하면 됩니다.

2. 요청

- <u>Will</u> you open the door for me? 문 좀 열어 주시겠어요?

"그래 줄 수 있냐"는 상대의 의도를 물어보고 있습니다. 뭔가 요청할 때 많이 나오는 문장이죠.

3. 강한 의지나 의도

- I'<u>ll</u> hit you if you do that again. 너 한 번만 더 그러면 맞을 줄 알아.
- You'<u>ll</u> regret this. 너 이거 후회하게 될 걸.
- I promise I <u>won't</u> smoke again. 다시는 담배 안 피운다고 약속할게.
- I'<u>ll</u> buy you a computer for your birthday. 생일선물로 컴퓨터 꼭 사줄게.

will의 본 모습이라고 할까요? '강함'이 느껴집니다. 일종의 '약속' '결심' 정도의 어감이 옵니다.

4. "~할까요?"라는 제안 Shall I[we] ~?

- <u>Shall</u> I open a window? 창문 하나 열까요?
- <u>Shall</u> we go for a swim? 수영하러 갈까요?
- Let's go and see Judy, <u>shall</u> we? 주디 만나러 갈까?

이 세 문장은, 너무 복잡하게 생각하기보다는 그냥 문장 자체로 알아두는 게 더 좋을 것 같다는 생각도 듭니다. 자, 지금 나온 문장들은 모두 미래표현이지만, 분명한 것은 '순수한 의미의 예측'은 아니라는 사실입니다. 첫 번째 용법과는 구별되죠?

08 will과 함께 : 미래표현 II

동사숲에서 만난 시제

이제 조동사 will의 도움 없이 미래를 표현하는 방법을 볼 차례예요.

> 단순현재 l 현재진행 l be going to ~

크게 이렇게 세 가지가 있습니다. 단순현재나 현재진행의 본업은 현재시제를 맡는 거겠죠. 현재라는 간판을 달고 가끔 아르바이트로 미래 대신 뛰어준다고 생각해보면 어떨까요? 자, 지금 이 순간 머릿속에 이런 의문이 생길 수도 있을 겁니다. "아니, 그럼 조금 전에 한 will까지 네 가지가 있는데 도대체 어떻게 다른 거야?" 참 어려운 질문이고 답도 무지 어려워요. 사실 차이가 있다 해도 그렇게 크지 않으니까 비슷하게 보고 사용해도 된다고 하는 사람이 있지만, 차이가 조금은 있습니다.

단순현재로 표현하는 미래

크게 두 가지가 있습니다. 첫 번째는 '구체적 일시가 이미 정해져 있는 경우'. 비행기 출발 도착 시간처럼 이미 정해진 일정이나 시간표를 생각하면 됩니다. 흔히 학교 영어 시간에 왕래발착[가고 오고 출발하고 도착하는 동사들] 동사라고 나오는 바로 그겁니다. 그러나 항상 그런 동사만 해당되는 건 아니에요. 문장 보세요.

- What time <u>does</u> the bus arrive in Seoul? 버스가 서울에 몇 시에 도착 예정이죠?
- I <u>start</u> my job next week. 다음 주에 일을 시작합니다.
- <u>Are</u> you on duty next Monday? 다음 월요일 근무예요?
- The concert <u>begins</u> at 8. 콘서트는 8시에 시작합니다.
- The exhibition <u>opens</u> on November 1. 전시회는 11월 1일 시작합니다.

공통의 그림이 보이죠? 모두 이미 정해진 시간이라는 공통점이 있습니다. 두 번째는 학교에서 '시간, 조건의 부사절'이라고 배웠던 겁니다. 더 정확히 문법 사항을 적어보자면 '시간 조건의 부사절에서는 현재시제가 미래를 대신한다.' 이건 좀 들어가 볼까요?

- I'll call you when he <u>comes</u> back.

when 이하가 시간의 부사절입니다. 분명히 그 사람이 돌아오는 건 미래의 일이지만 현재시제가 나오고 있죠?

- I'll meet you there if it <u>rains</u> tomorrow.

if 이하가 조건의 부사절입니다. 비가 오는 건 내일 일이지만 현재시제가 나오고 있습니다. 문법책을 보면 '부사절에만 해당한다'고 강조하거든요. 명사절에서는 다르다고 말입니다. '부사절' 이라는 용어가 나왔는데, 용어 살펴보는 거 사실 별로지만 약간만 살펴보고 가겠습니다. 이해하기 쉽게 일단 간단한 문장을 보세요.

- I'll call you tomorrow. (tomorrow는 시간을 나타내는 부사)
- I don't know the reason. (the reason은 동사 know의 목적어로 명사)

그럼 when he comes back이라는 절|문장|을 넣고 한 번 생각해 보세요. 문장에서의 역할에 따라 명사절이 될 수도, 부사절이 될 수도 있습니다.

- I'll call you when he comes back.
  (when절은 시간을 나타내는 부사 위 예에 나온 tomorrow와 같은 맥락)
- I don't know when he will come back.
  (여기 when절은 동사 know의 목적어인 명사절로 위 예에 나온 the reason과 같은 맥락)

또, 잔소리. '시간이나 조건을 나타내는 부사절에서는 의미상 미래일지라도 현재 시제가 온다'는 사실을 단순하게 외우는 건 영어 공부에서는 별 의미가 없습니다. 사실 이건 1분만 주고 외우라고 하면 누구든지 다 할 수 있습니다. 더 중요한 건, 많이 말을 하고 글을 보면서 자연스럽게 익히는 겁니다. 지금 여기 나오는 내용 중에 중요하다고 생각되는 게 있어도, 지금 이 자리에서 당장 외우려 들지 마세요. 일단 처음 한 번은 그냥 죽 읽으면서 나가세요.

be going to로 표현하는 순수한 의미의 예측

'순수한 의미의 예측'은 앞에서 will의 첫 번째 용법으로 소개했던 겁니다. will이 그런 뜻으로 나올 때는 be going to~로 쓸 수도 있습니다. 하지만, 약간 다른 점이 있다고 합니다. 이렇게 나오는 be going to과 will의 다른 점은 '뭔가 상황을 예측할 수 있는 근거가 있다'는 점입니다.

- 〈시계를 보며〉 What? It's already 4 o'clock? I'm going to be late.
  뭐? 벌써 네 시야? 나 늦겠다.
- 〈배가 불룩한 임산부를 보며〉 She's going to have a baby soon. 아주머니 곧 아기 낳겠네요.
- 〈잔뜩 흐린 하늘을 보며〉 Look at the sky. It's going to rain. 하늘 좀 봐. 곧 비가 오겠는데.

이럴 때는 will보다 be going to가 더 잘 어울립니다.

be going to 혹은 현재진행형으로 표현하는 미래에 대한 의지

말하는 사람의 의지나 의도, 이건 will의 두 번째 용법이었죠? 이 역시 be going to와 현재진행형, 이렇게 두 가지로 쓸 수 있습니다. 물론 의미가 약간 다르기 때문에 따로 다루는 것입니다.

meet를 가지고 형태를 일단 적어보면… 현재진행일 때는 am[are/is] meeting, be going to일 때는 am[are/is] going to meet입니다. 다시 말해 I'm meeting her./I'm going to meet her.라는 껍데기로 우리에게 보이는 거죠. |이 두 가지는 일단 거의 같은 것으로 봐도 큰 지장 없어요.| 기억해야 할 점은 껍데기가 현재형이기 때

문에, 미래표현을 한다고 해도 현재와 조금은 관련 있습니다.

다시요, '현재와 관련' 있다고 했는데, '현재 이미 결정이나 계획이 돼 있는 경우, 또 어느 정도 미리 시작돼 있는 상태' 일 때 이 두 가지가 나옵니다. 복잡하게 들리지만, 앞에 나왔던 will과 다른 점을 생각하면 이해가 더 쉬울 겁니다. will과 다른 점? 네, 아까 will은 '미리'가 아니라 '말하는 그 순간' 이라고 했습니다.

A The phone's ringing. 전화 왔어.
B I'll answer it. 내가 받을게.

생각나죠?

- I'm tired. I think I'll go to bed early tonight. 피곤해. 오늘은 일찍 잘래.

위 문장에서는 피곤하다고 말하는 순간에 자러 가겠다고 말하고 있는 겁니다. 그에 반해, be going to와 현재진행형으로 표현하는 '미래'는 '이미 결정이나 계획이 돼 있다' 는 게 조금 다릅니다. 먼저 현재진행형.

A What are you doing this evening? 오늘 밤 뭐 할 거 있니?
B I'm going to a party. 파티 가기로 돼 있어.

- We're going to Europe this summer. 이번 여름에 유럽에 갈 계획이야.
- I'm seeing Judy on Saturday. 토요일에 주디 만나기로 돼 있어.

순수한 의미로 미래를 예측하는 것도 아니고, 말하는 순간에 결정하는 것도 아닙니다. 이미 그렇게 하기로 마음속으로 생각하고 있는 경우예요. 우리말로는 "~ 할 것이다" 보다는 오히려 "~ 하기로 돼 있다" 쪽의 어감입니다.

이제 be going to. 역시 미리 계획이 잡혀있거나 의도돼 있는 경우입니다.

- We're going to get a new car soon. 곧 새 차를 살 예정이야.
- I'm going to keep asking her out until she says 'yes'.
  그 여자가 승낙할 때까지 계속 데이트 신청할 거야.

현재진행보다는 be going to가 "~하겠다"는 의지의 뉘앙스가 더 강하다고 말하는 경우도 있지만, 글쎄요, 거의 비슷한 걸로 보셔도 됩니다.

be to 용법

앞에서 세 가지라고 말은 했지만, 사실 따지고 보면 하나 더 있습니다. be동사 다음에 to부정사가 나오는 형태로 흔히 'be to 용법'이라고 하는데요, 얘는 아주 고상하고 우아한 문체예요. 다시 말해, 구어체에서는 거의 안 나온다고 생각하시면 됩니다. be동사 다음에 to부정사가 나와 미래를 표현할 때 역시 '이미 예정이나 계획이 된 일' 쪽입니다. 주로 공식적인 발표에 많이 나오고요, 영자 신문을 보면 자주 접할 수 있습니다.

- The President is to visit Japan next month.
  대통령은 다음 달 일본을 방문할 예정이다.

과거에서 본 미래

지금까지 예로 든 문장은 모두 말하는 시점이 현재였을 때입니다. 그러나 과거의 한 시점에서 바라본 미래도 있을 수 있습니다. 지금은 내 아내가 된 여자. 그러나 처음 만났을 때처럼 과거의 한 시점에서는 내 아내가 아니었겠죠. 내 아내가 된 것은 처음 만났을 때를 기준으로 하면 미래가 됩니다. 이게 과거에서 본 미래표현입니다. 이건 그렇게 어렵지 않아요. 지금까지 살펴본 내용을 과거로 하나씩 당기면 되니까.

- is going to → was going to
- is -ing → was -ing
- will → would
- is to → was to

문장 보세요.

- Last time I saw you, you <u>were going to</u> start a new job.
  마지막으로 너 봤을 때, 넌 새로운 일 시작하려고 했었어.
- I didn't have much time to talk to Judy because I <u>was leaving</u> for Germany in two hours. 그때는 주디와 얘기할 시간이 그렇게 많지 않았어. 두 시간 후에 독일로 떠날 예정이었거든.
- In 1967, I arrived in the town where I <u>would</u> spend the next ten years of my life. 1967년, 나는 그 이후로 10년간의 내 삶을 보내게 됐던 그 마을에 도착했다.
- I felt nervous because I <u>was</u> soon <u>to leave</u> home for the first time.
  당시 긴장했던 이유는, 태어나서 처음으로 곧 집을 떠날 예정이었기 때문이다.

모두 말을 했던 당시 상황에서는 아직 이루어지지 않았던 내용들입니다.

미래를 얘기하는 일반 동사들

미래시제라는 말보다는 그냥 미래표현이라고 하는 게 더 와 닿은 이유는, 지금 알아본 여러 방법 외에도 '미래의 뉘앙스'를 갖는 일반 동사나 표현을 가지고 얼마든지 미래에 관한 얘기를 할 수 있기 때문입니다. 대표적인 단어가 hope, intend, plan, be about to.

- I <u>hope</u> to see you next month. 다음 달에 뵙기를 바랍니다.
- Here's what I'm <u>planning</u> to get. 자, 이게 내가 사려고 생각하고 있는 물건이야.
- The movie <u>is about to</u> begin. 곧 영화가 시작할 거야.

평소에 이렇게 보지 않아서 그렇지, 지금 소개한 단어 말고 이렇게 '미래의 뉘앙스'를 갖는 단어는 훨씬 더 많을 겁니다.

09 will과 함께 : 미래진행

동사숲에서 만난 시제

형태는 조동사 will과 be -ing 를 합친 'will be -ing'이고, 의미는 두 가지 정도로 생각할 수 있습니다.

🔍 미래 한 시점에서 진행 중인 상황

현재진행 및 과거진행과 같은 맥락에서 생각하면 됩니다.

- This time tomorrow I'll be flying to New York.
  내일 이 시간이면 뉴욕 행 비행기 안에 있을 거야.
- Hurry up! The guests will be arriving at any minute.
  서둘러. 손님들이 이제 곧 들이닥칠 거야.

자, 이건 그렇게 어렵지 않게 이해할 수 있을 거예요. 그러나 다음 건 좀 신경 써야 합니다.^^

🔍 진행의 의미가 없을 수도 있다

'의지' 가 들어간 will은 will이지만 '강한' 의지가 아닌 '약한' 의지를 표현할 때 미래진행이 나오기도 합니다. 그래서 우리말로는 "~할 것이다" 쪽보다는 "~하게 될 거야" 가 더 어울립니다. 문장으로 이해하시면 그렇게 어렵지 않습니다.

- I'll see you tomorrow. 내일 보자, 혹은 내일 볼 거야.

- I'll be seeing you one of these days.
  조만간 언제 한 번 보게 되겠지. (이렇게 뜻이 약화됩니다.)

가령 밖에서 기다리겠다고 할 때, I'll wait outside.라는 문장이 "너 그냥 갈래 아니면 밖에서 기다릴래?"에 대한 "밖에서 기다릴 거야"의 대답이라면 I'll be waiting outside는 그냥 "밖에 있을게" 정도의 뉘앙스입니다. 말하는 사람의 의지나 의도는 많이 약화된 뉘앙스를 띱니다.

그런데 will 다음에 그냥 동사가 올 때와 will 다음에 진행형이 올 때의 차이. 어디서 본 거 같지 않으세요? 기억을 잘 되살려 보세요. 앞에서 단순현재보다는 진행시제가 '덜 딱딱하고 덜 직선적인 느낌'을 준다고 했습니다. 여기서도 적용시키세요. 지금 말한 문장들은 모두 평서문이었지만 이를 의문문에 적용하면 조금 전에 말한 '약화된 뜻'이 더 선명하게 부각됩니다.

- Well, exactly when will you get the job done?
  근데 그 일은 정확히 언제 끝낼 생각이니?
- When will you be finishing it, sir? 그거 언제쯤 끝날까요?

두 번째 문장의 어감이 더 약합니다. will이 줄 수 있는 어감을 약화시켜준다고 생각하세요. 미래진행의 이 용법은 상당히 많이 나옵니다. 진행시제가 단순현재보다 '덜 딱딱하고 덜 직선적인' 어감이라는 내용 말고, '단순현재'와 '현재진행'을 비교하면서 한 마디 더 했었는데, 기억하시나요? 자, 책을 열심히 잘 읽은 분이라면 무슨 영어 단어 두 개가 나왔던 게 기억날 겁니다.

공항 출입국 심사대에서 관광객에게, "서울에 얼마나 오래 계실 건가요?" 물어봅니다. 어떻게 하는 게 좋을까요?

How long <u>will</u> you stay? vs. How long <u>will</u> you be <u>staying</u>?

네, 바로 permanent와 temporary의 차이입니다. 어느 쪽? How long will you be staying?이 지금 상황에 더 들어맞는 표현일 겁니다.

will과 함께 : 미래완료 10

동사숲에서 만난 시제

미래완료는 그렇게 어렵지 않아요. 미래완료의 형태는 미래를 표현하는 조동사 will에 완료형태 'have+p.p.'를 붙여주면 됩니다. 단순미래와 비교해서 미래완료를 살펴볼게요.

- I'<u>ll leave</u> tomorrow. 난 내일 떠날 거야.
- I'<u>ll have left</u> by tomorrow. 내일이 되면 떠나고 없을 거야.

단순미래가 "앞으로 ~ 하겠다"라면, 미래완료는 "앞으로 어느 시점이 되면 ~ 하게 돼 있을 거다, ~ 상태가 돼 있을 거다"로 보세요. I'll leave tomorrow.는 내일 떠날 거라는 의미가 전부죠. 반면에 I'll have left by tomorrow.는 내일이라는 미래의 한 시점이 되면 내가 떠난 상태가 돼 있을 거라는 말입니다. 따라서 미래의 어느 한 시점을 나타내는 전치사 by[~할 때 즈음에]가 함께 오는 것이 보통입니다.

- By next Christmas we'<u>ll have been</u> here for ten years.
  다음 크리스마스가 되면 여기 산 지 10년째가 된다.
- By the time you read this, I'<u>ll have left</u>.
  네가 이걸 읽고 있을 때쯤이면, 나는 이미 떠나고 없을 거야.

'다음 크리스마스'라는 미래의 한 시점이 되면, '네가 이것을 읽고 있을 때'라는 미래의 한 시점이 되면 어떤 상태 혹은 결과가 생기는지를 미래완료로 표현하고 있습니다. 그러나 단순미래는 미래의 어느 한 시점을 두고 말하는 게 아닙니다. I will read this book three times. 하면 그냥 앞으로 '세 번 이 책을 읽겠다'는 말이죠. 그러나 미래완료 I will have read this book three times by next Wednesday.가 되면 수요일이 되면 "세 번 읽었다"는 결과가 나타나게 됩니다. 그래서 "다음 수요일이 되면 책을 세 번 읽게 될 것이다"라는 뜻이 되지요. 만약 지금까지 이 책을 두 번 읽었고 한 번만 더 읽으면 세 번이 될 거라고 한다면…

- I will have read this book three times if I read it once more.

단순미래가 하염없이 미래로 날아가는 거라면 미래완료는 미래의 어느 한 시점이라는 종착역이 있는 셈이죠. "내일까지는 생각이 바뀌어 있길 기대하고 있을게"라고 한다면…

- I expect you will have changed your mind by tomorrow.

by tomorrow라는 미래의 한 시점이 나왔기 때문에 그 시점에서의 일정한 결과를 나타내는 미래완료가 오는 겁니다. 어때요, 직접 써볼 만한 자신감이 생기나요?

그리고 과거완료가 '과거 이전 동작+과거의 의미 혹은 결과'이고, 현재완료가 '과거의 동작+현재의 의미 혹은 결과'라면, 미래완료 역시 '현재의 동작+미래의 의미 혹은 결과'가 돼야 할 것 같지만 꼭 그렇지만은 않습니다.

- I will have read this book three times if I read it once more.

이처럼 이 사람은 이미 과거에 책을 두 번 읽었고, 말하는 지금 이 순간에는 세 번째 읽는 작업에 이미 들어가 있죠. 미래완료에서는 동작이 언제인가 하는 것은 그렇게 중요하지 않습니다. 미래의 한 시점에서의 의미나 결과에 주안점을 두고 있는 게 미래완료예요. 우리말로는 단순히 "~하겠다"가 아닌 "~하게 돼 있을 것이다"로 이해하면 미래완료는 그렇게 어려운 시제는 아닐 거예요.

물론 명사도 중요하죠. 그러나 영어를 하면 할수록 우리에게 어렵게 다가오는 건 동사여야 합니다. 동사를 모르면 그렇게 매일같이 외워대는 명사와 명사의 자식들(형용사, 부사 등등)을 제대로 꿰어줄 수가 없기 때문이에요.

04
동사숲에서 만난 의미

1. 조동사
2. 가정법
3. 명령문
4. 부정문
5. 의문문

01 조동사

동사숲에서 만난 의미

🔍 조동사의 문법 세계

조동사는 엄밀히 말하면 '문법'의 영역에서는 사실 별로 볼 게 없어요. 거의 모든 분이 알 만한 간단한 내용이지만, 상기도 하고 재점검도 할 겸 조동사의 기본적인 문법사항을 집어 보겠습니다.

1. 부정문에서는 not을 조동사 뒤로

- You <u>cannot</u> do that. 넌 그거 못 해.
- He <u>might not</u> be home now. 그 사람 지금 집에 없을지도 몰라.
- I <u>will not</u> do that. 그건 안 할 거야.

2. 의문문에서는 주어 앞으로 |기원문에 나오는 may도 주어 앞으로|

- <u>May</u> I use your phone? 전화 좀 쓸 수 있을까요?
- <u>Could</u> I talk to you for a moment? 잠깐만 얘기할 수 있을까요?
- <u>May</u> all your wishes come true! 모든 소망이 이뤄지길 기원합니다.

3. 완전한 동사가 아니다

이름에는 '조동사'라고 동사라는 말이 들어가지만 동사의 일반적인 성질을 다 갖추고 있지 못한 동사가 조동사입니다. 가령 must는 과거시제가 없어서 같은 뜻의 have to의 도움을 받아 I had to call you that night. |그날 밤 너한테 전화 할 수밖에 없었어.|라고 합니다. to부정사형도 없어서 I can type at least 100 words a minute. |분당 최소한 100타는 칠 수 있다.|를 "분당 100타를 칠 수 있는 능력은 있어야 한다"고 말하려면 can의 대용인 be able to를 씁니다. 방금 나온 have to와 결합해 문장을 써보면 I have to be able to type at least 100 words a minute. 설상가상 -ing형도 없습니다. |caning, musting, maying 이런 거 못 보셨죠?|

게다가, 주어가 3인칭 단수라고 -s나 -es가 붙지도 않습니다.

- He may run for president in 2008.
  그 사람 2008년 대선에 출마할지 모른다. (He mays... 이렇게는 안 해요.)

4. 조동사는 한 번에 하나만

두 개가 연달아 오는 경우 보셨나요? 이것도 예문 적기가…^^

- He will may go… @$%#@. (이상합니다.)

자, 여기까지가 문법적인 내용입니다. 이 책은 문법책일 뿐 각 단어나 표현의 용법은 가급적 다루지 않는다고 했지만, 조동사 부분은 예외가 될 것 같습니다. 사실 각 조동사의 용법을 다루지 않는다면 조동사 편에서는 별로 할 말이 없거든요. 물론 더 큰 이유는, 조동사 하나하나가 너무나 중요한 역할을 하기 때문에 각 단어의 용법을 살펴볼 수밖에 없는 겁니다.

이 조동사 부분은 상당히 '주관적' 입니다. 다시 말해 이 책 다르고 저 책 다를 수 있다는 말이죠. 따라서 너무 깊게 들어갈 필요는 없을 것 같습니다.

🏃 "아" 다르고 "어" 다르네

조동사는 가장 쉽게 말하자면, '아 다르고 어 다르게 하는' 역할을 합니다. 조동사의 대표적 용법인 '추측 |~일 것이다|'을 가지고 일단 시작해볼까요?

- He is right. 걔가 맞아.

쉬워 보이는 이 문장, 아무것도 아닌 것처럼 보이지만 상당히 강한 문장입니다. he가 옳다고 100% 단정하고 있거든요. 반대로 걔가 맞지 않다고 100% 확신할 때는 He is not right. 그런데, 세상에 이렇게 100% 긍정과 부정 밖에 없다면 대화가 툭 하면 싸움으로 번지겠지요. 그렇지 않고, He is right.와 He is not right. 사이에 가능성을 둔다면 수많은 표현이 존재할 거예요. 가장 쉽게 I guess he is right. 혹은 Perhaps he is right. 이런 게 생각납니다. 피아노를 보면 미와 파 사이에 아무런 음도 존재하지 않지만, 기타|특히 전자기타|에는 미와 파 사이에 수많은 음이 존재합니다. 기타줄을 적당히 당겨주면서 사이 음을 표현할 수 있거든요. |그래서 저는 조동사를 보면 기타가 생각납니다.|

확실한 것부터 확실하지 않은 것까지 문장을 한 번 적어볼게요.

He	is	right	(100% 확실)
	must be		(100% 확실하지는 않지만 틀림없다)
	should be / ought to be		(그럴 거야 / 과연 그럴까)
	may be		(그럴 수도 있고 안 그럴 수도 있고)
	might be / could be		(그럴 거야 / 과연 그럴까)
	can't be /		(100% 확실하지는 않지만 틀림없다)
	is not		(100% 확실)

처음에 말했지만 조동사는 '어감'과 관련 있기 때문에 매우 주관적입니다. 모든 사람이 지금 말한 것처럼 느끼지 않을 수도 있어요. may와 might를 같은 단어로 받아들이는 사람도 있을 수 있고, could는 "아니라"는 쪽이 강하다는 느낌을 받는 사람도 있고. 문장에 오는 조동사에 따라서 he라는 사람에 대한 인상이 달라집니다. 그럼 조동사가 무지 중요한 역할을 하는 거 맞겠죠?

문장 내의 동사가 문장의 '의미'를 결정한다면, 문장 내의 조동사는 그 동사의 '느낌'을 결정합니다. 말 한 마디에 천냥 빚을 갚을 수도 있고, 말 한 마디에 원수가 될 수도 있습니다. 특히 영어를 사용해 토론을 할 때 적절한 조동사 사용에 따라 혼자 잘난 척하는 놈이 될 수도 있고 상대를 배려하는 노련한 토론자로 비춰질 수도 있는 겁니다.

배보다 배꼽으로 더 많이 알려진 격

저 어렸을 때는 "영어는 상놈의 언어다. 아버지한테도 you, 형한테도 you, 선생님한테도 you라니 무슨 말이 위아래가 없어?!" 이런 소리 많이 들었습니다. 그런데 영어를 조금씩 알아가면서, 물론 호칭에 있어서는 우리만큼 그렇게 가리지 않지만, 상황에 따라 여러 가지 말하는 방식이 있음을 알았습니다. 졸지에 '상놈의 언어'가 돼버린 영어에 나오는 공손한 표현 중, 제일 처음으로 배운 건 아마도 "Would you~?"가 아니었나 싶은데. |아, Please~ 가 더 먼저인가요?^_^| 뭐, 이것 말고도 방법은 여러 가지 있을 겁니다. 우리 문법책에는 잘 안 나오지만, 그 중

하나가 딱딱한 어감의 '단순현재' 시제에서 탈피해 현재진행이나 과거진행으로 공손한 어감을 줄 수 있다고 이미 '시제' 편에서 소개한 바 있습니다. 다시 한 번 볼까요?

- I'm hoping that you can give me some advice. 나한테 조언 좀 해줬으면 하는데.
- I was wondering if you could help me out. 날 도와주실 수 있지 않을까 생각했는데.
- When will you be finishing it, sir? 그거 언제쯤 끝날까요?

앞에서도 말했지만, '공손한'의 느낌 외에 '유연한' '덜 딱딱한' '덜 직선적인' 쪽으로 이해하는 게 어떨까 합니다. 조동사 들어가면서 이 얘기를 왜 하는지 궁금해 하는 분이 있을 겁니다. 조동사에 관한 커다란 고정관념부터 얘기하려고요.

must, will[shall], can, may, would, ought to, should, could, might

조동사라고 하면 보통 이렇게 9개의 동사를 가리킵니다. 처음에 나온 must, will, can, may는 사실 별 문제 없습니다. 문제는 뒤에 나오는 would, should, could, might 이 네 녀석들입니다. 처음 영어를 접할 때 이 단어를 어떻게 배웠는지 기억나세요?

would - will의 과거　　should - shall의 과거
could - can의 과거　　might - may의 과거

아마 대부분 이렇게 배웠을 겁니다. 그리고 조금 있으니까 would는 '공손한 표현'에 나온다고 배우게 됩니다. 또 조금 있으니까 should는 "~해야 한다"의 뜻이 있다고 합니다. 여기까지는 괜찮은데 분명히 과거라고 배운 이 단어들이 이상하

게 나오기 시작하는 거예요.

- <u>Would</u> you like to come with us tomorrow? 내일 저희랑 함께 가실래요?
- You <u>should</u> be there next month. 너 다음 달 거기 가야 해.
- There <u>could</u> be another earthquake within a year.
  1년 내에 또 한 차례 지진이 있을지도 모른다.
- This crisis <u>might</u> last for a whole year.
  현재 위기는 앞으로 1년은 더 계속될 수 있다.

이 문장 보면서 "과거 동사가 왜 미래에 쓰이고 있지?" 머리 긁적이는 분 있다면, 조동사에 대한 기본적인 개념이 전혀 없는 상태예요. 어설프게 알고 있는 것보다 전혀 모르는 상태가 새로운 토대를 쌓기에 더 좋을 수도 있습니다.

|자, 잘 보세요.^^| 과거 동사라고 기껏 외웠는데 실제 나오는 용법을 보면 1) 시제를 가리지 않고 2) 각 단어의 의미도 여러 가지인 겁니다. 자, 눈치 빠른 분이라면 아까 '덜 딱딱한' '덜 직선적인' 설명과 지금 이 말이 뭔가 관련이 있지 않을까 생각하셨을 겁니다. 그럼 여기서 이 단어 중 그래도 가장 큰형님 격인 would를 데리고 나오겠습니다. will과 would를 가장 쉽게 표현하자면, will에 비해 would가 훨씬 더 유연한 뉘앙스를 준다는 겁니다.

- I <u>won't</u> do that.
- I <u>wouldn't</u> do that.

"하지 않겠다"는 뜻의 두 문장입니다. 차이가 느껴지나요? 계속 나오고 있는 '덜 직선적인, 유연한'을 여기에도 적용해보세요. would가 will의 과거형 맞습니다.

하지만 이 둘의 관계는 go-went 같은 게 아닙니다. would도 나름대로 무지 바쁜 애예요. 용법도 여러 가지. will이 와서 "내 과거형 좀 해줄래?" 그럼 가끔 나가서 도와주고 다시 돌아와서는 바로 자기 일 하는 놈이 바로 would죠. 조금 전 두

- **I won't do that.** – 어감이 무지 강합니다. 그렇게는 하지 않겠다는 단호한 의지가 보입니다. 결정을 바꾸게 할 만한 별다른 변수가 없어 보입니다.
- **I wouldn't do that.** – 이 문장은 하지 않겠다는 표현을 직선적으로 하는 게 아닙니다. 약하죠. 변수가 있습니다. "내가 너라면 그렇게는 안 할 거야." "위험이 따르는데 나라면 안 하지." 안 하겠다는 건 **I won't do that** 과 같지만 여지는 많아 보입니다.

문장을 잠깐만 짚고 넘어갑니다.

영어하면서 would를 얼마나 잘 사용하고 있나를 보면, 무조건 외운 앵무새 영어인지, 어감을 알고 하는 영어인지 구별할 수 있다고까지 생각합니다. 본격적으로

- would, should, could, might는 고유 용법이 있는 별개 단어. 그 용법 중 하나가 will, shall, can, may의 과거일 뿐. 따라서 would, should, could, might를 보고 무조건 '과거'라는 그림과 결부시켜서는 안 된다.

조동사 용법에 들어가기 전에 반드시 기억해야 할 게 있습니다.

앞에서 시제 얘기를 하면서 go-went 얘기를 했을 겁니다. 그래서 굳이 '미래시제'라는 용어보다는 그냥 '미래표현'으로 보고 가자고 했습니다. 그리고 현재시제는 '현재'와 '미래'를 넘나드는 시제로 보는 게 훨씬 더 편하니까 현재와 미래를 굳이 구분하지 않는 게 더 편하다고 한 거 기억하시죠? 조동사 역시 마찬가지

맥락에서 이해하세요. can의 과거형은 could라는 단어가 있지만 미래형은 따로 없습니다. 그래서 can이 자기가 나서서 미래표현까지도 떠맡습니다. 이렇게요.

- I <u>can</u> come with you tomorrow. 내일 함께 갈 수 있어.

아무 이상 없는 문장입니다. 아까 조동사는 완전한 동사가 아니라고 했을 거예요. 따라서 활용의 폭이 너무 좁아집니다. 그래서 활용을 할 때는 의미는 같지만 모양은 다른 표현을 대신 써먹게 됩니다. can의 경우는 able이라는 형용사의 도움을 받는 거죠. 그러면 과거형은 was[were] able to~ , 현재형은 is[are] able to~, 미래형 will be able to~ , to 부정사 to be able to do~, 동명사 being able to do~ 이렇게 활용폭이 확 넓어집니다. must 역시 마찬가지. have to라는 표현의 도움을 받습니다. would, should, could, might 역시 무조건 '과거형' 이라는 고정 관념은 버리세요. 각각 나름대로의 용법을 갖고 있습니다. will, shall, can, may처럼 현재 얘기도 할 수 있고 앞으로 있을 미래 얘기도 할 수 있는 겁니다. 문장 보세요.

- In 1967 I arrived in the town where I <u>would</u> spend the next ten years of my life. 1967년 나는 그 이후로 10년간의 내 삶을 보내게 됐던 그 마을에 도착했다.

앞에서 '과거에서 본 미래' 를 설명하며 나왔던 문장입니다. '67년에 그 마을에 도착했고, 그 마을에서 내 삶의 그 다음 10년을 보냈다' 는 말입니다. 도착할 당시를 시점으로 다음 10년은 분명히 미래 상황입니다. 과거의 한 시점에서 본 미래를 말하고 있는 이런 would는 will의 과거형입니다. 그러나,

- <u>Would</u> you like to come with us tomorrow? 내일 저희랑 함께 가실래요?

분명히 앞으로 할 일을 나타내고 있습니다. '과거'라는 그림과는 거리가 멉니다. 오히려 '앞으로 있을 일'에 관한 내용입니다. 단순한 '과거형'으로서의 용법, 그리고 나름대로의 독자적인 용법. 어느 게 더 많이 나올까요? 생각할 것도 없이 후자입니다.

📷 문맥이 말을 한다

문법책은 가급적 쉽고 간단한 문장으로 예를 들어야 합니다. 문법적인 내용에 아직 익숙하지 않은 사람들을 대상으로 하는 책이기 때문입니다. 그런데, 이 책도 그렇지만 문법책을 보면 참 희한한 점이 있어요. |이건 외국 문법책도 마찬가지| 예문이 대부분 한 문장이라는 점입니다. 이건 문법책의 어쩔 수 없는 한계라고 생각합니다. 그러나 세상에 말 혼자 하는 사람 없습니다. 상대가 뭐라고 했기에 그 문장이 입에서 나온 거고, 또 어떤 말을 듣고 싶으니까 그렇게 얘기하는 게 아닐까요? 따라서 문장 하나만 보고 그 문장의 뜻을 파악한다는 건 한계가 있을 것입니다.

"아~ 좀 붙어봐."

이 문장 하나만 보고 무슨 뜻인지 알 수 있을까요? 글쎄요, 이 문장만 보고 언뜻 생각나는 상황만 적어봐도 꽤 되는 걸요.

- 테이프가 잘 안 붙을 때
- 사진 찍는 두 사람이 서로 어색하게 떨어져 있을 때

- 고기 구워먹으려는데 숯불이 말을 안 들을 때
- 매일 시험에서 떨어지는 동생을 보며
- 싸운다고 온갖 폼 다 잡고는 말싸움만 하고 있는 두 사람을 보며

아마 더 있을 거예요. 우리말이나 영어나 같습니다. 둘 다 '말' 이거든요. 단어 공부는 반드시 문장 속에서 해야 하고, 문장 공부는 반드시 문맥 속에서 해야 합니다. 특히 조동사는 더 그렇습니다. 문맥, 조동사에서는 아무리 강조해도 지나침이 없습니다.

조동사의 1차적 의미

달랑 용법 하나 있는 조동사는 없습니다. 그러나, 단어를 보면 가장 먼저 떠오르는 1차적 의미가 있는 것도 사실입니다. 일단 그것부터 나열해 볼게요.

- I pay my taxes.

그냥 "나는 세금을 낸다"로 무덤덤하게 받아들이면 영어가 재미없지 않을까요? 단순현재는 '지금 현재'가 아닌 '늘, 항상'의 그림이라고 한 거 기억하죠? "늘, 항상의 그림이니까 뒤에는 이런 문장이 오지 않을까?" 이런 생각을 하면서 문장을 보면 영어가 더 재미있어집니다.

- I pay my taxes because I have to, not because I want to.
  내고 싶어서가 아니라 안 내면 안 되니까 세금 내는 거야.
- I pay my taxes, but I don't get anything in return.
  세금은 내지만, 세금 덕이나 입고 사는지 모르겠어.
- I pay my taxes, so the government can do its job.
  세금을 내는 건, 정부가 제대로 일할 수 있도록 하기 위해서다.

화난 사람이라면 "꼬박꼬박"의 어감, 모범 시민이라면 "충실 납부", 이런 그림이 보이면 됩니다. 자, 이렇게 일반적인 사실을 말하는 문장에 조동사가 들어가기 시작합니다.

- I will pay my taxes.

will의 1차적 의미는 '의도, 의지, intention'. 앞으로 세금을 낼 거라는 강한 의지를 보여줍니다. I WILL pay my taxes.처럼 will을 강하게 읽으면 "아, 낸다니까!!! |몇 번을 말해?!|"의 어감 정도 되겠네요.

- I can pay my taxes.

can의 1차적 의미는 '능력, ability'. 세금 낼 수 있는 경제적 능력이 있다는 그림. 다른 뜻도 있지만 역시 "~ 할 수 있다"가 가장 먼저 떠오릅니다.

- I may[might] pay my taxes.

may와 might의 1차적 의미는 '가능성, 추측, possibility'. 차이가 있다면 might가 may의 '유연한, 덜 직선적인' 버전이니까, might라고 할 때 가능성이 더 낮습니다. |물론 어느 정도나 낮아지는지는 사람마다 다르고, 같게 보는 사람도 있어요.| 우리말로는 "낼 수도 있고, 안 낼 수도 있고". 잘 나오는 Maybe I will, maybe I won't.의 어감입니다.

- I could pay my taxes.

could의 1차적 의미는 |'능력' can의 과거가 아니라!| 역시 '가능성, 추측, possibility'. might와 거의 비슷한 어감입니다. 그러나 could는 "안 그럴 텐데. 하지만 ~일지도 몰라"처럼 '아니다'는 어감이 강하다고 말하는 사람도 있습니다.

- I <u>should</u> pay my taxes.

should의 1차적 의미는 '의무, obligation'. 역시 "~ 해야 한다"의 느낌이 제일 먼저 옵니다. 나중에 더 자세히 다루겠지만, must보다는 어감이 약합니다. 세금 안 내면 '잡혀가니까' should pay라고 하기보다는, '국민의 의무니까' should pay 한다고 하면 should의 의미가 잘 전달될까요?

- I <u>must</u> pay my taxes.

must의 1차적 의미는 '강제, necessity'. 우리말 해석은 should와 같을지 모르겠지만, 그 어감이 should보다 무지 셉니다. 그러니 상대에게 must라고 할 땐 한 번 더 생각하세요. 내일까지 세금 안 내면 재산을 압류당한다거나, 세금을 안 내면 사형을 시키는 나라가 있다면 must pay taxes 해야겠죠.^^

- I <u>would</u> pay my taxes.

역시 최고 스타는 제일 마지막에 나오는군요.^^ would의 1차적 의미는 '약한 의도, 의지' 정도? 얘는 뭐라고 한 마디로 하기가 너무 애매하네요. will의 약한 버전입니다. I will이 '반드시'의 어감이라면, I would는 '상황 봐서'라고 할까요? 예를 들면 "돈만 있으면, 정부가 일 잘 하면 그때 봐서 would pay 하지" 정도의 어감을 일단 갖고 가세요.

문장 하나만 놓고 보면 이렇게 1차적 의미가 먼저 떠오르지만, '문맥'의 틀 안에 들어가면 변신에 변신을 거듭하는 게 이 조동사들입니다. 그러니 문장 하나만 달랑 보고 외워버리는 우를 범하지는 마셨으면 합니다. 영어는 단어 하나 공부하는 것도 재미고, 문법사항 공부하는 것도 재미지만, 이 모든 것이 어우러져 문장을 만들고 그 문장들이 합쳐져 문맥을 만들어 낼 때, 그때가 정말 재미있습니다. 단어까지만 가는 분, 문법까지만 가는 분, 더 가보세요. 생각보다 참 재미있습니다.

추측 – "일 것이다"

She is rich. 이렇게 be동사만 나오면 "그 여자는 부자야"라고 딱 잘라서 확신하는 거지만, 확신이 없을 경우도 있습니다. "그 여자가 부자인가? 아니야, 아닐지도 몰라. 맞아, 확실하진 않지만 그럴 거야. 타고 다니는 차를 보니까 그 여자는 부자일 거야. 입고 다니는 옷을 보니까 그 여자는 부자가 아닐 거야." 이렇게 여러 상황이 나올 수 있습니다. 이런 상황을 표현해 주는 것이 조동사의 역할. 그래서 "~이다"라는 뜻의 be동사 앞에 조동사를 붙여서 확실하지 않은 상황을 표현하게 됩니다. 추측은 이렇게 두 가지로 나눌 수 있습니다.

1) 정말 추측입니다. 어떤 근거가 없는 상황이죠. 단순히 "~일 거야" 정도입니다.
2) She is rich. 같은 100% 확신은 아니지만, 나름대로 근거가 있기 때문에 어느 정도 확신이 들어가는 경우로 강한 긍정의 추측과 강한 부정의 추측이 있습니다.

- 일반적인 추측 (~일 것이다, ~일 수도 아닐 수도 있다)
- 강한 추측 ┬ 강한 긍정 (틀림없이 ~일 것이다, ~임에 틀림없다)
            └ 강한 부정 (틀림없이 ~이 아닐 것이다, ~일 리가 없다)

[단순 추측 may]

추측하면 가장 먼저 떠오르는 추측이 바로 이겁니다. 50% 긍정 & 50% 부정 정도? 확실히 모를 때 가장 일반적으로 나오는 조동사라고 보세요.

- He <u>may</u> be right, but he <u>may</u> be wrong, too.
  그 사람이 맞을 수도 있지만, 아닐 수도 있어.
- It <u>may</u> rain late in the afternoon. 오후 늦게 비가 올지도 몰라.

사실 제목에는 may만 적었는데, 좀 애매한 애들이 나옵니다. might & could... might만 보면 무조건 'may의 과거형'이라고만 생각하지 말자고 했습니다. 말 나온 김에, 잠깐 may와 might를 좀 더 콕 집어 비교할게요. 먼저 might가 may의 과거형으로 나올 때를 보세요. 과거형으로 나오는 건 '시제일치'와 '화법'이 적용될 때. 두 가지에 관해서 간단히 적어볼게요. '전달 동사'라는 말 기억하나요? |앞에서 '엄마동사'라고 했던 그 동사예요.|

- He <u>might</u> be home.

이 문장 하나만 가지고는 이 문장의 시제가 언제인지 확실하지 않습니다. might가 좌우하니까요. 그러나 앞에 전달 동사가 들어가면 얘기는 달라지죠.

- I <u>thought</u> he <u>might</u> be home. 그 사람 집에 있을지 모른다고 생각했어.

이 문장의 시제는 might가 아니라 thought가 결정합니다. 당연히 과거시제입니다. 이럴 때 might는 may의 과거형입니다. 학교 식으로 설명하자면 I think he may be home을 과거시제로 바꾸어 I thought he might be home이 되는 겁니다. 엄마동사 think의 시제가 하나 과거로 갔기 때문에 that절의 시제인 may도 하나 과거로 가서 might를 쓴다는 거죠. |이것이 시제일치| 그러나 다른 might도 있습니다.

- I asked, "May I go home?" "집에 가도 되나요?"라고 내가 물었다.

위에 나오는 may는 지금 다루고 있는 '추측'의 용법이 아니라 "~해도 될까요?"의 뜻입니다. 이 문장을 간접 화법으로 바꾸면 I asked if I might go home이 됩니다. 이때의 might는 may의 과거형입니다. 앞의 엄마동사에 맞춰 시제를 바꿔준 게 보일 겁니다.

그런데! might|could, would|의 정말 어려운 부분은 may|can, will|의 과거형이 아닌 자기들 원래의 용법으로 나올 때입니다. 아예 may|can, will|의 과거형으로만 쓰인다면 영어가 훨씬 더 간단할 겁니다. |감칠맛은 떨어지겠지만^^| 조동사는 100% 명쾌한 설명이 어렵다는 언어학자들의 고민도 함께 해결될 겁니다. 자! 처음에 나왔던 추측의 may에 might와 could도 등장시켜 볼까요?

[현재 · 미래에 대한 단순 추측 may, might, could]

- He may [might/could] be in Korea now. (지금 한국에 있을지 모른다는 추측)
- He may [might/could] be in Korea tomorrow. (내일 한국에 있을지 모른다는 추측)

자! 그럼 "뭔가 may, might, could 사이에 차이가 있지 않을까?" 생각이 들 거예요. may는 가장 일반적인 추측입니다. might는 may의 '약한 버전, 덜 직선적인 어감'. 기억하시죠? 따라서 may보다 가능성이 떨어진다고 보는 게 일반적입니다. 물론 지금 설명처럼 딱 잘라 말할 수 없는 것도 사실입니다. may는 어느 정도, might는 어느 정도, could는 어느 정도라고 확실히 말할 순 없습니다. 이 또한 개인별로 느낌이 다르거든요. 사실 어떻게 보면 이론적인 문법의 한계가 이런 부분입니다. 더 중요한 건 실제 용법이거든요. 실제 말을 할 때, 불확실한 걸 더 강조하고 싶으면 조동사에 더 힘을 주어 말할 수도 있으니까요. 일반적인 추측에는 may, might, could가 온다고 넓게 잡고 들어가면 가장 안전합니다.

- He is in Korea. 그는 한국에 있다. (확실한 사실)
- He may be in Korea. 한국에 있을 거야. (그럴 수도 안 그럴 수도)
- He might be in Korea. 그 사람이 한국에 있을까? (있을 수도 있겠지 정도. 그냥 may를 쓸 때보다는 더 확신이 없는 상태)
- He could be in Korea. 한국에 있을 수도 있어. (might와 거의 비슷. could는 "없지 않을까?" 하는 부정 쪽이 강하다고 보는 사람도 있지만, 역시 개인차가 존재)

is   may be   might/could be

자, 이럴 때는 might가 단순하게 may의 과거형이 아니라는 게 보일 겁니다.

[may vs. might]

조금 전 설명에서 '추측'을 표현할 때, may와 might의 어감 차이는 개인별로 다르기 때문에 두 단어가 거의 비슷한 걸로 보면 가장 안전하다고 했습니다. 그러나 사람에 따라 조동사가 주는 뉘앙스는 다를 수도 있어요. 그래서 may와 might에 차이가 있다고 하는 사람도 있습니다. 이제 그 얘기를 하려고요.

- I <u>may</u> go to the auto show.
- I <u>might</u> go to the auto show.

이 두 가지는 실제 대화에서 별 어감 차이가 없을 수도 있어요. 그냥 습관적으로 might를 입에 달고 사는 사람도 있거든요. 특별히 가능성이 더 떨어져서 그렇게 말하는 게 아니라, 별 생각 없이요. 이런 경우는 우리말에도 있죠. 말 끝마다 "~같아요" 하는 사람들. 자기 주장이 확실하지 않게 들린다고 옆에서 지적해도, 이 사람들에겐 그냥 입버릇일 뿐입니다. 그런 차원에서 이해하면 됩니다. 그런데 may와 might가 전혀 차이가 없다고 하면, 약간 혼동이 오는 경우도 있습니다.

- I <u>may</u> not know everything, but I <u>might</u> know something that <u>might</u> help you.
  내가 모든 걸 다 아는 건 아니지만, 그래도 네게 도움이 될 수도 있는 뭔가를 알고 있을지 몰라.

may보다는 조금 더 약한 어감이 might라는 게 보입니다. 뒷부분은 "혹시 알아? 내가 알고 있을지." 정도의 어감을 가지면 이해가 쉽지 않을까요? 하나 더 보세요. 나중에 가정법 할 때 나오는 내용을 지금 미리 봅니다. |헷갈릴 수 있으니 잘 보세요.^^|

- ⓐ If you <u>go</u> to bed early tonight, you <u>may/might</u> feel better tomorrow.
- ⓑ If you <u>went</u> to bed early tonight, you <u>might</u> feel better tomorrow.

두 문장 모두 우리말로는 "오늘밤 일찍 자면, 내일 기분이 한결 좋아질지 몰라."의 뜻입니다. 그런데 뭔가 두 문장이 조금 다르죠? tonight을 보면 둘 다 말하는 시점이 '지금, 현재' 입니다. 그런데 a문장에는 go to bed, b문장에는 went to bed 이렇게 나왔습니다. 똑같은 if절이지만, 이렇게 말하는 시점|현재|에 맞게 동사가 go to bed인 a는 '확실하지 않은 단순 추측' 입니다. 반면, 말하는 시점보다 하나 과거로 간 b의 went to bed는 흔히 '사실의 반대' 라고 하는 겁니다. 다시 말해 a는 you가 일찍 잘지, 늦게 잘지 모를 때입니다. 반면에 b는 늦게 자는 게 확실한 경우예요. 새벽에 월드컵 축구 경기가 있다든지, 아니면 야근 때문에 또 밤을 새워야 한다든지, 이런 식으로 일찍 못 자는 게 확실한 상태일 때는 이렇게 시제를 말하는 시점에서 하나 과거로 돌리는 겁니다.

자, 지금 볼 부분은 뒤에 나오는 주절입니다. a는 may나 might 둘 중 어느 것이 와도 이상할 게 없습니다. '기분이 좋아질지' 의 가능성 차이니까요. 기분이 좋아질 가능성이 더 높을 때 may라고 말하겠죠. 그러나! b는 may가 오면 어색합니다. 앞에서 이미 일찍 잘 리가 없다는 생각을 갖고 말했거든요. 그러니 뒤에 나오는 feel better도 어떻게 보면 그냥 해보는 말입니다. 그 가능성이 대폭 떨어져야 앞뒤 문장의 균형이 맞는 겁니다. |이 '가정법' 내용은 뒤에 아주 자세히 나옵니다.| may와 might는 선을 긋기가 참 애매합니다. 차이가 있다면 있고, 없다면 없다고 할까요? **하나의 딱 부러진 답보다는 '말' 이라는 차원에서 유연하게 접근하셨으면 합니다.** 자, may, might, could가 일반적인 추측으로 쓰일 때는 현재와 미래의 내용을 표현한다고 위에서 말씀드렸는데요, 그럼 과거 내용은 어떻게 적을까요?

[과거에 대한 단순 추측]

might를 may의 과거형으로만 생각하신 분은 여기서 막히게 됩니다. might를 적어야 하는데 might도 현재|미래| 시제에서 같은 뜻으로 나오고 있으니까요. 완료 표현을 할 때 '완료형을 과거시제 대신 사용한다'고 했습니다. 그겁니다. may, might, could가 일반적인 추측으로 사용될 때 과거형은 「may[might/could] + have + p.p」를 사용합니다. 조동사를 바꿔주는 게 아니라, 조동사 뒤의 원형부정사를 완료형|완료부정사|으로 바꿔주는 거죠.

- He <u>was</u> in Korea. 그는 한국에 있었다. (확실한 사실)
- He <u>may have been</u> in Korea. 한국에 있었을 거야. (가장 일반적인 추측)
- He <u>might have been</u> in Korea.
  (may have been보다 덜 확실하다는 건 현재시제 때와 마찬가지)
- He <u>could have been</u> in Korea. (might와 비슷한 어감)

이렇게 추측 조동사의 과거형은 조동사를 과거로 바꿔주는 게 아니라 조동사 뒤에 있는 동사원형을 완료형으로 바꿔주는 것이 일반적이라고 기억하세요.

[강한 추측 1 – can't]

must와 can not의 영역입니다. "~일 거야"라는 뜻으로 거의 단정에 가깝습니다. 그렇게 말할 수 있는 근거가 있거든요. "틀림없이 ~일 거야"는 must, "틀림없이 ~가 아닐 거야"는 cannot이 맡아서 처리해줍니다. 먼저 cannot을 보겠습니다. 앞에서 일반적인 추측을 나타내는 세 가지 문장을 보고 과거형을 살펴봤습니다. 그런데 부정문이 어떻게 되는지는 안 봤지요. 일단 그것부터 봅니다.

- He may [might/could] be in Korea.
- He may [might / could] <u>not</u> be in Korea. (조동사 뒤에 not을 넣으면 부정문)

강한 부정의 추측으로 사용되는 cannot의 과거형 역시, 뒤에 오는 동사원형을 완료형으로 바꿔 줍니다.

- He can't be in Korea. 그는 한국에 있을 리 없어.
- He can't have been in Korea. 그는 한국에 있었을 리 없어.

그렇게 어렵지 않죠?^^

[강한 추측 2 - must]

자! 이제 must가 추측으로 사용될 때입니다.

- He is in Korea. (100% 확실)
- He must be in Korea.
  그는 분명 한국에 있었을 꺼야. (근거가 있는 경우. "~임에 틀림없다, 틀림없이 ~일 것이다".)
- He must have been in Korea. (이때도 과거형은 뒤에 완료형이 옴)

하나 더 봐야 할 게 있습니다. must가 "~ 해야 한다"의 뜻일 때 'must=have to' 라고 흔히 알고 있는데, 지금 같은 추측 용법에서도 'must = have to'가 가능할까요? 당연합니다. 제가 학교 다닐 때 보던 문법책에는 have to는 must가 "~해야 한다"일 때만 바꿔 쓸 수 있다고 나왔거든요. 그러나 실생활과는 동떨어진 이론적 문법 사항에 불과합니다. 구어체에서는 특히 미국 영어에서는 have to를 두 가지 뜻에 모두 사용하거든요. 영화나 TV를 보세요. 정말 자주 나옵니다. have to를 have got to로 쓸 수도 있습니다. have got to를 줄여서 got to로, 다시 got to를 줄여서 gotta로 나오는 경우도 있습니다.

- Eric has to be the best-looking baseball player at the moment.
  현재 야구 선수 중엔 에릭이 최고 얼짱임에 틀림없어.

- The reporter, who spoke with his lawyer, insisted the story <u>had to</u> be true.
  변호사와 얘기를 나눈 그 기자는 그 얘기가 틀림없이 사실이라고 주장했다.
- That's <u>got to</u> be the reason. 그것 때문인 게 분명해.
- You <u>gotta</u> be kidding. 너 농담하는 거지?

[should와 ought to]

must에 크게 두 가지 뜻 —강한 긍정의 추측과 1차적 의미인 "~해야 한다"—이 있다는 건 아실 거예요. should와 ought to도 마찬가지. must의 동생들이라고 생각해도 될 정도예요. 용법도 같습니다. 단! 그 강도가 훨씬 약할 뿐. 근데 should나 ought to를 보면 이상하리만큼 "~해야 한다"만 생각하는 분이 꽤 됩니다. 그러지 말고 두 가지 다 생각하세요.

- She should[ought to] be home.

이 문장은 "그 여자는 지금 집에 있어야 한다"와 "그 여자는 지금 집에 있을 거야." 이렇게 두 가지 모두로 해석 가능합니다. 둘 중 어느 쪽인지는 '문맥'이 말해 줍니다. 하나 더요. should와 ought to가 '추측'의 용법으로 사용되긴 하나 "~이 아닐 것이다"라는 '부정의 추측'으로는 거의 안 쓴다는 거죠.

- She <u>shouldn't be</u> home.

따라서 이 문장은 "집에 없을지도 몰라"보다는 "집에 있어서는 안 된다" 쪽으로 생각하는 게 안전! 물론 이 역시 문맥에 맡겨야 합니다. **should와 ought to는 must와 한 배에 타고 있다고 보세요.**

🔔 의무 – "해야 한다"

[여러 가지 의무 표현]

must와 should가 대표적이죠. 옛날 클린턴 대통령이 잘 썼던 ought to도 있고요. 하지만 얘들 말고도 여러 표현이 가능할 겁니다. "너 술 끊어야 해!"에 해당하는 표현은 다음과 같이 쓸 수 있습니다.

- You <u>must</u> stop drinking.
- You <u>should</u> stop drinking.
- You <u>ought to</u> stop drinking.
- You'<u>d better</u> stop drinking.
- You'<u>re supposed to</u> stop drinking.

거의 같아 보이지만, 어떻게 조금씩 다른지 하나씩 볼까요?

- You <u>must</u> stop drinking.

알코올 중독 상태의 환자에게 의사가 하는 말이라고 생각하세요. "당신 술 안 끊으면 죽는다니까" 하는 뉘앙스. 일단 must는 "~해야 한다"의 뜻 중 가장 강한 말입니다. "이렇게 안 하면 알아서 해" 혹은 "다른 선택권은 없어" 정도의 어감일까요? 일종의 불가피한 의무예요. 강제성도 들어가 있고요. 명령입니다. must는 상당히 강한 표현입니다. 회화에서 must를 쓸 때 다시 한 번 생각하고 사용하세요.

- You should [ought to] stop drinking.

must와 should

쉽게 말해 must는 '강제적인 명령', should나 ought to는 '권유, 충고' 쪽이라고 보세요. 즉 should나 ought to는 must보다 강도가 약하다는 거죠.

should, ought to 이 두 가지는 같다고 봐도 무방합니다. 다르다고 나오는 책도 있지만 거기까지 신경쓸 필요는 없겠습니다. 그러나 must와는 분명히 다릅니다. should나 ought to는 "[내 생각에는] ~해야 할 거야" 정도로 볼 수 있어요. must가 '명령'이라면 should, ought to는 '충고' 쪽이라고 할까요? 따라서 당연히 뉘앙스 차이가 있겠죠. 강제성 측면에서 그 차이를 봅시다. 정부가 공익캠페인 하면서 국민들에게 "꼭 선거하세요" 할 때, You must vote.라고 하면 듣는 국민들이 "안 하면 어떻게 할 건데?" 반발할 수도 있습니다. |물론 자기 지지자들에겐 이렇게 강하게 말해도 되겠지만| 그래서 보통 You should[ought to] vote.라고 나옵니다. should나 ought to는 어떤 도덕적인 의무, 혹은 그렇게 하는 게 합당하다고 생각할 때 나온다고 보시면 됩니다.

- You'd better stop drinking.

had better는 "~하는 것이 더 낫다"로 잘못 알고 있는 분들이 많습니다. 그러나 had better는 어떤 두 가지 중에 한 쪽이 더 낫다는 뜻의 말이 아닙니다. |그럴 때는 "It is[would be] better ~"라고 하는 게 좋아요.| 일단 had better는 should나 ought to와 같은 의미로 생각하셔도 됩니다. 그러나 You'd better go. 하면 다소 험악하고, 때론 아랫사람 대하는 듯한 뉘앙스가 밑에 깔립니다. "안 가면 알아서 해"라든가, "가는 게 좋을걸" 정도. 가령 아들이 어머니에게 You'd better help me with my homework. 하면, 엄마는 상처받고 아들은 버르장머리 없는 자식이 됩니다.^^ had better는 우리가 생각하듯이 "It would be better to do~"의 뜻

이 아니라는 것, 오히려 "~해야 한다" 쪽이라는 기본 내용은 반드시 기억하세요.

- You're supposed to stop drinking.

위 문장의 be supposed to 역시 should와 같은 선상에서 보면 무난합니다. 이 표현은 실제 회화에서는 상당히 많이 나오지만, 우리 입에서는 잘 안 나오는 대표적인 표현 중 하나예요. be supposed to do는 "~하기로 돼 있다"라고 흔히 나오는데, 조금 더 생각하면 "~하기로 돼 있다"는 말은 곧 "~해야 한다"는 것과 통한다고 볼 수 있어요. "~하기로 돼 있다"만 알고 계신 분은 "~해야 한다"도 추가해서 알아 놓으세요.

suppose의 뜻이 "~라고 생각하다, 전제하다"거든요. 즉, 미리 어떤 생각을 깔고 들어가는 겁니다. You're supposed 부분만 보세요. you는 suppose되고 | 수동이니까 | 있네요. 자, 능동으로 뒤집으세요. 사람들이 you는 이럴 것으로 suppose하는 겁니다. 일반적으로 사람들이 그럴 걸로 생각하고 있는 겁니다. 그러니 "~해야 한다"는 뜻도 갖는 게 아닐까요? 예를 들어, 알코올 중독에 걸려 병원도 갔다 온 아저씨가 있는데, 어느 날 보니까 술을 마시고 있는 거예요. 사람들은 그 아저씨가 stop drinking 할 걸로 생각했겠죠 | suppose |. 그러니까 stop drinking "해야 하는" 겁니다. 앞에서 should나 ought to는 어떤 도덕적인 의무나 그렇게 하는 것이 합당하다고 생각되는 경우라고 했습니다. 대부분 사람들이 옳거나, 마땅하다고 여기는 게 결국 '도덕'이고 '의무' 아닐까요? 내일 학교 MT를 가는데 다른 친구들과 9시에 만나기로 했습니다. 그럴 때는

A What time are you supposed to be there? 너 몇 시까지 가야 하니?

B I'm supposed to be there by nine. 9시까지 가야 해.

자연스럽죠? |왜? 다른 애들은 내가 9시까지 올 걸로 suppose하고 있으니까|

- You're not supposed to be here; it's a restricted area.
  여기 계시면 안 됩니다. 제한구역이에요.
- You're saying I'm not supposed to call her because she's married?
  그 여자가 결혼했기 때문에 내가 전화하면 안 된다는 거야?

be supposed to do는 이것 말고도 사용폭이 상당히 넓은 표현입니다. 더 구체적인 용법은 사전|영영사전|을 찾아 직접 확인하세요.

[require]

"왠 require?" 생각이 들 겁니다. 'require = 요구하다' 공식에 갇혀서, require만 나오면 막말로 죽으나 사나 '요구하다' 라는 우리말에 끼워 맞추지 않나요? 이래서는 영어가 일정 수준 이상으로 '절대' 못 올라갑니다. '절대' 라는 단어는 함부로 써서는 안 된다고, Never say never!라고 들었지만 이 부분에서만큼은 '절대' 못 올라간다고 말하고 싶네요.^^ 생각을 바꾸세요. 영한사전 덮으시고 영영사전 보세요. 그래야 늡니다.

- You are required to do ~.

이렇게 문장이 나가면 "당신은 ~하도록 요구되어진다"라고 번역하는 걸 많이 봅니다. 근데 "요구되어지다??" 도대체 이게 무슨 말입니까? 이 말이 나온 공식이 보입니다. '수동태 + 요구하다 = 요구되어지다'. '요구되어지다' 가 하나도 이상하지 않은 분은 우리말로 직접 해보세요. "하루에 몇 시간 일하도록 요구되어지세요?" "원서 제출 시에는 증명사진을 붙이도록 요구되어집니다." 이래도 안 이상한 분은 네이티브 코리언이 아니겠죠.^^ 쉽게 가세요. 영어는 영어 자체로 보면 됩니다. 영영사전에 그 답이 있어요. require의 영영사전 뜻풀이 옮겨볼게요.

> 1. **need something or somebody** : *to be in need of something or somebody for a purpose - The recipe requires a cup of milk.*
> 2. **make something necessary** : *to have something as a necessary precondition - A password is required for entry to the system.*
> 3. **demand something by law** : *to demand something by a law or regulation (often passive) - Notification was required by law.*

"흔히 수동태로|often passive|"라고 나와 있는 3번이 지금 말하는 내용입니다. be required to do something은 "규칙상 ~해야 한다"는 뜻으로 알고 있으면 훨씬 더 편합니다. 문장 보세요.

- |사규에 의하면| All applicants <u>are required to</u> speak English, be aged between 25-35 years and have some experiences in this field.
  모든 지원자는 영어 구사 능력이 있어야 하고 나이는 25~35세 사이, 그리고 이 분야에 경험이 있어야 합니다.
- |학칙에 의하면| All students <u>are required to</u> have their photo ID card issued by the high school.
  모든 학생들은 학교에서 발급한 사진이 부착된 학생증이 있어야 합니다.
- |법률에 의하면| Drivers <u>are required to</u> pass a physical examination every two years. 모든 운전자는 2년마다 신체검사를 통과해야 합니다.

"요구되어지다?" 이런 거 이젠 하지 마세요. |단어 얘기는 책 몇 권을 써도 모자랄 정도로 '우리의 착각'이 너무나 심한 부분입니다.|

[have to]

must와 같은 조동사는 완전하지 않은, 즉 결함이 있는 동사|defective verb|라고 앞에 나왔죠? must가 "~해야 한다"일 때, 현재와 미래밖에 표현하지 못하기 때문입니다. 그럼 동사의 여러 다른 성질, 예를 들어 부정사, 동명사, 과거시제, 완료표현 같은 건 어떻게 할까요? must로는 안 됩니다. 그래서 have to가 필요한 거지요. 그리고 have to의 have는 일반동사로 취급합니다. 무슨 말이냐, 부정문일 때는 not이 have 앞으로, 의문문일 때는 do동사가 주어 앞으로 나간다는 말입니다.

- You don't have to drive for me. 나 대신 운전할 필요 없어.
- He didn't have to see you. 걔가 널 만날 필요는 없었어.
- Do you really have to go? 정말 가야만 하니?
- Did I have to tell you everything about Irene?
  아이린에 대해 모든 걸 내가 다 말할 필요가 있었던 거야?

must와 have to의 차이는 없다면 없다고 할 수 있지만 약간은 있습니다. 일단, 일상 구어체에서는 have to가 must보다 더 일반적인 단어예요. must는 벌써 발음부터 무지 딱딱하고 강해요. |느끼시나요?^^| 특히 You must~ 하면 뒷말을 듣지 않아도 가슴이 오그라듭니다. 그리고 부정문이 되면 have to의 의미가 아예 달라집니다.

- You must not talk back to your mom. 엄마한테 말대꾸 하면 안 돼!
- You don't have to go now. 지금 갈 필요 없어.

물론 이거 말고 다른 차이도 있다고 하지만, 지엽적인 특성 정도로 생각하시면 됩니다.

🎯 능력 – "할 수 있다"

여긴 그렇게 어렵지 않은 부분입니다. can이 현재와 미래를 넘나들면서 실력을 발휘하고, 과거는 could가 책임지고, 때로는 be able to 표현의 도움을 받는다는 것. 이 정도는 다 아실 거예요. ^^

- I <u>can</u> speak English, but I <u>can't</u> read it.
  영어로 말은 하지만 읽을 줄은 모른다. (can 대신 be able to)
- Some people <u>can</u>[<u>are able to</u>] walk on their hands.
  물구나무서기 하고 걸을 수 있는 사람도 있다.

이런 문장은 '일반적인 능력'이라고 할 수 있겠죠? 말이 괜히 어렵네요. '늘' 그렇게 할 수 있다는 거예요. 오늘은 물구나무서기가 됐는데 내일은 못 한다면, '일반적인 능력'이라고 할 수 없겠죠? 하지만 '늘, 항상'이 아닌 경우도 있습니다. 현재를 먼저 예로 들어볼게요. '늘' 그런 게 아니라 '말하는 그 순간'에 "~할 수 있다"고 말하게 되는 경우가 있습니다. 예를 들어, 물구나무서기를 해보려고 두 달 동안 막 연습했는데, 그렇게 안 되던 게 지금 막 된 거예요.

- Look! I <u>can</u> stand on my hands! 봐봐! 나 물구나무서기가 돼!

이럴 때 I'm able to stand on my hands는 어색하게 들립니다. can이 더 잘 어울립니다. 또, 앞으로 있을 일을 말하면서, "내일 10시 공항 도착인데 나올 수 있겠니?"에 대해서 "응, 갈 수 있어"라고 할 때 "늘 공항에 갈 수 있다"는 말이기 보다 말하는 그 순간에 결정해서 "~할 수 있다"고 얘기하는 거잖아요. 이때도 can이 더 좋습니다.

- Don't worry about it. I can pick you up tomorrow.
  걱정 마. 내일 데리러 갈 수 있으니까.

그리고 과거를 표현할 때는 could나 was[were] able to를 쓰면 됩니다.

- He could[was able to] read when he was three. 그는 세 살 때 글을 읽을 줄 알았다.

[있으나 마나]

see, hear, smell과 같은 동사가 있습니다. 이 동사의 공통점은 자기 의지가 들어가는 게 아닙니다. lsee는 앞에 나왔었죠? ^^ㅣ "보다, 듣다, 냄새를 맡다" 쪽보다는 "보이다, 들리다, 냄새가 나다"라고 알아두세요.

- I could smell something burning.
  뭔가 타는 냄새를 맡을 수 있었다. (타는 냄새가 나더라.)
- I listened carefully, but couldn't hear anything.
  귀를 기울였지만 아무 소리도 들을 수 없었다. (아무 소리도 안 나더라.)

can이나 could가 이런 동사와 함께 나오면 이건 엄밀한 의미의 '능력 표현'은 아닙니다. 자신이 그렇게 하려고 한 것도 아닌데 무슨 '능력' 이겠어요. 그래서 이런 문장에서는 can이나 could는 '있으나 마나' 라고 생각해도 됩니다. 그래서 아예 조동사 빼고 일반동사만 쓰는 경우도 많은 거지요.

- I can smell something burning. [=I smell something burning.]
  뭐 타는 냄새가 나는데.
- I can't see anyone. [=I don't see anyone.] 아무도 안 보여.
- I listened carefully, but couldn't hear anything. [= but didn't hear anything]
  귀를 기울였지만 아무 소리도 들을 수 없었다.

또 그런 대표적인 경우가 understand, remember입니다.

- I can't understand why he left so early. [=I don't understand.]
  걔가 왜 그렇게 일찍 떠났는지 이해가 안돼.
- Yes, I (can) remember your father. 그럼, 네 아버지 기억나지.

🚸 허락 – "해도 된다"

"차 좀 빌릴 수 있을까요?" 분명히 "~할 수 있다"지만 차를 빌리고 안 빌리고가 말하는 사람의 능력의 문제일까요? 아니죠. '허가, 허락'을 구하는 말투입니다. can, could, may, might 네 가지 조동사가 모두 가능한데 can과 could가 더 일상적이고 구어체적이라면 may와 might는 격식을 차리는 문어체적입니다. "차 좀 빌려주시겠어요?"라는 표현은 다음과 같이 가능합니다.

- <u>Can</u> I borrow your car? (가장 많이 나오며 또 가장 일상적인 말투.)
- <u>Could</u> I borrow your car? (can보다는 정중한 표현입니다. 여기 나오는 could 역시 can 보다 '덜 딱딱한' '덜 직선적인' 어감입니다. 그래서 정중하게 들립니다. 빌려줄지 안 빌려줄지 확신이 없으면 Can I~? 보다는 이쪽이 더 효과적일 겁니다.)
- <u>May</u> I borrow your car? (역시 많이 나오죠. '허가' 용법에서는 can이 틀리고 may만 맞는다는 말도 있지만 일반 사람들은 별로 신경을 안 씁니다.)
- <u>Might</u> I borrow your car? (문법적으로는 가능하지만 실제로는 거의 들을 수 없는 표현입니다.)

마지막 문장에서 might가 문장 앞으로 튀어 나왔는데, 사실 might가 이렇게 문장 앞으로 오는 경우는 거의 없고 주로 안에 들어가서 사용됩니다. 즉, 같은 말이라도 I wonder if I <u>might</u> use your car처럼 정중한 표현을 만드는 게 일반적이라는 거죠. 그리고 위와 같이 누가 물어보면, 대답할 때는 can과 may뿐입니다. could와 might는 어울리지 않을 겁니다. 왜? could나 might는 각각 can, may보다는 덜 직선적이므로 정중한 표현 방식입니다. "~해도 될까요?"라고 물어보는 사람이 정중하게 돌려 말하는 건 이해가 되지만, 그렇게 하라고 허락하는 사람이 완곡하게 돌려 말하는 건 조금 이상하겠죠.

A Can[May] I use your car?
   B Yes, you can[may].
   B No, you can't[may not].
   B No, you must not. (강한 표현)

A Could I ask you something?
   B Yes, of course you can.

한참 전에 들은 얘기 하나 해드릴게요. '허가' 용법에서는 can이 틀리고 may만 맞는다는 주장도 있다고 조금 전에 말했죠? 사람들이 뭐라고 하든 원칙을 고수하는 한 선생님께서 이렇게 말씀하셨다고 합니다. "허락을 구할 때는 Can I come? 이라고 하지 마! can이라니? 다리만 튼튼하면 아무 문제없이 can come 할 수 있는 거 아니니?" 물론 이론적으로야 맞는 말이지만, 이미 구어체에서는 can이 완전히 자리를 잡았습니다. 아무 문제 없습니다. 아니, may보다 더 일반적인 표현이 can입니다.

조금 전에 본 문장들보다 더 예의를 갖추려면 약간의 양념을 추가해주면 됩니다.

- Can[Could] I possibly borrow your car?
- Do you think I could[might] borrow your car?

- I wonder if I could[might] borrow your car.
- I was hoping that you could let me use your car.

이런 표현은 여러 번 실제 입으로 연습해 보는 것이 좋습니다.

[과거의 "할 수 있었다"]

허락을 받아서 "~할 수 있었다"라는 의미로 말할 때는 두 가지 경우가 있습니다. 일단 could를 생각해 볼 수가 있죠. 이 could는 '일반적인 허락, 허가'입니다. 다시 말해 어느 특정한 상황이 아니라 '늘, 항상' 그렇게 할 수 있었다는 말입니다. 그러나 특정한 때에 "~할 수 있었다"라고 하려면 could는 어색합니다. 대신 was[were] allowed to do 같은 표현이 오게 됩니다.

- When I was a kid, I <u>could</u> watch TV whenever I wanted to.
  어렸을 땐 보고 싶을 때 언제든지 TV를 볼 수 있었다.
- Last night I <u>was allowed to</u> watch TV for an hour.
  어젯밤 한 시간 동안 TV를 볼 수 있었다.

그러나 특정한 때라도 부정의 의미일 때 다시 말해 "~할 수 없었다"일 때는 could not이 나올 수 있습니다.

- Judy <u>couldn't</u> watch TV last night because she was naughty.
  주디는 말을 안 들어서 어젯밤 TV를 볼 수 없었다.

사실 이런 부분은 우리가 그렇게 무서워하는 '문법 문제'에는 안 나옵니다. 그러나 문제를 풀기 위해 문법을 공부하는 건 아니거든요. 그렇죠?^^ 항상 실전을 염두에 두고 공부하셨으면 합니다.

습관 – "하곤 한다"

여기는 will, would, used to 세 가지가 해당됩니다. will은 현재의 습관, would 와 used to는 과거의 습관이라고 생각하세요.

- In fine weather, he <u>will</u> often sit in the sun for hours.
  날씨가 좋으면 그는 몇 시간이고 햇볕을 받으며 앉아 있곤 한다.
- Never mind, these things <u>will</u> happen.
  신경 쓰지 마. 이런 일은 늘 일어나게 마련이니까.

처음 문장에서는 often이 나와서 "늘 ~하곤 한다"의 뜻이라는 단서를 주고 있죠? 두 번째 문장은 그런 단서가 없지만, 문맥이 말해주니 너무 걱정 마세요. would 하고 used to는 will보다 다소 까다롭습니다. 학교 때 본 문법책에는 would는 '과거의 불규칙적인 습관', used to는 '과거의 규칙적인 습관'을 나타낸다고 나옵니다. 아무도 이 말에 이의를 달지 않습니다. 그런데 좀 애매하지 않나요? 어느 정도까지가 규칙적인 것이고 어디를 넘어가면 불규칙한 건지… '습관'이라는 것 자체가 규칙적인 것이 아닌가요? 그래서, 이 책에서는 애매하기 짝이 없는 '불규칙' '규칙' 같은 말은 버립니다. 두 가지 모두 "과거에 ~하곤[였곤] 했다"의 뜻! 다른 점이 있다면 would는 보통 '일정한 어느 때'에 관한 언급이 있고, used to는 '일정한 어느 때'에 관한 언급이 필요 없습니다. used to의 핵심은 "과거에 ~했었지만 지금은 아니다"입니다. 반면에 would에는 그런 의미는 없습니다.

A |남자가 눈물을 흘리며 여자에게| Do you love me?
B |귀찮다는 듯이| I used to.

한 마디면 끝난 거예요. 더 이상 사랑하지 않는다는 말입니다. "과거의 '어느 때' 사랑하곤 했었다" 같은 시간 언급도 필요 없습니다. '규칙적으로(?)' 사랑했는지 여부도 따질 필요 없습니다. I used to. 한 마디로 "과거엔 사랑했었지. 그러나 지금은 아니야"라고 말하고 있는 거예요.

- I collected stamps when I was a kid. 어렸을 땐 우표를 모았다.
- I would collect stamps when I was a kid. 어렸을 땐 우표를 모으곤 했었지.
- I used to collect stamps when I was a kid.
  어렸을 땐 우표를 모았지만 지금은 아니야.

used to는 when I was a kid라는 시간 언급이 꼭 필요한 건 아니지만, would가 과거의 습관으로 사용되면 when I was a kid와 같은 시간 언급이 나오는 것이 일반적입니다. |안 나온다면 역시 '문맥'을 통해 알 수 있습니다.| 지금 소개한 내용 외에 would와 used to는 다른 점이 하나 더 있어요. '동작이냐 상태냐.' would는 과거의 어떤 '동작이나 사건'에 대해서만 나옵니다. 그러나 used to는 |이런 용법도 있지만| 과거의 '상태'까지 포함합니다.

- When we were children, we would[used to] go skating every winter.
  어렸을 적엔 겨울마다 스케이트를 타러 가곤 했었어.

지금처럼 "스케이트 타러 가다" 같은 '동작'을 묘사할 때는 would나 used to 모두 가능합니다. 그러나!!

- I used to have a car. 나도 한땐 차가 있었어.
- He used to be a waiter, but now he's a taxi-driver.
  전에는 웨이터였지만 지금은 택시 기사이다.

이 두 문장은 동작과는 거리가 있습니다. "가지다", "~이다"는 '동작'이 아닌 '상태'를 나타내잖아요. 이럴 때 would는 어울리지 않습니다.

🔍 제안·요청·부탁

[제안(~하시겠어요?)]

"커피 좀 드시겠어요?"
- Won't you have some coffee?
- Would you like some coffee?
- Can[Could] I offer you some coffee?

"그러죠."
- Yes, please.
- Yes, I'd like[love] some, please.

"아니오, 괜찮습니다."
- No, thank you.

위 문장들은 문법적으로 따지는 것보다 입으로 많이 해보면 되는 부분입니다. '영어에서 조동사로 물어 보면 조동사로 대답한다'고 해서 Will you have some coffee?라고 묻는 사람에게 No, I won't.라고 대꾸하면 듣는 사람 기분이 영 아닐 겁니다. "아니오, 안 먹을 거예요!"라고 쏘아 붙인 격이니 말입니다. "뭘 드시겠습니까?"로 가장 많이 나오는 표현은 아마 "What would you like to have?"일 겁니다. |would가 보이죠?^^|

[요청]

웨이터 아저씨가 빨리 와서 What would you like to have?라고 해야 Coffee, please라고 우아하게 말할 텐데, 바빠서 주문을 안 받는 겁니다. 그러면 내가 먼저 말을 해야겠죠.

- Can[Could / May] I have some coffee? 커피 좀 주시겠어요?
- Coffee, please. |이것저것 다 귀찮으면 이렇게만 해도 되겠죠.^^|

어렸을 땐 정말 커피가 먹고 싶었는데 어머니가 크면 먹으라고 한 기억이 납니다. 어머니는 "커피 먹으면 안 돼." 라고 하셨죠. 그걸 경우에는 No, you can't[may not]. |could는 안 나온다고 한 거 기억하시죠?| 그러나, 웨이터 아저씨가 "아니오, 안 됩니다. 못 줘요." 할 리는 없겠죠? Certainly. 또는 Of course. 하면서 커피를 줄 겁니다.

[부탁]

"~해주시겠어요?" 정도로 생각하면 될까요? 예를 들어, "문 좀 열어 주시겠어요?"라고 하려면

- Will[Can / Could / Would] you (please) open the door for me?

약간 더 신경 쓴다면

- Would [Do] you mind opening the door for me?

입으로 연습하세요. 영어는 펜이 아니라 입으로 하는 겁니다.

02 가정법

동사숲에서 만난 의미

🎩 말의 두 가지 방식

영어가 '말'이라고 생각하는 사람은, 영어는 '지식'이며 '시험'이라고 생각하는 사람에 비해 몇백 배 더 재미있게 영어를 할 수 있습니다. 시험만을 생각하는 사람이라면 문법은 가능한 한 빨리 해치우고 싶은 부담일지 모릅니다. 조금만 여유로워지면 영어는 내 마음에 살포시 와닿기 시작해 나중에는 비온 뒤에 굳은 땅처럼 단단하고 비옥해집니다.

네, 이제 그 악명 높은 '가정법' 얘기를 하겠습니다. 사람들은 말하는 방식이 다 다릅니다. 특유의 방식이 있죠. 말하는 당시 상황이나 사람의 심리에 따라서도 달라질 수 있습니다. 있는 그대로 직선적으로 표현하는 사람이 있는가 하면, 돌려서 표현하기도 합니다. 뭔가 아쉬운 부탁을 할 때에는 떵떵거리던 말투가 온데간데 없어지지요. 또 지나간 일을 아쉬운 듯 회상하는 사람이 무덤덤하게 국어책 읽듯이 말하는 것도 좀 그렇겠죠. 자기 능력을 넘어서는 벽에 부딪쳤을 때는 우울해지기도 합니다.

세금이 인상된다는 뉴스가 나옵니다. 세금 더 많이 내는 거 좋아할 사람 없을 거예요. 저마다 한 마디씩 해댑니다.

"버는 것도 얼마 없는데, 올린 지 얼마 됐다고, 돈 갖다 다 어디 쓰는지 원."

그 모습을 옆에서 물끄러미 바라보고 있는 사람이 있습니다. 이 사람은 현재 직업이 없습니다. 그래서 세금 걱정 안 해도 되지만, 처지마다 맘이 다르듯, 마음 한 구석에서는 자기도 당당하게 세금 내며 살고 싶은 마음이 있습니다. 그래서 불평하는 사람들에게 이렇게 말합니다.

"세금 좀 내봤으면 좋겠다."

그런데 한국어 삼매경에 빠져 있는 한 외국인이 지나가다 이 말을 듣습니다. 그리고는

"아니, 아저씨! '내봤으면'이라니요? 아니 왜 과거시제를 쓰는 거예요?"

그 말을 들은 두 사람, "생각해보니 그러네." 하면서 서로를 쳐다봅니다. 그러고 보면 우리는 우리말 할 때 알게 모르게 이런 말 참 많이 합니다. "내일 비라도 왔으면 좋으련만." "영어 좀 잘해봤으면 소원이 없겠다." 이런 말을 그냥 밋밋하게 하면, "내일 비가 오기를 바란다. 영어 잘 하게 되는 게 소원이다." 뭐, 말뜻은 통하겠지만 그 느낌은 다를 겁니다. 하나 더.

"난 네가 안 그랬으면 좋겠어."

지금의 모습이 싫은 겁니다. 좋아했던 건 옛날 모습이었나 보죠? 그래서 그러지 않았던 '과거'로 가고 싶어하나 봅니다. 현실이 싫을 때, 아니면 내 생각과 반대일 때 우리는 자꾸 '과거'로 가려는 건 아닌지… 영어도 마찬가지예요.

> **그 유명한 공식, ^^ 안 중요해요~**
>
> - 가정법 과거완료 – 과거 사실의 반대
>   If + 주어 + had + p.p., 주어 + 조동사 과거형 + have + p.p.
>
> - 가정법 과거 – 현재 사실의 반대
>   If + 주어 + 동사의 과거형(be동사일 때 were), 주어 + 조동사 과거형 + 동사원형
>
> - 가정법 현재 – 현재나 미래에 대한 의심, 불확실
>   If + 주어 + 동사의 현재형, 주어 + 조동사 현재형 + 동사원형
>
> - 가정법 미래 – 미래에 대한 강한 의심, 의혹
>   If + 주어 + should + 동사원형, 주어 + 조동사 현재/과거형 + 동사원형
>   If + 주어 + were to + 동사원형, 주어 + 조동사 현재/과거형 + 동사원형

이거 외우지 마세요. 이게요, 시험 문제 내기가 너무 좋은 겁니다. 네, '너무' 좋죠. 우리 다 알잖아요? 이거 지금 외워봐야 내일 바로 까먹을 거고, 이 공식대로 조합한 문장이 실제로 입에서 나오기도 힘들다는 거. 조금 오래 걸려도 천천히 하나씩 음미하세요. 그래야 나중에 원점으로 돌아오는 일 없습니다. 영어는 공식 외워서 하는 게 아니라는 거 말로만 하지 말자구요. 우리는 조금은 다른 각도에서 가정법을 들어가 보겠습니다.

"나는 돈을 못 벌기 때문에 세금 못 내." |이렇게 말해도 뜻은 전달되지만|

"나도 세금 좀 내봤으면 좋겠다." |이것과 느낌상의 차이는 분명히 있겠죠?|

아이들 동요에 나오는 유명한 가사 — "텔레비전에 내가 나왔으면 정말 좋겠네, 정말 좋겠네." 이것도 "나왔으면?"이네요. 이 느낌을 가지고 가정법 시작하세요. |잘 기억나지도 않는 공식은 다 버리고 홀가분한 마음으로!!|

🔔 있는 그대로 말하는 직설법

학교 때 문법책을 보면 '직설법'이라는 파트가 있었습니다. 영어로 indicative mood. |와~~~ ^ ^| 뭐, 어려운 얘기 같지만 전혀 그렇지 않습니다. 현재 직업 없는 아저씨가 "나는 돈을 못 벌기 때문에 세금을 못 내"라고 말하는 게 '직설법'입니다. '사실을' '있는 그대로' '객관적으로' 말하는 방식입니다. 어렵게 생각하지 마세요. 지금까지 이 책에서 다룬 문법내용이나 예문이 거의 모두 직설법에 관련된 거였거든요. 그래서 따로 말할 필요가 없었을 뿐입니다. 앞에서 이것저것 살펴봤던 여러 시제가 모두 직설법에 해당합니다. 주어가 3인칭 단수이면 동사에 s나 es가 오는 게 모두 직설법에 해당하는 거죠.

- I take a shower every day. (매일 있는 일 → 현재 동사 take)
- He watched television last night. (어젯밤 일 → 과거 동사 watched)
- I have waited here for two hours. (과거에서 현재까지 → 완료표현 have waited)
- You can call me this evening. I'll be home.
  (저녁에 집에 가 있을 거다 → 조동사 will로 표현하는 미래 will be)
- What are you doing this evening?
  (오늘 저녁 뭐하기로 돼 있냐 → 현재진행으로 표현하는 미래 are doing)

지극히 상식적인 문장들입니다. 그러나 이렇게 있는 그대로만 적어야 한다면 사는 게 재미없을 수도 있습니다. 딱딱하고 밋밋한 대화만 오가겠죠? 예를 들어 볼까요? 서로 원수 같은 집안의 두 남녀. 집안의 반대로 헤어져야만 하는 두 사람.

참 마음 속에 응어리진 것도 많고, 순간순간이 너무나 아쉽고, "꼭 이래야 하는 건가" 안타까운 마음뿐. 그런데 '언어의 신'에 의해 두 사람은 직설법으로만 말할 수 있는 저주에 걸렸습니다. 그럼 대화가 이렇지 않을까요?

남: 부모님이 반대해서 우리는 결혼할 수 없어.
여: 나도 알아.
남: 무슨 좋은 아이디어 없니?
여: 같이 한번 생각해보자.
남: 우리 부모님들이 고집을 꺾어주실까?
여: 난 그렇게 생각하지 않아.

이걸 본 언어의 신. "아니! 헤어지는 애들 대화가 왜 이러니?" 그래서 저주를 풀어 주관적인 감정, 느낌, 바람, 후회 등을 담아 말할 수 있게 해줍니다. 그러자 둘의 대화가 이렇게 바뀝니다.

남: 왜 우리가 지금 이래야만 하는 거니?
여: 너무 잔인해.
남: 무슨 해결책이 나왔으면 좋겠는데.
여: 그러게. 뭔가 생각해낼 수 있을 거야.
남: 부모님들이 조금만 생각을 바꿔준다면.
여: 그럴 순 없을 거야. 우리가 다시 태어난다면 모를까.

있는 그대로 객관적인 사실만 기술하는 직설법도 있지만 이 대화의 대사처럼 현실과 반대되는 얘기를 함으로써 주관적인 감정, 바람, 느낌, 후회 등을 표현할 수 있는 가정법이 있습니다. "가정법은 if 아니야, if?"라고 생각한다면 너무 좁은 생각이에요. 생각을 바꾸세요. '직설법 표현 방식에 변화를 줘서 감정을 싣는 표현

방식이 가정법'이라고 말입니다.

자, 그럼 똑같은 얘기를 하나는 가정법으로 다른 하나는 직설법으로 어떻게 하는 걸까요? 과연 두 가지의 차이는 어디에 있는 걸까요? 바로 '시제'에 있습니다. 분명히 앞으로 자신의 바람을 말하면서 "세금 좀 내봤으면 좋겠다"로 과거형 쓴 거 기억하시죠? 영어도 거의 같습니다. 보이기엔 분명히 과거형이지만 실제 의미는 그게 아닌 거죠. |일단 지금은 간단하게만 보세요.| 자신의 바람이나 희망을 표현하는 대표적인 동사에 hope와 wish가 있습니다. 다른 점이 있다면 hope는 실현 가능성이 있는 바람입니다. |객관적인 가능성이 있는|

- I <u>hope</u> that she <u>will</u> come back to me. 그녀가 내게 돌아와주길 바라고 있어.

지금은 헤어지지만 언젠가는 그녀가 돌아올 희망이 있으니까 hope. 반면에 wish는 '사실의 반대' 되는 상황을 바라는 겁니다. 가능성이 없는 바람이죠. 지금 세금을 못 내는 사람이 "내봤으면" 하고 바라는 겁니다.

- I <u>wish</u> I <u>could</u> pay my taxes. 세금 좀 낼 수 있었으면 좋겠다.

could라고 과거형태가 온 게 보이죠? 이렇게, 시제를 표면적으로 하나 과거로 돌려 말하는 게 가정법이라고 일단 생각하세요. |제일 무서운 말 또 나왔네요 – "일단" ^^| 하나만 더 볼까요?

- It's time you went to bed. 너 잘 시간이다.

아이가 잘 시간을 넘어서 안 자고 있을 때 부모님이 하는 말이겠죠? 일반적인 직설법으로 표현하면 I want you to go to bed.가 될 겁니다. 여기에 감정을 실어서 말한다고 생각하면 되는 게 It's time you went to bed. "It's time 다음에는 과거형 동사가 온다." 이렇게 기계적으로 외우지 말고 어감을 느껴야 합니다. 매일 9시에 자는 아이에게 "지금 10시네. 그럼 넌 이미 '자고 있어야' 할 시각인데." 정도의 어감입니다. 그래서 went to bed라고 굳이 과거형을 사용한 겁니다. It's time for you to go to bed.라고 해도 되겠지만 이건 I want you to go to bed.의 어감입니다. 이런 어감 차이를 만들기 때문에 필요에 따라 과거형으로 쓰는 겁니다.

가정법의 잔재

현재 영어에 남아 있는 가정법의 잔재를 볼게요. |잔재, 어감 안 좋네요.^^| 먼저, '인칭, 시제에 관계없이 동사원형이 나오는 경우'가 있습니다. 구어체에서 이렇게 쓰면 '너무 우아하고 고상하게(formal)' 들려 심하게 말하면 '재수가 없을' 정도입니다. 워낙 평소에 말을 문어체처럼 하는 사람이라면 모를까, 주변 사람들이 싫어할지 모릅니다. 그런데 이거 역시 시험 문제의 단골이라는 점이 안타깝습니다. 시험에 기어이 나온다면 답을 맞게 적어야겠지만, 무시해도 괜찮아요. '우아함'을 보여주는 예를 들어볼까요? |조금 극단적인 예지만…^^| 갈대 같은 여자의 마음. 군대 간 남친을 배반하고 뾰족구두 거꾸로 신은 여자. 그녀를 원망하며 남자는 마치 햄릿처럼 이렇게 말합니다.

- Frailty, thy name is woman!
  약한 자여! 그대 이름은 여자니라.

주변에 있던 사람들, "쟤 원래 저래? 여자가 떠날 만도 하다" 이럴지도 모릅니다.

이제, 햄릿이 했던 저 말을 극단적인 구어체로 바꿔 볼까요? |그냥 재미로.^^|

- Hey yo, girls, you're so darn wishy-washy.

햄릿처럼 우아하게 보이고 싶다면 다음과 같이 that절에 과감하게 동사원형을 쓰세요. 미리 말하면, 이 문장들 어감은 "내 생각에는 이렇게 돼야 하는데 그렇게 안 되고 있네." 쪽이에요. 그래서 자신의 바람이나 주장, 느낌을 가정법으로 표현하고 있는 겁니다. 자야 할 시각인데 안 자고 있는 것과 같은 맥락이지만, 여기서는 시제나 인칭에 관계없이 동사원형이 온다는 것만 다르다고 기억하세요.

1. suggest, recommend, insist, demand 등의 동사가 올 때

- The doctor <u>recommended</u> (that) he <u>give up</u> smoking.
  의사는 그에게 담배를 끊을 걸 권했다.
- He <u>demanded</u> that I <u>be</u> sent to jail. 그는 나를 감옥으로 보내야 한다고 주장했다.

that절의 동사들을 가만히 보면 give, be 모두 동사원형(원형부정사)이 오고 있습니다. 그러나 이렇게 하는 것보다는 that절에 should를 넣어서 말해주는 게 더 일반적입니다.

- The doctor <u>recommended</u> (that) he <u>should give up</u> smoking. – 일반적
- The doctor <u>recommended</u> (that) he <u>give up</u> smoking. – 문어체 (햄릿 버전)

2. important, essential, imperative, desirable, crucial 등의 형용사가 올 때.

- It is essential that every user change their password as soon as possible.
  모든 사용자가 비밀번호를 가능한 빨리 바꾸지 않으면 안 된다.

- It is desirable (that) he be retained in custody, rather than released on bail.
  그가 보석으로 석방되기보다는 계속 수감 상태에 있는 것이 바람직하다.

역시, should를 넣어서 말하는 게 더 일반적입니다. 사실 이 두 가지 외에 몇 개가 더 있지만 이 정도만 소개하겠습니다. 너무 크게 신경 쓸 부분은 아니라고 생각하기 때문입니다.

다음은 '사실의 반대되는 상황을 이용해 자신의 감정, 느낌, 후회 등을 표현하는 경우'예요. 이럴 때는 시제가 달라집니다. 그리고 이 책에서 앞으로 자세히 살펴볼 내용입니다.

- Would you hold my hand if I saw you in Heaven?
  내가 너를 천국에서 만나면 내 손을 잡아주겠니?
- I sometimes wish I'd never been born at all.
  내가 이 세상에 태어나지 않았으면 하는 바람이 들 때도 있다.
- I think it is time you did some cleaning. 이제 청소 좀 할 때가 된 거 같은데.

자, 얘들이 우리가 이제부터 자세히 살펴볼 놈들입니다. 공식은 잊고, 그냥 물 흘러가는 대로, 내가 말하고 싶은 대로, 그렇게 가보는 겁니다. 그렇게 이해할 수 있다면 공식은 필요 없지 않을까요? ^^

if절의 기본 속성

자, 일단 "if절 = 가정법" 혹은 "가정법 = if절"이라는 등식은 깨세요. 물론 현대 영어에 확실하게 남아있는 가정법은 if절 정도지만, 그렇다고 해서 모든 if절이 가정법은 아닙니다. 공식도 접어두세요. 앞으로 예문이 나올 때마다 "이게 가정법

뭐지? 과건가, 아니면 과거완료가?" 이런 생각 하지 마세요. 일단 if절은 크게 세 가지 정도입니다.

1. 늘 항상 그럴 때

이건 엄밀히 말해 우리가 알고 있는 if와는 거리가 멀고 when으로 바꿔도 괜찮아요. '늘, 항상, 언제나 사실인 얘기'를 할 때예요. 일종의 진리라고 생각해도 되고, 습관이나 일반적인 경향이라고 이해해도 됩니다. |if와 when은 엄연히 다르지만, 지금처럼 when이 whenever의 어감일 때는 if와 when은 비슷하다고 생각해도 됩니다. if와 when의 차이는 뒤에 나옵니다.| 그럼 이때는 어떤 시제를 쓰는 게 보통일까요? 네, 시제 부분을 제대로 보신 분이라면 벌써 '단순현재'라는 걸 아셨을 겁니다. '늘, 항상, 언제나'를 표현하는 건 단순현재입니다. if절이나 주절 모두 단순현재형이 오는 게 일반적입니다. 그리고, 이건 당연히 가정법이 아니라 직설법입니다. 말하고 싶은 시제 그대로 적으면 됩니다.

- If I <u>drink</u> coffee in the evening, I <u>can't</u> sleep at night.
  저녁 때 커피 마시면 밤에 잠을 못 자.
- If you <u>boil</u> water, it <u>changes</u> from a liquid to a gas.
  물을 끓이면 액체에서 기체로 변한다.
- If you <u>take</u> a fish out of water, it <u>dies</u>. 물고기를 물 밖으로 꺼내면 죽는다.

추측도 아니고 사실의 반대도 아니고 '늘, 항상' 그런 얘기들이죠? 이렇게 when과 비슷한 의미의 if는 상당히 자주 나오는 편이에요.

2. 결과를 몰라서 추측할 경우

if의 가장 일반적인 '추측' 용법입니다. 사실을 정확히 모를 때입니다. 자, 이 용법은 가짜 사실을 정해서 말하는 '가정법'이 아닙니다. 따라서 시제 가지고 장

난칠 필요가 전혀 없습니다. 상황에 맞는 시제 그대로 적으면 됩니다. if절 시제는, 과거에 대한 추측일 경우에는 과거 동사를, 비과거에 대한 추측일 경우에는 현재 동사를 적으세요. |비과거 = 현재 or 미래|

- If I offended you, I apologize. 기분 상하게 했다면 내가 사과할게.
- If he takes the antibiotics, he'll get better. 항생제를 맞으면 좋아질 거야.
- If you come tomorrow, we'll talk more. 너 내일 오면 얘기 더 하자.

3. 사실의 반대를 가정할 경우

자, 진짜 가정법은 이거 하나입니다. 엄연한 사실이 있는데 그 반대 상황을 가정해서 말하는 거죠. 벌써 헷갈리는 분이 있을 것 같아 미리 말하자면, 가정은 "假定" 다시 말해 "가짜로 정하는" 거예요. 사실은 그렇지 않은데 가짜로 정해놓고 말하는 거죠. 이때는 "세금 좀 내봤으면 좋겠다"처럼 시제가 하나씩 과거로 갑니다. 과거 상황을 가정할 때는 if절 시제에 과거완료, 비과거(현재 or 미래) 상황을 가정할 때는 if절 시제에 과거 동사가 옵니다.

- If I hadn't run so fast, I would surely have missed the train.
  내가 그렇게 빨리 뛰지 않았다면 분명히 그 기차 놓쳤을 거야.
- If the weather had been nice yesterday, I would have gone out.
  어제 날씨만 좋았어도 외출했을 거야.
- If you died tomorrow, you would be in my heart.
  네가 내일 죽는다 해도 넌 내 마음 속에 있을 거야.
- Would you still love me if I were broke?
  내가 돈 한 푼 없는 상태라도 여전히 날 사랑할 거니?

시제가 조금 복잡해지고 있죠? 이 시점에서 이 세 가지를 완전히 이해한다면 참 좋겠지만, 공식이 남기고 간 상처가 너무 깊기에 아마도 그렇게 쉽지는 않을 거예요. 1) "늘 항상 그럴 때" – 이 부분은 그냥 문장 그대로 이해하시면 되겠죠? 어려울 거 없습니다. 자, 이제 2)번과 3)번, '단순 추측'과 '사실의 반대'의 세계로 들어가겠습니다.

단순 추측과 사실의 반대

일단 이 둘을 구별해야 합니다. "지금 비가 온다면"에는 두 가지 가능성이 존재합니다. 아침에 잠이 깨자마자 이불 속에서 이렇게 말한다면, 밖의 상황을 모르고 말하는 겁니다. 이건 '단순 추측'. 그러나 비가 오지 않는 창밖을 바라보면서 이렇게 말한다면 이건 '사실의 반대'. 이렇게 사실의 반대로 가짜로 정해서 말하는 게 '가정법'이에요. 다시 말하지만, if절이 나온다고 무조건 가정법은 아닙니다. 우리말은 두 가지를 엄밀히 구별하지 않지만 영어는 다릅니다. 적어도 '문어체'에서는 구별합니다. 지금 비가 오는지 여부를 모르는 단순 추측의 경우는 '직설법의 시제'를 그대로 따라가세요. 어렵게 생각할 필요 전혀 없습니다.

- If it <u>is raining</u> now.

지금의 'now', 그리고 현재동사 is. 이건 영어의 기본적인 상식만 알면 아무 문제될 것이 없습니다. 그럼 거꾸로 생각할 수 있는 여유도 있어야 합니다. 어떤 문장의 시점이 현재일 때 |여기에 now가 있죠?| if절 동사에 현재형이 왔다면, 그건 '단순 추측'의 뜻을 갖는다고. 그런데 지금 비가 안 오는 상태라면,

- If it <u>were raining</u> now.

> **단순추측 vs. 사실의 반대**
>
> 단순 추측: '직설법' 시제를 따라갑니다. 과거 얘기면 과거동사, 비과거 (현재 or 미래) 얘기면 현재 동사.
>
> 사실의 반대: '가정법' 시제를 따라 갑니다. 과거 얘기면 대과거 (had+p.p.), 비과거 (현재 or 미래) 얘기면 과거 동사.

"세금 좀 내봤으면" 기억하죠? 사실의 반대일 때는 문장의 시점보다 하나씩 과거로 가는 겁니다. 지금은 now를 통해 이 문장이 현재시점이라는 거 알 수 있고요. 그래서 if절에 과거 동사 were가 오는 겁니다. be 동사일 때는 주어의 인칭에 관계없이 were가 옵니다. 거꾸로 생각할 수 있는 여유가 필요합니다. "문장에 now가 왔는데 동사가 과거형??? 이거 틀렸구먼." 하지 말고, 오히려 "문장에 now가 있는데 과거동사가 왔다는 건, 사실은 비가 안 오니까 이렇게 말하는구나"라고 생각하는 센스!

비과거의 세계

비과거 |이제부터 '현재 혹은 미래'는 '비과거'라는 말로 대신할게요.|는 아직 지나가지 않은 동작이나 상태를 한데 묶은 겁니다. 말 그대로 과거가 아니죠. 자, 중요한 사실 하나 더요. 앞에서는 if절만 살펴봤는데, 실제로 더 중요한 건 '주절'입니다. 하고자 하는 얘기는 if절이 아니라 주절에 담겨 있거든요. 따라서 if절 뿐만 아니라 주절에도 신경써야 합니다.

[단순 추측]

가장 쉽게 말해 50퍼센트의 가능성입니다. 그럴 수도 있고, 안 그럴 수도 있고. 자, 지금부터 문장 볼 때 "if절에는 뭐뭐…, 주절엔 뭐뭐…" 이렇게 생각하지 말고 그냥 보는 겁니다. 이제 문장 하나씩 설명 들어갑니다.

- If you can't come to see us next weekend, we'll come and visit you.

다음 주에 우리를 보러 올지 확실하지 않은 거고, 그럴 수 없으면 우리가 보러 오겠다는 말입니다. if절에 can이라는 현재형이 왔고요, 주절에는 그렇게 하겠다는 의지가 보이는 will이 있습니다. if절과 주절 모두 말하고 싶은 시제를 그대로 써 주면 됩니다. '단순 추측'일 때는 복잡하게 따질 거 없습니다. 마음 가는 대로 하고 싶은 말을 하면 됩니다.

- If you <u>finish</u> the work by lunchtime, you <u>can</u> take the afternoon off.

|확실하지 않지만| 점심때까지 일을 마치게 되면 오후는 쉴 수 있다는 말. if절에 finish라는 현재형, 그리고 주절에는 "~ 할 수 있다"는 말을 하고 싶어서 can을 사용하고 있습니다.

- If you<u>'re coming</u> with me, you<u>'d better</u> get ready now.

나랑 같이 가기로 한 거면 지금 당장 준비하라는 말입니다. if절은 시제편에서 봤던 '현재진행을 이용한 미래표현'입니다. "나랑 함께 가기로 (이미) 결정 돼 있는 상태라면"으로 이해하세요. 주절에는 had better라는 표현이 나왔어요. "~ 해야 한다. 안 그러면 알아서 해" 정도의 어감이라고 했죠?

- If you<u>'ve finished</u> the work I gave you, you <u>may</u> go home now.

"현재 완료는 공식에 안 나오는데." 이렇게 생각하지 마세요. 현재완료는 시제에서 봤듯이 '과거의 동작 + 현재의 의미', 다시 말해 위 문장의 뜻은 '과거에 끝냈다' 라는 어감보다는 '일이 끝나서 지금은 할 일이 없는 상태' 쪽입니다. 그럴 경우, 지금 집에 가도 좋다. 조동사 may가 오고 있네요.

- If the weather is good later, we may go swimming.

지금은 날씨가 그렇게 좋지 않나 봅니다. 확실하지는 않지만 나중에 날씨가 좋아지면, 수영하러 갈지도 모른다. 추측의 may가 오고 있죠? may보다 조금 더 약하게 적고 싶으면, 다시 말해 "잘은 모르겠는데, 수영 가는 거 한 번 생각해볼까?" 정도의 어감이면 어떻게 할까요? 그렇습니다. 앞에서 말한 대로 하세요. may 대신 might로, we might go swimming이라고 하면 됩니다. 공식에는 주절에 '조동사의 현재형 혹은 과거형' 이라고 나오는데, 그런 식으로 보지 마세요. 여기 might는 may보다 '덜 직선적이고 더 유연한' 뜻을 갖는 별개의 단어라고 보는 게 더 편합니다.

- If you do it again I'm going to report it.

주절에는 정말로 다양한 표현이 올 수 있다는 걸 보여드리기 위해, 이번에는 be going to를 등장시켰습니다. 다시 또 그러면, 보고하겠다는 내용입니다. be going to do이므로 '이미 결정한 듯한' 강한 의지가 드러나 있습니다.

- If you can't log in, then make sure your email address is still working.

이 문장의 주절에는 명령문 형태가 오고 있습니다. 의미는 (you should) make sure that 정도로 보시면 됩니다. 로그인이 안 되면, 이메일 주소가 아직 유효한지 확실히 알아보라는 뜻입니다.

- If you <u>have</u> some time, <u>could you</u> please tell me what you think of my work?

시간 있으면, 내가 작업한 것에 대한 의견을 말해 줄 수 있겠냐는 의미. 이번엔 주절에 could가 오고 있습니다. '조동사의 과거형'이라고 생각하지 말라고 했습니다. 네, can you tell me 할 수도 있지만, '덜 직선적이고 더 유연한' could를 써서 공손하게 말하고 싶은 겁니다.

- If I <u>see</u> him in the street, I <u>would</u> probably <u>smack</u> him in the face.

"길거리에서 내 눈에 뜨이기라도 하면, 그 자식 얼굴에 한 방 날려줄 생각도 있는데 말이야." 정도의 어감입니다. would 역시 '조동사의 과거형'이라 생각하지 말고, will의 약한 버전이라고 생각하세요. will이 "눈에 띄기만 해봐, 내 반드시 한 방 날려준다"라면, would는 "한 방 날려줄 생각도 있는데 말이야." 정도로 약해지는 겁니다.

- <u>What if</u> over the next two years interest rates fall from 7.5 percent to 7 percent?

"앞으로 2년 동안 금리가 7.5%에서 7%로 떨어지면 어떻게 하지?"의 뜻입니다. 여긴 What will happen if ~?의 어감으로 보세요. What if ~? 문형은 "~라면 어쩌지, 어떻게 되는 거지, 어떻게 할 건데?"의 어감이고 상당히 많이 나오는 형태니까 꼭 기억하세요. 실컷 봐 놓고, 이렇게 말하면 맥빠질지도 모르지만, 지금 살펴본 문장들은 사실 이렇게까지 다시 봐야 할 필요가 전혀 없습니다. 지극히 상식적인 문장들이기 때문입니다. 앞에서 했던 '시제' 파트에서 봤던 내용 그대로입니다. 자, 이제 조금 어려워집니다.

[사실의 반대]

'사실의 반대'는 가능성 제로라고 할 수 있겠죠. 앞에서 봤던 "세금 좀 내봤으면" 처럼요.

a If you <u>need</u> some money <u>now</u>, I <u>will lend</u> you some.
b If you <u>needed</u> some money <u>now</u>, I <u>would lend</u> you some.

지금은 문맥이 없고 문장이 달랑 하나이기 때문에, 일부러 now를 문장 안에 넣었습니다. 자, 기억하세요 — **if절의 핵심은 '시점' 입니다. 언제에 대한 얘기인지를 반드시 보셔야 합니다.** a 는 '단순추측'으로 네가 돈이 지금 필요한지는 모르겠지만, 필요하다면 내가 빌려준다는 뜻일 겁니다. b 는 '사실의 반대' 입니다. 무지 무지 부잣집 아들인 친구한테 얘기하는 경우라고 설정해보죠. "너 돈 필요 없지? 그럴 리는 없겠지만 돈 필요하면 내가 빌려 줄 수도 있어." 정도의 어감입니다. 내 머릿속에 "너 정도 애는 돈이 필요 없을 거야"라는 사실이 깔려 있는 겁니다. 일단 b 에서 두 가지를 잘 보세요.

1. now가 있는데 needed. 그러면 '사실의 반대'. |아직도 "어? 어떻게 now가 있는데 과거동사가?" 하는 분 없죠?| 다시 말하지만, 공식만 생각하고 if절 동사가 과거형이면 무조건 '현재사실의 반대' 라고 생각하진 마세요. 물론 지금은 '현재사실의 반대'가 맞지만, 그 이유는 문장의 시점이 '현재, now'인데 동사가 과거형이 왔기 때문입니다. |이건 반드시 기억하세요. 나중에 다시 테스트 할 겁니다.^^|

2. 주절에는 거의 예외 없이 would[could, might]가 옵니다. 어감이 또 말을 하는데요. 말하는 사람은 상대방이 돈이 필요하지 않을 거라는 확신을 깔고 말하고 있습니다. 따라서 자신이 돈을 빌려주는 상황이 올 거라고 별로 생각하지도 않습니

다. 그런데 "꼭, 반드시 빌려주겠다"는 어감의 will이 올 리 만무합니다! 오히려 "빌려 줄 생각도 있는데…" 정도 어감의 would가 오는 게 말하는 어감상 자연스러운 겁니다. 따라서 will, can, may는 여기서는 어울리지 않습니다. 여러분이 가정법을 공식이 아닌 '말'이나 '어감'의 차원에서 받아들이려면 지금 말한 2번 내용은 무지 중요합니다. 조금 전 문장에서는, 빌려주겠다는 '의지' 표현이었기 때문에 will과 would가 왔습니다. 하지만 빌려줄 수 있다는 '능력'을 표현한다면 앞서서 조동사에서 봤던 것처럼 I would be able to lend you some. 아니면 더 간단하게 I could lend you some.

"그렇지 않을 거야"를 밑에 깔고 말하는 사람이 말을 직선적으로 강하게 할 수는 없습니다. 그래서 would, could, might, should 등이 오는 게 보통일 수밖에 없지요. 공식에서 그렇다니까 would, could, might, should가 오는 게 아니고요. will이 가슴을 쫙 펴고 당당하고 자신 있게 말하는 어감이라면, 반면에 would는 뭔가 웅크린 자세에서 말할 때도 약간 더듬는 |설명이 조금 오버하고 있나요?| 그런 어감을 갖고 있는 게 중요합니다. 이런 would, could, might, should는 우리말 해석을 가지려 들지 말고, 그 느낌을 가지세요.

방금 살펴본 문장은 now가 있는 문장이었습니다. 이제는 tomorrow로 가겠습니다. 비과거(현재 or 미래)라는 차원에서 보면 now나 tomorrow나 다를 바 없습니다. 'tomorrow는 미래'라는 틀에서 벗어나서 생각하세요.

- If you <u>died tomorrow</u>, you <u>would be</u> in my heart.

진한 사랑이 느껴지죠? 그럼 됩니다. 이 문장에서 사랑을 느낄 수 있다면 더 이상 설명이 필요 없지만, 그래도 몇 마디 덧붙이면, 설사 당신이 내일 죽어도 내 마음 속에 남아 있을 거라는 말이에요. died와 tomorrow, 이 둘이 같은 문장에 나온 게 더 이상 이상하게 안 보이죠? 말하는 마음속에는 "당신이 내일 죽는다? 그건 말도 안 돼."라는 생각이 이미 깔려 있는 겁니다. 그래서 died인 거죠. 남자인 제가 If I were a woman...이라고 말하면 누가 봐도 '사실의 반대'인 경우는 물론이고, 지금 소개한 문장처럼 주관적인 판단에서 "그건 말도 안돼"라고 생각하는 것도 올 수 있어요. 좀 전 문장을 무덤덤하게 말할 수도 있습니다.

- If you <u>die tomorrow</u>, I <u>wouldn't</u> care.
  네가 내일 죽어도 나 별로 신경 안 쓸 거 같은데.

die가 왔기 때문에 "너 내일 죽을 수도 있지 않겠니? 거 아무도 모르잖아?" 쪽입니다. 사랑이라곤 찾아볼 수가 없죠? 자꾸 익숙해져야 합니다! 자, 문장들 보세요. 지금 나오는 예문들이 시점은 따로 문장에 나와 있지 않을 경우 모두 '비과거'로 생각하고 읽어주세요.

- I love my boyfriend, and if he <u>asked</u> me to marry him tomorrow, I <u>would</u>.
  남자친구를 사랑하고, 내일 프러포즈를 하기라도 한다면 결혼할 생각도 있어.

asked와 would, 둘이 잘 어울리죠? 여자는 머릿속에서 "설마 내일 프러포즈할까? 안 할 거야. 하지만 내일 하면 난 받아들일 마음의 준비가 다 됐어." 이런 그림을 그리고 있는 겁니다.

- If he <u>asked</u> you to marry him tomorrow, <u>would</u> you say yes?

역시 같은 맥락입니다. 단지 주절에 질문이 나오고 있죠. 앞 문장과 같은 맥락에서 보세요.

- Would you accept a diamond ring if he offered it to you?

이번에는 주절이 앞으로 온 경우. 그럴 리는 없지만 그 남자가 다이아몬드 반지를 주면 그걸 받겠냐는 말입니다. 다이아몬드라면 누가 줘도 다 받을 거라면, "Of course, I would."라고 답하겠죠. 이제는 "Would you ~?"를 무조건 '공손한 표현'이라고 생각하지 않으셨으면 합니다. 상대가 "Would you ~"로 말을 시작하면 "음, 뭔가 하나를 깔고 말하려나?" 생각이 들어야 합니다. 그러다가 "괜찮으시다면, 폐가 되지 않는다면, 무례한 부탁인 줄 알지만" 같은 말이 뒤에 나오면 그게 공손한 표현이 되는 겁니다. 물론 안 나올 수도 있고요. 현재 사귀고 있는 애인이 밑도 끝도 없이 Would you still love me?라고 묻는 거예요. 이 말을 듣자마자 냉큼 "그렇다"고 말할 여자는 없을 겁니다. "어, 이 남자가 무슨 말을 하려는 거지?" 하고 일단은 기다릴 겁니다.

- Would you still love me if I were broke?

드라마 보면 재벌 아들이 상대 여자를 한번 떠보기 위해 늘 하는 대사입니다.^^

- Would you still love me if I told you that I'm pregnant?

뭔가 위험한 관계에서 나올 법한 말이겠죠. 지금 계속 would가 나오고 있습니다.

이 놈은 정말 대단한 놈이에요. 입에 잘 달아 놓으세요. 방금 나온 "Would you ~~?" 하면 생각나는 노래 가사. 기타의 신 Eric Clapton이 죽은 아들을 그리워하며 만든 노래 *Tears in heaven*이 있습니다.

 Would you know my name if I saw you in Heaven?
Would you feel the same if I saw you in Heaven?
Would you hold my hand if I saw you in Heaven?
Would you help me stand if I saw you in Heaven?

죽은 아들에게 말합니다. (그럴 수는 없지만) 내가 천국에서 너를 만나면 내 이름 기억하겠지? 옛날과 똑같은 느낌이겠지? 내 손을 잡아줄래? 내가 일어서도록 도와줄래? 이렇게 노래하고 있습니다. 자신이 좋아하는 노래에 이런 표현이 계속 나와주면 책 보고 공부하는 것보다 머리에 쏙쏙 들어옵니다.^^

- How would you react if your lover ditched you to marry another person?

당신이라면 어쩌겠냐? 애인이 당신 차버리고 다른 남자와 결혼한다면.^^ would 와 ditched, 이렇게 어울리고 있습니다.

- Who would you leave everything you own to if you died tomorrow?

would가 들어간 의문문을 계속 드리고 있습니다. 내일 죽기라도 한다면 가지고 있는 걸 누구에게 전부 주겠냐는 질문이에요.

- What would you do if you lost your job?

실직하면 뭘 할 거냐는 말인데요. if절에는 lost라는 과거 동사가, 주절에는 역시 would가 나오고 있습니다. 앞으로 그렇게 될 리는 없지만 실직하면 뭘 하겠냐는 말입니다. 이 문장은 What will you do if you lose your job?라고 하는 것보다 훨씬 더 조심스럽게 말한다는 뉘앙스를 주고 있습니다. 직접적인 언급을 피할 때 (대표적인 경우가 공손한 표현을 하고자 할 때) 이런 형태를 사용하는 것도 한 방법입니다. 아래 문장도 같은 맥락에서 이해하세요.

- <u>Would</u> it be all right if I <u>gave</u> Judy a call?

주디에게 전화해도 괜찮겠냐는 내용이죠?

지금까지는 if절에 일반동사가 나온 경우만 봤는데요. be동사가 나오는 경우는 어떨까요? 가정법 표현에서 be동사를 사용할 때는 인칭에 관계없이 were를 쓴다고 했습니다! 물론 요새는 were 대신에 주어의 인칭에 맞게 was라고 쓰는 경우도 있지만, 원칙적으로는 were입니다.

- What if he <u>were</u> wrong?

조금 전 '단순 추측'에서 봤던 What if~? 문형입니다. 여기서는 '사실의 반대'이므로 그 사람이 틀릴 리가 없다는 확신을 갖고 말하고 있습니다. What would happen[What would you do] if he were wrong?의 어감.

- If I <u>were</u> rich, I <u>would</u> buy you whatever you want.
  내가 돈만 많으면 네가 원하는 건 뭐든지 다 사줄 거야.

I는 부자가 아닙니다. 그래서 이렇게 were라는 과거 동사가 나오고 있다는 건 이

제 다 아시겠죠? 주어는 I지만 were가 나오는 것이 원칙입니다.

- If I <u>were</u> a woman, I'd be outraged.
  내가 여자라도 길길이 날뛰겠다. |어떤 남자가 뭔가 여성 비하 발언을 들었나 봅니다.|
- If I <u>were</u> you, I <u>wouldn't</u> worry about it.
  내가 너라면 그것 때문에 걱정하진 않을 거야. |I가 you가 될 수는 없겠죠?|
- Things <u>would</u> probably be different, of course, if I <u>were</u> a woman.
  상황이 달라질지 모른다, 당연한 얘기지만, 내가 여자라면.
- Maybe it <u>would</u> be easier if you <u>weren't</u> doing it alone. I could help you unpack. 그걸 혼자 안 하면 지금보다 일이 더 쉬워질 텐데. 내가 짐 푸는 거 도와줄 수도 있거든. |혼자 하고 있으니까, weren't doing it alone이라고 not이 온 거 알겠죠?|
- <u>Would</u> it be all right if I <u>turned</u> the radio off? 라디오 꺼도 괜찮을까요? |정말로 라디오를 끄지 않는다는 전제를 깔고 하는 말이 아니라, 이건 '사실의 반대' 가정법이라기보다는 '공손한 표현' 으로 보세요. '과거형' 으로 표현하는 '공손한 표현' 기억하시죠?|
- Even if you <u>brought</u> me flowers every day, I still <u>wouldn't</u> marry you.
  꽃을 매일 보내와도 너랑은 여전히 결혼할 생각이 없어. |every day가 시점을 나타내주고 있습니다. "뭐 꽃을 매일 보내겠다고? 웃기지 마!"가 깔려 있죠.|

주절은 어감상 would가 대세라고 봐도 되지만, 다른 어감으로 말하려면, 다음에 나오는 문장들처럼 다른 조동사나 다른 형태도 가능할 겁니다.

- If he <u>came</u> tomorrow, he <u>could</u> meet my sister.
  내일 올 수만 있다면, 내 여동생을 만날 수도 있을 텐데. |걔가 내일 못 오나 보죠?|
- Even if he <u>offered</u> you a million dollars, you <u>should</u> still refuse to work for him. (그럴 리는 없지만) 백만 달러를 준다고 해도 그 사람 밑에서 일하는 것엔 'No'라고 말해야 해. |여긴 주절에 should.|
- If I <u>could</u> help you, I <u>would</u>.
  널 도와줄 수 있으면 내가 돕겠지. |도와줄수 없는 상황인 거죠.|

자, 여기서 다시 한 번 주의를 환기하는 차원에서 강조합니다. 지금 보는 문장들은 시점이 전부 '비과거' 입니다. 그러기에 '사실의 반대', '가정'이 되는 겁니다. 지금 본 문장들 시점이 '과거' 라면 지금까지 얘기한 거 전부 다 '단순 추측' 으로 바꿔야 할지 모릅니다. if절을 볼 때는 그만큼 '시점' 이 중요합니다. 이건 조금 후에 볼게요. ^^ 에고~ 예문이 끝도 없이 나오고 있습니다. 머릿속에 깊숙이 박혀있는 공식을 들어내기 위한 노력이라고 봐주세요. 이제 그 유명한 "해가 서쪽에서 뜬다면"을 볼 차례예요.

- If the sun <u>rises</u> in the west tomorrow.

if절에 이렇게 rises가 오면 시점이 tomorrow니까 '단순 추측' 이 됩니다. 그렇다고, 무조건 이상하다고만 하지는 마세요. 내일 해가 서쪽에서 뜰지 아니면 동쪽에서 뜰지 몰라서 말한다면 이렇게 하겠죠. 물론 진짜 모른다기보다는, 상대가 말을 너무 빙빙 돌려서 하면 듣는 사람도 이렇게 말하면서 비꼴 수 있는 겁니다. 그러나,

- If the sun <u>rose</u> in the west tomorrow.

상식적으로는 동쪽에서 뜬다는 걸 알고 쓰는 경우입니다. 그런데, 여러분이 학교 문법책에서 많이 봤던 "해가 서쪽에서 뜬다면"은 이게 아닐 겁니다.

이제 'were to 용법' 볼게요. 'be to 용법' 은 이미 앞에서 시제 할 때 얘기가 나왔습니다. "앞으로 ~ 된다"는 미래를 표현하는 하나의 방법인데, 구어체에서는 거의 나오지 않는다고. 이 be to를 가져다 쓴 게 'were to 용법' 입니다.

- If the sun <u>were to rise</u> in the west tomorrow.

rose 대신 'be to 용법'을 쓰는 건데, 사실의 반대 내용을 말하고 있으니까 be 동사는 원칙적으로 were를 써야겠죠. 이 문장은 많이 나오지는 않을 겁니다. 그래도 나온다면 머릿속에서 "미래표현인데, 그럴 가능성이 전혀 없을 때 나오는 표현"이라고 기억하고 계시면 됩니다. 자, 지금까지 시점이 '비과거' 일 때 두 가지 용법을 살펴봤습니다. 확실히 모를 때 나오는 '단순 추측' & 확실히 아니라는 걸 알고 말하는 '사실의 반대'. 자, 이제 하나 더 남았습니다.

[25%의 가능성]

말을 수치로 표현한다는 게 좀 그렇지만, 가능성 면에서 봤을 때 '단순 추측'은 50%, '사실의 반대'는 거의 0%, 그리고 그 중간 25%,|아니, 사람마다 다르겠지만 저 개인적으로는 채 20%도 안 되지만|에 해당하는 것이 바로 if절에 should가 올 때입니다.

[a] If you <u>fail</u> this exam, you can always take it again next year.
[b] If you <u>should fail</u> this exam, you can always take it again next year.

이번 시험 떨어져도 언제든지 내년에 다시 볼 수 있다는 문장이죠? [a]는 이미 많이 봤던 형태네요. 붙을 수도 떨어질 수도 있는 상황. 그런데 [b]처럼 if절에 should가 들어가면 fail할 가능성이 현저히 줄어듭니다. 다시 말해, "설마 떨어지기야 하겠니?"가 깔려있는 거죠. 이런 should는 우리말 "혹시라도"라고 생각하시면 감이 올 겁니다. "혹시 이번에 떨어져도 내년에 다시 보면 돼." 정도. 물론 앞에 나왔던 '사실의 반대' 보다는 가능성이 높습니다. 떨어질 가능성이 전혀 없다면, 가령 대학교 수학 교수가 초등학교 산수시험을 보는 정도라면 If you failed this exam 하는 게 더 들어맞을 겁니다. 물론 그 교수 놀리려면 If you fail this exam 하면 될 거고요. 노파심에서 한 가지 말하면, if절에 should가 있다고 무조건 "혹시라도"라고 생각하지는 마세요. 중요한 건 문맥입니다. 예를 들어,

- I haven't decided if I should go or not.

이럴 때는 '가야 할지' 여부를 아직 결정하지 못했다는 뜻. 즉, should의 다른 용법 "~해야 한다"예요. 결국 관건은 '문맥' 입니다. 지금 소개하는 "혹시라도" 어감 should 대신 흔히 나오는 표현으로 happen to do가 있습니다. 이렇게 happen 다음에 to 부정사가 오면 "우연히 ~하다"의 뜻이거든요. 두 개가 거의 비슷한 그림입니다.

- If he should [happens to] show up, don't let him in!
  혹시 그 사람이 나타나도 들여보내지 마!
- If you should [happen to] meet Eric, tell him to give me a call.
  혹시라도 에릭 만나면 나한테 전화하라고 전해줘.
- If you should [happen to] see him, tell him to come to my office.
  혹시 그 사람 보면 내 방으로 오라고 전해줘.

그리고 하나 더 중요한 게 있어요. **"혹시라도"의 should는 주어와 자리바꿈이 가능합니다. 그러면서 if는 생략됩니다.**

- If you should have any questions about it, please feel free to call us.
  혹시 문의사항이 있으면 언제든 전화주세요.

이렇게도 쓸 수 있어요.

- Should you have any questions about it, please feel free to call us.

기업 홈페이지 같은 곳에 가면 많이 볼 수 있는 문구예요. 기업 입장에서는 이럴 때 should를 쓰는 게 더 좋겠죠. 자기네 입장에서는 설명을 잘 해놓았으니 궁금한 게 없을 거라고 생각하니까요. 그렇지만 완전히 없다고 확신은 못 하니 should가 딱이죠. 비슷한 성격의 문장 하나만 더.

- Should you wish to unsubscribe from any services in the future, please email us. 혹시라도 서비스 해지를 원하실 경우에는 메일로 알려주세요.

어떤 회사든지 사용자가 서비스 해지하는 걸 원하지는 않겠죠. 역시 그래서 should!

[상황에 따라]

자, 그럼 '비과거(현재 or 미래)' 부분의 if절을 끝내면서 질문 하나 합니다.

- If I become president,
- If I should become president,
- If I became president,

모두 우리말로 "대통령이 된다면" 입니다. 한 번 마음대로 상상해보세요. 누가 어떤 상황에서 말을 할 때 각 문장에 맞는 상황이 될지를…

|저 혼자 상상| 대통령 후보로 나온 어떤 분. 솔직히 당선 가능성은 없고 출마했다는 데 의의를 두고 있는 분. 거리 선거 유세에 나선다. 솔직히 대통령 될 가능성은 없지만 그래도 사람들 앞에서 하는 공식적인 유세. 그렇다. 자신 있게 나가는 거다. 될 가능성 없다는 걸 사람들 앞에서 말할 순 없잖아. 그래서 다른 후보들처럼 If I become president, ~~~~~~~~~~~~~~~~~.

|장면 바뀌어서| 힘든 유세를 마치고 회식 자리. 선거 참모들과 한 잔씩 하며 이 얘기 저 얘기. 술 들어가니 조금은 솔직해진다. 참모들도 당선 안 될 거 뻔히 다 안다. 솔직해지자. 하지만 너무 솔직해지면 참모들 힘이 빠질 수 있으니까 그래 적당히 If I should become president, ~~~~~~~~~ ~~~~~~~.

|다시 장면 바꿔어 여기는 집| 회식 끝나고 집에 왔다. 혼자 자리에 누워 오늘 하루를 돌아본다. 근데 내가 대통령 될 가능성이 있긴 있는 건가. 되기만 한다면 나도 해보고 싶은 게 있는데. 하지만 내가 어떤 사람인지도 모르는 국민들이 대부분인데. 그래 솔직해지자 If I became president, ~~~~~~~~~~~~ ~~~.

하나 더 해볼까요? |재미 붙었다.^^| "곧 남북통일이 된다면"

- 우리들 : If the two Koreas are unified soon, ~~~~~~~~~~~~~~~~.
- 전문가들: If the two Koreas should be unified soon, ~~~~~~~~~~~~~~~~.
- 우리가 통일되는 거 싫어하는 애들: If the two Koreas were[were to be] unified soon, ~~~~~~~~~~~~~~~.

하지만 "내일 남북통일이 된다면"은 아무리 우리들이라 할지라도

- If the two Koreas were [were to be] unified tomorrow, ~~~~~~~~~~~~~~~

이게 아닐까요? 내일은 아니겠죠. 에이 설마.

과거의 세계

자, 이제 지나간 얘기를 해볼 차례예요. 지금까지 본 문장과 다른 게 있다면, 이제 볼 문장들은 모두 시점이 '과거'라는 거예요. 다시 강조하지만 '시점'에 따라 뜻은 마구 마구 바뀝니다.

[단순 추측]

참 안타까운 부분이 여깁니다. 왜냐면, 우리가 그렇게 죽어라 하고 외운 공식에는 이게 안 나오거든요. 일단 문장 하나 보세요.

• If I <u>was</u> rude on the phone with you yesterday, I apologize.

공식만 외운 분은 if절 동사 was만 보고 "과거동사가 왔으니 가정법 과거, 그럼 현재 사실의 반대네"라고 생각할지 모릅니다. 그러지 말고, '시점'을 보세요. 언제 얘기를 하고 있는지를 봐야 합니다. 일단 첫 문장이니까 제가 친절하게 yesterday를 넣어드렸습니다. 자, 그럼 감이 오나요? '과거 한 시점'의 얘기를 하면서 동사를 과거시제를 쓰고 있습니다. 하나도 이상할 거 없습니다. '직설법' 입니다. 확실히 몰라서 추측하는 겁니다. '비과거'가 '과거'로 바뀐 거 말고는 나머지는 다 같은 얘기입니다. 그럼 문장 뜻은? "어제 전화 통화 하면서 자신이 무례했다면 미안하다"는 내용입니다. "자신이 rude했는지 아닌지 잘 모르지만"이라는 추측이 들어가 있는 것이지, '사실의 반대'나 '가정법'이 아닙니다. 문장 하나 더! 이건 앞 문장과 다릅니다.

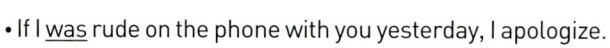

• If I <u>were</u> rude, I'd apologize.

일단 주어가 I인데 was가 아니라 were가 왔으니 가정법입니다. '지금' 얘기를 하고 있습니다. "잘못한 건 없지만, 그래도 그렇다면 사과할 생각이 있다." 정도의 어감입니다. 주절에 나온 would를 보면서 가정법이라는 느낌이 들어야 합니다. 자, 다시 '단순 추측'으로 돌아옵니다. 이번엔 '과거' 얘깁니다. 어렵게 생각하지 마세요. 지나간 '과거' 얘기를 하는 거니 '과거' 시제를 쓰는 거예요. 이상할 거 하나 없습니다.

- If I <u>didn't change</u> anything, you are correct.
  내가 아무것도 안 바꿨으면 네 답이 맞은 거야.

선생님한테 영작 교정을 부탁합니다. 교정을 끝낸 선생님께서 다시 주면서 하는 말이라고 생각하세요. "if절 시제는 뭐고, 주절 시제는 뭐고" 이렇게 외우는 거 아닙니다. 행동 그대로 시제에 맞춰 적어주면 됩니다. 다음에 나올 문장도 '시점'에 유의해서 보세요.

- I am not sure if I <u>explained</u> this very well. Hopefully others will be able to help, if I <u>did</u> not. 제가 설명을 잘 했는지 확실히 모르겠군요. 제 설명이 잘 안 됐다면 다른 분들이 도움을 줄 수 있을 겁니다.

설명을 잘했는지 아닌지 여부가 확실하지 않은 '단순 추측'인데, 설명해준 게 이미 지나간 얘기이므로 시제는 당연히 '과거'가 온 것입니다. 그래서 if I did not.

- If it <u>was purchased</u> within the last 14 days, we will happily refund the price you paid in full.
  상품 구매 후 2주가 경과하지 않았다면, 손님이 지불하신 전액을 기꺼이 환불해드립니다.

상품을 언제 구매했는지 모르는 경우이니 '추측'의 뉘앙스를 깔 수밖에요. 그래서 was purchased라고 온 겁니다.

- If you <u>didn't exercise</u> when you were younger, it could be dangerous to start when you're older.
  젊었을 때 운동을 하지 않았다면 나이 먹어서 운동 시작하는 건 위험할 수도 있다.

문장 내용이 좀 이상하죠? 운동에 대해 사람들이 가지고 있는 잘못된 생각 중 하나라서 그렇습니다. |사실, 운동과 나이는 아무 상관없습니다.^ ^| when you were younger가 이 문장의 시점을 분명하게 보여주고 있습니다. "어렸을 때 운동했는지 안 했는지 모르겠지만, 만약 안 했다면"의 뜻입니다. '확실히 모르는 과거의 내용을 단순 추측' 하고 있습니다. 그래서 didn't exercise.

- If you <u>didn't know</u> him personally at school, you probably heard of him.
  학교 때는 걔를 개인적으로 몰랐을지 모르지만, 아마 얘기는 들어봤을 거야.

동창회에서 나올만한 얘기죠? 학교 때 know him 여부가 확실하지 않기 때문에 didn't know예요. 그리고 주절 역시 학교 다닐 때 얘기이므로 heard of him입니다. 다시 말하지만, 주절에 특별한 형식이 있는 거 아닙니다.

- If you <u>saw</u> him yesterday, then he was here.
  네가 그를 어제 봤다면, 그럼 그가 여기 있었다는 말이네.

말하는 사람 마음속에서는 you가 see him 했을 수도 혹은 아닐 수도 있는 겁니다. 그래서 saw him이에요. '과거의 단순 추측'은 이 정도로 할게요. '과거 시점의 단순 추측'은 우리가 요 앞에서 봤던 '비과거 시점의 사실의 반대'와 겉모습이 같습니다. if절에 과거동사가 오니까요. 그래서 공식대로만 if절을 공부한 분이라면, 상당한 혼란이 있을 수도 있는 부분이 '과거의 단순추측' 입니다. 그런 의미에서 문장 하나.^^

- If I Had One Chance to Tell You Something.

어떤 가수의 앨범 제목인데요, 무슨 뜻이죠? "이 문장만 봐서는 모른다"가 답입니다. 이 문장의 시점이 어딘지 모르기 때문에 이것만 봐서는 알 수 없습니다. 현재사실의 반대라면 "나한테 네게 뭔가 말할 수 있는 한 번의 기회만 있다면[가정]"이 되는 겁니다. 그게 아니라, '옛날' 얘기라면 "(그때 기회가 있었는지 확실히 모르겠는데) 네게 말할 기회가 있었다면[과거의 단순 추측]"의 어감입니다. 다르죠? 이걸 느끼셔야 합니다. <mark>비과거의 '사실의 반대'와 과거의 '단순 추측'을 구별할 때는 if절 내용이 벌어지고 있는 '시점', 그리고 주절의 형태를 보세요.</mark> 열쇠는 바로 거기에 있습니다.

[사실의 반대]

이제 시점이 '과거' 일 때 사실의 반대 상황을 가정하는 걸 살펴볼 차례가 됐습니다. if절도 이제 거의 끝나갑니다. 일단 쉬운 문장 하나 보세요.

- If the weather <u>had been</u> nice yesterday, I would have gone out.

이게 과거 사실의 반대를 표현하는 방식입니다. 문장을 보니 "세금 좀 내봤으면"

또 생각나죠? 어제 날씨만 좋았다면 (날씨가 안 좋았다는 사실), 외출하려고 했었다는 얘깁니다. 분명히 과거의 한 시점 yesterday의 상황인데, 단순과거시제보다 하나 더 거슬러 올라간 대과거(had+p.p.)가 나오고 있습니다. 과거 상황인데 단순과거시제를 못쓴다? 네, 사실의 반대를 말하는 가정법입니다. 조금 전에 본 '단순 추측'과는 분명히 차이가 있습니다. 사실 if절에 과거 동사가 나오면, '현재 사실의 반대'인지 아니면 '과거의 단순 추측'인지 문맥을 봐야 알지만, 지금처럼 if절에 had+p.p.가 나오면 '과거 사실의 반대'를 나타내는 가정법이라고 생각하세요. 그거 하나밖에 없거든요.

"하나의 원칙만 알면 굳이 외울 필요 없습니다"라고 말하려니, "if절은 그렇다 쳐도 주절은 외워야 하는 것 아닌가?" 생각하는 분이 계실지 모르겠습니다. 계속 강조하지만, 말하는 사람의 메시지가 담긴 곳은 if절이 아니라 '주절'입니다. 그리고 '주절'에 관한 문법 사항은 if절을 다루기 전에 이미 이 책에서 거의 다 다루었습니다. 시제 했죠, 조동사 했죠, 조금 후에 부정문과 의문문이 나오는 데, 사실 주절은 그런 문법 사항대로 가면 되는 겁니다. 단, if절은 '사실의 반대' 동작이나 상황을 말할 때, 지금까지 봤던 시제를 비틀어주기 때문에 지금 이렇게 여러 페이지에 걸쳐 보고 있는 것입니다.

주절에 대한 얘기, 마지막으로^^ 한 번 더 강조합니다. '단순추측' 할 때에는 사실 별 제약이나 특성이 없었습니다. 자기 말하고 싶은 대로 각종 조동사 will, can, may, might, would, could가 나왔습니다. be going to도 나왔고, 명령문도 나왔고, had better도 나왔고. 그러나 '사실의 반대' 경우에는 would(could, might, should)가 나오는 게 일반적이라고 했습니다. 왜일까요? '사실의 반대' 일 경우에는 "(남자인) 내가 여자라면, ~일 텐데." 혹은 "(남자인) 내가 당시 여자였다면, ~였을 텐데." 이런 식입니다. 주절에 확실한 표현이 온다는 게 어감상 맞지 않는 겁니다. if절에서 '사실의 반대' 상황을 가정했기 때문에, 주절에서 말하는 내용이 현실적으로 발생할 가능성이 없기 때문이에요. 가능성도 없는 동작, 상황, 다시 말해 확실하지도 않은 상황이기에 '덜 직선적이고' '상황에 따라 유연하게 대처할 수 있는' 표현들이 올 수밖에 없는 겁니다. 그 대표적인 표현이 바로 would.

- would만 나오면 "~할 텐데, ~하려 했을 텐데"의 어감 (현실은 아닌데)
- could[would be able to]가 나오면 "~할 수 있는데, ~할 수 있었을 텐데"의 어감 (현실은 아닌데)
- should[would have to]가 나오면 "~해야 할 텐데, ~했어야 했는데'"의 어감 (현실은 아닌데)
- might[probably would]가 나오면 "~일지 모르는데, ~이었을지 모르는데"의 어감 (현실은 아닌데)

'단순 추측'이 아닌 '사실의 반대' 가정법일 때는 이렇게 나오는 게 자연스러운 어감이고, 실제 거의 모든 문장이 이런 흐름으로 전개되는 겁니다. '현재 사실의 반대' 일 때는 would, could, should, might만 나오면 상관없었죠. 그럼 '과거 사실의 반대' 일 때는 어떻게 할까요? would, could, should, might 얘들을 과거로 바꿔야겠죠. 근데, would, could, should, might 자체를 바꿀 순 없고, 조동사 다음에는 동사원형 밖에 올 수 없으니 '완료표현'이 나오는 겁니다. |앞에서 조동사 다루면서 다 했던 얘기예요.| 과거형을 써야 하는데 사정상 못 쓸 경우, 대신해서

쓸 수 있는 게 '완료표현(have+p.p.)'이라고 했습니다. '완료'는 '과거의 동작 + 현재의 의미'. 여기서 '과거의 동작' 부분만 빌려서 쓰는 겁니다. 그래서 나오는 형태가 그 유명한 'would[could, should, might] + have + p.p.' 가정법과 상관없이 독자적으로 이 형태만 나오는 경우도 무지 많습니다. 전후 문맥이나 대화에 의해 if절이 다 파악된다면 굳이 if절을 쓰지 않아도 되기 때문입니다. 그럼 주절만 볼까요?

- I will marry you tomorrow. 내일 너랑 결혼할 거야.

확실한 의지 표현입니다.

- I would marry you tomorrow. 내일 너랑 결혼할 텐데.

will에 비하면 약간은 뒤로 물러섰다고 할까, 확실한 의지를 밝히지 못하는 모습. 어떤 변수가 있는 겁니다. 상대의 속마음을 몰라서 "너만 괜찮다면" 같은 '단순 추측'의 조건이나, '사실과는 반대'로 결혼이 너무너무 하기 싫어서 "내일 남북통일이라도 된다면" 같은 조건이 달려 있는 거죠. 앞에서 그랬죠? '과거 시점의 단순 추측'과 '비과거 시점의 사실의 반대'는 겉모습이 같아서 이것만 봐서는 어느 쪽인지 모른다고, '문맥'이 말해줄 거라고요.

- I would have married you then. 당시에 너랑 결혼했을 거야.

위 문장은 둘이 당시에 결혼하지 않은 겁니다. 무슨 사연인지 모르지만 과거를 후회하고 있네요. "내가 부자였다면, 내가 좀 더 적극적이었다면, 제대할 때까지 기다리라고 확실히 얘기했었다면" 같은 '과거 사실의 반대' 조건이 숨어 있는 겁니다. 자, 이제 감이 오죠? 우리는 if절 공식을 외우느라고 그렇게 힘들어하지만, 실제로 중요한 건 '주절'인 겁니다. 자신의 의사 표현을 확실히 하기 위해서는 지금 이 부분을 확실히 이해하셔야 합니다. 앞에서 '조동사' 편에서 would를 '최고 스타'라고 왜 그랬는지, will만 남발하고 would를 적절히 사용할 줄 모르면 '무조건 외운 영어'를 한 듯, 영어감을 못 잡고 있다는 느낌을 준다고 왜 그랬는지… 이제 조금씩 감이 잡힐 겁니다.

자, 이제 if절이 '과거 사실의 반대'인 문장들 나갑니다.

- If you <u>had arrived</u> earlier, you <u>would have seen</u> him.
  좀 더 일찍 도착했다면 그 사람을 만났을 거야.
- If I <u>hadn't run</u> so fast, I <u>would surely have missed</u> the train.
  그렇게 빨리 달리지 않았다면 분명히 기차 못 탔을 거야.
- If you <u>hadn't been</u> driving so fast, the accident <u>would never have happened</u>.
  그때 그렇게 과속하지 않았다면 사고는 절대 일어나지 않았을 거야.
- It <u>could have been</u> a lot worse if we <u>had had</u> more rain.
  비가 더 왔다면 상황은 훨씬 더 악화될 수도 있었어.
- Things <u>might have gone</u> a lot better if you <u>had kept</u> a cool head.
  네가 침착함을 잃지 않았다면 상황은 훨씬 더 호전됐을지 몰라.
- If only I <u>had known</u> where Judy was, I <u>would have called</u> her and <u>begged</u> her to come home.
  주디가 어디 있는지 알기만 했더라도 전화해서 집에 오라고 사정했을 거야.

전체적으로 문장에 지나간 사실에 대한 유감, 안타까움, 후회가 배어 있습니다. '후회'의 어감을 좀더 진하게 하려면 마지막 문장처럼 only를 양념으로 넣어주세요.

- <u>Had</u> it not <u>been</u> for you, I <u>would have given up</u> a long time ago.
  네가 없었더라면 나는 오래 전에 포기했을 거야.

if절의 원래 모습은 If it had not been for you. 여기서 if를 생략하면 주어와 동사의 위치가 바뀝니다. 앞에서 if절에 should가 나올 때 이런 게 한 번 있었습니다. 문장이 이렇게 had라는 단어로 시작하면 거의 대부분의 경우 지금처럼 if가 생략된 문장이라고 봐도 됩니다.

🔔 혼합 가정

if절의 내용은 '과거 사실의 반대'를 가정하고, 주절은 '현재 사실의 반대' 내용을 적는 게 일명 '혼합 가정'입니다. "학교 때 공부 좀 열심히 했었더라면, 나 지금 이러지 않을 텐데." 같은 문장. 자, 이것도 공식으로 외운 분이라면 헷갈릴 수 있는 부분입니다. 말은 공식대로 하는 게 아니라 입에서 자연스럽게 나오는 겁니다. "그 때 네가 그렇게 돈을 많이 쓰지 않았다면 우린 지금 더 잘 살고 있을 텐데"라는 말을 해보는 겁니다. 앞부분은 과거 내용이고, 뒤 주절 부분은 현재 내용이죠. 한 번 자연스럽게 만들어보세요.

- If you <u>hadn't spent</u> so much money, we <u>would be</u> better off now.

if절은 '과거 사실의 반대'니까 시제를 하나 앞으로 더 당겨주고, 주절은 would 하나만 나오면 되겠죠? 앞에서 자세히 설명한 부분이니 이 정도면 이해될 겁니다.

- If I had done what he said, I wouldn't be here now.
  만약 그 사람 말대로 했으면 지금 내가 여기 있지는 않을 거다.
- If she hadn't dumped me 10 years ago, she would be my wife now.
  그 여자가 10년 전 나를 차버리지 않았다면, 지금은 내 아내가 돼있을 텐데.
- If you hadn't mentioned it, I would still be in the dark.
  네가 그 얘길 꺼내지 않았다면, 난 아직도 모르고 있을 거야.

이 정도는 이제 별 문제 없겠죠?

would've [could've/should've/might've] + p.p.

조금 전에 봤던 '과거 사실의 반대' 가정법 주절에 나왔던 형태입니다. 그런데 이런 형태의 문장은 꼭 if절이 나온 다음 주절로만 나온다고 생각하시는 분 있나요? 실제로는 그렇지 않습니다. 아니 오히려 자기들 혼자 나오는 경우가 훨씬 더 많아요. "그런가?" 생각하시는 분은 이 문장 보세요.

- If you truly want to pass this exam, you should work hard.
  정말 시험에 붙고 싶으면 열심히 공부해야 한다.

같은 논리로, 주절 you should work hard는 if절이 없으면 못 쓰는 문장일까요? 그렇지 않겠죠. if절과 같이 나오는 주절은 가정법 공식의 일부로 받아들이지 말고 if절과 관계없이 그 자체로 인정해 주세요.

- What would you do if you lost your job?

이건 사실 두 가지 그림이 나옵니다. 직장을 그만두게 될 친구가 자기 고민을 털어 놓다가 상대에게 "너라면 어떻게 할래?"의 어감으로 물어볼 수도 있고, 회사에서 정말 촉망 받는 인재라 회사를 나갈 가능성이 전혀 없는 사람에게 물어보는 것일 수도 있어요. 여기 나온 주절 What would you do?는 이것 자체만으로 정말 많이 나와요. What will you do? 할 때보다는 어감이 약하겠지요. 상대에게 "너라면 어떻게 할래?"가 말하고 싶은데, if절이 준비 안 됐다고 What would you do? 같은 좋은 문장을 놀릴 수는 없겠죠. 다시 말하지만, 가정법 다루기 전에 이 책에 나왔던 문장들이 모두 '주절'에 나올 수 있는 문장들입니다. 공식 따라서 나오고 안 나오는 거 아닙니다.

would've[could've/should've/might've] + p.p. 역시 혼자서도 잘 돌아다닙니다. 나중에 많이 써먹으세요. 일단 would[could/should/might] 다음에 완료표현이 나오면, '과거에 이루지 못했던 사실이 함축돼 있다'는 걸 기억하세요. |조금 전 '사실의 반대'에 다 나왔던 내용이에요.| 우리말에도 있잖아요. "내가 말이야, 어제 너 찾아가려고 했었어."라는 문장 속에는 "찾아가지 않았다"는 사실이 들어 있습니다. 이런 관점에서 보면 됩니다.

- would have+p.p. ~ 하려고 했었다 (그런데 안 했다)
- could have+p.p. ~ 할 수도[였을 수도] 있었다 (그렇지 않았다)
- should have+p.p ~ 했어야 했다 (그런데 안 했다)
- might have+p.p. ~ 였을지도 모른다 (그런데 아니었다)

보통 구어체에서 발음할 때는 would와 have를 하나로 하는 경우가 많습니다. I would've married her. 식으로요. 그래서 would've를 빨리 발음하다 보니,

would of인 줄 착각하고 있는 미국 사람도 꽤 됩니다. 이 네 표현은 모두 '과거 사실의 반대'를 말하고 있습니다. 들으면서 "아~ 근데 사실은 안 그랬구나"가 빠닥빠닥 머릿속에 같이 들어와야 합니다. 문장 보세요. |눈이 아니라 입으로| 이런 문장들은 기본적으로 '후회'의 어감이 강합니다.

- I'm sure your father <u>would've been</u> proud of you.
  자네 아버지께서 자네를 봤으면 분명히 뿌듯해하셨을 거야. (지금은 '뿌듯해하시지 못하니' 아마도 아버지가 돌아가셨거나 곁에 안 계신 경우이겠지요.)
- I <u>should've paid</u> more attention to what was going on.
  당시 상황에 더 주의를 기울여야 했었다.
- It <u>could've been</u> worse. 상황이 더 안 좋을 수도 있었다.
- It was a glimpse of what my life <u>might've been</u> like, had I taken the other path. 내가 다른 길을 택했더라면 내 인생이 어떻게 됐을지, 잠시나마 엿볼 수 있었다.

마지막 문장은 꽤 까다롭죠? 이런 문장을 제대로 이해하면, 이 문장에 나오는 문법 사항들이 비로소 '여러분 것'이라고 말할 수 있습니다. had I taken은 if I had taken the other path에서 if 생략하고 주어와 동사의 위치를 바꾼 거예요.

- We <u>couldn't or wouldn't have done</u> it without you.
  네가 없었다면 그렇게 할 수도, 하려고도 하지 않았을 거야.

could와 would가 같이 나오고 있죠. 이런 거 많습니다. 옛날에 Tiffany라는 가수가 불렀던 노래 제목에 *Could've Been*이 있습니다. 제목만 보고 "뭔가 옛날에 잘 안 풀린 게 있구나" 하는 느낌이 옵니다. "~였을 수도 있었는데…"라고 말하는 걸 보면 그렇겠죠? 가사를 보면 아쉬움이 더 진하게 느껴집니다.

♪
>   The flowers you gave me   네게 받았던 꽃
           Are just about to die   이제 곧 시들 것 같아
            When I think about   옛날 아쉬웠던 순간을
            What could've been   생각하면
          It makes me want to cry   울고 싶어져
        Could've been so beautiful   정말로 아름다울 수 있었는데   ♪
         Could've been so right   정말로 완벽할 수 있었는데
         Could've been my lover   서로 사랑할 수 있었는데

이번에는 재미있게도 세 개가 동시에 나옵니다.

- There is no 'would've should've could've.' Only did and didn't.
  과거에 하지 않은 걸 놓고 이제 와서 돌아보며 이런 저런 얘기 할 필요 없다. 했으면 한 거고 안 했으면 안 한 거다.

이건 완전히 의역이네요. ^^ 위 문장이 전달하고자 하는 메시지는 나온 거 같은데, would've should've could've의 맛을 살리지 못하는 게 너무 아쉽네요. would've, should've, could've가 상징하는 게 보이나요? 이미 지나가버린 일을 놓고 이제 와서 "(~했더라면) 그렇게 했을 거라는(I would've done it) 등, 그렇게 했어야 했다는(I should've done it) 등, 그렇게 할 수 있었을 거라는(I could've done it) 등 변명해봐야 소용없다. 결국 중요한 건 했느냐 안 했느냐다." would've, should've, could've 앞에 "no"가 있는 걸 보니 would've, should've, could've가 각각 명사로 쓰이고 있다는 걸 알 수 있죠? '명사가 안 된다' 고 생각하지 말고, 상황에 따라 유연하게 보자고요. ^^ 이번엔 광고 카피 하나 보세요.

There are people who shoulda, coulda, woulda. And there are people who are glad they did.

kind of를 줄여서 빨리 말하면 kinda라고 하거든요. would have를 빨리 발음한 버전인 would of로 쓰는 사람도 많지만, 더 줄여서 woulda, shoulda, coulda로 쓰는 사람도 있습니다. 이런 건 100% 구어체. 바로 위 예문에서처럼, "제대로 하지 못하고 이제 와서 이 핑계 저 핑계 대는 사람들이 있다. 그런가 하면 그때 행동에 옮겼기에 이제 와서 웃을 수 있는 사람들도 있다." 정도로 볼 수 있겠지요. 번역이 좀 까다롭지요? shoulda, coulda, woulda가 did와 반대 그림이라는 걸 느끼세요. 중요한 건 문장이 전달하는 메시지를 이해하는 거지, '번역'이 아니니까요.

wish

'wish 가정법'하고 무조건 외웠던 기억나세요? 사실 wish도 생각보다 용법이 복잡하지만 동사는 기본적으로 이 정도는 복잡한 게 보통이에요. wish보다 더 다양한 용법을 가진 동사를 말하라고 하면, 수십 개는 나올 겁니다. 사실 용법 딱 하나 있는 동사는 별로 없거든요. 물론 명사야 그런 애들 수두룩하지만. |특히 고유명사들^^| "wish 다음에는 가정법이 온다. 그래서 동사를 과거형으로 써야 한다" 또 이렇게 무조건 외우지 마세요.

1. **wish + to do**

이건 want to do something이나 would like (to do) something과 같은 뜻이

에요. "~하고 싶다"는 쪽입니다. 그러나 wish가 주는 느낌은 조금은 우아합니다. formal 하다는 말이죠. 자, 이럴 때는 가정법과 아무 관련 없습니다. 사실 뒤에 나오는 게 to 부정사이기 때문에 가정법을 어떻게 쓰려고 해도 어렵겠지만.

- Where do you <u>wish to go</u>? 어디 가고 싶으세요?
- I don't <u>wish to see</u> you again, and I mean it. 너 다시 보고 싶지 않아. 정말이야.
- She <u>wished to get</u> to know him better. 그녀는 그를 더 잘 알고 싶어했었다.

과거형 wished to do something은 현재형 wish to do something보다 더 formal해 보입니다. 그냥 wanted to do가 일반적이에요.

2. wish+절(주어+동사)

그런데 wish 다음에 문장이 오면 얘기가 180도 달라집니다. 앞에서 이미 hope와 wish의 차이에 대해 말했습니다. hope 다음에는 어느 정도 가능성이 있는 얘기가 나옵니다. 그러나 wish 다음에는 현실적으로 불가능한 |말하는 사람이 불가능하다고 생각할 수도 있겠죠.| 얘기가 나옵니다. 그래서 비과거(현재나 미래)의 희망사항이면 동사는 과거형이, 과거의 희망사항이면 과거완료가 나옵니다. 앞에서 다 했던 시제 얘기예요. 너무 부담 갖지 마세요.

- (I) Wish you <u>were</u> here. 너 왜 여기에 없는 거니?

Pink Floyd라는 밴드의 유명한 노래 제목입니다. "네가 여기에 있었으면 좋겠어"라고 번역해도 되겠죠?

- I can't dance, but I wish I <u>could</u>. 난 춤 못 추는데, 출 수 있으면 얼마나 좋을까?
- I wish you <u>weren't</u> so stuck up and <u>would</u> listen to why people don't like this

place. 그렇게 잘난 척 그만하고 사람들이 여기를 왜 싫어하는지 그 이유에 귀 기울였으면 좋겠다.
- He keeps calling me several times a day, but I wish he wouldn't.
그 사람 하루에도 몇 번씩 전화하는데, 제발 그만 했으면 좋겠어요.
- She sometimes wishes he had never been born.
그녀는 그가 왜 세상에 태어났는지 원망스러울 때가 가끔 있다.

아니, 두 사람이 어떤 관계이길래? 마지막 문장 보니까 영국 밴드 Queen의 *Bohemian Rhapsody* 가사 한 구절이 생각나네요. 자기 스스로에게 I sometimes wish I'd never been born at all이라고 말하죠. 또 There are a few things I wish I had known before I arrived(도착하기 전에 미리 알고 오지 않아 후회되는 게 몇 가지 있어요)과 같은 형태는 책 제목으로 자주 사용됩니다.

- Ten things I wish I had learned as a child. 어렸을 때 배웠더라면 좋았을 10가지.
- Things I wish I had known when I got married.
모르고 결혼해서 지금 후회하고 있는 것들.

3. 메리 크리스마스

여러분 잘 아시는 I wish you a Merry Christmas and a Happy New Year. 할 때 그 wish. 많은 분들이 그냥 소리만 따라 듣고 I wish your Merry Christmas로 알고 있는 거 같거든요. your가 아니라 you a! 크리스마스에 a가 붙는 건 나중에 '관사' 할 때 더 자세히 할게요. 지금은 you & a Merry Christmas 이렇게 목적어가 두 개 온 걸 잘 보세요. 정리하면 "wish 다음에 목적어가 두 개 오면 "~에게 ~가 있기를 바라다"는 뜻입니다. 이럴 때는 hope의 의미로 보면 됩니다. 가정법의 의미는 사라집니다. 이래서 동사 하나 제대로 내 것으로 만드는 게 어렵다고 말하는 겁니다. wish 보면서 "야~ 이거 정말 복잡하네"

라고 생각하신다면, 어떡하죠? wish보다 100배 복잡하고 다양한 용법을 지닌 놈들이 최소한 100개는 될 텐데요. |100개는 좀 심한가?^^|

- Wish me luck!
- I wish you all the best.
- He wished me every success.
- I wish you every happiness in your marriage.

흔히 나오는 덕담입니다. 이런 건 몇 개 알아놓고 적절히 사용할 수 있어야겠죠?

if절에 나오는 절대 상대 시제

가정법 공식! 사실 틀린 것도 아닌데 왜 이렇게 제가 난리를 피우고 있을까요? 그 공식이 우리에게 심어준 잘못된 생각과 습관 때문입니다. 공식만 외우면 시험 문제를 풀 수 있다고 생각해서, 정작 중요한 문장의 뜻은 알려고도 하지 않고 동사 몇 개만 보고 답만 골라내는 경우를 많이 봤거든요. 실제로 답을 빨리 골라내는 사람이 영어를 잘 한다는 착각도 있습니다. 영어는 왜 할까? 시험 문제 풀려고 한다면 할 말 없습니다. 그러나 언어 본래의 목적대로 communication이라면 공식대로 맞추려고 하지 마세요. 아무리 잘 끼워 맞춰봐야 나중에 다시 빠져 나오게 돼 있거든요. 이 세상에 단어 하나만 달랑 존재하는 게 아니고 단어가 들어간 문장이 존재하듯이, 문장도 문장 하나만 달랑 있는 건 아닙니다. 앞뒤로 다른 문장들과 어우러져 있는 게 하나의 문장입니다. 그래서 '문맥'이라는 게 중요합니다.

모든 문장에는 말하는 기준 시점이 있습니다. 언제 이 말을 하고 있느냐입니다. **말하는 기준 시점이 과거인지, 현재인지를 빨리 알아야 합니다.** 우리 책들은 문장을 설명하면서 '문맥 속에서의 문장'이라는 개념이 아니라 문장 하나만 달랑 가지고 설명하기 때문에 아마도 이 점을 잘 전달하지 못하는 것 같습니다. 지금까지 본 문장들은 말하는 시점이 가급적 문장 안에 나타나도록 했었거든요. 그러나 세상이 그렇게 여러분 편한 대로만 움직여주지는 않습니다. 이제는 '문맥'이라는 더 커다란 테두리 안에서 '시점'을 판단해 보도록 하겠습니다. 앞으로 여러분들이 혼자서 하게 되면, 문장 하나만 놓고 하는 거 아닙니다. 글을 읽어도, 얘기를 들어도, 내가 말을 하거나 글을 써도 모두 '여러 개의 문장' 입니다. '문맥'을 소홀히 하면 영어는 늘 수 없습니다. 제가 자꾸 '교과서 영어'가 아닌 '실전 영어'를 강조하는 이유이기도 합니다. 자! 지문 하나를 통해 확실히 이해를 하고 가겠습니다.

- I missed my family, especially my mother, and I missed my other relatives, too. I wrote a lot of letters to my family, but still I couldn't fulfill the emptiness of my mind. I expected things would get better if I made new friends here, but it was not so easy.

가족이 보고 싶고, 특히 엄마가, 다른 가족들도 역시 보고 싶어합니다. 편지 여러 통 썼지만, 여전히 마음속의 허전함은 메워지지 않아요. |자, 계속 말하는 시점은 과거였죠. 그 다음 문장이 문제예요.| 상황이 좋아질 것으로 기대했어요. I expected things would get better... 이곳에서 새 친구를 사귀게 되면 if I made new friends here. 그러나 그게 쉽지 않았다는 내용입니다. 문제의 문장은 "I expected things would get better if I made new friends here." 현재 사실의 반대가 되려면 말하는 시점이 현재일 때 if절에 과거 동사가 와야 합니다. 예를 들어, 앞의 문장이 계속 현재시제로 나왔든지, 아니면 if I made new friends here now처럼 현재임을 보여주는 부사 now가 있든지, 어떤 경우든 말하는 시점이 현재인 상태에서 과거 동사가 와야 '사실의 반대' 가정법이 되는 겁니다. 그러

나 위 문장에서는 과거 상황을 말하면서 if절 시제에 과거가 왔습니다. expected
가 눈에 들어와야 합니다! 따라서 단순 추측이지 사실의 반대가 아닙니다.

- I <u>expected</u> things <u>would</u> get better if I <u>made</u> new friends here.

이 문장의 '시점'을 결정하는 단어는 expected. 뒤에 나오는 would, made는
보기에는 과거로 보이지만 실제로는 expected와 같은 선상에 있는 겁니다. 그래
서 '단순 추측'. 하나 더 보세요.

- Women <u>believed</u> if they <u>got</u> an advanced degree in business and <u>worked</u>
  hard they <u>could</u> become top managers of the company.

이제 아시겠죠? 사실의 반대 가정법 문장이 아닙니다. 문법 문제를 풀기 위해 이
런 걸 물어 보는 건 아닙니다. 문장을 똑바로 읽기 위해서입니다. 이 문장의 기준
시점은 과거(believed)입니다. 따라서 if절의 동사는 시제가 과거로 하나씩 옮겨간
것이 아닙니다. 다시 말해 사실의 반대를 말하는 문장이 아니라는 거죠. 이 문장
은 '사실의 반대'를 말하는 가정법이 아니라 단순 추측에 해당하는 문장이에요.
과거(believed)에 쓰면서 과거 동사(got, could)를 썼습니다. 그냥 일반적인 시제
의 원칙을 따르고 있죠? 단순 추측의 직설법 문장입니다. "자신들이 경영학에서
석박사 학위를 따고 열심히 일하면 그 회사의 최고 자리에 오를 수도 있을 것"이
라고 단순히 말하는 겁니다. 문장을 보고 일단 제일 먼저 볼 것은 '시제'라는 말이
있습니다. 일단 이 문장이 쓰여진 시점이 어딘가를 알아야 그 다음이 잘 풀리게
되어 있습니다.

- If they got an advanced degree in business and worked hard, they could become top managers of the company.

말하는 시점이 '현재'인데 위와 같이 got, worked, could 동사가 과거형이 온다는 건 실제로는 회사 최고 자리에는 못 올라갈 거란 얘깁니다. 가령 남녀 차별이 심한 사회라서 여자가 석박사 학위를 딸 수 없다거나, 밖에 나가서 일하는 것이 허용되지 않는 경우가 되겠죠.

사실의 반대 가정법일 때와 단순추측 직설법일 때 의미가 완전히 다른 걸 아시겠죠? 바로 여기에 문법의 목적이 있는 겁니다. 단순히 공식에 맞느냐를 시험하는 문제를 풀기 위해서가 아니라 문장을 올바로 이해하기 위한 것이 문법의 목적입니다. 문법 규칙을 공식처럼 달달 외우는 게 우리의 목적은 아닙니다. 당장은 뭘 건진 것 같아도 시간이 지나면 다 떠나버리게 돼 있습니다. 아는 규칙을 문장에 적용해서 이해하는 것이 문법을 배우는 목적입니다. 그러기 위해서는 실제로 영어 문장을 접하는 것이 필수라 할 수 있습니다. 면허증만 있으면 뭐 합니까? 차를 끌고 나가야죠.^^

if절에 will 못 오나요?

학교에서 배운 규칙 중 제가 토씨 하나 안 틀리고 아직도 외우고 있는 게 있어요.

"시간, 조건의 부사절에서는 현재가 미래를 대신한다."

여기서 말하는 '조건의 부사절'은 if절을 말하겠죠? 우리는 같은 말을 '비과거'라는 시제로 현재와 미래를 같이 봤습니다. 어느 쪽이 편한지는 여러분이 선택하시면 되지만, 저는 굳이 현재와 미래를 그렇게 딱 구분할 필요가 있을까 하는 생각이 계속 드네요. 위 법칙에서는 여러 미래표현 중 아마 will을 표적으로 삼은 거 같아요. 왜냐하면 우리 시험 문제 중 특히 잘 나오는 문장 형식을 보면, "If it will rain tomorrow, ~~"처럼 if절에 미래를 나타내는 tomorrow를 같이 주고 꼭 will을 넣거든요. 그런데 물론 자주는 아니지만, if절에도 얼마든지 will이 나옵니다.

1. will이 '의도, 의지, intention의 어감' 일 때

will의 두 번째 용법 기억하실 겁니다. '의도, 의지, intention' 의 어감. 단순하게 앞으로 어떻게 될 거라는 쪽보다는 "앞으로 ~ 하겠다"라는 의지나, 약속 혹은 결정의 뜻일 때였습니다. 그리고 그때 will을 보면서 명사 will(의지, 유언장)이나 형용사 willing(~ 할 의지·의사·마음이 있는)도 같이 생각나면 좋을 거라고 했습니다. 이럴 때는 if절에 will이 옵니다. 잘 아시는 be willing to do something의 뜻으로 생각하세요. 그리고 이렇게 나오는 will은 좀 강하게 읽는 게 보통입니다.

- I will if you will.

유명한 문장입니다. 상황에 따라 어감이 달라질 수 있지만, 기본적으로는 "니가 한다면 나도 할게." 정도의 의미. 물론 이런 문장을 볼 때는 "나 할 거야. 단, 너도 해야 해"로 보는 게 사실 더 자연스럽지만… |번역에 관한 책이 아니니까 그 얘긴 여기까지만.^^|

매일 옷만 사달라고 하는 애인에게,

- I will buy this dress for you if you will[are willing to] wear it.

"그래 사줄게, 단 너 그거 진짜 입어야 한다" 정도의 어감입니다. 그러나, 사실 if you wear it 해도 뭐라 그럴 사람은 없겠죠. 그리고 if절에 will이 들어가는 거 싫어하는 사람이라면 (단순 추측의 어감도 있으니까) 이렇게 바꿔 적어도 됩니다.

- I'll buy this dress for you if you <u>promise</u> to wear it.

꼭 will을 쓰라고 강조하는 게 아니라, 늘 들어온 것처럼 if절에 will이 들어가면 뭐 큰일이라도 나는 것처럼 생각하지는 말자는 취지에서 문장을 소개하는 겁니다. 한 민박집 안내문입니다.

- If you <u>will</u> smoke, please do so outside using an ashtray — please do not throw butts on ground. (안 피웠으면 좋겠지만) 굳이 담배를 피워야겠다면 밖에 나가서 피우고 재떨이를 사용해 주세요. 땅에 꽁초는 버리지 말아주세요.

이제 If it will rain tomorrow, I will stay home이 왜 이상한지 아시겠죠? |틀렸다는 말보다는 이상하다는 게 더 낫죠?| 하늘 위에서 비를 머금은 먹구름이 "그래, 난 비를 꼭 내리고 말 거야. 두고 봐" 하지는 않겠죠? ^^

- I don't know if it <u>will</u> rain tomorrow. 내일 비 올지 잘 모르겠어.
  A Will you be seeing Eric tonight? 오늘 밤 에릭 만나니?
  B I'm not sure if I'<u>ll</u> see him. 그럴지 확실히 모르겠는데.

물론 지금 두 문장처럼 if절이 know의 목적어로 나오는 명사절이라면 will이 등장할 수도 있습니다.

- If he won't[refuses to] forgive me, what choice do I have?

그 사람이 나를 굳이 용서해주지 않겠다면 내가 할 수 있는 게 뭐가 있을까?

부정문입니다. 우리말로는 "한사코, 굳이 ~ 하려 하지 않다" 정도의 어감. 역시 won't를 강하게 읽는 것이 보통입니다. 그리고 will의 약한 버전인 would가 나올 수도 있어요. |would는 안 나오는 데가 없네요.^^|

- We would really appreciate it if you would take the time to come to this meeting. 시간을 내서 회의에 참석해주신다면 진심으로 감사하겠습니다.

이걸 보니 "괜찮으시다면"의 뜻을 갖는 표현 if you wouldn't mind가 생각나죠? 다 같은 맥락입니다.

- If you wouldn't mind, I'd like to ask you a few questions about the issue. 괜찮으시다면 그 문제에 관해 몇 가지 여쭙고 싶습니다.

식당이나 호텔에서 웨이터 분들이 안내해주면서 흔히 말하는 "If you would follow me, please"(이쪽으로 오시죠)도 있습니다. 앞에서도 말했지만, would가 나오면 뻣뻣하지 않은 부드러운 느낌을 항상 가지세요.

2. if절이 결과일 경우

자, if절에 will이 나오는 경우가 하나 더 있습니다. if절이 있는 문장의 경우, if절이 '조건'이 되고 주절이 '결과'가 되는 게 일반적입니다.

- If you can't come to see us next weekend, we'll come and visit you.
- If you finish the work by lunchtime, you can take the afternoon off.

그렇죠? "네가 다음 주말에 못 오면", "점심 때까지 일을 마치면"이 조건이라면,

그 조건이 충족됐을 때의 결과가 "우리가 너를 보러 가겠다", "오후에 쉬어도 된다"입니다. 그런데, 이게 거꾸로 오는 경우가 있습니다. 다음 문장들은 if절이 '결과' 인 예입니다. 눈으로 보지 말고 입으로 읽으세요.

- I will repeat that, if that <u>will</u> help you understand it better.
  다시 한 번 되풀이하겠다. 그래서 이해하는 데 도움이 된다면.
- If it <u>will</u> save money, I'm for it. 돈을 아낄 수만 있다면 나는 찬성이야.
- Just ignore him if that'<u>ll</u> make you feel better.
  걔 그냥 모른 척 해버려. 그렇게 해서 마음이 더 편하다면.

실제 말하면서 '결과' 따지고 '조건' 따지는 사람은 없습니다. 아니, 그런 사람은 말 나오는 데 시간이 무지 오래 걸릴 겁니다. 같이 얘기하는 사람도 지루해할 거고. 구어체를 많이 접하셨거나 평소에 입으로 영어를 즐겨 하시는 분들이라면, 아마 이런 식의 표현이 입에 붙어서 익숙할 겁니다. 이런 문법 사항 모르는 상태에서도 "if that'll help you~~" 같은 문장을 많이 써온 겁니다. 중요한 건 '왜' 가 아니라 '왜' 를 몰라도 입에서 나오고 손으로 적을 수 있는 겁니다. 그러기 위해서는 계속 보고 계속 따라 하면서 자연스럽게 자기 것으로 만드는 것이 최선의 방법입니다.

구어체에서 나오는 실수

뭐, 구어체에서 범하는 실수가 지금 소개하는 이거 하나 밖에 없겠어요? 많아요. 그렇다고 그 사람들 뭐라고 할 수 없습니다. 이 세상에 문법책에 나온 그대로 말하는 나라나 민족은 아마 없을 겁니다. 요즘 인터넷 글을 보면 그냥 소리나는 대로 막 적어놓은 경우가 많습니다. 우리말을 정식으로 공부하고 있는 외국인이 그걸 보고 "자기네 말도 모르네"라고 욕할까요? 뭔가 이상한 걸 보고 "실수네." 하고 알 수 있는 능력만 있으면 됩니다. 나는 제대로 쓰면 되는 거죠. 그러니 이런 실수에 대해 너무 과민반응 하지 마세요.

- If I would've taken the exam after reading this book, I would've failed.

지금까지 본 문장 중 if절에 이런 형태는 없었습니다. 그런데 앞에서도 했지만 would've, could've, should've, might've 얘들은 if절 없이 일반적으로 많이 나오고 입에 굳어있는 표현입니다. 그래서인지 if절에도 이렇게 나오는 경우를 자주 볼 수 있습니다. 물론 문법적으로야 이상합니다. 그런데 재미있는 건 would've가 if절에 나오더라도, would와 have를 축약해서 [우드브]로 하면 별 거부감을 못 느낀다는 겁니다. 그런데 이걸 풀어서 would have taken 이라고 적어 놓으면 "어~ 이상하다"라고 느낀다고 하네요. 앞 문장을 맞게 적으면

- If I <u>had taken</u> the exam after reading this book, I <u>would've failed</u>.
  이 책을 읽은 다음에 시험을 봤더라면 떨어졌을 거야.

주절에 나오는 would've가 예쁜가 봅니다. 여기 저기 가지고 다니면서 쓰는 걸 보면.^^ 근데, 실제로는 자기가 하는 말이 뭔지도 모르고 말하는 미국사람도 꽤 있어요. 남들이 [우드브, 워러비] 하니까 자기도 그렇게 하게 되는 거죠. 이건 미국 사이트 게시판 글을 보면 잘 알 수 있어요. 노래 가사에도 그런 게 있고요. *I Would Have Loved You Anyway* 라는 노래예요.

If I'd've known the way that this would end   이게 어떻게 끝날지 알았더라면
If I'd've read the last page first   마지막 페이지를 먼저 읽었더라면
If I'd've had the strength to walk away   떠나버릴 수 있는 힘이 있었더라면
If I'd've known how this would hurt   이게 어떤 상처를 줄지 그때 알았더라면

여기서는 If I'd've known으로 나왔는데요, 이외 발음만 듣고 I would of known이라든가, 이걸 다시 축약해 If I'd of known으로 쓰는 사람도 있어요. 배워야 할 건 아닙니다. 그냥 '이런 게 있구나' 알아놓는 정도.

if & when

가만히 들여다보면 "~하면"이 반드시 if가 되는 건 아닙니다. when은 무조건 "~할 때" 이고 if는 무조건 "~하면, ~라면" 식으로 1:1 대입시키다가는 영어가 어느 선 이상을 넘을 수 없습니다. when이나 if 둘 다 우리말로 "~할 때" 혹은 "~라면"으로 번역이 가능합니다. 차이는 when이 certainty(확실)의 그림이라면, if는 probability(불확실/가능성/추측)의 그림이라는 겁니다.

- I'll buy you a drink <u>when</u> I see you tomorrow.

"내가 내일 너를 만날 때 나는 너에게 술 한 잔 사줄 것이다." 정말 이상한 번역입니다. |마치 터미네이터가 하는 말 같죠?^^| 어감만 보면 "내일 만나면 술 한잔 사겠다"는 말입니다. when이 우리에게 말해주는 건 이미 내일 만나기로 돼 있다는 것. 따라서 "내일 만나면"이라고 나온다고, 무조건 if I see you tomorrow는 아닌 겁니다. 방금 '어색한 번역'이 나왔는데, 이런 어색한 번역을 가지고 작문 공부하는 건 어떻게 설명해야 할까요? 이런 식으로.

◎ 다음을 영작하시오

"내가 내일 너를 만날 때는 나는 너에게 술 한잔 사줄 것이다."

이런 방법은 실용적 차원에서 보면 빵점입니다. 이건 무늬만 우리말입니다. 이렇게 말할 네이티브 코리언은 없으니까요. 나오지도 않을 우리말을 영어로 옮겨본다? 헛수고하는 겁니다. 자, 다시 돌아와서

아침에 일어나면 제일 먼저 뭘 하세요?
What's the first thing you do <u>when</u> you get up in the morning?

"일어나면?"이라는 말에 넘어가서 if로 가면 어떨까요? 이 사람 졸지에 아침에 일어날지 여부가 불확실한 사람이 돼버립니다. 반면에…

- This will help him get back to sleep <u>if</u> the baby wakes up at night.

아기가 자다가 밤에 깼을 때 다시 재우는 방법을 알려주고 있는 문장입니다. 아기가 깰 수도 있고 아닐 수도 있다면 지금처럼 if가 어울리겠죠. 앞에 나온 when you get up과는 어감이 다르죠? 언제 깰지 모르지만(probability), 자다가 깨면 이렇게 하라는 말입니다. Eric 엄마가 아들이 학교에서 돌아오면 자기한테 전화 좀 해달라고 말합니다.

- Give me a call <u>when</u> Eric gets home from school.

이렇게 해야지

- Give me a call <u>if</u> Eric gets home from school.

이러면 분위기 또 이상해집니다. 애가 학교 갔다 집에 올지가 불확실??? 그런데 심부름 보낸 Eric이 올 시간이 지났는데 안 돌아옵니다. 엄마 걱정됩니다. 그러면,

- I'm going to call the police if he's not back within an hour.

한 시간 안에 돌아오지 않으면 경찰에 신고하겠다는 말. 여기는 if겠죠. 자, 이제 감이 오시죠?

- If I don't pass this year, I'll try again next year.

올해 떨어지면 내년에 다시 해보겠다는 말. pass 여부는 불확실한 상태입니다. 이 정도면 when과 if의 차이는 아셨을 겁니다. 그런데 가끔 if와 when이 붙어서 같이 나오는 경우가 있습니다.

- As with all software, it should be updated if and when necessary.

다른 소프트웨어처럼 이 소프트웨어 역시 때가 되면 업데이트가 필요하다는 문장입니다. 이미 업데이트를 해서 필요 없을 수도 있으니까 if, 업데이트 안 되는 소프트웨어는 없으니까 when이라고 이해하면 될 겁니다.

- Forgive him if and when Eric decides to come back.

또 터미네이터 놀이 해볼까요?^^ "에릭이 돌아오기로 결정하면 그리고 결정할 때 그를 용서해줘." |정말 이상하다.^^| if의 기본개념은 '불확실 (추측)' 입니다. 따라서 번역할 때는 "확실하지는 않지만 ~할 때, ~하면" 정도로 하면 됩니다.

- 언제가 될지는 잘 모르지만 에릭이 돌아오기로 마음 먹으면 용서해줘.

번역은 '문법책'의 영역은 아니니까 이 정도로 할게요.^^ 문장 하나 더 보세요.

- <u>If and when</u> the president is ready to make an announcement, he will do so.
  언제가 될지 확실하지는 않지만 그럴 상황이 되면 대통령의 발표가 있을 겁니다.

if는 명사로 나오기도 합니다. 물론 그림은 같아요 — '불확실, 추측, 가능성'.

- As this year draws to conclusion, many <u>ifs</u> remain.
  금년이 저물어 가는 시점에 여전히 많은 변수가 남아있다.
- He could be a star if his knees ever heal, but that's a big <u>if</u>.
  무릎 부상에서 벗어난다면 스타덤에 오를지도 모르지만, 무릎 완치 가능성은 거의 없어 보인다.
- It doesn't make sense to make speculations right now because there are too many <u>ifs</u> and buts. 불확실한 돌출 변수가 너무 많기 때문에 이 시점에서의 예측은 현명하지 않다. (but도 명사)

if가 이렇게 나온다는 게 색다르죠?^^

even if & even though

even if와 even though를 싸잡아서 "비록 ~일지라도"로 생각하는 사람이 무지 많습니다. 그러나 둘은 다릅니다. 방금 했던 if 대 when의 차이와 같은 맥락에서 이해하세요. even if는 if를 강조하는 표현, even though는 though나 although를 강조하는 표현이에요. 그러니까 이 둘은 원래부터 비슷한 표현이 될 수가 없는 겁니다. 각각 if와 though의 속성을 그대로 가지고 있거든요.

even though는 사전을 찾아보면 "despite the fact that ~"이라고 나옵니다. 보이죠? 'THE FACT!' 즉, even though 다음에는 엄연한 '사실'이 나오는 겁니다. 반면에, even if를 사전 찾아보면 "although something may happen or may be true~". 여긴 반대네요. MAY! 네, 그래요. 확실하지 않은 추측. if의 속성 그대로입니다. 이제 두 표현의 차이가 보입니다. 자, 이제 용법으로 들어가면

- even though 다음에 오는 내용은 엄연한 사실입니다. 따라서 직설법대로 생각하세요. 쉽게 말하면 상식적으로 시제를 사용하면 된다는 뜻입니다.
- even if는 if절과 같이 생각하세요. '사실의 반대'와 '단순 추측'으로 나눠서.

문장 보세요.

- <u>Even though</u> I've waxed the car, it still doesn't look shiny.
  차에 왁스칠을 했는데도 여전히 광이 안 나. (실제 왁스칠 한 경우)
- <u>Even if</u> I wax the car, it still won't look shiny.
  차에 왁스칠 해도 광 안 날 거야. (왁스칠 할지 여부 아직 모름)

- <u>Even though</u> the injury was serious, he decided to continue playing.
  부상이 심각했지만 그는 계속 뛰기로 했다. (부상이 심각했던 게 사실.)
- I know he'll want to continue playing, <u>even if</u> he gets injured.
  내가 알기로는 그는 부상을 입더라도 계속 뛰고 싶어할 거야. (부상을 입을 수도 안 입을 수도)

여기까지 if절은 확실하지 않을 때의 '단순추측'이었고, 이제 '사실의 반대' 문장 나갑니다. 다시 말하지만, if절은 시제 싸움입니다. if절 뿐만 아니라 주절도 어떻게 나오는지 잘 봐야 합니다.

- Even though I had some time for shopping, I couldn't find the shoes I wanted. 쇼핑 할 여유가 있어서 나갔는데 원하는 신발을 못 찾았어. (실제 시간이 있었다)
- Even if I had some time for shopping, I wouldn't go out and buy shoes. 설사 쇼핑 할 시간이 난다고 해도 신발 사러 나가고 그러진 않을 거야. (바빠서 시간 없는 사람)

무지 간단한 걸로 하나만 더!

- Even though I am a woman, I will do it. 내 비록 여자지만 그렇게 할게.
- Even if I were a woman, I would not do it. 내가 여자래도 그렇게는 안 할 거 같다.

차이 느끼세요? 대부분 사람들이 if절의 시제에는 많은 관심을 갖습니다. 그러나 더 중요한 건 주절입니다. 화자가 전달하려는 메시지는 결국 주절이거든요. 조동사 편부터 계속 would를 강조하고 있습니다. 영어 동사 중 최고의 스타 중 하나라고 치켜세우기까지 했는데, 아마 가정법 편을 통해서 would의 위력을 실감하셨을 거예요.

그러나 힘 빠지는 소리를 안 할 수가 없네요. 지금까지 참 오랫동안 if를 중심으로 가정법 얘기를 했습니다. 그런데 우리를 허탈하게 만드는 건, 이 법칙이 실제 구어체에서는 그렇게 확실하게 지켜지지 않는다는 겁니다. 영어를 공부로 생각하는 사람들은 신문이나 잡지 같은 글을 |이른바 '고급 영어'| 봐야 한다고 생각합니다. 그러나 신문이나 잡지에 나오는 글은, 글 쓰는 게 직업인 사람들의 글입니다. 또 인쇄되어 나오기 전까지 여러 번 수정 단계를 거치며 다듬어진 글이에요. 따라서 영어의 여러 법칙을 확실하게 지켜주는 글입니다. 그러나 보통 사람들의 구어체는 이렇게까지 신경쓰지 않습니다. 이건 우리도 마찬가지예요. 말하면서 항상 법칙에 맞게 정확하게 언어를 구사하는 사람 별로 없습니다. |저는 이런 사람 오히려 부담스

럽습니다.」 문맥이나 상황이란 게 있거든요. 법칙에 어긋나도 우리는 그냥 알아듣습니다. 좀 이상하면 다시 물어보면 된다는 것, 그게 바로 '글'이 가지고 있지 않은 '말'의 커다란 장점이거든요. 하지만 "그럼 이딴 거 할 필요 없네." 이렇게까지 화낼 필요는 없겠죠. 알면 좋죠. 알아서 나쁠 건 없으니까.^^

단!! 아는 것도 어떻게 아느냐가 중요합니다. 가정법을 제대로 이해 못 한 상태에서, 공식 몇 개 가지고 기계처럼 두드려 맞추는 데에만 급급한 영어에서는 빨리 벗어나야 합니다. 조금은 말하기 조심스럽지만, 법칙을 알았으면 그 다음에는 그 법칙을 무시할 줄도 알아야 합니다. 그래야 유머가 통하고 욕이 통하고 조롱이 통하는 겁니다. 법칙대로만 말한다면 이 세상이 너무 삭막해집니다.^^ 그러나 이렇게 무시를 하기 위해서는 '제대로 알아야 한다는 숙제'가 있다는 것도 기억하세요. 가정법은 이 정도 하겠습니다.

03 명령문

동사숲에서 만난 의미

이미 앞에서 여러 조동사(must, should, ought to...)를 통해 명령투로 말하는 법에 대해서 알아봤습니다만 조동사 없이 명령문으로 말할 수도 있습니다. 한 마디로 "~해라(해달라)". 겉으로는 "~해라, ~하라"지만, 상황이나 어투에 따라 일방적인 명령이나 지시가 될 수도 있고, 공손하게 말하면 "~해주시겠어요?" 같은 부탁이나 요청이 될 수도 있습니다. 또 말의 모양새는 공손한 듯 보여도 거역할 수 있는 '강제력'을 전할 수도 있습니다. 정말 같은 말이라도 '아' 다르고 '어' 다르죠? 일단 생각해야 할 것은 '글'과 '말'은 참 다르다는 점. 물론 두 가지는 표현 방식도 다르지만, 그걸 듣는 사람의 마음도 달라질 겁니다. 상대가 일방적으로 명령하는 식으로 나올 때, '글'보다는 '말'을 할 때 더 민감하게 받아들이거든요. 영화 터미네이터 1편에 나오는 유명한 대사.

Terminator : I need your clothes, boots and your motorcycle!
옷, 부츠, 오토바이가 필요해.
Biker : You forgot to say please. please는 집에 놓고 다니냐?

같은 말이라도 please가 없으면 듣는 사람 기분이 좋을 리 없습니다. 그러나 글로 써 있는 명령문에 대해서는 그렇게까지 민감하지 않습니다. 웹사이트를 들어가면 Click here라는 명령문을 자주 보게 되는데, please 없죠? 출입문에 일일이 "Push, please."라고 하지 않습니다. 이런 걸 보고 "please는 엿 바꿔 먹었냐?!"며 열받을 사람 있나요? 글에는 이렇게 일일이 please를 붙이지 않아도 사실 별

거부감이 없을 수 있어요. 그러나 '말'의 차원에서는 다를 수 있겠죠?

- Be quiet. 조용히 해.

동사원형 be로 시작하는 일반적인 형태의 명령문입니다.

- Shut up and go to your room. 닥치고 네 방으로 가!

역시 일반적인 형태의 명령문. 이렇게 '동사 원형'으로 문장을 시작하면 됩니다. 엄마가 아이한테 하는 말 같은데요. 무지 셉니다. 말을 듣는 사람은 대부분이 you일 테니까 굳이 주어는 필요 없겠죠?

- OK, everybody, listen up! 자, 여러분, 잘 들으세요.

상황에 따라 상대를 지칭해야 할 필요가 있을 때에는 지금처럼 넣어주세요. Listen up, everybody!와 같이 뒤로 빼도 괜찮습니다.

- Nobody move.

형태는 일반 평서문이지만 의미는 "아무도 움직이지 마"라는 명령입니다. Somebody answer the phone. 같은 문장 역시 "누구 전화 좀 받아"의 뜻. |주어가 nobody, somebody인데도 동사 move나 answer에 s가 없는 것은 명령문이기 때문.| 이런 문장들은 영화나 드라마를 통해 직접 들으면서 말투를 익혀야 합니다.

- Don't talk back to me like that. 그런 식으로 말대꾸하지 마.
- Don't <u>you</u> talk back to me like that. (you를 넣으면 더 강해집니다.)

- Don't <u>you ever</u> talk back to me like that. (ever를 넣으면 한층 더 강해집니다.)

물론 이런 거 다 안 넣고, 눈을 부라리면서 냅다 소리 질러도 효과는 비슷하겠죠.^^ 다음 문장 보세요.

- Please, step out of the car, sir. 차에서 나와 주시겠습니까?

영화에 많이 나옵니다. 교통 경찰관이 운전사에게 흔히 하는 말입니다. 공무원이니까 국민에 대해 please, sir 등을 붙여가며 예의를 갖추고 있지만 공무집행 차원이니 엄연한 '명령' 입니다.

- Can I see you in my office in ten minutes, please?
  10분 후에 내 방에서 볼 수 있을까?

위 번역은 부드럽게 들리죠? 이 또한 명령문 형태는 아니지만, 상황에 따라 "10분 후에 내 방으로 와!"가 될 수도 있습니다.

- Sir, do you have any change? 잔돈 좀 있으세요?

길거리의 걸인이 물어보는 말입니다. 정말로 잔돈이 있는지 여부를 물어보는 게 아니라, 결국은 "한푼 적선해 달라"는 뜻입니다.

- Please, would you open your suitcase, sir? 가방 좀 열어주시겠습니까?

이것도 역시 결국 가방 열라는 깍듯한(?) 명령.

- I'm <u>trying</u> to watch TV, if you don't mind. 나 TV 좀 볼게. 괜찮겠니?

trying이 보이죠? 그냥 보면 되지 trying to watch라는 건 '어떻게 좀 봐보려고 노력한다' 이므로 '짜증'의 뉘앙스가 실려 있는 겁니다. TV 보는 데 이미 방해받고 있단 거죠. 이 문장도 결국 "조용히 해달라"입니다.

- Love takes time. <u>You don't want</u> to marry a stranger. <u>You want to</u> make sure that you have things in common. 사랑은 시간이 필요한 거야. 잘 모르는 사람과 결혼해서는 안돼. 서로 공통점이 있다는 확신이 있어야지.

want가 이렇게도 쓰입니다. 이때 want에서 "~해야 한다" should의 어감이 와야 합니다. 지금처럼 you가 주어일 때 보통은 should의 어감으로 나옵니다. 일상 구어체에서는 '상당히' 많이 나오는 형태예요. 그러나 주어가 you라고 해서 항상 이런 뜻을 갖는 건 또 아니에요. I know you don't want to marry someone you don't love(사랑하지도 않는 사람과 결혼하고 싶지 않은 거 나도 알아). 이때의 want는 일반적인 want의 뜻 '원하다'입니다. 결국, '문맥'이 중요합니다.

[A] Let me go before you hurt me any more!
날 보내줘. 더 이상 상처받기 싫으니까.
[B] You're not going anywhere until you listen to what I have to say.
가긴 어딜 가? 내가 하는 말 잘 새겨들으면 가게 해주지.

지금처럼 '현재진행형'으로 명령의 어감을 나타내는 것도 잘 알아두셔야 할 구어체 용법이에요. 드라마나 영화에 무지 잘 나옵니다. 사실 우리말에도 이런 게 있습니다. 일명 '터프 버전'인데요. "너는 나랑 같이 가야만 한다." → |터프 버전| "너 나랑 같이 간다!" |토 달지 마!!!! ^^| 비슷하죠?^^ 문장 더 보세요.

- You're not wearing that skirt to school.
  너, 그런 치마 입고 학교 안 간다. (그런 치마 입고 학교 가지 마!)
- You're coming with me whether you like it or not.
  좋건 싫건 넌 나랑 같이 가는 거야.

'현재진행'으로 표현하는 '미래'는 '이미 결정이나 계획 돼 있는 경우'라고 한 거 기억하죠? 조금 전 문장들을 보면, 이미 다 결정된 거니까 상대 의견은 상관없다는 느낌이 강하게 옵니다.

부정문 04

동사숲에서 만난 의미

이제는 "~이 아니다"를 표현하는 방법에 대해서 볼게요. 물론 기본적인 내용은 잘 알고 계실 테지만 색다른 내용도 몇 개 더 첨가했고, 별로 어렵지 않으니 가볍게 보세요. 부정문 역시 동사와 밀접한 관련이 있습니다. 어느 문장을 부정문으로 한다는 것은 대개의 경우 동사를 부정하는 것이거든요. |물론, 명사를 부정하는 경우도 있지만.| 일단 기본적인 것부터 합니다. 다 아는 내용이라고 우습게 보는 건 일단 접어두자고요. 실전으로 들어가면 우습게 볼 수 있는 건 하나도 없거든요.

🐚 기본 규칙

문장을 부정문으로 한다는 것은 대개의 경우 동사를 부정한다는 뜻. 따라서 동사의 종류에 따라 부정어 not이 들어가는 위치도 달라집니다.

1. 동사만 있는 것이 아니라 동사를 도와주는 다른 동사가 있을 때에는 (예: be동사, 완료형의 have, 기타 조동사들) 이런 동사들 뒤에 (일반동사 앞에) not을 넣으면 됩니다.

- He <u>is not</u> leaving. 걔 안 가.
- I <u>have not</u> seen him yet. 난 아직 걔 못 봤어.

- Judy can not swim. 주디는 수영 못 해.

2. 일반동사만 있을 때는 do의 도움을 받은 다음 not을 넣습니다. 이때 do 역시 일종의 조동사이므로 뒤의 일반동사는 원형으로 옵니다. do는 주어가 3인칭 단수일 때는 does, 과거시제일 때는 did로 바꿔 사용합니다.

- I do not like him. 난 걔 싫어.
- He does not live here. 그 사람 여기 안 산다.
- I did not like him. 난 걔 안 좋아했어.

방금 본 예문에서는 not이 들어가는 위치를 보여주기 위해 풀어 적었지만, 일반적인 대화체에서는 대개 줄여서 말해요. 줄일 때는 not을 n't로 바꾸는 것이 보통.

have not → haven't	can not → can't
do not → don't	does not → doesn't
did not → didn't	

그런데 be동사의 경우는 조금 특이합니다.

be동사가 am일 때는 I'm not ~ 의 형태로 바꾸고
be동사가 are일 때는 You're not ~ / You aren't ~ 둘 중 하나로
be동사가 is일 때는 He's not ~ / He isn't 모두 가능합니다.

🔔 부정 명령문

"~하지 마라" 뜻의 부정명령문을 만들 때는 "do not[don't]"을 문장 앞에 놓으면 됩니다. Don't보다는 Do not 하고 풀어서 말하면 그만큼 어감이 강해지는 효과 있는 거 아시죠?

- Don't do that again. 다시는 그런 짓 하지 마.
- Don't worry. I'll look after you. 걱정하지 마. 내가 널 돌봐줄 거야.
- Do not lean out of the window. 창문 밖으로 몸 내밀지 마라.

🔔 다른 부정어구들

다음 문장을 비교해 보세요. 먼저 be동사가 나오는 문장부터.

- a He's not at home.
- b He's never at home.
- c He's seldom [rarely / hardly] ever at home.

never가 들어간 b 문장이 부정의 어감이 가장 강합니다. 우리말로는 "절대로 ~ 하지 않다". 그리고 c 에 나온 seldom, rarely, hardly는 "거의 ~ 하지 않다"라는 뜻을 갖는 부정어구예요. 이런 단어가 문장 안에 있으면 그 문장을 부정문으로 취급하는 것이 보통입니다. 일반동사가 나오는 문장에서도 한번 해볼까요? 부정문을 만들 때 필요한 조동사 do는 not이 나올 때만 모습을 보입니다.

- He <u>doesn't</u> work.
- He <u>never</u> works. (He does never work라곤 안 해요.)
- He <u>seldom</u> [<u>rarely / hardly</u>] ever works.

🔔 부정문의 부가의문문

부가의문문은 긍정문에서는 부정으로 적고, 부정문에서는 긍정으로 적습니다.

- You <u>don't</u> work on Sundays, <u>do you</u>? 일요일엔 근무 안 하지, 그렇지?
- You <u>seldom</u> work on Sunday, <u>do you</u>? 일요일엔 거의 근무 안 하지, 맞지?

방금 말했던 not과는 외형상 닮은 구석이 없는 seldom, rarely, hardly 등이 문장에 있을 때는 신경써야 합니다. 애들이 문장에 오면 부정문으로 본다고 했죠? 따라서 부가의문문에는 긍정의 내용이 옵니다. 여담이지만, 입에서 부가의문문이 자연스럽게 나올 수 있는 분은 정말 영어 잘 하는 분입니다. 이거 한 번 실제로 해 보세요. 무지 어렵습니다. "앞에 동사가 뭐였더라? 주어는 3인칭 단수였나? 문장 내용이 긍정이었는지 부정이었는지?" 이 모든 게 순간적으로 파박하고 입력돼야 부가의문문이 자연스럽게 나옵니다. 자연스럽게 안 나오고 좀 이따가 나오면 어떠냐고요? 그럼 정말 웃기지 않을까요?! 부가의문문은 말하면서 바로 붙여주지 못한다면 효과가 뚜욱 떨어지니까요.

🔖 부정의문문

1. 이미 답을 예상하고 묻는 경우

정말 답을 몰라서 물어볼 때 부정의문문이 나오는 경우는 별로 없습니다. 이미 어떤 사전 지식이나 상황 판단에 의해 답을 예상하고 물어보는 게 특징이에요. 즉, 형태는 의문문이지만 의미는 일반 평서문과 같이 이해해도 큰 지장은 없습니다. 문장 보세요.

- <u>Didn't you</u> go to China to study? How did you like it?
  중국 유학 가지 않았었니? 어땠어?

go to China to study 했다는 걸 알고 물어보고 있습니다. 정작 궁금한 건 그 다음 질문 How did you like it?이겠죠.

- <u>Isn't it</u> a lovely day! 정말 좋은 날씨야!

의문문이 아니라 감탄문인가 보네요. 느낌표(!)가 왔으니 말입니다. 맞아요. 이런 식의 감탄문도 있다는 거 알아 두시고요. 당연히 Yes가 나올 걸 예상하고 물어보는데 솔직히 무슨 의문문이겠어요? 이건 우리말도 비슷하죠. 자기 여자친구 가리키면서 "정말 예쁘지 않아요?"라고 계속 말하는 사람. 그걸 듣고 정말 예쁜지 안 예쁜지 한참 살펴보는 사람. 물어보는 사람이나 살펴보는 사람이나 똑같습니다. 정말 예쁜지 안 예쁜지를 묻는 게 아니라, 당연히 상대가 Yes할 걸 기대하고 "정말 예쁘다"는 말을 듣고 싶은 거겠죠. 한편, 대답을 No라고 짐작하고 물어보는 경우도 있어요.

- <u>Don't you</u> feel well? 어디 몸이 안 좋니?

No가 나올 걸로 이미 짐작하고 있는 겁니다. 상대를 보니까 안색이 안 좋다거나 할 때 이렇게 물어볼 테니까요. 다 알고 말하는 겁니다.

2. 초대나 제안

초대나 제안을 할 때 부정으로 시작할 때가 있습니다. 상대가 초대나 제안을 받아들이지 않을 수도 있겠죠. 이럴 때 부정으로 물어보면, 다시 말해 간접적인 표현을 쓰게 되면 제안을 거절하는 입장에서도 편해집니다. 따라서 상대방을 배려하는 일종의 공손한 표현이라고 보면 될 거예요. 이거 역시 우리말도 비슷합니다. "~하지 않으시겠어요?"라고 묻는 게 그겁니다. 할 건지 여부를 물어보는 건 당연히 아니겠죠.

- Won't you come over here? 이쪽으로 오시겠어요?
- Why don't you play with us? 같이 놀지 않을래요?

이런 문형들은 입에 달아 놓으세요.

3. 불평 혹은 마음에 안 들 때

이때도 부정의문문이 나올 수 있습니다. 반드시 Yes/No를 기대하고 물어보는 것은 아닙니다.

- <u>Can't you just</u> give me a break? 숨 좀 돌리게 해줄 수 없어?
- <u>Don't you ever</u> listen to what I say? 어떻게 내 말은 그렇게 무시하냐?

4. 부정의문문의 대답

영어 처음 배울 때는 물론이고 어느 정도 영어 하는 사람들도 참 어려운 게 바로 부정으로 물어봤을 때의 대답입니다. 이건 문법 차원을 떠나 대화라는 측면에서 보았을 때 매우 중요한 문제예요. 우리나라에 오래 살아서 어느 정도 우리의 언어 습관을 아는 외국인이라면 모를까, 그렇지 않은 사람과 대화하면서 이 부분을 혼동하면 자신이 하고 싶은 대답과는 정반대로 답하기 때문입니다. 한 미국 친구가 "Don't you like me?"라고 심각하게 물어봤는데, 우리 식대로 "아니, 좋아해"라고 "No" 하면? 뭐, 서로 갈 길 가야겠죠. 말이란 서로의 생각을 나누기 위해 하는 건데, 이렇게 되면 차라리 말하지 않는 것보다 더 못한 결과가 나올 수도 있습니다.

자, 아직도 헷갈린다면 이렇게 알아놓으세요. 상대가 어떻게 물어보든 중요한 것은 내가 하는 대답입니다. 철저하게 이기적으로 생각하면 됩니다. **상대가 긍정으로 물어보든 부정으로 물어보든 상관없이, 내가 하려는 문장이 긍정이면 Yes, 부정이면 No라고 하세요.** 아셨죠? 내 대답이 긍정문이면 Yes, 부정문이면 No가 나온다는 것.

A Aren't you going out? 안 나가니?

B No, I'm not. 어, 안 나가.

A Didn't he look irritated? 걔 짜증내는 모습 아니었니?
B Yes, he did. 응, 그랬어.

🔔 명사 부정

지금까지는 동사를 부정하는 not이었습니다. 그러나 명사 앞에 no를 넣어 부정문을 만들 수도 있습니다. 명사 앞에 no가 오면 not any나 not a[an]의 뜻을 갖습니다.

- There <u>aren't any</u> buses after midnight.
  → There <u>are no</u> buses after midnight. 자정이 지나면 버스 끊겨.
- I'm <u>not an</u> expert. → I'm <u>no</u> expert. 나는 전문가가 아니야.

no가 들어가는 문장이 not ~ any보다는 부정의 뉘앙스가 조금 더 강하다고 합니다.

🔔 some vs. any

some은 긍정문에, any는 부정문과 의문문에 쓴다고 배웠던 기억이 납니다. 정말 그럴까요? 일단 같이 생각해 볼 게 하나 있어요. 부정문이라고 할 때 '부정'의 의미에 관한 겁니다. 우리는 흔히 문장에 "~이 아니다"라는 말이 있어야 부정문, 다시 말해 문장에 부정의 의미가 있다고 생각하거든요. 그러나 앞에서 잠깐 살펴봤듯이 seldom, hardly 같은 단어가 문장에 있어도 그 문장은 부정문 취급을 했습니다. 왜 그럴까요? 부정의 의미를 조금 바꿔볼게요.

지금까지는 "A는 B가 아니다", 다시 말해 직접적으로 부정의 뜻이 들어있는 문장을 부정문이라고 보았다면, 여기에 하나를 더 추가하는 겁니다. "A가 B라고 확실히 말할 수 있는 것은 아니다". 즉 "A는 B이다"가 단 1%라도 아니라면 부정으로 볼 수 있다는 겁니다. 다시 말해, '확실하게 긍정이 아닌 경우'를 부정이라고 생각하는 겁니다. 확실한 긍정이 아닌 것으로는, 당연히 일반적인 부정문을 먼저 꼽아야겠죠. 그리고 의문문도 여기에 해당합니다. 진짜로 몰라서 물어보는 의문문도 있지만 그렇지 않은 경우도 있거든요. 우리말에도 "너 그 사람이 그 일 할 수 있다고 생각해?" 같은 의문문은 상황에 따라 "그 사람은 그 일 못해"라는 단정을 내리고 말하는 걸로도 볼 수 있습니다. 또 일부 긍정문도 해당됩니다. 다음에 나오겠지만 refuse 같은 단어는 "거절하다", 즉 "~을 하지 않겠다"는 부정의 의미가 함축되어 있습니다. 그리고 if절의 경우도 "~라면"이라고 말하는 것 자체가 확실하지 않기 때문입니다.

부정의 의미에 대한 얘기를 했는데, 이 내용을 이해하면 지금까지 무조건 외웠던 사항도 고개를 끄덕이면서 이해를 할 수 있게 될 거예요. 그래서! 긍정문에는 some이나 some 계열의 단어들(something, somebody 등), 부정문과 의문문에서는 any나 any 계열의 단어들(anything, anybody 등)이 나온다고 배운 것도 약간의 손질이 필요합니다. any나 any 계열의 단어는 부정, 의문문뿐만 아니라 조건절에도 나오고, 또 때에 따라서 일부 긍정문(형식상 긍정문)에도 나온다고 일단 바꿔 보세요. 그러나 이것도 완벽하지는 않아요. 이번에는 조금 전에 말한 '부정'의 정의대로 다시 바꿔볼게요. |계속 바꾸고 있으니 정신 차리세요.| "some이나 some 계열의 단어들은 "확실히 ~ 이다"라는 뉘앙스를 가지는 문장에 나오고, 그렇지 않은 경우에는 any나 any 계열의 단어가 온다"라고요. 단순하게 '긍정문'과 '부정문 혹은 의문문'으로 나눠서 생각하는 것

보다는 더 어렵고 귀찮은 게 사실입니다. 사실 귀찮으면 지금은 그냥 넘어가도 큰 상관은 없을 거예요. 하지만 나중에 필요한 때가 있을 겁니다.

- <u>Somebody</u> called. 누가 전화했어.
- Did <u>anybody</u> call? 누가 전화했니?
- I've bought you <u>something</u>. 너 주려고 뭘 샀어.
- I haven't bought you <u>anything</u>. 널 위해 산 게 없는데.

여기까지는, 기존의 '긍정문 vs. 부정문과 의문문'의 틀에서 봐도 문제가 없어 보입니다. 그런데, Let me know if you have <u>any</u> trouble(무슨 문제 있으면 알려줘)에서는 "~인지 아닌지"의 개념 if가 나왔습니다. 확실하지 않습니다. 그래서 any. seldom 역시 "100% ~이다"라고 말할 수 없게 만드는 단어죠? He seldom says <u>anything</u>(그는 거의 말을 하지 않는다). 부정의 어감이 들어 있습니다. 그래서 anything.

- Please forget that I ever told you <u>anything</u> about it.
  그것에 대해 내가 무슨 말 했다는 건 제발 잊어주세요.

forget에 부정의 뉘앙스가 들어가 있어요. "말 했다는 걸 잊어달라"는 건 "아무 말 안 했다고 생각해주세요"와 같은 말입니다. 무늬는 부정문이 아닌데 내포된 의미는 부정입니다. 가령 "빵 가지고 오는 걸 잊었어"라고 할 때 결국은 빵을 가지고 오지 않았다는 부정의 뉘앙스이므로 any를 써서 I forgot to bring any bread. 그럼 We got there without any trouble에서 any를 쓴 것은 무엇 때문일까요? 부정의 뉘앙스를 가지고 있는 without 때문입니다. "아무 문제없이 그곳에 도착했다"는 뜻.

이제 반대로 some의 경우를 보세요. some이나 some 계열의 단어가 형태상 의문문에 나오는 경우도 있습니다. 이럴 때는 확실하지 않아서, 다시 말해 Yes나 No를 기대하고 물어보는 것이 아니에요. 나름대로 확실하다는 생각을 가지고, 다시 말해 Yes라는 답을 기대하고 확인하는 거지 몰라서 물어보는 것은 아닙니다. 이런 문장은 지금까지 알게 모르게 많이 접했을 것입니다.

- Did you say <u>something</u>?
- Would you like <u>some</u> more?

정말로 더 먹을 건지 아닌지를 물어보는 것이 아니라, 먹으라고 권유하는, Yes의 답을 기대하는 겁니다.

- Have you brought <u>some</u> water?

"너 물 가지고 왔지?" 식으로 확인할 때. 진짜 가지고 왔는지 아닌지를 물어보려면 some 대신 any가 더 어울리겠죠. 어렵나요? 자꾸 껍데기를 외우려고 하면 어려울 수밖에 없습니다. 알맹이를 곱씹으세요. 의미를 느끼려고 해보세요.

부정문에 어울리는 단어 & 표현

다음 우리말 보세요.

나 하나도 배고파.
너 그 사람 조금도 좋아하니?

그 사람 말은 전혀 맞아.

우리는 우리말이기 때문에 벌써 직감적으로 이상하다는 걸 느낍니다. '왜' 이상하냐고 물으면 정확한 답을 줄 수 없을지는 몰라도 "하나도", "조금도", "전혀"가 이상하게 들린다는 건 압니다. 영어도 그렇게 되면 좋겠죠?^^ "하나도", "조금도", "전혀" 자체는 틀린 게 없습니다. 문제는 주변 상황일 뿐. 이렇게 바꿔볼까요? "나 하나도 배 안 고파", "너 그 사람 조금도 좋아하지 않니?", "그 사람 말은 전혀 맞지 않아." 자, 이제 괜찮죠? 자! 그럼 어떤 사실을 알 수 있을까요? "아! 하나도, 조금도, 전혀, 이런 말은 주로 부정의 뉘앙스를 갖는 문장에서 쓰이는 구나"라는 사실입니다. 사실 이 내용이 국어 문법책에 그대로 나오는지는 모르겠지만, 다음에 나올 사항을 설명하기 위해 우리말을 예로 일단 설명해본 거예요. 영어에도 이런 게 있거든요. 아! 그 전에 잊지 말아야 할 게 하나 있습니다. 지금 말하는 부정문이란 바로 전에 얘기했던, 알맹이가 부정인 경우를 말합니다. 다시 말해, 일부 긍정문, 의문문, 조건문, 그리고 다른 부정어구가 포함된 문장이라는 겁니다. |봐요! 금방 또 나왔죠?^^|

1. budge

이 단어를 사전에서 찾아보면 "조금 움직이다, 움직이게 하다"로 나옵니다. 그러나 이 단어는 우리말의 "꿈쩍"을 생각하면 이해가 쉽습니다. 우리말에서도 "꿈쩍 한다"고는 잘 하지 않고 "꿈쩍도 안 한다"고 말하는 것이 보편적이거든요. budge도 그런 맥락에서 이해하세요.

- He tried to move the rock, but it wouldn't budge.
  그는 바위를 움직여보려 했으나 바위는 꿈쩍도 하지 않았다.
- He refused to budge an inch.

그는 조금도 양보하려 하지 않았다(refuse에 부정의 의미가 내포).

2. at all

우리가 익히 알고 있는 표현. at all 자체는 "전혀"의 뜻으로, "전혀 ~이다"보다는 not과 함께 쓰여 "전혀 ~이 아니다"로 잘 나옵니다.

- I don't agree with you <u>at all</u>. 내 생각은 너하곤 완전히 달라.
- If you trust him <u>at all</u>, just let him do it.
  그 사람을 조금이라도 믿는다면 그냥 그 일을 하게 하세요.

두 번째 문장에서의 at all은 우리말로 "전혀"보다는 "조금이라도[정말로]"가 더 잘 어울립니다. 다시 말해서 문장의 '동사 부분을 강조' 하는 표현입니다. 지금은 형태상 조건문이지만, 알맹이를 들여다 보면 "너 그 사람을 안 믿는구나"라는 부정의 뉘앙스가 살아 숨쉬고 있음을 알 수 있습니다.

- Do you know how to get there <u>at all</u>? 도대체 거기 어떻게 가는지 알기는 아는 거야?

여기 at all도 "전혀"보다 "조금이라도"가 더 잘 어울립니다. 이 문장은 그냥 아느냐 모르냐를 물어보는 단순한 의문문이라기보다 "너 모르지?" 하는 부정의 뉘앙스가 들어 있습니다.

3. can't seem to

이 표현도 can seem to do라고 나오는 경우는 거의 없습니다. 거의 항상 can't seem to do 부정 형태로 나오고, 뜻은 "도저히 ~가 안 된다."

- I <u>can't seem to</u> find my bag. 가방이 어디에 있는지 도저히 모르겠어.

- I can't seem to get to sleep at night. 밤에 자려 해도 도무지 잠이 오질 않아.
- I just couldn't seem to get it done in time.
  제 시간에 끝내려 했지만 그럴 수 없었다.

무조건 seem to do가 부정문에 쓰인다는 말이 아닙니다. 위 문장들처럼 can이나 could가 seem 앞에 올 때, 다시 말해 can't[couldn't] seem to일 때를 말하는 거예요. 이런 표현은 can't seem to do[couldn't seem to do]로 입에 붙여 놓으세요. to do 자리에 여러 가지 다른 표현을 넣어보며 입으로 연습하세요.

4. far

"far가 주로 부정문에?" 의아해하실 분도 있겠지만, 100퍼센트 긍정의 어감을 주는 문장에는 far가 잘 나오지 않습니다.

- How far did he go?
  그 사람 얼마나 멀리 갔니? ("그 사람 얼마나 심했는데?"라는 뜻도 가능. 의문문에 나오고 있죠?)
- A Does that mean that you don't really like him?
  그럼 걔가 썩 마음에 드는 건 아니라는 뜻?
- B No, I wouldn't go that far. I'd just say he isn't a good friend.
  아니, 그 정도는 아니고. 친한 친구는 아니라고. (not이 들어간 부정문)
- He went too far. It will take a lot longer for him to get back.
  걔 너무 멀리 갔어. 돌아올 때는 갔을 때 걸린 시간보다 훨씬 더 오래 걸릴 거야.

마지막 예문에 too가 보이시죠? too를 보면 부정의 뉘앙스가 보여야 합니다. 잠깐 too 얘기를 하고 갈게요. too는 "매우"보다는 "너무, 도가 지나칠 정도"로 봐야 합니다. 어감은 "너무 지나쳐서 ~ 할 수 없다". 중학교 때 배운 'too ~ to ~ 용법'을 생각하면 이해가 더 빠를 거예요. 주인공으로 못생긴 사람을 뽑는데 예쁜 여자가 오디션에 나타났다면 You are too pretty for this role.이라고 말할 겁니다. too pretty이므로 이 역할(role)을 맡을 수 없다는 말. 겉으로 not이 있는 것은 아니지만 그 뒤에는 항상 not이 도사리고 있는 단어가 바로 too예요.

그럼, 100퍼센트 긍정문에서 "멀리"라는 말을 하고 싶으면 어떻게 할까요? a long way를 쓰세요. 우리는 far는 잘 나오지만 이 말은 잘 안 나옵니다.

- We walked a long way . 우리는 먼 길을 걸었다.
- It's a long way from here. 여기서 멀어.

5. "하나도 ~ 하지 않다" 류의 표현들

우리말에서도 "하나도"라는 말이 나오면 보통 그 다음에는 "~하지 않다"라는 부정문이 나오게 마련입니다. 영어도 비슷합니다. 보통 '동사 + a + 명사'의 형태를 갖습니다. 다음에 열거하는 것은 그 예의 일부에 불과할 뿐, 여기 나오는 것이 전부라고 생각하시면 안 됩니다. 여러분 스스로 문장을 접해가면서 이런 표현들을 더 찾아보세요.

lift a finger 뜻은 "도와주려 하다". 참 신기한 게 우리말도 비슷해요. 우리도 "손가락 하나 까딱하지 않는다"고 하지, "손가락 하나 까딱한다"고 하지 않잖아요. 앞에서 나온 budge와 지금 나온 lift a finger를 보니까, 대학교 때 선생님께서 우리말과 영어가 비슷하다며 영어는 우리말에서 만들어진 거라고 한 농담이 생각납니다. 우리말의 '많이' 가 태평양을 건너 미국으로 가서 many가 됐다고 하셨거든요. |정말 똑같지 않나요? many & 많이^^| 자! 다시 lift a finger로 돌아옵니다. lift는 "들어올리다". 같은 뜻의 raise를 써서 raise a finger라고 해도 뜻은 같아요.

- How come you never <u>raise a finger</u> to help your wife with the baby?
  부인이 애 돌보는 데 어떻게 옆에서 손 하나 까딱 안 할 수 있어요?
- The old man was the only one who <u>lifted a finger</u> to help them.
  그 노인만이 나서서 그들을 도와주었다.

두 번째 문장에는 only가 들어가 있네요. only에 '부정'의 뉘앙스가 보이세요? only에는 "~말고 다른 사람(것)은 아니다"라는 부정의 의미가 내포되어 있습니다. 즉, 위 문장은 "그 노인만이 도와주었다"로 이해할 수도 있지만, 그 노인말고는 아무도 도와주지 않았다는 쪽으로 생각을 바꾸면 이해가 더 쉽습니다. hardly를 이해하는 것과 거의 비슷하죠? "조금 ~하다" 쪽보다는 "거의 ~하지 않다"로 이해하는 것이 훨씬 도움이 되는 것처럼, only도 같은 맥락에서 이해하세요.

do a thing 직역하면 "어떤 한 가지를 하다". 그러나 우리말과 마찬가지로 "하나도 하지 않았다"의 부정 의미로 쓰이는 것이 보통입니다.

- I didn't <u>do a thing</u> against your order. 명령에 어긋나는 일은 하나도 안 했습니다.

보통 "하나도 안 했다"를 강조하기 위해, 속어 냄새가 풍기지만 I didn't do a damn thing이라고도 합니다. 굳이 꼭 써야 할 표현은 아니고 들어서 이해하면 됩니다.

give a damn 뜻은 "신경쓰다, 상관하다". 속어에 익숙한 사람이라면 익히 알고 있는 표현일 겁니다. 그냥 일반적인 표현으로는 I don't care.가 있어요.

- I don't <u>give a damn</u> what he says. 그 사람 말은 전혀 신경 안 써.

`drink a drop` 역시 우리말과 비슷하네요. "한 방울 마셨다"로는 잘 안 하거든요. "한 방울도 안 마셨다"에 해당하는 표현입니다.

- You're saying I'm driving drunk. OK, I went to a party, but didn't <u>drink a drop</u> of anything. 내가 음주 운전이라는 말이에요? 그래요, 파티에 가긴 했지만 거기서 뭐 한 방울도 마신 게 없다니까요.
- Water Water Everywhere, But Not <u>a Drop to Drink</u>.
  사방에 물이지만, 마실 수 있는 물은 전혀 없다. (수질 오염의 심각성을 말한 기사였어요.)

05 의문문

동사숲에서 만난 의미

영어의 의문문은 평서문에서 주어와 동사의 어순을 바꿔주면 됩니다. 다시 말해 '주어+동사'이던 걸 '동사+주어'로 뒤집어 놓는 거죠. 정말 쉽죠? 그럼 한번 해 볼까요?

🏹 기본 규칙

동사만 있는 것이 아니라 동사를 도와주는 다른 동사가 있을 때에는 (예: be동사, 완료형의 have, 기타 조동사들) 이런 동사들이 직접 주어와 위치 바꿈을 하면 의문문이 됩니다.

- You <u>are</u> going home. → <u>Are</u> you going home?
- Eric <u>will</u> be here soon. → <u>Will</u> Eric be here soon?
- You <u>can</u> swim. → <u>Can</u> you swim?

문장에 아무 조동사도 없을 경우에는 do가 등장해 동사 대신 주어 앞으로 나갑니다. 주어가 3인칭 단수이면 does, 과거시제일 때는 did가 오는 것은 부정문일 때와 같습니다. 대신 남게 된 동사는 do의 영향을 받아 원형이 와야 합니다.

- You <u>know</u> Jim Smith. → <u>Do</u> you <u>know</u> Jim Smith?
- Judy <u>loves</u> baseball. → <u>Does</u> Judy <u>love</u> baseball?
- He <u>studied</u> last night → <u>Did</u> he <u>study</u> last night?

대답은 어떻게 할까요? 지금까지 본 의문문은 모두 대답에 Yes/No가 나오는 경우였습니다. 이럴 때는 물어본 대로 대답하면 됩니다. be동사로 물어봤으면 be동사로, 조동사로 물어봤으면 그 조동사로, do가 앞으로 나온 의문문이었으면 do를 넣어 대답하면 됩니다.

- Are you going home? Yes, I am. / No, I'm not.
- Will Eric be here soon? Yes, he will. / No, he won't.
- Can you swim? Yes, I can. / No, I can't.
- Do you know Jim Smith? Yes, I do. / No, I don't.
- Does Judy love baseball? Yes, she does. / No, she doesn't.
- Did he study last night? Yes, he did. / No, he didn't.

중학교 1학년 때 배운 내용이라고 얕보지 마세요. 주어가 3인칭 단수이면 동사에 -e나 -es 붙이는 것, 또 이렇게 의문문에 대해 대답하는 것, 실제 말할 때는 잘 안 됩니다. 네, "정말" 안 됩니다. 한 가지 더. 대답할 때, No일 때는 주어와 동사 부분을 축약해서 대답해도 되지만, Yes일 때는 축약해선 안 됩니다. 즉 Yes, I am.을 Yes, I'm.으로, Yes, I will.을 Yes, I'll.로 축약하면 안 됩니다. 이것도 입으로 해보면 "Yes, I'm??? 이거 이상하잖아"라고 자연스럽게 느낄 수 있을 거예요.

의문사가 있는 의문문

when, where, who, what, how, why 국어 시간에 배운 6하원칙에 해당하는 영어 단어들이 바로 의문사예요. 어순은 '의문사 + 동사 + 주어'. 다시 말해 조금 전에 본 Yes/No 의문문에서 앞에 의문사만 하나 더 추가한 꼴입니다.

- Does he live in Seoul? (in Seoul을 몰라서 물어볼 때)
  → <u>Where</u> does he live?
- Will you graduate next year? (next year를 몰라서 물어볼 때)
  → <u>When</u> will you graduate?
- Is your brother at home? (at home을 몰라서 물어볼 때)
  → <u>Where</u> is your brother?
- I saw something. (something을 몰라서 물어볼 때)
  → <u>What</u> did you see?

한 가지 재미있는 것은 의문사가 문장에서 주어 역할을 할 때예요. 사람일 때는 who가, 사물일 때는 what이 해당됩니다. 이때는 의문사가 주어 역할을 하므로 바로 뒤에 동사가 오면 됩니다. 문장 보면 다 아실 겁니다.

- Someone left the door open. (someone을 몰라서 물어볼 때)
  → Who left the door open?
- Something happened. (something을 몰라서 물어볼 때)
  → What happened?

🔖 평서문을 올려 읽어라

대화체에서 흔히 나오는 것으로, 평서문의 끝을 올려 읽으면 의문문의 효과를 냅니다. 보통 이미 답을 알고 있는 상태에서 확인을 하거나, 아니면 놀라움을 표시할 때 주로 사용합니다.

- You're coming with us tonight? 오늘 밤 우리와 같이 가는 거지?
- That's your girlfriend? I think I've seen her before.
  제가 네 여자친구야? 전에 본 적 있는 것 같은데.

🔔 그대로 한 번 더

누가 말한 걸 다시 한 번 확인하기 위해 맞장구 쳐주는 걸 말합니다. 역시 끝을 올려 읽으세요.

A I'm getting married. 나 결혼해.
B You're getting married? 너 결혼한다고?

조금 더 재미있는 게 있어요.

A Take a look at this. 이것 좀 봐.
B Take a look at what? 뭘 보라고?

A She passed the test. 시험 합격했대.
B She did what? 뭘 했다고?

A I'm going to Japan next month. 다음 달에 일본 가.
B You're going where? 어디 간다고?

마치 콩글리시 같지만, 구어체에서는 꽤 많이 나오는 형태니 알아두세요.

🔔 핵심만 뽑아 다시 질문

남이 말하는 데 가만히 듣고만 있는 사람이 있습니다. 뭔가 맞장구를 쳐주어야 얘기할 맛이 나는데, 마치 취조하는 형사처럼 팔짱만 끼고 듣는다면 대화가 영 재미없지 않을까요? "나 결혼해?"라고 했는데 "그래, 해."라고 시큰둥하게 반응하기보다 "그래? 정말?" 정도로 한 마디만 해줘도 대화의 분위기가 바뀝니다. 이렇게 짧게 맞장구를 칠 때는 어떻게 할까요? 물론 Really?라고 하면 됩니다. 하지만 밤낮

Really만 해보세요. 말하는 사람 짜증나기 시작합니다. "너 내 말 못 믿는 거야?" 이런 생각까지도 들겠지요.

A There'll be a party tonight.
B Really?
A I'm looking forward to that.
B Really?
A Judy will be there, too.
B Really?

보기만 해도 짜증나지 않나요.^^

결혼한다고 누가 말합니다. I'm getting married. 그럼, "너 결혼해?"라고 하면 되겠죠. Are you getting married? 그런데, 여기서 중복되는 건 다 빼고 Are you?라고만 하는 겁니다. 이거 쉬울 거 같죠? 이게 쉽다면 정말 정말 정말 영어 잘하는 분입니다. 이거 막상 해보면 장단 맞춰주기가 여간 힘든 게 아닙니다. 상대가 말한 동사의 종류와 시제를 다 기억하고 있어야 하니까요. 자, 상대가 이렇게 했어요. It was a terrible day! 어떻게 장단을 맞춰줄까요? "Was it?" 이게 금방 나오면 영어에 감각이 있다고 생각하세요.

A I like the girl over there. 저기 저 여자 마음에 들어.
B Do you? 그러니?

A I had a lovely weekend. 주말 정말 잘 보내고 왔어.
B Did you? 그랬니?

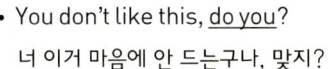 **부가의문문**

부가의문문은 방금 전에 다룬 것과 내용은 거의 비슷합니다. 단지 다른 점이 있다면 혼자 북치고 장구치고 다 한다는 것.

- You don't like this, <u>do you</u>?
  너 이거 마음에 안 드는구나, 맞지?

상대에게 이것 좋아하지 않는다고 말을 하고, 그렇지 않냐고 재차 묻고 있습니다. 문장 끝에 '꼬리표 tag' 처럼 따라 붙는다고 해서 부가의문문을 tag question이라고 합니다. 이미 말했지만 부가의문문은 아무나 못합니다. ^^ 최소한 자신이 방금 뭐라고 말했는지는 기억해야겠죠?

> - 긍정과 부정을 바꿔줍니다. 다시 말해 원래 문장이 긍정문이면 부가의문문은 부정문으로.
> - 동사를 보세요. be동사나 조동사는 그대로 부가의문문에 나오지만 일반동사일 때는 do의 도움을 받아야 하거든요. (이 말은 정말 여기 저기서 나오고 있습니다. 일반동사는 뭘 하든지 do가 필요하다는 걸 기억하세요.)
> - 시제를 보세요. 원래 문장 시제와 같은 시제를 써야 하거든요.
> - 원래 문장의 주어가 대명사가 아닐 때는 맞는 대명사로 바꿔야 합니다.

이 모든 걸 혼자서 다 해야 하는 겁니다. 그것도 '순간적으로'. 이거 제대로 하기 정말 어렵습니다. 문장 몇 개 나갑니다. 눈이 아닌 입으로!

- You know him, <u>don't you</u>? 너 그 사람 알지? 맞지?
- He is you brother, <u>isn't he</u>? 쟤가 네 형이라며, 그래?
- Eric can play the guitar, <u>can't he</u>? 에릭 기타 치잖아, 그렇지?
- You <u>didn't drive</u> the car, did you? 네가 그 차를 몰았던 건 아니야. 그렇지?

문장에 not은 없지만 부정문이 되는 경우가 있습니다.

- It's no good, <u>is it</u>? 그거 별로던데, 안 그래?
- There's little you can do about it, <u>is there</u>? 속수무책이겠다, 그렇지?
- You seldom work on Sundays, <u>do you</u>? 너 일요일엔 거의 일 안 하잖아, 맞지?

위에 나온 세 문장은 no, little, seldom에 부정의 의미가 들어가 있습니다. 따라서 부가의문문은 긍정문이 옵니다.

지금까지 '시제'와 '의미'에서 본 내용은 동사 자체가 변한다기보다는 동사가 다른 단어들의 도움을 받아서 시제와 문장의 어감을 표현하는 방법이었습니다. 이제부터는, 동사 스스로 알을 깨고 나와 자신을 변화시키고 또 그 변화한 모습을 가지고 어떤 역할을 하는지 알아볼 차례입니다.

05

동사숲에서 만난 변화

1. 분사
2. 동명사
3. 부정사

용어를 초월하자!

제가 학교 다닐 때 본 문법책에는 '준동사'라는 파트가 있었습니다. 거길 보면 일단 동명사, 부정사, 분사가 있다고 소개합니다. 그리고 부정사에는 '명사적' '형용사적' '부사적 용법'이 있고, 분사에는 '현재분사' '과거분사'가 있다고 나옵니다. 책에 나오는 이 용어들, 영어가 어느 정도 능숙해지면 다 무시하고 들은 대로 읽은 대로 말하고 쓰게 되지만, 그렇게 되기까지 오늘도 영어를 어려워하며 몇 년 만에 영어 다시 시작한다고 문법책부터 보는 분들은 이 용어 앞에서 또 좌절할지 모릅니다. 잘 하는 사람 관점에서 보면 아무 것도 아니고 무시하면 되지 않냐고 가볍게 생각할 수 있지만 실상은 그렇지 않은 겁니다.

준동사 : 무슨 동사 같습니다. '준동사'니까요. 준동사에 속하는 동명사, 부정사, 분사는 동사를 다른 품사로 활용하기 위해 변화시킨 애들입니다. 동사의 성격이 조금 남아 있는 거지, 동사는 아니거든요. 간단히 말하면…

- **동명사** – 동사를 명사로 사용하기 위해 동사원형에 ing를 붙인 형태
- **분사** – 동사를 형용사로 사용하기 위해 동사원형에 ing를 붙이거나 ed를 붙인 형태
- **부정사** – 동사를 명사, 형용사, 부사로 사용하기 위해 동사원형 앞에 to를 붙인 형태

세 가지 중 부정사와 분사라는 용어에는 애매한 측면이 있습니다.

부정사 : 얘는 세 가지 용법이 있다고 가르쳐줍니다. 명사적, 형용사적, 부사적 용법 이렇게 세 가지. 그리고 또 시험 문제를 만들어냈습니다. '다음 중 나머지 셋과 다른 용법의 부정사는?' 이런 문제 못 풀어도, 부정사가 들어간 문장을 내 손으로 입으로 만들어 낼 수만 있으면 됩니다. 또, '부정'에서 not을 떠올리는 사람도 있습니다. 사실 not과는 전혀 상관이 없거든요.

분사 : 얘도 이름 별롭니다. '현재분사'와 '과거분사'… 일단 이 分詞라는 말이 뭔지 저는 아직도 모릅니다. 아니, 솔직히 어려운 책 찾아서 읽었기 때문에 설명은 할 수 있지만, 굳이 그렇게까지 할 필요는 못 느낍니다. 하지만 이것보다 더 우리를 헷갈리게 하는 건 '현재'와 '과거'라는 용어. 물론 어떻게 맞춰보면 설명이 가능하지만, 실제 용법을 생각해보면 왜 이름을 그렇게 붙였을까 잘 이해가 되지 않습니다. 실제로, 많은 사람들이 현재분사는 현재에 쓰고, 과거분사는 과거에 쓴다고 알고 있거든요. |다시 말하지만 영어 좀 한다는 사람 눈에서 보지 마세요.|

용어 때문에 영어가 힘들어져서는 안 되겠죠? 그러나 한편으로는 이미 그 용어를 가지고 너무 오랫동안 영어를 접해왔기에 영어를 다시 시작하는 입장에 있는 분은 그 용어를 완전히 떨쳐내기도 사실 힘들 거예요. 그래서 기존의 용어도 필요하다 싶으면 쓰면서, 한편으로는 그냥 편하게 용어 없이 가는 쪽으로 적절히 섞어보겠습니다. 그러나 계속 이 책에서 지향하는 바는, 답을 골라내기 위한 '지식'의 영어가 아닌, 많이 듣고 읽고 자연스럽게 사용하기 위한 '말'의 영어 쪽이라는 점을 잊지 마세요. 시작합니다.

01 분사

동사숲에서 만난 변화

🧑 형용사의 용법

분사는 동사를 형용사로 쓰기 위한 거고요, 그 종류에는 '현재분사' 와 '과거분사' 이렇게 두 가지가 있어요. 그런데, 이 용어들은 특히나 권해드리고 싶지 않습니다. '현재' '과거' 라는 말이 계속 혼동을 주거든요. 그래서 현재분사는 '-ing 형' 과거분사는 'p.p.' 라는 말로 적어가겠습니다. p.p.도 사실 따지고 보면 '과거분사' 지만, 그래도 '과거' 라는 말이 안 보이는 효과는 있거든요.^^

일단 '형용사의 용법' 부터 간단히 보고 들어갈게요. 나중에 형용사 할 때 이 얘기가 또 나오니까 지금 확실히 알아두는 것도 좋겠죠? beautiful, good, cool 등의 형용사는 그 자체로는 별 의미가 없습니다. "아름다운" 이라고 수백 번 해보세요. 수천 번을 해봐도 아무 의미가 없습니다. 이 말을 듣는 사람이라면 "뭐가 아름다운데?" 하고 생각할 겁니다. 형용사 없이 명사만 말할 수는 있지만, 명사 없는 형용사는 생각할 수 없습니다. 형용사는 명사를 위해 존재하기 때문이에요. 형용사는 어떤 식이든 자신과 관계있는 명사가 반드시 있게 마련입니다. 형용사가 명사와 관계를 맺는 방법에는 보통 두 가지가 있다고 합니다.

- She is very nice. – nice라는 형용사와 관계있는 명사가 문장의 주어인 경우예요. "she는 nice하다" 로 풀어서 보여주고 있습니다. "she는 어떤 사람?" 하면 "응, 좋은 사람." 식으로 형용사 nice가 명사 she를 보충 설명해주고 있습니다. 보충 설명한다고 해서 이런 nice를 '보어' 라고 합니다. 그리고 이런 식으로 어떤 명사를 풀어서 설명해 줄 때

나오는 형용사를 '서술적 용법'이라고 합니다. 이 용어는 뒤에 다시 나옵니다.
- **That is a nice car.** – 이번에는 nice라는 형용사가 명사 car 앞에서 명사를 수식하고 있습니다. 다시 말해, 어떤 차인지 밝혀주는 역할을 하는 데 그 위치가 바로 명사 앞이라는 거죠. 이런 용법을 '한정적 용법'이라고 합니다. '한정'이라는 용어 역시 뒤에서 다시 설명할게요.

자, 이렇게 형용사는 두 가지 용법이 있어요. 분사의 기본 역할은 형용사이기 때문에 분사의 용법에도 이렇게 두 가지가 나오겠죠? 다음은 분사 만드는 방법을 보세요.

자동사 혹은 타동사로 분사 만들기

자, 동사 fall을 등장시켜봅니다. 가장 대표적인 뜻은 "떨어지다". fall을 분사로 바꾸면 두 가지가 있습니다. falling과 fallen. falling이 -ing형(현재분사), fallen은 p.p.(과거분사)라고 합니다. -ing형은 모든 동사가 다 같습니다. 간단하죠. 동사원형에 ing만 붙이면 되니까.

go → going　　　see → seeing　　　run → running　　　study → studying

그러나 p.p.는 대부분 동사원형에 ed를 붙이면 되지만, 그렇지 않은 이른바 '불규칙 변화'도 꽤 됩니다. 우리가 학교에서 '동사의 3단 변화'라고 막 외운 거 있죠? 그거 마지막에 오는 놈이 바로 이 p.p.예요. 불규칙 변화의 경우는 여러분들이 알아서 하세요. 이것도 많이 보면 자연스럽게 눈에 들어옵니다.

finish → finished　　　stop → stopped　　　hope → hoped　　　fall → fallen go → gone   see → seen

자, 여기까지가 형태에 관한 얘기입니다. 늘 말하지만 '형태'에서만 영어 공부가 끝나서는 안 됩니다. '형태' 공부는 누구라도 마음만 먹으면 금방 할 수 있습니다. 더 중요한 건 '의미'겠죠. 그럼 falling과 fallen의 차이는 대체 뭘까요? 이걸 잘 이해해야 이 단원이 순조롭게 끝날 수 있습니다. 일단 fall은 대부분의 경우 자동사입니다. 다시 말해 목적어가 필요 없다는 거죠. 자동사의 분사는 그 의미가 '진행' 혹은 '완료' 두 가지 중 하나라고 보세요. ing형이 '진행', p.p.가 '완료'의 어감입니다. |다시 말하지만, 현재분사나 과거분사라는 용어에 나오는 '현재'나 '과거'는 버리고, '진행'과 '완료'라고 생각하는 게 더 좋습니다.|

falling은 지금도 동작이 진행되고 있습니다. fallen은 이미 동작이 다 완료된 상태. 굳이 우리말로 하자면, falling은 "떨어지고 있는", fallen은 "떨어져버린" 정도로 하면 돼요. 그럼 이 둘을 명사 leaves와 각각 결합시켜 보세요. falling leaves & fallen leaves. 차이가 느껴지나요? 하나는 지금 떨어지고 있는 모습, 다른 하나는 이미 땅에 떨어져 버린 나뭇잎의 그림입니다. 또 많이 나오는 예로 '선진국'과 '개발도상국'이 있습니다. 선진국은 develop이란 차원에서 이미 완료된 상태, 개발도상국은 여전히 develop하고 있는 상태. 그래서 a developed country가 '선진국', a developing country는 '개발도상국'의 뜻을 갖게 되는 겁니다.

자, 여기까지는 자동사의 경우. 그런데! 정말 어려운 부분은 어떤 동사가 타동사로 쓰일 때예요. 다시 말해 "~을 ~하다" 식으로 "~을"에 해당하는 목적어를 가질

때입니다. 우리를 헷갈리게 하는 동사들은 사람들 마음이나 감정을 묘사하는 단어들입니다. 그 중 하나, surprise를 가지고 나와 볼게요. |자, 잘 들으셔야 합니다.| surprise의 뜻은 그냥 "놀라다"의 그림으로 갖지 마세요. 애는 타동사로 나오는 놈입니다. 다시 말해, "놀라게 하다"로 알아두셔야 합니다. 이건 중요해요. "놀라다"가 아니라 "놀라게 하다(make somebody feel sudden wonder or amazement)". 사람의 마음이나 감정을 묘사하는 다른 단어들의 영영사전에 있는 뜻을 발췌했어요.

- excite : make somebody feel happy
- bore : make somebody feel impatient
- interest : make somebody want to know about something
- move : make somebody feel something, especially tender feelings

각 단어별로 뜻풀이를 보면 모두 make가 있는 게 보입니다. 그래서 모두 "아무개가 ~하게 만들다"는 뜻. 자, 그럼 surprise의 두 형용사 surprising과 surprised를 각각 명사와 맺어줄 차례가 됐습니다.

the news와 the people 그리고 surprise.

이 셋의 관계를 생각해보세요. 다시 말하지만, surprise는 "놀라다"가 아니라 "놀라게 하다" 입니다. the news가 the people을 surprise시키는 그림입니다. 다시 말해, the news라는 명사는 surprise 동작을 가하는 입장이고|능동, 주체|, the people은 surprise라는 동작을 당하는 입장입니다|수동, 객체|.

- 어떤 명사가 그 동작을 행하는 주체(능동적)라면 surprising이라는 -ing형이 어울리고
- 어떤 명사가 그 동작을 당하는 객체(수동적)라면 surprised라는 p.p.가 어울립니다.

이게 빨라야 영어를 '실제로' 읽고 듣고 말하고 쓰는 데 문제 없습니다. 시간 한참 주고 문제 푸는 영어가 아니라 '실제로' 영어를 쓸 때 얘깁니다. 일단, **원래 동사였을 때 뜻이 뭔지 정확히 알아야 하고, 그 동작과 지금 생각하고 있는 명사와의 관계를 빨리 생각해야 합니다.**

- The news surprised the people. 그 뉴스는 사람들을 놀라게 했다.
- The news was surprising. 그 뉴스는 놀라운 것이었다.
- The people were surprised. 사람들은 놀랐다.

이 세 문장을 확실하게 이해하세요. 이게 안 되면 -ing형과 p.p.가 나올 때마다 헷갈릴 수밖에 없습니다. 앞에 나온 동사 하나만 더 예를 들까요? 이번엔 bore. "bore라는 동사도 있었나?" 네, 있습니다. 뜻은 "지루하다"가 아닌 "지루하게 하다" 입니다. 이번에 나올 명사들은 the movie & I.

- The movie bored me. 그 영화는 나를 지루하게 만들었다.
- The movie was boring. 그 영화는 지루했다.
- I was bored. 나는 지루함을 느꼈다.

하나 더.^^ 이번엔 move. 지금 소개하는 뜻은 "움직이다"가 아니라 타동사 "감동시키다". 명사는 the novel과 he.

- The novel moved him. 그 소설은 그를 감동시켰다.
- The novel was moving. 그 소설은 감동적이었다.
- He was moved. 그는 감동했다.

이 관계를 확실히 이해하세요. 그럼 분사는 절반은 끝낸 겁니다.

"사물 vs. 사람" 구도의 오류

학교 때 문법책에 "분사가 나올 때 사물은 현재분사, 사람은 과거분사가 온다"고 했습니다. 우리가 조금 전에 했던 구별방식과 다르죠? **"명사가 그 동작을 행하는 주체라면 ing형, 명사가 그 동작을 당하는 객체라면 p.p.가 온다."** 이렇게 알아두세요. 솔직히 사람이나 사물과는 아무 관련 없으니까요. 앞에서 예를 든 동사의 경우 모두, 사물일 때는 -ing형이 붙고 사람일 때는 p.p.가 붙은 게 사실이지만, 기본적인 원칙은 제가 지금 알려드린 게 맞습니다. 사람은 놀래키지 말란 법이 없나요? surprise 다시 가지고 나올게요. 올해 아홉 살의 여자 아이가 있습니다. 얘가 사람들의 기대 이상으로 피아노를 너무 멋있게 치는 거예요. 그럼 이렇지 않을까요…

- The girl surprised the people. 그 여자 아이는 사람들을 놀라게 했다.
- The girl was surprising. 그 여자 아이는 놀라울 정도였다.
- The people were surprised. 사람들은 놀랐다.

이런 예는 한없이 많아요. 사무실 옆 동료… 맨날 철 지난 농담만 해서 이 사람과 같이 얘기하면 하품만 나옵니다. 그런데, 사람에는 과거분사가 온다고 해서 He is bored. 하면, "그 사람이 지루해하고 있다"가 됩니다. 원래 하려던 말은 "그 사람이 우리를 지루하게 한다"거든요. 맞게 하려면 He is boring. 자, 이해되죠? 사람과 사물의 구분보다는 원칙적인 구분 기준을 갖고 가는 게 오래 전천후로 갑니다.

🯄 수동태의 재발견

형용사로 만들기 위해 동사를 바꾼 게 분사지만 그래도 동사의 모습이 아직 남아 있거든요. 대표적인 용법은, '진행' '완료' '수동' 이렇게 세 가지예요. 그런데 지금 나온 세 가지를 보면 아까 분사 만들기 하면서 다 나왔던 말인 걸 아실 거예요.

1. **진행** : 다 아시는 대로 be동사 다음에 ing형을 붙이면 됩니다. 시제와 관련된 부분인데, 이미 앞에서 자세하게 했기 때문에 간단하게 보고 갈게요.

- Eric is writing a letter. 에릭은 편지를 쓰고 있다.
- I was watching TV last night. 나는 어젯밤 TV를 보고 있었다.

2. **완료** : 두 시점을 이어주는 표현이라고 앞에 나왔습니다. 형태는 have[had]+p.p.

- I have waited here for two hours. 나 여기서 두 시간 기다렸어.
- I was not hungry when I met you. I had already eaten.
  너 만났을 때 배고프지 않았어. 그 전에 이미 먹었거든.

3. **수동** : 형태는 'be동사+p.p.' 의미는 주어가 동작을 하는 게 아니라 동작을 당하는 겁니다.

- I was shocked by the news. 그 소식을 듣고 어안이 벙벙했다.
- The book was written in the 19th century. 그 책은 19세기에 쓰여졌다.

"쓰여졌다" — 예뻐 보이지 않는 우리말 번역이지만 수동태의 "수동"의 감을 살리기 위해 적었습니다. 이 중에서 수동태 얘기를 좀 더 하고 가겠습니다. 수동태는 동사의 시제와 관계 없습니다. 표현 방식을 달리한 것일 뿐입니다.

- 능동태 : They built this house in 1980.
- 수동태 : This house was built in 1980.

두 문장의 동사 부분은 각각 built와 was built죠. 능동태는 주어가 build라는 행위를 하는 주체의 입장, 즉 능동적인 입장입니다. 쉽게 말해 주어가 그 동작을 하는 겁니다. 반면, 수동태는 수동적인 입장이죠. this house는 build를 당하는 입장입니다. 그래서 수동태라고 하는 겁니다. They built this house in 1980.가 This house was built (by them) in 1980.로 수동태가 되는 과정을 간단히 보겠습니다.

1. 먼저 능동태의 목적어였던 this house가 수동태의 주어로 옵니다.

2. 능동태의 동사 built를 'be동사+ p.p.' 의 형태로 고칩니다. 이 경우 시제에 주의해야 합니다. built는 과거 동사이고 수동태의 주어로는 this house라는 3인칭 단수이므로 be동사는 was입니다. 그래서 was built.

3. 능동태의 주어 they를 수동태에서는 'by+목적격' 형태로 바꿔 줍니다. 특별히 누구를 지칭하는 경우가 아니므로 by them은 생략이 가능합니다. 또 모든 동사가 수동태가 되는 건 아니겠죠? (능동태에서) 목적어를 받을 수 없는 자동사는 수동태가 나올 수 없습니다. 또 수동태 뒤에 항상 'by+목적격' 형태가 오는 건 아닙니다. 다른 전치사들도 가능하다고 책에 나옵니다. 몇 가지를 볼까요?

    be known to ~   be interested in ~   be surprised at ~

- His story is known to everybody. 그 사람 얘기는 모든 사람에게 알려져 있다.

- I am not interested in how you got the job.
  네가 거기 어떻게 취직하게 됐는지에 관심 없어.
- I was not surprised at his reaction at all. 난 그의 반응에 전혀 놀라지 않았다.

저는 이렇게 능동태를 수동태로 바꾸는 걸 중학교 때 처음 배웠어요. 시험에서는 이 문제가 빠지지 않고 나왔지요. 그리고 이번에도 역시 빨리 문장 바꾸면 영어 잘 하는 것이었습니다. 그런데 이렇게 문장 바꾸는 모습을 보면 뭔가 좀 답답하지 않으세요? "어떤 사람의 입에서 수동태 문장이 나오는 과정이 과연 저렇단 말인가?" "순간적으로 저렇게 다 바꿔서 말을 하는 걸까?" 능동태에서 수동태로 바꾸는 과정을 보면 마치 수학 공식 같습니다. 흔히 능동태를 먼저 가르치고 수동태는 능동태에서 파생됐다고 가르칩니다. 왜 그럴까요? 단지 학생들의 이해를 돕기 위해서일까요, 아니면 정말로 머나먼 옛날 영어가 젖 먹던 시절에는 사람들이 모두 능동태만 쓰다가 수동태라는 형태가 나중에 생겨났을까요? 사실 뭐가 먼저 태어난 게 뭐 그리 중요하겠습니까마는. 물론 백 번 양보해서, 새로운 개념을 잡는 단계에서 '문장 바꿔 쓰기'는 유용하다고 인정할 수도 있습니다. 그러나, 우리 시험은 이걸 너무 좋아합니다. '너무' 좋아합니다.

"다음 문장을 수동태(능동태)로 바꿔 쓰시오?" 이 문제가 왜 필요한 건지 가만히 생각해 보세요. 수동태 이해를 위해서라고 생각할 수 있습니다. 하지만 이 문장 바꿔 쓰기 문제는 우리에게 번거로운 단계를 또 하나 거쳐 가는 폐단을 안겨 주었습니다. 영어할 때 이렇게 머릿속에서 바꿔서 하나요? 수동태 형식을 보고 능동태에서 온 수동태로 보는 습관은 버려야 합니다. 네, 버려야 합니다. 다시 말해 My sister was hit by a ball.은 My sister was hit by a ball. 그 자체이지 A ball hit my sister.가 바뀐 문장이라고 생각하지 말자는 겁니다.

왜냐? 여기서 개인적인 생각을 하나 말할게요. 수동태에 나오는 과거분사는 엄밀히 말해 형용사는 아니고 능동태와 같이 동사 표현방식의 한 가지입니다만, 그냥 형용사처럼 생각하자는 거죠. 그러면 영어 이해가 편해지고 분사 학습 초기단계에서 겪는 어려움이 해소됩니다. 수동태 문장을 보고 능동태 문장을 생각하자는 것이 아니라 그냥 있는 그대로 이해하는 거죠. happy는 우리가 자연스럽게 형용사로 생각하고 있는 단어입니다. 그러나 I am happy.라는 문장을 보고 'be동+형용사'라는 형태를 굳이 뽑아내지는 않습니다. 마찬가지로 생각하면 'be + p.p.' 도 굳이 수동태라고 말할 필요는 없을 겁니다. 각 분사의 뜻과 용법만 알면 I am convinced.라는 수동태 형식의 문장도 말할 수 있고, He was running.이라는 진행형 문장도 말할 수 있는 겁니다.

수동태는 능동태에서 온 부산물이 아니라, 그 자체로 받아들이고 이해합시다. 수동태는 'be동사+p.p.' 입니다. 여기 나오는 p.p.는 자동사의 분사인 경우는 '완료', 타동사의 경우는 '수동'의 의미를 갖는다고 했습니다. 분사가 나오면 이렇게 머릿속에서 이해하면 됩니다. 예를 들어 자동사 fall에서 온 fallen은 "떨어진", 타동사 build에서 온 built는 "지어진"이라고 이해하는 거예요. 수동태로 소개되고 있는 예문을 몇 개 적어 봅니다.

- This house was built in 1980.

built를 머릿속에서 "build 된"으로 보고 was와 합쳐서 "지어지다"가 된다고 그냥 이해하세요. I was happy에 나오는 happy가 was와 합쳐져 "행복하다"가 되는 것처럼.

- All the trouble was caused by him.

"모든 문제가 was caused… cause(초래하다)된 거구나. by him… 그 사람에 의해서." 그런데 수동태 뒤에는 'by+목적격'이라는 행위자가 온다고 우리는 굳게 믿고 있지만 수동태 형식의 문장에서 'by+목적격'이 나오는 건 30%도 안 된다고 한 책에 나와 있더군요. 수동태 문장에서는 'by 이하에 나오는 행위 주체'가 별로 중요하지 않기 때문입니다. 만약 중요하다면? 그렇죠. 처음부터 그냥 능동태로 쓰지 않았을까요?

- He was given a car.

was given은 'give된 상태'를 말하는 겁니다. 그럼… |빨리 머리를 돌리세요.| "give 됐다는 건 누군가 다른 사람이 줬다는 얘기. 그렇다면 he는 받은 거네"라고요. 위 문장은 차를 한 대 받은 겁니다. 사실 be given 같은 경우는 자주 나와서 몇 번 보면 바로 "받다"로 생각될 겁니다. 그럼 be told는 "듣다", be taught는 "배우다"가 되겠지요.

- It was believed that he was the right man for the job.

가짜 주어 it이죠. "it이 believe되는 거니까… 다시 말해 사람들이 믿었구나… that 절을… 그 사람이 그 일에 적격이라고 사람들은 믿었다"가 되는 겁니다. 그냥 있는 그대로 이해하세요. 그 다음에는 우리를 많이 괴롭혔던 두 표현입니다.

be used to -ing : ~에 익숙하다
used to + 동사원형 : 과거에 ~하곤 했었다

참 외우기 힘들고 항상 헷갈리는 내용이 아니었나 싶네요. 이걸 그냥 마구잡이로 외우지 말고 발상을 바꾸는 겁니다. used는 "익숙한"의 뜻을 갖는다고 |물론 "사용되는"의 뜻도 있습니다.| 발상을 바꾸는 겁니다. 그러면 be used의 형태가 get used 혹은 become used의 형태(익숙하게 되다)로 바뀌어 나와도 별 무리가 없을 겁니다. 쉽게 말해서 used를 happy와 별 차이 없는 형용사로 이해하는 겁니다. I am happy.는 말 되지만 I happy.는 말이 안 되듯이 I am used to this kind of work.와 같은 형태가 되면 used를 "익숙한"으로 생각하는 겁니다. "뭐에 익숙한?" 그렇습니다. to 이하에 "익숙한"입니다. 능동태라는 불필요한 과정을 거치지 않는다는 점에 주목하세요.

수동태 얘기를 하면 늘 생각나는 노래가 있습니다. 노래방 가서 소리 지르기 좋은 노래 중에 *She's Gone*이라고 있습니다. She's gone이 She has gone을 줄인 건지 아니면 She is gone을 줄인 건지, 헷갈립니다. 기존 설명대로 하자면, 자동사는(여기서는 go) 능동태에서 목적어를 받을 수 없기 때문에|They go her라는 능동태는 없으니까| 이 문장은 수동태 형태지만 수동태로 보기는 애매한 겁니다. 따라서 'be 동사+자동사의 p.p.' 형태는 굳이 수동태로 보지 말고 어떤 동작이 완료된 것으로 봐야 하는 겁니다. 그러나, 이렇게 복잡하게 생각하지 말고, 전 그냥 간단히 살고 싶어요. gone을 "가버린, 여기 없는"이란 하나의 형용사로 이해하면 쉽게 이해할 수 있거든요.

분사를 그냥 형용사로 보면 편한 여러 이유 중 가장 중요한 것이 다음에 나오는 get입니다.

get의 마술

get은 영어의 꽃이라고 할 수 있습니다. 사전을 펴보면 get의 방대함에 턱뼈가 빠질 지경입니다. 설마 그 많은 용법이 다 나오겠냐고 생각하실지도 모릅니다. "네, 다 나옵니다." get을 알면 영어를 알고 get을 모르면 영어를 모른다고 생각해도 됩니다. 여기서는 분사와 관련 있는 부분만 뽑아 보겠습니다. get이 become과 같은 뜻으로 쓰이는 경우가 있습니다.

- I should finish the work before it gets dark. 어두워지기 전에 일을 끝내야 한다.

get 다음에 dark라는 형용사가 와서 "~상태가 되다"라는 뜻입니다. 그런데 이 형용사가 오는 자리에 분사가 오는 경우를 흔히 볼 수 있습니다.

- I'm getting worried about the exam. 시험 때문에 걱정되는데.
- We've just got married. 방금 결혼했어요.

worried와 married는 어떻게 이해할까요? 물론 최선의 방법은 표현을 있는 그대로 받아들여 우리 입에서 자연스럽게 나오게 하는 겁니다. 그러나, 조금 전에도 말했지만 수동태 공식에 묶여 있는 분들은 쉽게 이해를 못하는 부분입니다. get worried, get married를 get dark와 같은 맥락에서 이해하면 문제는 쉽게 풀립니다. 다시 말해 그냥 눈 딱 감고 '분사는 형용사다'로 이해하면 그렇게 어렵지 않다는 말입니다. get worried는 "걱정하게 되다" get married는 "결혼하게 되다"로 말입니다.

- You'll have to get used to your new job. 직장에 익숙해져야 할 거다.

be used to~만 기계적으로 외웠다면 get이 나온 이 문장이 어려울 수도 있습니다. 그러나 used 자체를 형용사처럼 생각하고 이해하면 큰 어려움은 없습니다.

- Don't get involved in politics. 정치에 관여하지 마라.

만약, "난 정치에 관여하고 있었다"라는 상태를 나타내려면 I was involved in politics.라고 하면 됩니다. was involved라는 수동태로 보기보다 involved를 그냥 "연관된, 개입된"이라는 형용사로 이해하면 편합니다. I was involved처럼 be 동사가 있으면 '상태 표현'이지만 같은 문장에 get이 오면 관여하게 되는 '동작 표현'이 되는 겁니다.

- I got involved in politics after I met him.
  그 사람을 만난 후 정치에 관여하게 되었다.

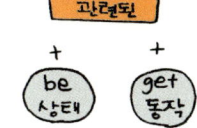

다시 말해 분사를 형용사로 이해하면, He was married when I first met him. 이라는 상태 표현에서 He got married last year.처럼 작년에 결혼했다는 동작 표현으로 응용할 수 있습니다. 문장 몇 개 더 보세요.

- My finger got stuck in the door. 손가락이 문에 끼었다.
- If you go there alone, you might get killed. 거기 혼자 가면 죽을지도 몰라.
- Let's get going. 가자.

get 다음에 형용사(분사 포함)가 오는 문장은 꽤 자주 나옵니다. 일단 이해를 하고 여러 번 입으로 되풀이해서 익숙해지는 게 최선입니다.

- I should get the job done by tomorrow. 난 내일까지 일을 끝내야 한다.

이 문장은 지금까지 한 것과는 달리 get 다음에 목적어 그리고 분사가 나오는 형태입니다. 목적어(the job)를 분사(done) 상태로 만드는 거라고 이해하면 됩니다.

- I'll get the children ready. 애들을 준비시킬게.
- Jim got her pregnant. 짐은 그녀를 임신시켰다.

역시 같은 형태의 문장이죠. 여기 나오는 ready와 pregnant 자리에 분사가 들어간 것이 I'll get the job done.입니다. 분사를 형용사와 같은 선상에서 이해하면 영어가 쉬워진다는 말에 수긍이 가나요? done을 보니까 I'm done이라는 문장이 생각나네요. 말 그대로 "난 끝났다"입니다. done은 do된 상태, 다시 말해 "끝난, 완료된(finished)"이라는 뜻의 형용사로 이해하면 간단합니다. done이 들어간 문장 하나 더 보세요.

- I'm done with you. 난 너하곤 끝났어 [더 이상 볼 일 없어].

I'm done을 보고 "생긴 건 수동태인데 어떻게 생긴 능동태가 바뀐 거지?"라고 아직도 집착한다면 I'm done with you.를 보고 "by+목적격의 행위자가 나오지 않은 경우의 수동태인가?"라고 생각이 들 수 있습니다. 이렇게 되면 피곤해집니다. 아니, 우리보다 영어가 오히려 더 피곤해할 겁니다. I'm done이므로 "난 끝났어". with you… "너와는". 있는 그대로 받아들이세요.

수동태 뒤에 나오는 by

by가 굳이 나와야 하는 건 아니라고 했습니다. 대표적인 예 세 가지만 적을게요.

    be known to ~   be interested in ~   be surprised at ~

이것도 간단히 보면 무지 간단합니다. known은 "알려진(know된)", interested는 "흥미를 가지고 있는, 관심 있는(interest된)", surprised는 "놀란(surprise된)"이라고 보세요. be known to라고 한꺼번에 외우려 들지 말고 known이라는 단어를 따로 가지고 있는 겁니다. 사고의 폭이 넓어집니다. 수동태라는 틀 안에서 배울 때는 be known하면 뒤에 to, be interested 하면 뒤에 in, be surprised 하면 뒤에 at이 온다고 기계적으로 외우게 됩니다. 그러나 수동태의 틀에서 빠져 나와 known, interested, surprised를 각각 하나의 단어로 보고 이해하면 앞, 뒤로 다른 표현이 나와도 당황하지는 않게 됩니다.

- He made it known to his friends that he wanted to marry Ann.
그는 앤과 결혼하고 싶다는 사실을 친구들에게 밝혔다.

He made it known. it를 know된 상태인 known(알려진)으로 만들었네요. 친구들에게… 뒤에 나오는 that절이 진짜 목적어… 앞에 나온 it는 가짜목적어(가목적어)고요.

- I am interested to know why I was chosen in the first place.
애당초 왜 내가 선택됐는지 알고 싶습니다.
- Were you surprised to learn that Jim was not the man you were looking for? 짐이 네가 찾던 남자가 아니라는 걸 알고 놀랐니?

am interested to know… 이걸 또 터미네이터 버전으로 "아는 것에 관심 있다"고 하지 말고, 그냥 그림 그대로 받아들이세요. 누군가 이렇게 물어본 겁니다. "너 어느 쪽이야? 알고 싶어하는 쪽이야 아니면 그냥 덮어버리고 싶은 쪽이야?" 그랬을 때 "어느 쪽으로 관심이 가느냐면, 알고 싶어하는 쪽이야."라고 말하는 느낌을 am interested to know에서 받으면 됩니다. I am glad to meet you.나 I am interested to know.나 I am surprised to learn that~~이나 그 속을 보면 하나도 다를 게 없는 겁니다. 스스로에게 한 번 물어 보세요. be happy 다음에는 어느 전치사가 와야 하는지 알아본 다음 그걸 하나로 묶어서 무슨 숙어처럼 외운 적이 있는지 말입니다. 대부분이 happy라는 단어 그 자체로 알고 있을 겁니다. 마찬가지로 known, interested, surprised를 하나의 별개 단어로 알아 놓으면 어떨까요?

수동태에 대해 지금까지 말씀 드린 부분은 사람마다 보는 방식이 다르기에 이견이 있을 수 있습니다. 아니, 어찌 보면 일반적인 형용사 형태의 p.p.와 이른바 '수동태'에 나오는 p.p.는 다르다는 게 이론적으로 맞겠죠. 그러나 제가 하고 싶은 말은, "실전에서는 그렇게까지 복잡하게 생각하고 영어 하는 건 아니다, 그리고 쉽게 할 수 있는 길을 택했으면 좋겠다"는 겁니다.

형용사의 모습

지금까지는 ing형과 p.p.에 동사의 흔적이 남아있는 세 가지 경우를 봤습니다. 이제, 형용사의 역할을 하는 진짜 분사의 모습을 볼 차례예요. 명사와의 관계가 ing형은 '진행, 능동', 그리고 p.p.는 '완료, 수동' 이것만 잘 기억하시면 그렇게 어렵지 않아요.

- This is quite an interesting book. 이거 꽤 재미있는 책이야.

interest 역시 "흥미를 갖게 하다"는 뜻의 타동사예요. book은 사람들을 interest

시키는 주체, 따라서 interesting이 와야 합니다. 하지만 이렇게 따지면서 쓰는 분은 지금 별로 없을 거예요. 그나마 다행히 interesting은 이것 자체로 참 많이 봤기 때문입니다. 네, 여러 번 봐서 자연스럽게 익히는 게 영어 학습의 바른길입니다. 지금은 이해를 위한 설명이라고 이해해주세요.

- The 1990s was a lost decade for the Japanese economy.
  1900년대는 일본 경제에게는 "잃어버린 10년"이었다.

1990년대를 일컬어 많이 하는 말입니다. 여기 나온 a lost decade, 역시 마찬가지예요. 일본 경제는 1990년대라는 decade를 lose한 겁니다. 따라서 decade 입장에서는 lose를 당한 겁니다. 그래서 lost. 방금 앞에서 본 두 문장은 분사가 명사 앞에서 형용사의 역할을 하며 명사를 수식하고 있는 모습입니다.

- The idea sounds exciting and is worth a try.
  그 아이디어 들어보니 굉장한데, 한 번 시도할 만한 가치가 있겠다.

자, 이제 주어를 설명하고 있어요. sound를 조금 어렵게 느끼실 분이 있을지 모르겠는데요, The ides is exciting과 같은 맥락에서 보시면 됩니다. idea는 사람을 excite시키고 있습니다. 따라서 exciting. 주격보어로 ing형 exciting이 온 문장 봤습니다. 이제 주격 보어로 p.p.가 오는 문장.

- I was very interested in French. 나는 불어에 관심 있었다.

역시 어렵지 않은 문장입니다. 불어가 나를 interest시켰으니까 나는 interested 상태겠죠. in 보이죠? 이걸 보면서, "음, 수동태에 by가 안 나오는 경우구먼" 생각하면 역시 사서 고생하는 겁니다. 그 단어 자체로 보세요. "interested는 보통

저렇게 뒤에 in이 오는구나" 이렇게요.

- I saw him standing in front of the door.
  걔가 문 앞에 서 있는 모습이 보였다.

이건 조금 다르죠? standing이 설명하는 명사가 문장의 주어가 아니라 목적어라는 점. 네, standing하고 있는 사람은 목적어 him(he)이에요. he is standing의 그림이 보이면 됩니다. 그런 모습이 내 눈에 보였다(I saw)는 거지요. 이번에는 목적격 보어로 p.p.가 나오는 문장 하나.

- I can make myself understood in English. 나 영어로 의사소통이 가능해.

이때는 understood가 설명하는 명사가 앞에 있는 myself. 이것도 myself 입장에서 생각해보면 됩니다. 내가 영어로 말하면 주변 사람들이 understand me한다는 말이니, myself입장에서 보면 understood되는 거죠. 즉, "내 자신(의 말)을 영어로 이해되게끔 할 수 있어"란 뜻이 되니... "영어로 의사소통 할 수 있어"가 되는 거예요.

- John had us laughing to tears. 존은 우리를 하도 웃겨서 눈물이 나올 정도였다.
- I need to get my car repaired as soon as possible.
  가능한 빨리 차를 고쳐야 한다.

흔히 말하는 사역 동사(have/get이 "~하게 하다"의 뜻으로 나올 때)가 나오는 문장 두 개예요. 두 문장 모두 목적어(us/my car)를 보세요. 뒤에 나오는 분사들과의 관계가 보이죠? us(we)는 laugh하는 거고, my car는 repair당하는 겁니다. 기본 그림은 같아요. **관건은 분사가 관계하는 명사를 빨리 찾아내서 그 관계를 생각하는 겁니다.**

- He wanted to visit an English-speaking country outside of Europe.
  유럽이 아닌 나라 중 영어를 사용하는 나라에 가고 싶어했다.

자, 이제 조금 색다른 게 나왔습니다. 하이픈으로 연결돼 있는 English-speaking, 이 표현은 뒤에 나오는 country라는 명사를 수식하고 있습니다. country는 "English를 speak할" 겁니다. 그래서 speaking. 이것도 가장 편하게 내 것으로 만드는 방법은 '여러 번 입으로 말해보는 것'입니다. 지금은 문법책이니, 이렇게 설명을 다는 겁니다. 이런 식의 조어는 사전에 없는 게 많습니다. 시시각각 필요에 의해 만들어내거든요. 새로운 걸 발견했는데 괜찮다 싶으면 메모 해 놓는 습관을 가지세요.

- Your post should be relevant to the topic discussed.
  게시판에 올리는 글은 논의 주제와 연관성이 있어야 한다.

색다르죠? 분사가 명사를 뒤에서 수식하고 있는 경우예요. topic은 게시판에서 discuss되고 있는 거니까, discussed가 온 겁니다. 그렇다고 the discussed topic이 이상한 건 아닙니다. 하지만 discussed가 뒤에 오는 게 더 일반적인 거 같아요. 왜? 글쎄요? 어떤 법칙이 있는 건 아니고, 말의 습관이 아닐까 싶어요. 이런 부분은 어떤 규칙으로 설명되기보다는, '사람들의 습관'이라고 생각하세요. 이런 건 참 많거든요.

- Those attending will have the opportunity to win a variety of prizes.
  참석하시는 분들은 여러 상품을 받을 기회가 있을 겁니다.

이것 역시 명사 those를 분사가 뒤에서 설명하는 모습. 이때 those는 "사람들(people)"의 뜻이에요. attend는 타동사. 보통 attend a meeting[conference, party] 이렇게 됩니다. 지금 문장에서는 party에 참석한다고 보면 those attending (the party)의 그림이거든요. 이 경우는 attending이 수식하는 명사 those 앞으로 가서 attending those라고 하지는 않아요. 차라리 those가 아니라 the participants라고 다른 단어를 쓰면 모를까. 이렇게 분사가 뒤에서 명사를 수식할 때는, 관계사절과 같은 것으로 볼 수도 있어요. 나중에 나오겠지만, 관계사절은 결국 '선행사(명사)'를 수식하는 형용사절이거든요. 조금 전 문장에 나온 분사 부분은

- Those (who are attending) will have the opportunity to win a variety of prizes.

이렇게, 관계사절에서 '관계사 + be 동사'가 생략된 형태라고 봐도 무방합니다. 자, 여기서부터 조금씩 또 달라집니다. 잘 보세요.

- Do you know the girl dancing over there?
  저 쪽에서 춤추고 있는 여자 아이 아니?

역시 명사 뒤에 ing형이 와서 수식하고 있지만, 조금 전 본 문장들과는 다른 점이 있습니다. 그냥 "춤추는" 여자 아이가 아니라 "저 쪽에서 춤추는" 여자 아이네요. 다시 말해, -ing형이나 p.p. 하나 달랑 있는 게 아니라, 뒤에 뭔가를 달고 나온 모습입니다. 우리말은 "춤추는 여자 아이"나 "저기서 춤추는 여자 아이"나 모두 명

사 앞에 위치할 수 있지만, 영어에서는 dancing over there처럼 여러 단어가 우르르 몰려나와서 명사를 수식할 때는 반드시 명사 뒤에 있어야 합니다.

- I was annoyed by the people smoking cigarettes.
  담배 피우던 그 사람들 때문에 짜증이 났어.
- I was annoyed by the people smoking on the benches.
  벤치에서 담배 피우던 그 사람들 때문에 짜증이 났어.

역시 마찬가지 경우. 명사 수식해 준다고 -ing형이 뒤에 이렇게 누구를 데리고 나오면 명사 뒤로 보내세요.

- All the organizations invited to the conference will have a chance to present their activities.
  이 회의에 초청받은 모든 단체는 자신들의 활동 상황을 발표할 수 있는 기회를 갖게 됩니다.

문장이 길어 보이지만, 이제 그렇게 어렵지 않을 겁니다. 역시 invited to the conference라는 덩어리가 앞에 있는 명사 organizations를 수식하고 있는 모습입니다. invited 하나는 우리가 '분사'라고 합니다. invited to the conference는 분사가 뒤에 몇 놈을 주렁주렁 달고 다니네요. 지금 마지막에 본 세 문장에 나오는 분사는 다 이렇게 생겼죠? 이렇게 모여서 다니는 놈을 하나로 뭐라고 부르면 뭐가 좋을까요? 분사로 이루어진 구문이니까, '분사구문'이라고 하는 게 어떨까요?

문법책을 많이 보신 분은 "어, 분사구문은 그게 아닌데." 이렇게 생각하고 있을 걸요.^^

🧑 분사구문

학교 시험이 제일 좋아하는 놈 중 하나인 '분사구문' 입니다. 일단 학교에서 배운 내용 그대로 적습니다.

• When he saw me, he stood up and held out his arms.

자, 이런 문장이 있어요. 앞에 있는 when he saw me는 시간을 나타내는 일명 '부사절' 입니다. |역할은 부사이면서 그 안에 '주어+동사' 의 요소가 있다고 해서 부사절이에요.| 이 부사절을 간단하게 '부사구' 로 바꿔보는 겁니다. 1) 먼저 접속사 when을 없앱니다. 2) when 이하 절의 주어가 주절의 주어와 he로 같으니 when 다음에 나오는 he도 없앱니다. 3) when 이하 절의 시제와 주절의 시제가 같으니 when 이하 절의 동사 saw를 seeing으로 바꿉니다. |만약 when 이하 절의 시제가 주절의 시제보다 하나 앞선 시제일 경우에는 having seen이 됩니다.| 이렇게 해서 분사구문이 들어간 간단한 문장이 완성됩니다. 이렇게요.

• Seeing me, he stood up and held out his arms.
　나를 보자 그는 일어나 양손을 내밀었다.

자, 원래 부사절이었던 when he saw me가 부사구인 분사구문 seeing me로 변했네요. 그럼 이제 이 과정을 거꾸로 해볼게요. 1) seeing me 앞에 생략된 접속사를 생각해냅니다. 그러기 위해서는 주절의 내용을 파악해야 합니다. he stood up and held out his arms... 문맥을 보니 가장 적합한 접속사는 when. 2) seeing 앞에 아무 것도 없는 걸 보니, seeing 이란 동작의 주체는 주절의 주어와 같으니 생략된 거겠죠. 그래서 he를 복원해냅니다. 3) having seen이 아니라 단순하게 seeing이 온 걸로 보아, 양쪽의 시제는 같군요. 주절 stood up이 과거시제니, when 이하 절의 시제도 과거 saw로 씁니다. 자, 그래서 이렇게 When he saw me, he stood up and held out his arms. 다시 원래 부사절로 돌아왔습니다.

저 학교 다닐 때, 이거 정말 많이 했습니다. 선생님께서 칠판에 문장 하나 적고 이 과정을 왔다 갔다 하는 연습 많이 시키셨거든요. 시험 문제에 단골로 나왔던 건 물론이고요. 자, 여기까지 잘 읽어오신 분이라면 제가 또 무슨 말 할지 이미 알 거 같은데요. 네, 그래요. '문장 바꿔 쓰기' 얘기를 또 해야 할 거 같습니다. 어찌 보면 '능동태 → 수동태 바꿔 쓰기' 보다 몇 십 배는 더 우리에게 안 좋은 게 이 '분사구문 바꿔 쓰기' 라고 생각하거든요. When he saw me → Seeing me 이걸 보면 수동태 때와 마찬가지로 또 "닭이 먼저냐, 달걀이 먼저냐?"가 생각나요. 뭐 그렇게 어렵게 생각할 것 없이, 실전적인 차원에서 보는 게 더 좋겠네요. 실제 말할 때는 seeing me 라는 분사구문은 그 자체로 보고 이해해야지, 그걸 보고 when he saw me에서 온 거라고 복잡한 절차를 거칠 '필요' 도 '시간' 도 없습니다. 그 자체로 어떻게 보냐고요?

- All the organizations invited to the conference will have a chance to present their activities.

여기 나온 invited to the conference 역시 분사구문이에요. 이거 있는 그대로 이해했습니다. |꼭 문장 앞에 나와야 '분사구문' 이라고 하는 건 아니에요.^^| 앞에서 나

온 Seeing me, he stood up and held out his arms.에서 seeing me 역시 같습니다. 단지, 앞 문장과 다르다면 seeing me가 문장 앞에 나와 있다는 것과, 자신이 관계하는 명사(여기서는 주어 he)가 좀 뒤에 떨어져 있다는 것 정도. 진짜 고개를 갸우뚱하게 만드는 게 뭔지 아세요? seeing me 이 부분을 이해하기 위해서 he stood up and held out his arms를 다 읽고 다시 와야 한다는 점. 그래야 접속사가 when인지, because인지, as인지 알 수 있으니까요. 이건 좀 그렇지 않나요? 어떻게 앞 부분을 이해하기 위해 문장이 끝나기를 기다려야 하는 걸까요? 이건 대화가 아니라 '긴장 속의 서스펜스 스릴러'가 아닐까요? 상대가 말하는데 분사구문이 나온 거예요. 그렇다고 문장 하나 다 끝내고 다음 문장 말하려는 사람에게 "잠깐 기다려. 나 앞에 나왔던 분사구문한테 다녀올게. seeing 앞에 접속사가 뭘까… 니가 주절 주어를 he라고 했고… 그냥 seeing인 걸 보니 시제는 같다는 말이고… 니가 한 말이 when he saw me의 뜻인 거구나. 자, 계속해." 정말 이럴까요? 이게 지금은 그냥 말로 써서 아무 것도 아닌 것 같지만, 알맞은 접속사를 생각해낸다는 건 대화의 순간에서는 정말 힘든 작업입니다. 물론 이것도 영어가 어느 정도 선에 오르면 이런 과정 거치지 않고 하는 게 대부분입니다.

이렇게 바꾸는 과정을 보면 드는 생각이 있어요. 그냥 접속사하고 주어 써서 얘기하지, 그거 두 개 빼서 문장이 얼마나 짧아진다고 그걸 빼서 우리를 이렇게 피곤하게 만드냐는 겁니다.^^ 역시, 위와 같은 '문장 바꿔 쓰기'가 '틀리다'고 말하는 건 아닙니다. 그러나 이것 역시 사람들의 일상에 나오는 말을 학자들이 정리해놓은 것이지, 실제 영어를 모국어로 하는 사람들이 처음에 말을 이렇게 배웠고 일상생활에서 이렇게 생각하면서 할지는 저는 회의적입니다. 아니, 솔직한 속마음은 그렇지 않다고 확신합니다.^^ 우리는 '이론'이 아닌 '실전'의 차원에서 접근하겠습니다.

🔍 분사구문 이해하기

학교 영어에서는 Seeing me, he~의 seeing me 같은 형식의 분사구문을 유독 좋아합니다. 그러나 이런 식으로 분사구문이 앞으로 나오는 경우는 구어체에서는 생각만큼 그렇게 자주 있지 않아요. 하지만 글을 읽을 때, 특히 신문이나 잡지에서는 심심찮게 나오죠. 그래서, 말이 아니라 주로 글로 영어를 접하는 분들이 분사구문의 존재를 필요 이상으로 크게 생각하는 게 아닐까 합니다. 분사구문의 개념부터 바꿔 봅시다. 분사구문은 그 위치가 어디든 간에 '분사로 시작하는 구문'으로 생각하세요. 그럼 영어가 무지 간단해집니다.

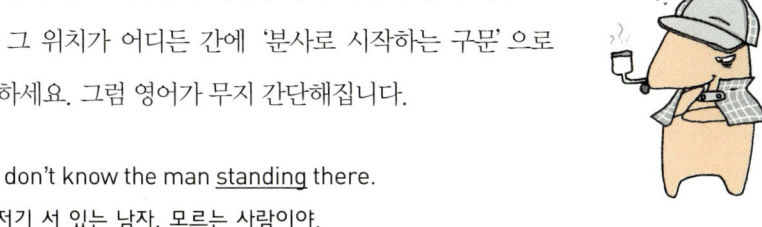

- I don't know the man <u>standing</u> there.
  저기 서 있는 남자, 모르는 사람이야.

여기 나오는 standing there는 앞에 있는 man을 수식하는 형용사라고 쉽게 생각하면서

- <u>Standing</u> there alone, I realized how lucky I am.
  거기 혼자 서있던 나는 내가 참 운이 좋다는 사실을 알게 됐다.

같은 standing there가 이렇게 앞에 나오면, 긴장해서 "생략된 접속사 뭐니, 뭐야?" 하면서 부산해질 필요 없다는 말입니다. 예를 들어, known이 "알려진"이라는 분사라면 known to people은 "사람들에게 알려진"이라는 분사구문이고, sleeping이 "자고 있는"이라는 분사라면 sleeping over there는 "저기에서 자고 있는"이라는 뜻의 분사구문으로 보세요. 그 위치에 상관없이.

일단 문장 네 개 보세요.

[a] Who is the woman <u>running over there</u>?
[b] Some of the people <u>invited to the party</u> were my old friends.
[c] <u>Finishing the work</u>, I went to bed.
[d] <u>Frightened by a mouse</u>, she ran into the room.

밑줄친 부분이 각각 분사구문입니다. 그러나 우리는 [c], [d]번만 분사구문이라고 생각하는 경향이 있습니다. 그게 아니죠. 분사구문은 분사로 시작하는 구문, 쉽게 말해 분사가 뒤에 뭔가를 주렁주렁 달고 다니는 경우를 말합니다. [a], [b]번 문장은 쉽게 생각하면 됩니다. running over there와 invited to the party라는 분사구문이 뒤에서 각각 the woman과 the people를 수식하고 있네요. "저기서 뛰고 있는 저 여자"와 "파티에 초대된 사람들" 이렇게요.

분사 만들기에서 한 분사의 기본 성격을 적용해 볼까요? the woman은 run하고 있으므로 running, the people은 invite를 당하고 있으니까, invited가 온 겁니다. 그러나 똑같은 분사구문인데 [a], [b]는 형용사구이고, [c], [d]는 부사구이며 해석할 때는 주절의 의미를 생각해 '시간, 조건, 이유' 등을 생각해야 한다고 책에 나옵니다. 하지만 한 번 다르게 생각해 보는 것도 괜찮아요.

[c], [d] 문장의 이해는 기존의 방법을 포함해 세 가지 방법을 제시해 볼게요.

첫째, **기존의 부사구 방식입니다.** 앞 문장을 읽은 다음 뒤 주절로 가세요. 전후 관계가 분명해지면 알맞은 접속사가 나올 겁니다. 일이 끝났다는 말과 잤다는 말이 나왔으니까, "일이 끝나고 나서 잠을 잤다" 아니면 "일이 끝났기 때문에 잠을 잤다" 더 마음에 드는 걸 고르세요. [d]도 같은 단계를 거치세요. "쥐를 보고 놀랐기

때문에 그녀는 방 안으로 뛰어 들어갔다. |하지만 복잡하고 긴 문장이 나오면 이건 거의 쓸모가 없는 방법입니다.|

둘째, **분사를 형용사로 이해하듯이 분사구문도 형용사구로 이해하는 겁니다.** c 의 분사구문은 finishing the work입니다. 즉 분사 finishing 앞에 아무런 명사가 오고 있지 않습니다. 이럴 때는 분사 finishing이 관계하는 명사는 주절의 주어 I 입니다. "일을 끝낸 나는 잠을 잤다." 형용사로 보고 뒤 주절에 나오는 주어에 그냥 붙여주면 됩니다. d 도 같은 맥락에서 보면 되겠죠? "쥐를 보고 놀란 그녀는 방안으로 뛰어 들어갔다." 첫 번째 방법과 비교해서 긴장감이 훨씬 덜 합니다. 그냥 앞에서부터 읽어나가면서 주어 나오면 연결만 해주면 되거든요. finishing the work를 읽으면서, "아, 일을 끝낸다는 건데… 누가 그런다는 거지? 뒤에 나오는 주절의 주어겠지… 아, I구나, 일을 끝낸 나는…" 이렇게요, 그냥 물 흐르듯이 가는 겁니다.

셋째, **앞의 두 방법과는 달리 굳이 매끈한 우리말을 만들 필요 없습니다.** 그냥 앞에서부터 이해만 하는 겁니다. c 는 "일을 끝냈고… 나는 잠을 잤고", d 는 "쥐를 보고 놀랐네… 그녀는 방안으로 뛰어들어갔구나… 이런 의미구나"라고 이해하는 거죠. 사실 가장 약해보여도 가장 이상적인 건 이 방법입니다.

실전에서 대화할 때 우리말로 일일이 다 풀어서 생각할 필요는 없습니다. 확실한 건, 동시통역을 하면서 첫 번째 방식대로 '시간, 이유, 조건' 따져가며 통역하던 친구는 하나도 없었던 것 같습니다. 기존 분사구문에 관한 내용이 틀렸다는 건 아닙니다. 문장을 깔끔하게 만들어야 하는 번역을 할 때는 얼마든지 알맞은 접속사를 생각할 수 있습니다. 그러나 문장을 실시간으로 읽어 내려갈 때나 실제 대화할 때는 그럴 시간이 있을 지가 의문이라는 거죠.

지금 말씀드린 내용은 영어 문장을 이해하는 방법의 하나로써 받아들이세요. 하지만 분사가 언제 동사인지 형용사인지, 분사구문이 부사구인지 형용사구인지, 이 문제를 떠나, 능동태와 수동태 바꿔 적기, 부사절과 분사구문 바꿔 적기는 빨리 없어지는 것이 좋지 않을까 생각합니다.

말이라는 게 얼마나 머리가 팍팍 돌려야 하는 행위인데 왜 중간에 한 번 더 생각하게 하나요? 가급적 문장은 있는 그대로 이해하는 습관을 들입시다.

분사구문의 여러 가지 용법

자, 앞에서 여러분을 헷갈리게 만들어 놓았으니 여러 문장을 같이 보면서 다시 정리해 볼게요.

- Seeing the terrible scene, she fainted.
  그 끔찍한 광경을 본 그녀는 기절해버렸다.

그냥 seeing the terrible scene 을 읽어가면서 주절의 주어를 기다리세요. 그리고 주어에다 갖다 붙이고 생각하면 제일 편합니다.

- Surprised at discovering how tall he was, she looked up at him.
  그 사람이 키가 매우 크다는 것에 놀란 그녀는 그를 올려다보았다.

이번에는 surprised라고 p.p.가 왔습니다. 그럼 머릿속에서 "누군지 모르겠지만 놀랬구먼" 하면서 주절의 주어를 기다리세요. 쉽죠? 물론 다음 문장처럼 분사구문이 뒤로 가도 뭐라 그럴 사람 없습니다.

- She looked up at him, surprised at discovering how tall he was.

이렇게 뒤에 오면, 머릿속에서는 "she가 surprised했구면"이라고 생각만 하고 가면 됩니다.

물론 글로 옮기는 번역일 경우에는 글을 가다듬을 필요가 있겠지요. 요는, 앞에 오든 뒤에 오든 surprised 앞에 아무 것도 없다는 건 '주절의 주어'와 관련 있다는 사실입니다. 우리말로도, "놀라서 쳐다봤어." 해도 되지만, "쳐다봤어, 놀랐거든" 해도 아무 문제없는 거와 마찬가지로 생각하세요.

- His eyes glistening with tears, he stood up and left without saying anything. 눈가에 눈물이 고인 채 그는 일어서더니 아무 말 하지 않고 떠났다.

이건 좀 복잡하게 보이죠? 가만히 보면 앞부분이 완전한 문장이 아니에요. 완전하려면 His eyes were glistening with tears.에서처럼 be동사가 있어야 합니다. 네, 역시 분사구문입니다.

단, 지금까지 문장과 다른 점이라면, 앞뒤의 주어가 다르다는 것. 다를 때는 이렇게 his eyes라고 명시해야 합니다. 만약에 his eyes 없이 그냥 Glistening with tears로 시작하면? 결과적으로 주절의 주어 he가 glistening with tears하게 되니까… 이상하겠죠? 하지만! 이렇게 완전하지 않은 문장을 앞에 내세우는 경우는 별로 없습니다. 특히 구어체에서는요. 오히려 아래 두 문장처럼 쓰는 게 더 일반적이에요.

- He stood up and left without saying anything, his eyes glistening with tears.
- He stood up and left without saying anything with his eyes glistening with tears.

분사구문을 뒤로 빼거나, 아니면 with를 붙이는 겁니다. 이럴 때 with는 우리말로 "~인 채로" 정도로 하면 될 겁니다. 이런 유형의 문장은 많이 보셨을 거예요. 몇 개 적어 볼게요.

- There was a man standing there with his hands tied behind his back.
  한 남자가 손이 등 뒤로 묶인 채 거기 서 있었다.

적다 보니 분사구문이 두 개 나왔네요. a man standing there는 앞에 나왔던 형태고요. with his hands tied, 손은 묶인 상태. hands는 당연히 tie되니까 tied로 적은 거구요.

- Face forward with your feet positioned shoulder-width apart.
  다리는 어깨 넓이로 벌린 채 앞을 보세요.

지금은 분사구문 때문에 positioned라는 말을 넣었는데, 그냥 with your feet shoulder-width apart라고 하는 게 더 간결하고 일반적이에요.

- "You're marrying my sister?" John said, with his face turning red.
  "내동생하고 결혼한다고?" 물어보는 존의 얼굴이 붉게 변해갔다.

이 정도면 with구문은 됐을 겁니다. 잘 나오니 이런 유형을 볼 때마다 입으로 여러 번 소리 내어 읽으세요. 그리고 주의할 점 하나.

- Walking down the street, the store was closed.

위 문장은 조금 고개가 갸우뚱해지죠? 문장 그대로만 보면, walk down하고 있는 게 the store가 돼버리거든요. 앞에서도 말했지만 양쪽의 주어가 같을 때만 분

사 앞의 주어를 생략할 수 있는 겁니다. 이 문장을 읽거나 들을 때, "walking down the street 하는 주체가 조금 후에 나오겠지." 생각하는데, 난데없이 the store가 나오면 당황하는 겁니다. "누가 walking down하는지 더 있어야 나오는 건가?" 생각이 들 수도 있고요. 그러니까, 양쪽 주어는 서로 맞춰주는 게 글에서는 안전합니다. |물론 구어체에서는 무시하는 경우도 더러 있지만^^| Walking down the street, I found that the store was closed라고 하면 간단히 해결될 겁니다.

- On my way back home that night, I was falling asleep, exhausted by the day's activities. 그날 밤 집으로 오는 길에 이미 잠이 들고 있었다. 그 날 하루 일 때문에 녹초가 됐거든.

역시 분사구문이 뒤로 간 상태. 주의하셔야 할 건 exhaust의 뜻이에요. exhaust는 "뭔가를 전부 다 써버리다"예요. 그 '뭔가'가 사람의 에너지일 때는 말 그대로 "진이 빠질 정도로 피곤한" 상태를 말합니다. I'm exhausted.라고 많이 나오죠. 주절의 주어가 I니까 exhausted가 오는 겁니다.

- He sounded tired, saying he loved me and still wanted me as his wife.
  그는 힘 빠진 목소리로 나를 사랑하며 결혼 생활이 끝나는 걸 원치 않는다고 말했다.

여기도 분사가 두 군데 보이네요. 피곤한 걸 더 강조하려면 tired 대신 exhausted. 이런 saying은 그냥 쉽게, and he said 정도로 이해하시면 됩니다.

자, 이제 분사구문은 다음에 나오는 마지막 예문과 함께 접겠습니다.

|a| The resort, located near the sea, gets fresh air all year round.
|b| Located near the sea, the resort gets fresh air all year round.

|c| The resort gets fresh air all year round, located near the sea.

위 세 문장을 학교에서는 이렇게 배웠던 기억이 납니다.

|a| The resort, located near the sea, gets fresh air all year round.
resort와 located 사이에 which is가 생략된 상태. 그래서 문장 해석은 "바닷가에 위치한 그 휴양지는 일년 내내 공기가 신선하다."

|b| Located near the sea, the resort gets fresh air all year round.
분사구문이고, 바꾸기 전의 문장은 주절의 내용을 보니 as나 because 같은 접속사가 어울린다. 그래서 문장 해석은 "바닷가에 위치하고 있기 때문에, 그 휴양지는 일년 내내 공기가 신선하다."

|c| The resort gets fresh air all year round, located near the sea.
분사구문이 뒤에 따로 오므로 '부대상황'. 따라서 두 가지 중 더 중요한 건 "공기가 맑다"는 거고, 바닷가에 있다는 건 덜 중요한 '부대적인' 상황. 그래서 해석은 "그 휴양지는 일년 내내 공기가 신선하며 바닷가에 위치하고 있는 상태이다."

그런데! 제가 보기에는 별반 다를 바 없어 보이는 문장들입니다. 다른 게 있다면 분사구문 located near the seas의 위치밖에 없죠. 왜 다르냐고 물어본다면, 사람이 말하다 보면 먼저 하고 싶은 말이 있고, 말 하다가 다른 게 생각나서 중간에 넣을 수도 있고, 말 다 끝나면서 그냥 가면 섭섭하니까 붙일 수도 있는 거 아닌가요? 제가 보는 세 문장의 차이는 그 정도예요.

|a| "거기 휴양지… 바닷가에 있거든… 그래서 일년 내내 공기가 신선해."

|b| "바닷가에 있는 그 휴양지는 일년 내내 공기가 신선해."

|c| "그 휴양지 일년 내내 공기가 신선해… 바닷가에 있거든."

이거 아닌가요?^^ 문법 이론 가지고 따져서 하는 영어보다는 그냥 자연스럽게 받아들이는 게 훨씬 편한 경우가 많습니다. 그냥 많은 게 아니라 무지 많습니다.

02 동명사
동사숲에서 만난 변화

분사, 동명사, 부정사 중에 어찌 보면 동명사가 제일 간단할 거 같습니다. 일단, 얘는 이름이 괜찮죠? **동사인 것이 명사의 역할을 한다, 그래서 동명사.** |그럼 분사는 '동형용사' 했으면 어땠을까 하는 생각도 들어요.| 앞에서 봤던 '현재분사(ing형)'와 같은 껍데기 ing를 사용하되, 동명사는 '명사'의 역할을 하고 현재분사는 '형용사'의 역할을 한다는 것. 이 두 가지를 구별하라는 시험 문제가 또 많습니다만, 말이라는 실용의 차원에서 굳이 구별하지 말고, 보이는 문장 들리는 문장 따라해 보면서 여러분 것으로 만든다고 생각하세요. 그렇게 머릿속에 영어 문장을 많이 넣어서 어느 정도 개념이 잡히면, 그때는 구분하지 말라고 해도 자연스럽게 구분됩니다. |물론 그때 가면 구분할 필요성도 못 느끼지만.^^| 너무 이거 저것 따지면 어제 산 차 평생 집 밖에 나가 보지도 못하고 폐차시켜 버릴 수도 있습니다. 동명사는 분사에 비하면 간단합니다.

🙂 주어, 목적어, 보어 노릇을 한다
동명사는 문장에서 주어, 목적어, 보어로 사용됩니다. 명사니까 당연하겠죠?

- <u>Gambling</u> isn't much fun. 도박 그렇게 재미있지 않아. (문장의 주어)
- I enjoy <u>dancing</u>. 춤추는 거 너무 좋아. (동사 enjoy의 목적어)
- My favorite pastime is <u>gardening</u>. 시간 날 때 정원 가꾸는 걸 가장 즐겨 합니다.
  (주어 my favorite pastime을 보완해 주는 주격 보어)

동사를 명사로 만드는 방법에는 크게 두 가지가 있습니다. 동명사와 앞으로 나올 to부정사. 용법도 거의 비슷해요. 주어, 목적어, 보어로 사용하거든요. 물론 상황에 따라 어느 한 쪽이 더 자연스럽다고 말할 수 있는 건 있지만, 그래도 기본적으로 두 가지가 비슷하다고 보면 됩니다. 그런데, 이 중에서 목적어로 나올 때는 얘기가 달라집니다. 앞에 나오는 동사에 따라 어느 한 쪽이 상당히 어색하게 느껴지는 경우가 있거든요. 그래서 이것과 관련해서 동사를 일반적으로 다음 세 가지로 나눕니다.

- 동명사만을 목적어로 취하는 동사
- 부정사만을 목적어로 취하는 동사
- 동명사와 부정사 모두 목적어로 취하는 동사

일단 여기서는 동명사만을 목적어로 취하는 대표적인 동사 몇 가지만 소개하고 나머지 얘기는 뒤에 부정사 편에서 할게요.

- Do you <u>mind</u> stepping outside to send and receive calls?
  전화 걸고 받는 건 밖으로 나가서 해주시겠어요?

이럴 때 mind는 "싫어하고 짜증내고 마음에 안 들어 하다"는 뜻이에요. 상대에게 공손한 부탁을 할 때 나오는 표현. 더 부드럽게 하려면 do 대신 would를 써서 Would you mind ~?로 해도 됩니다.

- He <u>admitted</u> taking millions of dollars in bribes.
  그는 수백만 달러 상당의 뇌물 수수 사실을 인정했다.
- I <u>enjoy</u> sending e-mails and surfing the web.
  이메일 보내고 인터넷 서핑하는 걸 즐깁니다.

- After checking in, we sat by the pool to read while they <u>finished</u> cleaning our room. 체크인 하고 나서 방 청소를 끝내는 동안 수영장 가에 앉아 책을 읽었다.
- She never <u>considered</u> taking her own life to end the pain.
그녀는 고통을 끝내기 위해 스스로 목숨을 끊는 것은 전혀 고려하지 않았다.
- You should <u>avoid</u> meeting your "Internet friend" in the physical world.
소위 "인터넷 친구"라고 하는 사람을 오프라인에서 만나려 하지 마라.

문법책이기에 가급적 개별 단어는 언급하지 않으려고 하지만, 마지막 문장에 나온 physical은 그냥 가기 뭐하네요. "육체, 신체적" 이렇게만 생각하지 말고, "뭔가 실체가 있는" 쪽으로 넓게 보는 게 안전합니다. 눈에 보이지 않는 "정신적인"의 반대 개념도 되고, 온라인의 반대 개념도 됩니다. 오프라인을 상징하는 대표적 형용사가 physical입니다.

- I can't help feeling that he's only interested in coaching championship-caliber teams.
그 사람은 우승 가능성이 있는 팀의 감독만 맡고 싶어한다는 생각이 드는 건 어쩔 수 없다.

이럴 때 help는 "돕다"라는 뜻과 거리가 멉니다. 오히려 조금 전 문장에서 보았던 avoid의 그림을 가지면 됩니다. 보통 "어쩔 수 없었어"라고 말할 때, I couldn't help it.이라고 많이 합니다. 이건 it을 avoid할 수 없었다는 그림입니다. 물론 avoid랑 바꿔 적을 수 있다는 게 아니라, 같은 그림의 동사라는 거죠. 이런 help의 밑그림을 모르면, 또 무조건 'can not help 아이엔지' 라고 외울 수밖에 없습니다. 하나 더 잔소리 하자면, 위 문장에 나온 feel도 '손으로 만져서 얻는 느낌' 쪽보다는 '머리를 통해 생각하면서 갖게 되는 느낌' 쪽이 훨씬 더 자주 나옵니다. 나중에 영작을 할 때 "걔가 날 사랑한다는 생각이 들었어"라고, 무조건 I thought that she loved me.라고만 하지 말고 I felt that she loved me.라고 할 수 있는 여유가 있었으면 합니다.

자, 여기서도 단순히 시험을 위한 '보자기의 우'를 범하지 마세요. "mind, admit, enjoy, finish, consider, avoid 플러스 -ing" 식으로 한꺼번에 외우려 들지 말고, 차라리 외우려면 한 단어씩 하세요. 물론 제일 좋은 건 이 용법이 들어있는 문장을 입으로 소리내어 여러 번 연습하는 것입니다.

명사적, 동사적 성격의 교차

뒤에 명사 설명할 때 한정사 나옵니다. 여기선 그냥 간단히 말할게요. 한정사는 쉽게 말해서 명사의 정체를 밝혀주는 놈들입니다. 대표적인 한정사로는 a, the, some, any, no, this, that, my, his, many, much 등등. 한정사가 앞에 온다는 건 '완전한 명사' 대접을 받는다는 말입니다. 문장 보세요.

- He did all the talking. 얘긴 걔가 다 했어.
- Who does the cooking here? 여기 요리는 누가 하죠?
- I don't mind his going with me. 그 사람이 나하고 가는 것 상관 안 해.

그러나 동명사는 아직도 완전히 명사는 아닙니다. 자신의 목적어를 가질 수 있거든요. 동사의 탈을 완전히 벗지는 못했죠.

- Smoking cigarettes is bad for you. 흡연은 안 좋아요.

smoking이 cigarettes라는 목적어를 취하고 있습니다. 문장 전체 주어는 smoking cigarettes.

- I hate packing suitcases. 난 짐 싸는 거라면 질색이야.

packing이 suitcases라는 목적어를 취하고 있습니다. 문장 전체 목적어는 packing suitcases.

동명사의 의미상 주어

일단 문장 보세요.

- I don't understand <u>Jim's</u> making such a fuss.
  짐이 왜 그렇게 난리법석을 피우는지 모르겠어.

making 앞에 Jim이라는 애가 나왔습니다. 지금처럼 making a fuss하는 주체와 문장 상의 주어(여기선 I)가 다를 때는 동명사의 의미상 주어를 적어줘야 합니다. 안 그러면 I가 making a fuss한 게 돼버리겠죠? 보통은 지금처럼 소유격이 오는 게 원칙입니다.

- I was angry at <u>her</u> trying to lie to me.
  난 걔가 나한테 거짓말 하려 했던 거에 화가 났어.

역시 같죠? trying to lie하는 사람은 she예요. 그래서 소유격 her가 왔습니다. 그러나 글(문어체)에서는 원칙대로 소유격을 여전히 사용하지만, 말(구어체)에서는 소유격 대신 목적격이 나오는 경우가 참 많아요. 목적격이 나와도 "이거 소유격이 와야 하는 거 아니냐? 문법도 모르네"라고 따지지 마세요. 따지는 사람만 이상한 사람 됩니다.

- I don't understand <u>Jim</u> making such a fuss. (사람 이름은 주격과 목적격이 동일)
- I don't mind <u>him</u> going with me.

앞에서부터 순서대로 입으로 말하다 보니, Jim이나 him을 아직 나오지도 않은 making이나 going의 의미상 주어라고 생각하기보다는, 앞에 나온 understand나 mind의 목적어라는 생각이 먼저 들어서 목적격으로 쓰는 게 아닌가 해요. 분사 할 때도 말했지만, 뒤에 나올 거 미리 다 생각하고 말하는 사람은 없습니다. 그런 사람이 있다면 그게 더 이상한 거죠. 문장 몇 개 더 보세요.

- Judy was not happy with <u>him</u> getting SMS daily from this woman.
  주디 마음에 들지 않은 건, 그가 매일 이 여자에게 문자메시지를 받는다는 사실이었다.
- Sungho, what are the chances of <u>you</u> making it?
  성호야, 네가 성공할 할 확률이 얼마나 되니?
- He told me that <u>me</u> being pregnant is a headache for him and his new girlfriend. 내가 임신한 게 자신과 새로 생긴 여자친구에겐 골치 아픈 문제라고 그 놈이 말했다. |나쁜 녀석인 거 같아서 "그 놈"으로 했어요.^^|

🧑 가주어·가목적어 it

동명사가 주어나 목적어로 나올 때 가주어/가목적어 it을 쓰는 경우가 많이 있어요. 문장 보세요.

- It is nice talking to you. 얘기 잘 나눴습니다.

05 동사숲에서 만난 변화 **303**

- It is no good talking to my boss. He never listens.
  우리 사장에게 얘기해 봐야 소용없어. 남의 말을 들으려고 하질 않아.

이렇게 it이 나와도 이해는 앞에서부터 뒤로 하면 됩니다. "it is nice… 짜식 가짜 주어군… 뭐가 nice하다는 건지 뒤에… 나오네… talking to you… 너하고 얘기 나눴던 게 nice하다는 말이군" 하는 식으로.

사실 영어 문장에서 제일 어려운 문장 중에 하나는 it으로 시작하는 문장입니다. 독해에 관해 책을 쓸 기회가 있으면 더 자세히 말하겠지만, 흔히 우리는 사전을 옆에 두고 문장 앞뒤로 여러 번 왔다 갔다 하면서 해석이 되면 그 문장을 이해했다고 착각합니다. 하지만 **실전에선 기회가 단 한 번뿐입니다.** 문장을 읽어 가면서 단번에 이해하지 못하고 다시 앞으로 돌아온다면 그 문장 이해는 물 건너간 것이지요. 상대방이 한 문장씩 할 때마다 "기다려봐. 나 앞으로 다시 가서 해석해야 하거든" 할 수는 없잖아요. 그런 의미에서 진정 "독해가 된다"고 말하려면 어느 정도 다음에 나올 내용을 예측할 수 있는 능력도 필요합니다. 한 번 생각해 보세요. 우리는 우리말 하면서 상대가 말하기 전에 미리 웃음이 나오는 경우가 있습니다. 영어 문장의 이해가 제대로 된다는 건 그 정도를 말합니다.

it으로 시작하는 문장을 가장 어려운 문장 중 하나라고 하는 이유가 바로 여기에 있습니다. it을 보면서 그 자리에서 알아야 하거든요. 가주어 it인지, 앞에 나온 명사를 받는 it인지, it~ that 강조구문의 it인지… 그 자리에서 it을 보고 느낌이 와야 합니다. 그 문장 끝까지 다 읽고 그때 가서 파악하는 건, 실전에 들어가서는 사실 별 소용이 없습니다. 그런데요, 지금 나온 가주어도 여러 번 보면 눈에 익습니다. "아, 이건 가주어구먼." 하고.

- I found it careless talking like that in front of him.
그 사람 앞에서 그렇게 얘기한 건 경솔했어.

가목적어 it 역시 마찬가지예요. 역시 가장 중요한 건 문맥입니다. 앞에서 읽어온 문맥을 잘 따라왔다면, 가목적어가 나와도 그게 뭘 가리키는지가 바로 보이고, 바로 의미가 꿰맞춰지는 거예요. 어떤 특별한 법칙이 있는 건 아니고, 가급적 많은 문장을 접해보는 게 중요합니다.

전치사 뒤에는 동명사

for I와 for me 중 어느 것이 더 자연스럽죠? 당연히 for me겠죠. 이와 같이 전치사 다음에는 I의 목적격 me가 옵니다. 그 이유는 전치사 다음에 나오는 건 전치사의 목적어거든요. 따라서 전치사 다음에 동사가 올 일이 있으면 명사로 바꿔줘야 합니다. 목적어니까요. 동사를 명사로 만드는 방법은 지금 나온 동명사하고 앞으로 다룰 부정사 두 가지가 있지만, 전치사 다음에는 동명사가 와야 합니다. 전치사하고 부정사(명사적 용법)하곤 친하지 않다고 기억하세요. 예를 보세요.

- He left without telling me. 그는 나에게 말도 안 하고 떠났다.
- Always check the engine before starting the car.
시동 걸기 전에 항상 엔진을 체크해라.
- I was talking about closing down the factory.
공장 폐쇄에 관한 얘기를 하고 있었어요.

처음 문장을 보면, without 다음에 일반적인 명사가 아니라 "나에게 말하다(tell me)"로 목적어 딸린 동사 표현이 오고 있죠? 이렇게 동사 표현인 tell me가 그냥 전치사의 목적어로 올 수는 없으니, 목적어가 될 수 있게 명사로 바꾸는 겁니다.

그런데 without to tell me라고 부정사로 만들지 않고, without telling me라고 동명사로 만들어야 합니다. 나머지 두 문장도 같은 맥락에서 이해하세요. 문장 하나 더.

- I look forward to hearing from you soon.
  곧 무슨 소식을 들을 수 있기를 바랍니다.

이건 우리를 헷갈리게 합니다. 그리고 각종 시험 문제의 단골이기도 합니다. to hearing? 조심하셔야 합니다. 여기 to는 to부정사의 to가 아니라 전치사의 to거든요. 그래서 동명사 hearing이 온 것이죠. 사실 이런 게 몇 개 더 있습니다.

- I object to working on Sundays. 전 일요일 근무에 반대합니다.
- I'm not used to driving in Seoul. 서울에서 운전하는 것에 익숙하지 않아.
- I prefer swimming to running. 달리기보다는 수영을 더 좋아한다.
- We are committed to creating a better world.
  더 좋은 세상을 만들어 가는 것이 우리의 변함없는 목표입니다.

역시 가장 좋은 방법은 여러 번 입으로 해서 자연스럽게 자기 것으로 만드는 겁니다. 그러나, 조금이라도 이해를 돕기 위해서 몇 마디 할게요. 사실 "여기 to는 to부정사의 to가 아니라 전치사 to예요. 그러니 ing형을 쓰세요."라고 설명하는 건 영어와 안 친한 사람들에겐 별로 와 닿지 않습니다. "to부정사의 to인지 전치사 to인지 어떻게 구별하는데?" 이런 질문이 나오기 마련이거든요. 솔직히 많이 보면 안다는 게 답이지만, 그래도 그림을 한 번 그려 보겠습니다.

to가 전치사로 올 때는 일종의 방향성을 가지고 있습니다. 누가 Where are you going? 하고 물을 때 I'm going to a bank.라고 말하는 사람의 머릿속을 들여다 보면 "I'm going... 어… 어느 쪽이냐 하면… to a bank... 은행이야" 결국 은행 쪽으로 간다는 말이죠. to는 '앞으로의 방향'을 보여주는 전치사거든요.

look forward. 앞쪽을 보는 겁니다. 군대간 아들이 휴가 나오는 날, 집 밖에 나가 목을 빼고 앞만 바라보는(look forward) 어머니의 그림을 그리세요. 뭔가를 "학수고대"하는 그림을 가져보세요. 어느 쪽을 향해서 목을 빼고 기다릴까요? 그렇죠. to 이하 쪽입니다. 그래서 look forward 다음에 나오는 to는 전치사의 그림을 갖는 겁니다. object도 마찬가지. "일요일 근무와 일요일 휴무" 둘 중 어느 쪽에 반대할까? to working on Sundays 쪽." 이렇게 그리세요. be used to는 앞에 분사에서 말했습니다. "~에 익숙하다"는 그림입니다. prefer 역시 방향이에요. "저쪽보다는 이쪽이 좋다"는 그림을 가지고 접근하면 이해가 더 쉽지 않나 생각해요. committed는 "어떤 것에 대해 최선을 다하고, 자기의 모든 걸 바치고, 변함없는 마음을 가지고…" 등등 우리말로 한 마디로 옮기기엔 참 어려운 단어예요. 이것도 to 이하가 committed의 대상이라는 거 알 수 있죠? 조금만 더 생각하면서 그림을 그리면 영어가 편해집니다. 지금 얘기한 전치사 to는 시험이 무지 좋아합니다. 그러나 사실 시험 잘 보는 사람들은 지금 말한 내용을 무조건 암기하기보다는, 평상시에 어떤 표현이 나오면 그 다음에는 뭐가 나온다는 훈련이 입으로 잘 돼 있는 사람들입니다. 연습장에 10번씩 써서 외우려 들지 마세요. 10번씩 써볼 시간이면 입으로 50번은 할 수 있습니다.

동명사 vs. 현재분사 ing

두 놈이 생긴 게 같아서 혼동하기 쉽죠? 반복되는 얘기지만 영어와 어느 정도 친해지면 굳이 이 두 가지를 구분하려 들지 않습니다. 그러나 아직 영어와 친하지 않은 분들은 그게 그거 같은 느낌이 들 수도 있으니, 동명사 끝내기 전에 보고 갈게요. 이 두 가지가 명사 앞에 나올 때가 있습니다.

a sleeping pill vs. a sleeping child

아마도 가장 많이 인용되는 예가 아닐까 합니다. 각각의 쓰임을 보면 됩니다. a sleeping pill에서는 sleeping이 명사, 즉 동명사입니다. 뜻은 "수면제". shoe store(신발 가게)처럼 앞에 오는 명사(shoe)가 마치 형용사처럼 뒤에 오는 명사(store)를 설명해주는 느낌이죠. a sleeping pill을 뒤집어보면 a pill for sleeping의 뜻입니다. 이해가 더 쉽죠? a sleeping child는 말 그대로 "자고 있는 아이"란 뜻입니다. 이것도 뒤집어서 생각해보면, a child who is sleeping. 그냥 볼 때보다 분사라는 게 더 두드러집니다. 그렇다고 매번 뒤집어서 생각하지는 마세요. 혹시 학교 시험 문제에 나왔는데 잘 모를 경우 이런 방법도 있다는 차원에서 보시면 됩니다.

a walking stick(지팡이) 가지고 확인 한 번 더 할게요. a stick for walking일까요? 아니면 a stick that walks[is walking]일까요? 네, 당연히 a stick for walking이 맞습니다. 그래서 이럴 때 walking은 동명사. 자, 이번엔 약간 다른 형태.

- His brother was collecting coins and he was collecting stamps.
  형은 동전 모으고 동생은 우표를 모으고 있었다. (현재분사)
- His hobby was collecting stamps. 취미는 우표 수집이었다. (동명사)

사실 이 두 가지는 구분하기가 애매할 경우도 많이 있습니다. 그래서 최근에 나온 외국 문법책을 보면 둘을 하나로 묶어서 그냥 '-ing form'이라고 하는 경우도 있어요. 두 가지로 나누어 구분해보는 것도 중요하지만, 그러나 결국 더 중요한 건 -ing 형태로 나와 문장 속에서 어떤 역할을 하느냐일 겁니다. 중요한 건 '형태'가 아니라 '의미'니까요.

03 부정사

동사숲에서 만난 변화

부정사의 용법 자체는 그렇게 어렵지 않습니다. 실제로 어려운 건 주변이 어떤 상황일 때 부정사를 사용하느냐일 거예요. 잘 아시는 대로, 명사 & 형용사 & 부사 이렇게 세 가지로 사용됩니다.

명사, 형용사, 부사

1. **동사를 명사로 쓰자.** 우리말 "가다"가 어미 변화해서 "가기, 감" 등으로 바뀌는 걸 생각하세요. 동사 앞에 to를 붙여 '명사'로 활용하고 "~(하는) 것"으로 이해하면 될 거예요. 명사니까 문장에서는 세 가지 역할을 합니다. 주어, 목적어, 보어 이렇게 세 가지.

- To make mistakes is a part of life. 살다 보면 실수하기 마련이다.

to부정사가 이끄는 to make mistakes가 문장의 주어네요.

- I want to go now. 지금 가고 싶다.

I want you 같은 문장에서는 you가 동사 want의 목적어. 같은 목적어 자리에 to go라는 to부정사가 와서 목적어 역할을 하고 있네요.

- My goal was to win the championship. 내 목표는 우승이었다.

주어 my goal이 to win the championship이라고 주어를 보충 설명해주고 있습니다. 보충 설명해주니까 '보어'라고 하겠죠?

2. **동사를 형용사로 쓰자.** 형용사란 놈은 존재 목적이 단 하나예요. '명사를 돕는다.' 따라서 명사 없는 형용사는 별 존재 의미가 없습니다. 형용사가 하는 첫 번째 일? 그렇죠. 명사를 꾸며 줍니다. 한 가지 알아둘 건, 부정사가 명사를 꾸며줄 때는 '명사 뒤에 온다'는 사실. 우리말 "가다"가 명사를 꾸며주기 위해 "가는 사람"으로 바뀌는 것과 이치는 똑같지만 우리말은 명사 앞에서 꾸며주고, 영어는 명사 뒤에서 꾸며준다는 게 다릅니다. 앞으로 형용사 할 때 또 나오겠지만, 수식받는 명사를 먼저 말하고 그걸 '뒤에서' 설명하면서 수식하는 형태가 영어에는 자주 나옵니다.

- I knew nothing about your decision to leave.
  떠난다는 너의 결정에 대해 난 아무 것도 몰랐다.

결정… 어떤 결정? 떠난다는… 이런 식으로 to부정사 뒤에 오는 형태를 잘 봐두세요. to부정사의 대표적인 용법 중 하나거든요.

- I have nothing to do. 할 일 없어.

역시 마찬가지. nothing을 뒤에서 수식하고 있습니다. nothing과 같은 -thing 계열의 단어들|something, anything|은 to부정사의 수식을 받을 때뿐 아니라, 일반적인 형용사의 수식을 받을 때도 자기 앞자리를 내주지 않습니다.

3. **동사를 부사로 쓰자.** 마지막으로 부사로도 쓰입니다. 부사가 하는 일은 동사, 형용사, 다른 부사를 수식하는 건데요. 이걸 이론으로 외우진 마세요. to부정사가

부사로써 하는 일은 다시 '목적' '결과' 등 여러 용법으로 구분하는데 이것도 외우지 마세요. 문장을 하나둘 접해가면서 자연스럽게 익히세요.

- I came here to see you. 널 만나러 왔다.
- He came home to find that she'd already gone.
그가 집에 와서 알게 된 사실은 이미 그녀가 가버렸다는 사실이었다.

일단 이렇게 명사, 형용사, 부사적 용법으로 나눠봤지만, 이 책에서는 그냥 to부정사라는 커다란 그림으로 보도록 하겠습니다. 명사, 형용사, 부사적 용법은 사실 시험 문제에서나 필요한 용어들이니까요.

형태

1. 진행형 : 일반적인 동사가 be동사의 도움을 받아 진행형을 갖는 것과 마찬가지로 부정사도 진행형을 갖습니다.

go	to go	to be going
가다	가는 것	가고 있는 것

이런 차원에서 이해하세요. 형태는 to be -ing. 의미는 말하는 시점에서 어떤 동작이나 사건이 진행 중. 일반 진행형하고 별 차이 없습니다.

a It's nice to sit with you. '늘' 그렇다는 말이죠.
b It's nice to be sitting here with you. '지금' 이렇게 앉아있어서 좋다는 말입니다.

물론 앞에서 본 것처럼 to부정사를 주어로 해서 To sit with you is nice라고 할 수도 있겠지만, 이렇게 to부정사를 앞으로 끌고 나오는 것보다는, 지금처럼 가주어 it을 사용하는 게 더 일반적입니다.

2. **과거형** : 앞에 이미 나왔던 얘기죠? 역시 이해는 진행형과 거의 같은 맥락입니다.

    go   to go   to have gone
    가다   가는 것   갔던 것

to부정사의 과거형을 만든다고 to go → to went로 바꿀 수는 없는 노릇입니다. 이럴 때에는 완료 형태를 잠깐 빌려와서 과거시제 대신 사용할 수 있습니다. 그래서 to go라는 to부정사의 과거형은 to have gone이 되는 겁니다.

- I'm sorry not to have come on Sunday. 일요일 날 못 왔던 거 미안해.

문장의 엄마동사는 am, 즉 현재시제죠? 뒤에는 to have come이라는 완료 부정사고요. 앞에서 말했지만 이럴 때는 엄마동사보다 하나 앞선 시점의 일이라는 뜻이겠죠. 일요일이라는 과거 시점이 문장 안에 있으므로 이해에는 별 어려움이 없을 겁니다. 다른 말로 길게 쓰면 I'm sorry that I didn't come on Sunday.

3. **수동형** : 동사일 때와 마찬가지로 be동사의 도움을 받아 수동형을 갖습니다. 형태는 to be p.p.

    do   to do   to be done
    하다   하는 것   하게 되는 (것)

문장 하나 보세요.

- There's a lot of work to be done. 끝낼 일이 상당히 많다.

4. 부정사의 부정 : 부정사를 부정하려면 not을 to 앞에 넣는 것이 일반적입니다.

- You should try not to be late. 늦지 않도록 해라.

원래 to부정사라는 건 'to + 동사원형' 이 한 덩어리거든요. 그러니까 not이 가운데를 째고 들어오는 걸 좋아할 리 없겠죠. 그러나! 요즘은 참 많이도 나옵니다. 그래서인지 전통을 고집했던 사전이나 학자들도 인정하는 분위기예요.

- Teach your child to never go anywhere with a stranger.
  모르는 사람과는 절대 어디든 가서 안 된다고 아이들을 가르치세요.

그냥 Teach your child not to go anywhere with a stranger라고 할 때보다 "하지 마!"의 어감이 더 세죠?

- It's best never to split infinitives (unless you want to really emphasize something). 부정사는 분리시키지 않는 게 최선이다. (물론 "정말로" 뭔가를 강조하고 싶다면 분리시킬 수도 있지만).

한 학자가 쓴 문장인데, 재미있죠? 앞에 to부정사는 분리시키지 않고 그냥 적으면서, 뒷부분 괄호 안은 자기 말대로 강조하고 싶어서 to really emphasize로 부정사를 분리시키고 있네요. 이렇게 분리시키면 어감이 센 REALLY 정도로 보면 됩니다. not뿐만 아니라 일반적인 부사들이 부정사를 가르고 들어오는 경우를 흔히 '분리 부정사'라고 부릅니다. 부정사를 분리시키고 그 사이에 부사를 넣으면 그 의미가 강해지는 효과가 있습니다.

- This research was done to better understand why and how we sleep.
  이 연구의 목적은 왜 잠을 자며 또 어떻게 잠을 자는지 더 잘 이해하기 위함입니다.

역시 understand가 강조되는 느낌입니다.

- We expect our revenues to more than double in 2005 from a year earlier.
  2005년 매출이 1년 전에 비해 두 배 이상 증가할 것으로 예상합니다.

여기 나오는 double은 동사로, 뜻은 "두 배가 되다"예요. to double 사이로 more than이 끼어들었습니다.

🐒 용법

1. **주어** : to부정사는 문장 내에서 주어로 쓰입니다.

- To play with kids is a lot of fun. 애들하고 노는 건 무척 재미있다.

to부정사가 주어로 쓰이고 있습니다. 그러나 구어체에서는 to부정사를 주어로 잘 사용하지 않는 경향이 있습니다. 오히려 앞에서 다룬 동명사가 더 자주 나옵니다. 아니면 가주어 it을 문장 앞으로 내세우고 to부정사는 뒤로 옮기는 경향이 있습니다.

- Playing with kids is a lot of fun.
- It's a lot of fun to play with kids.

애들 둘이 더 일반적입니다.

2. **보어** : 보어는 보충, 보완해 준다는 말. 예를 들어, He is까지만 나오면 의미가 완전하지 않죠? "그 사람이 뭐?"라고 상대가 대뜸 나오게 되죠? He is a teacher.라고 해주면 의미가 완전해집니다. 즉 주어 he의 의미를 보충, 보완해 주는 겁니다. 그래서 a teacher를 보어라고 하는 거죠.

- My goal was to get across the river. 내 목표는 강을 건너는 것이었다.

3. **목적어** : 동사의 목적어로도 사용됩니다. 목적어는 기본적으로 명사의 몫입니다. 예를 들어 I want a burger(햄버거 먹고 싶어). 할 때처럼 a burger라는 명사가 목적어 노릇을 하죠. 그러나 때에 따라서 동사를 갖고 목적어로 쓰고 싶을 때가 있습니다. 그냥 "햄버거"가 아니라 "햄버거를 먹다" 식으로. 그러나 have a burger를 그냥 목적어로 가질 수는 없죠. 전체를 명사로 바꿔줘야 합니다. to have a burger로 하면 됩니다.

- I want to have a burger. 버거 먹고 싶다.

그런데 have라는 동사를 명사로 바꿔 주는 방법은 두 가지, 지금 나오는 부정사와 앞에서 나온 동명사입니다. 부정사가 되면 to have a burger, 동명사가 되면 having a burger죠. 지금은 문장의 동사가 want이기 때문에 목적어로 to부정사가 왔습니다. 그러나 want가 아니라 다른 동사의 목적어로 온다면 to부정사가 아닌 동명사가 올 수도 있거든요. 동사가 어려운 이유는 각 동사마다 이렇게 모두 용법이 다르기 때문입니다. '각개격파' 해야 된다고 한 말 기억하시죠? 위에 나온 want 동사는 부정사와 동명사 중 부정사를 목적어로 받는 동사입니다. 따라서 I want having a burger.보다는 I want to have a burger.가 더 일반적인 문장이 되는 거예요. 이렇게 목적어로 to부정사를 받은 대표적인 동사가 들어가는 문장 몇 개만 소개합니다.

- We've <u>decided</u> to get broadband at home.
  집에 초고속 인터넷을 깔기로 결정했다.

decide to do something입니다. broadband는 직역하면 "광대역". 문맥에 따라 다르겠지만, 인터넷을 말할 때는 흔히 "초고속 인터넷"이라고 말합니다.

- I never <u>expected</u> to see you again 널 다시 보리라곤 전혀 예상하지 않았어.

expect 다음에도 to부정사가 오는 게 보통입니다. 위 문장은 I've never expected to see you again처럼 현재완료로 쓰는 게 보통이지만, 앞에서 현재완료 할 때 말했듯이 그냥 이렇게 단순과거로 쓰는 경향이 늘어나고 있습니다.

- What do you <u>hope</u> to get for Christmas? 크리스마스에 뭘 받고 싶니?

hope 용법은 크게 두 가지예요. hope 다음에 문장이 온다거나, 지금처럼 to부정사가 오는 겁니다.

- We finally <u>managed</u> to get him out of the car.
  우리는 마침내 그 사람을 차에서 꺼낼 수 있었다.

어려운 상황에서 뭔가를 해냈을 때 쓰는 표현이 manage to do something.

- I didn't really <u>mean</u> to send the file to him.
  그 사람에게 그 파일을 보낼 생각은 정말 아니었다.

mean 다음에 to부정사가 오면 intend나 plan과 비슷한 뜻으로 생각하세요.

- I thought he <u>promised</u> to give you whatever you wanted.
  난 그 사람이 네가 원하는 건 모든지 다 주겠다고 약속한 줄 알았는데.

promise 다음에 to부정사가 오고 있습니다. 이렇게 to부정사를 목적어로 취하는 동사들은 나름대로 공통적인 속성이 있습니다. 대부분이 "앞으로 ~이다, ~하다"라는 방향이 있습니다. 앞에서 분사하면서 to의 '방향성'에 대해서 말을 했습니다. 결국 to부정사의 to나 전치사 to나 그 문법적인 성질은 다르지만, 밑그림은 비슷한 게 아닌가 하는 생각이 들어요. 물론 지금 말한 내용이 '예외 없는 법칙'은 아니니, 또 무조건 이렇게 외우지는 마세요. 지금 소개되지 않은 동사들은 어떤 법칙에 의존하지 말고 여러분이 알아서 하나씩 접해가면서 정리해가야 합니다.

자, 그럼 동명사와 to부정사 모두 목적어로 와도 괜찮은 동사들이 있지 않을까요? 이건 부정사 제일 마지막 부분에서 자세히 다루도록 하겠습니다.

4. **명사 수식** : 부정사가 명사를 수식할 때는 명사 뒤에 옵니다.

- I need <u>a key</u> <u>to open</u> this door. 이 문을 열 열쇠가 필요하다.

- Do you need some more <u>books</u> <u>to read</u>? 읽을 책이 더 필요하세요?

- We've got plenty of <u>time</u> <u>to see</u> the museum. 박물관 구경할 시간 충분해.

- I have no <u>time</u> <u>to do</u> some shopping. 쇼핑할 시간 없어.

5. **목적의 의미(~하기 위해)** : 부정사는 "~하기 위해"라는 의미로도 사용됩니다.

- He went abroad <u>to study</u>. 그는 공부하기 위해 외국에 갔다.
- I stopped <u>to rest</u>. 난 쉬기 위해 멈췄다.

뜻을 더 분명히 하기 위해서 in order나 so as를 앞에 붙일 수도 있습니다.

- He got up early <u>in order</u> not to miss the train.
  그는 기차를 놓치지 않기 위해 일찍 일어났다.

이번 문장은 조금 다릅니다.

- I left the door open <u>for Judy</u> to get in.
  나는 주디가 들어올 수 있도록 문을 열어 놓았다.

새로운 게 하나 나왔죠? 부정사 앞에 for Judy라는 여인이 등장했네요. 부정사의 의미상 주어라고 하는 부분입니다. 위 문장의 주어는 I입니다. to부정사 to get in 하는 사람이 I라면 별 문제가 없지만 그렇지 않죠. 들어오는 사람은 Judy입니다. 이렇게 to부정사의 의미상 주어가 문장상의 주어(지금은 I)와 다를 경우에는 to부정사 앞에 'for+의미상 주어' 형태로 넣어줘야 의미의 혼동을 피할 수 있습니다. 우리에게 친숙한 'It~ for~ to' 용법이 바로 이겁니다.

- <u>To start</u> this work today is unnecessary. 오늘 이 일 시작할 필요 없어.

일단은 to부정사가 문장상의 주어로 온 경우입니다. 가주어가 나오는 게 일반적이라고 했죠? 그래서…

- It is unnecessary to start this work today.

to부정사의 의미상 주어가 없죠? 그렇다고 문장상의 가주어 it이 의미상 주어는 아니고요. 이럴 때는 주어가 따로 없는 겁니다. 굳이 얘기하면 '아무나, 모든 사람' 이 되는 겁니다. 다시 말해 "(누가 하든지) 오늘 일을 시작하는 건 필요 없다"라는 말이죠. 그러나 그 일을 하는 사람이 Judy라고 한다면…

- It is unnecessary for Judy to start this work today.

의미상의 주어 Judy가 보입니다. 만일 그 사람이라는 he가 들어가려면 for him의 형태로 넣으면 됩니다.

- It is unnecessary for him to start this work today.

6. **결과** : 우리말로 하자면 "~하고 나서 보니 나중에 ~하더라"입니다. 보통 예기치 못했거나 실망스러울 때 나오는데요, to 앞에 only를 붙이면 그런 느낌이 더 진해집니다.

- After driving all night we finally got to Judy's place, only to find that she was not there.
  밤새 운전해 마침내 우리는 주디 집에 도착했지만 그녀가 집에 없었다는 사실만 알았을 뿐이다.

- He left home, never to be seen again.
  그는 집을 떠났고 다시 그의 모습을 본 사람은 없었다.

7. **형용사 뒤** : 우리말로는 "~해서 ~하다" 정도로 보면 됩니다. 실제 대화에 많이 나오니 문장을 그냥 입으로 연습하세요. 자연스럽게 나올 수 있도록.

- I'm pleased to see you. 만나서 반갑다.
- What made you think I would be surprised to get this letter?
  이 편지를 받고 왜 내가 놀랄 거라고 생각했니?
- He's anxious to go home. 그는 집에 가고 싶어 안달이다.
- I was stupid to believe what he said. 그 사람 말을 믿다니 내가 멍청했지.
- Be careful not to touch the wire. 그 전선을 건드리지 않도록 조심해라.
- I was lucky not to be killed. 죽지 않은 게 다행이야.

부정사와 동명사 모두 목적어로 받는 동사

부정사와 동명사 둘 다 목적어로 받을 수 있는 동사가 있습니다. 재미있는 건 뜻이 약간씩 다른 경우가 있다는 겁니다. 엄밀히 말해 이 부분은 개별 동사의 용법에 관계된 얘기지만 자주 나오는 동사이므로 살펴보고 가겠습니다.

1. **remember & forget** : 유명한 동사죠?

    remember[forget] + -ing : ~한 걸 기억하다[잊다] (이미 한 것)
    remember[forget] + to부정사 : ~할 걸 기억하다[잊다] (앞으로 할 것)

일단 뜻은 이렇습니다. 문장 보세요.

- I still remember buying my first PC. 처음 PC를 샀던 게 아직도 기억나.

- It seems that you've forgotten meeting Amy. 에이미 만났던 걸 잊은 것 같구나.
- Remember to get your flu shot as soon as you can.
  잊지 말고 가능한 빨리 독감 예방 주사 맞아라.
- Don't forget to bring some of your friends. 잊지 말고 친구 몇 명 데리고 와.

forget 다음에 to부정사가 올 때에는 "~할 걸 잊다"로 어렵게 생각하지 말고 "잊고 ~하지 않다"로 빨리 이해해야 합니다. 위 두 문장을 보니 'remember to do something = not forget to do something'이네요. 우리말로 외우려고 하지 마세요. 입으로 계속 연습하는 겁니다. 그리고 조금 전 내용은 to 자체에 "앞으로 ~ 하다"의 방향성이 있다고 한 말을 기억하면 이해에 더 도움이 될 거예요.

2. **regret** : remember의 경우와 비슷하죠?

> regret + -ing : ~한 걸 후회하다
> regret + to부정사 : ~하게 되어 유감이다, 안 좋게 생각하다

- My wife and I have always regretted selling the house.
  아내와 저는 집 판 걸 항상 후회해 왔죠.
- We regret to inform you that your son died yesterday.
  아드님의 어제 사망 소식을 알리게 된 걸 유감으로 생각합니다.

3. **stop** : 역시 많이 본 내용입니다.

> stop + -ing : ~하는 걸 멈추다
> stop + to부정사 : ~하기 위해 멈추다

- I stopped smoking. 금연했다.
- I stopped to smoke. 담배 피우기 위해 멈췄다.

엄밀히 말하면 stop 다음에 나오는 to부정사는 목적어가 아닙니다. to smoke는 "~하기 위해"라는 부사구예요. 그러나 목적어이든 아니든 중요한 건, I stopped smoking과 I stopped to smoke는 뜻이 다르다는 사실이겠죠.

4. **like or love** : 학교 때 문법책에는, '일반적으로 늘' 좋아할 때는 동명사, 그리고 어느 한 '특정한 상황'에서는 to부정사라고 나옵니다.

- I like swimming.

이 문장이 "수영하는 걸 항상 좋아한다"는 말이면

- I like to swim now.

이건 지금 수영을 하고 싶다는 특정 상황을 말한다고 나옵니다. 하지만, 이렇게까지 커다란 차이는 없다고 보셔도 괜찮습니다. '일반적인 상황' 인지 '특정 상황' 인지 차이가 있다면 동명사냐 to부정사의 차이에서 느낀다기보다는, 아마도 '문맥' 이 말해줄 겁니다. 그러니 너무 걱정하지 말고 두 가지는 별 차이가 없다고 생각하세요. 아니, 지금 한 번 직접 해보세요. like라는 동사 다음에 뭐가 오는 게 여러분 입에 더 자연스러운지? 아마 그게 답일지도 모릅니다.^^

지금 저도 입으로 해보고 나니, 한마디 더 해야 할 것 같은 생각이 들어서 하나만 더 얘기할게요. 일반적 상황과 특정한 상황을 너무 엄격하게 구분할 필요는 없지만, "너 뭐 하는 거 좋아해?" |일반적 상황|라고 할 때는 What do you like to do? 가 What do you like doing?" 보다는 더 자연스럽게 들립니다. |한 번 해보세요!| 그런데, 대답을 할 때는 또 그게 아닌 거 같아요. What do you like to do?에

대한 답으로는 앞에 I like 빼고 간단하게 답을 하겠죠. 그럼 Swimming과 To swim중 어느 쪽이 더 자연스러우세요? 이건 확실히 Swimming일 거 같은데요. 왔다 갔다 하는 게 보이네요.^^ 또 한편으로는 이렇게 생각해 볼 수도 있어요.

- I like swimming.

실제 수영을 못 하는 사람도 위 문장처럼 말할 수 있지 않을까요? 올림픽 종목 중에 수영을 좋아한다는 식으로.

- I like to swim.

하지만 수영 못 하는 사람이 이렇게 말하는 건 어울리지 않는 거 같습니다.

확실한 규칙은 없습니다. 이런 문장이 나오는 경우를 실제 많이 접해서 자연스럽게 만드는 것이 가장 확실한 방법입니다.

그러나 앞에 would가 오게 되면, 동명사는 어색합니다. 당연히 to부정사일 겁니다.

- I'd like to give it a try. 한 번 해보고 싶은데요.

A Do you want to go shopping this afternoon? 오늘 오후에 쇼핑 가고 싶니?
B I'd love to. 당근이지.

명사 하나 이해 못해도 문제 푸는 데 지장은 없습니다. 하지만 실제 '제대로' 말을 하고 글을 쓰려면 그렇게 간단하게 지나갈 부분은 결코 아닙니다. 앞으로 여러분 스스로 영어를 해나가면서 명사와 관사의 그림을 그려나갈 때 "이렇게 봤으면 좋겠다"는 지침을 알려드릴 겁니다. 그래서 가급적 다양한 예를 가지고 설명을 드릴 생각입니다. 명사와 관사 다음으로 '형용사'가 나옵니다. 그 다음으로 부사, 관계사를 다루겠습니다.

06
명사숲으로 가는 길

1. 명사숲에는…
2. '感'의 세계
3. 명사 편애
4. 명사의 종류 다섯 가지

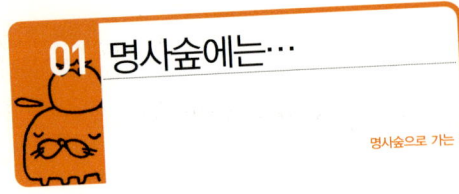

01. 명사숲에는…

명사숲으로 가는 길

명사숲에는 일단, 당연히 '명사'가 있겠죠.^^ 명사는 쉽다면 쉽고 어렵다면 어려운 부분입니다. 기존에 보던 방식대로 보면 그렇게 어려울 게 없어 보입니다. 문법책에 꼭 나오는 다섯 가지 명사를 보고, 또 셀 수 있는 명사와 셀 수 없는 명사의 대표적인 건 이런 게 있다는 선에서 그치면 별로 할 게 없거든요. 또 직접적으로 명사에 관한 걸 묻는 시험 문제는 별로 없습니다. 그리고 시험용 독해나 청취 차원에서 보면 명사 하나 이해 못해도 문제 푸는 데 지장은 없습니다. 하지만 실제 '제대로' 말을 하고 글을 쓰려면 그렇게 간단하게 지나갈 부분은 결코 아닙니다.

영어 명사가 어려운 이유는 우리말에는 없는 '셈(countability)' 개념이 있기 때문입니다. 즉, 셀 수 있는 명사(Countable Noun, 이하 CN)와 셀 수 없는 명사(Uncountable Noun, 이하 UN)의 구분이 명확합니다. 'CN vs. UN'의 개념 잡기는 정말로 많은 노력이 필요한 부분입니다. 명사와 관련해서 '셈'의 개념 말고 우리말과 확연히 다른 차이가 하나 더 있습니다. 바로 '명사의 정체'. 영어에서는 명사의 '정체'를 분명히 밝혀줘야 합니다. 일반적인 의미의 명사인지, 아니면 구체적인 의미의 명사인지, 분명한 선을 그어주는 게 영어 명사의 특징입니다. 대화중에 명사의 정체가 애매해지면 대화가 통하지 않을 수도 있거든요. 명사숲에는 '관사'도 나옵니다. 조금 전에 말한 '명사의 정체'와 관련 있는 부분이에요. 서로 알고 있는 명사에는 the를, 그렇지 않은 경우에는 a를 붙이거든요.

그런데! '셈의 개념'과 '명사의 정체', 이 두 가지는 까다롭습니다. 일정한 규칙이 존재하지만 예외가 너무 많고, 결정적으로 '문맥과 상황'의 영향을 너무 많이 받기 때문이에요. 문맥의 영향을 받는다는 것을 뒤집어 말하면, 문법책 한 권 가지고는 턱도 없이 부족하고, 수많은 문장을 보면서 익혀나가야 한다는 뜻입니다. 또 재미있는 건, 원어민들도 왜냐고 물으면 답을 제대로 못 해준다는 것. 명사의 '수'나 '정체'의 개념에 대한 질문을 하면, 답을 해주면서 What sounds right is right(들어서 자연스러우면 된 거다).라는 말을 덧붙입니다. 즉, 어렸을 때부터 익혀온 이른바 '感'이 중요하다는 말이겠죠.

이 책도 마찬가지예요. 100% 완벽한 정답을 드리려는 게 아닙니다. 앞으로 여러분 스스로 영어를 해나가면서 명사와 관사의 그림을 그려나갈 때 "이렇게 봤으면 좋겠다"는 지침을 알려드릴 겁니다. 그래서 가급적 다양한 예를 가지고 설명을 드릴 생각입니다.

명사와 관사 다음으로 '형용사'가 나옵니다. 명사 하나만 있다면 세상은 단순의 극치요, 터미네이터식 화법으로 가득할 겁니다. 좋은 식이든 나쁜 식이든 뭔가 명사를 치장해줄 필요가 있고, 그때 나오는 게 형용사예요. 사실 이 형용사 부분에서는 문법책에서 다룰 만한 내용이 거의 없습니다. 단어의 개별적인 용법에 더 신경써야 합니다. 여담이지만, 우리말이 특히 찬사를 받는 부분이 바로 이 형용사예요. 빨갛다는 표현 하나만 해도 무척 많잖아요.

빨간, 뻘건, 붉은, 불그스름한, 발그레한, 불그레한, 시뻘건, 새빨간, 불긋불긋한, 발그스름한, 발긋발긋한, 발긋발긋한, 벌긋벌긋한, 불콰한, 붉으죽죽한…

이걸 보면 영어는 꼬리 내려야 합니다. 이 정도로 화려하지는 않거든요.^^ 형용사 부분은 문법의 측면에서만 보면 그렇게 어렵지는 않습니다. 그러나 나중에 영어를 한참 하고 나면, 내 손으로 '멋진 글'을 써보고 싶은 생각이 들 때가 있을 거예요. 그때가 되면 이 '형용사'란 놈이 자꾸 눈에 들어옵니다. 상황에 맞는 멋들어진 형용사를 쓰고 싶어지거든요. 물론 그렇게까지 하고 싶지 않은 분이라면, 뭔가 좋다는 말을 할 때 1년 365일 "good" 하나 가지고 만족할 수도 있습니다. 이 분들의 특징은 서로 느낌이 다른 형용사 여러 개보다는 형용사 하나에 부사만 바꿔가면서 하는 거죠. 이렇게요.

Good. VERY good. PRETTY good. REALLY good. EXTREMELY good. EXCEPTIONALLY good.

그러나, 이렇게 하는 것보다는

Good. Terrific. Fantastic. Awesome. Marvelous. Superb. Excellent. Splendid.

이런 쪽으로 욕심이 생기는 사람이 됐으면 합니다. |그렇게 될 거예요.^^|

명사, 관사, 형용사 다음에는 '부사'가 나옵니다. 부사는, 자기 혼자 뭘 하는 게 아니라 말 그대로 다른 애들을 '도와주는' 역할을 합니다. 아까 조금 전에 good 앞에 썼던 애들 very, pretty, really, extremely, exceptionally... 대표적인 부사의 예라고 볼 수 있겠네요. 형용사와 마찬가지로 부사도 문법책에서 다룰 내용은 별로 없습니다. 문법이라기보다는 용법의 영역이거든요.

마지막으로 남은 놈이 바로 '관계사' 예요. 관계사는 '긴 형용사' 라고 생각하면 이해가 어렵지 않습니다.

- This is an <u>interesting</u> book. 이 책 재미있어.

여기서는 형용사 interesting이 명사 book을 바로 앞에서 수식하고 있습니다. 그런데 책에 대한 설명이 interesting 한 단어로 끝나지 않고 길어집니다. "스티븐 킹이 쓴 책" 이렇게요. 우리말은 이렇게 길어져도 여전히 명사 앞에서 그 명사를 꾸며주지만 영어는 그렇게 못합니다. 명사 뒤로 빠집니다.

- I recently read a book <u>which was written by Stephen King</u>. 스티븐 킹이 쓴 책을 최근에 읽었다.

관계대명사 which로 시작하는 which was written by Stephen King이라는 관계사절이 명사 a book을 뒤에서 수식하고 있습니다. 이런 게 관계사예요. 하는 일은 형용사와 같습니다. 단지 단어 하나가 아닌 문장이라는 점이 다릅니다.

명사편의 큰 그림은 대강 이렇게 말할 수 있겠네요. 동사편을 보면 한 편의 웅장한 서사시 같습니다. 크죠. 화려합니다. 문장을 좌지우지합니다. 한편, 명사편을 보면 아기자기한 동화 같다고나 할까요? 조그맣지만, 없으면 허전합니다. 우리나라 음식에 공통으로 들어가는 일명 '갖은 양념' 같은 느낌이랄까?

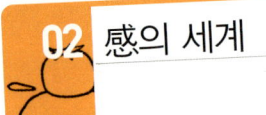

02 感의 세계

명사숲으로 가는 길

언어에 있어 '感'은 그 무엇보다 중요한 요소. 어떤 언어의 感을 기르는 게 그 언어를 배워가는 과정이라고 할 수 있거든요. 영어의 모든 면에서 感이 중요하지만 특히 이제 보게 될 '명사와 관사'에서는 感이 위력이 느껴질 겁니다.

아까 말한 "What sounds right is right." 참 무서운 말입니다. sounds right라고 말하기는 쉬워도 感이 없으면 sounds right인지 모를 수밖에 없거든요. 원어민도 논리적으로 잘 설명을 못 하는 부분이 바로 또 여깁니다. 또, 그 感이라는 게 하루아침에 되는 게 아니니 우리처럼 영어를 배우는 외국인 입장에서는 더더욱 어려울 수밖에 없겠죠. 그래서 거꾸로 외국인에게 우리말의 感을 가르쳐주다 보면, 영어 때문에 우리가 겪는 어려움의 실체가 보이는 경우가 많이 있습니다. 어떤 명사가 CN인지 UN인지 판단하거나 혹은 어떤 명사에 a를 붙일지 the를 붙일지, 원어민들은 感을 가지고 하거든요. 이건 우리도 마찬가지예요. 우리말 "은, 는, 이, 가" 생각해보세요.

"나은 어제 집에 있었어." "그곳는 위험해. 가지 마."

이렇게 말하는 사람 없습니다. 외국인이 "나은"이나 "그곳는"이 왜 이상하냐고 물어보면 금방 답을 주기가 애매합니다. "그렇게는 말 안 해." 정도가 답 아닐까요? |물론 진지하게 생각하면 논리적인 답을 줄 수 있지만| 우리말에 대한 感이 모자라는 우리나라 사람, 주변에 많이 있습니다. 귀여운 아기들.^^

"사탕이가 없어요."

귀엽죠? 하지만 아기가 이렇게 해야 귀여운 거지, 다 큰 사람이 하면 글쎄요? 씁쓸하게 쳐다볼 거 같습니다.^^ㅣ 영어 명사나 관사에 있어서도 感을 길러야 "사탕이가"라고 말하는 단계를 벗어날 수 있을 겁니다. 感은 실제로 영어를 접하면서 키워나가는 것밖에 길이 없습니다.

명사와 관사는 처음에는 무지 쉬운 줄 알고 무시하면서 덤벼듭니다. 그러나 영어를 계속 해나가면서, 특히 자신이 직접 말을 하고 글을 쓰는 과정에 접어들면서 이 두 놈의 실체를 알게 됩니다. 하면 할수록 어려운 겁니다. 하지만 그 단계를 넘어 영어를 더 하게 되면 오히려 마음이 더 편해집니다. 하루아침에 될 게 아닌 거예요. 서두른다고 될 게 아닌 겁니다. "내가 좋아서 하는 영어, 계속 하다 보면 조금씩 感이 늘어나겠지" 생각이 들면서 편해집니다. 앞으로 나올 내용도 마음 편하게 여유를 갖고 읽으세요.

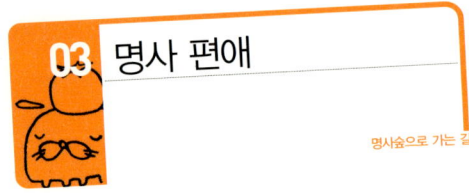

03 명사 편애

명사숲으로 가는 길

"명사에 투자하는 거 절반만 동사에 투자하면 참 좋을 텐데." 영어 공부하는 사람들을 보면서 드는 여러 생각 중 하나예요. 사실 동사에 비하면 명사는 그렇게 어렵지 않습니다. 그 이유는 아마 용법에서 찾을 수 있지 않나 싶어요. 상대가 안 되거든요. 동사 중에서도 기본동사|get, have, take, come 등등|의 용법은 어떻게 보면 무궁무진하다고까지 할 수 있을 정돕니다. 동사 하나에 딸린 뜻도 주체할 수 없이 많은데, 애들이 일명 phrasal verb 형태|get off, take on, come up 등등|로까지 나오면 "오~~!" 하고 감탄사가 절로 나옵니다. 물론 "에이씨~" 짜증을 내는 사람도 있겠지만.^^

여기에 비하면 명사의 모습은 한없이 초라할 정도. 아무리 복잡한 명사라도 자주 나오는 용법이 열 가지를 넘어가는 게 과연 있을까요? 그런데 우리는 거꾸로 기본동사는 별 거 아니라는 엄청난 착각 속에 빠진 채 오늘도 명사 정복에 나서고 있습니다.

"get - 얻다"   "come - 오다"   "have - 가지다"

한없이 쉬워 보입니다.

"retina - 망막"   "carbohydrate - 탄수화물"   "tonsillitis - 편도선염"

적어도 이 정도는 알아야 "영어 좀 한다"는 소릴 듣는다고 생각합니다. 물론 지금 예는 조금 극단적인 구석이 있기는 하지만, 우리말로도 잘 들어보지 못한 명사나 전문용어 급에 속하는 명사를 영어로 알고 있으면 뿌듯해하는 경향이 있습니다. 뿌듯하기까지? 네, 그렇습니다. 영어를 지식으로 보는 사람들의 특징 중 하나가 "너 이 단어 알아?"라고 물어보는 겁니다. 그런데 그렇게 물어보는 단어 중에 get이나 have가 있을까요? "너 have 어떻게 쓰는지 알아?" 이렇게는 잘 안 합니다. "tonsillitis가 뭔지 알아?" 이 정도는 돼야겠죠. 그래서 상대가 잘 모르겠다는 표정을 지으면 "음하하~~ 편도선염이야 잘 알아둬라." 하는 모습, 스스로는 뿌듯해 하는지 모르겠지만 옆에서 보기엔 너무나 안타까운 모습입니다. 다른 책에서 이미 주장했지만, 우리는 '영어 단어=우리말 대응어' 공식을 너무 좋아합니다.

    develop = 개발하다   happy = 행복한   have = 가지다

이 정도면 됐다고 생각합니다. 그 단어들이 그렇게 단순한 게 아니라고 말하면, 더 복잡하게 들어가면 그 많은 걸 다 어떻게 외우냐는 말도 합니다.
|"다 외운다" - 이 말 들을 때마다 씁쓸합니다.|

명사 공부를 좋아하는 이유 중에는 '우리말 대응어' 하나만 알면 그 단어를 자기 것으로 만들었다는 착각도 있을 겁니다. 그래서 시중에서 잘 나가는 단어 학습서 내용을 보면 명사가 주를 이룹니다. 명사는 간단합니다. 하지만 동사는 복잡하거든요. 또, 시험을 생각하면 자꾸 '양'을 생각하게 돼 있습

니다. "오늘은 몇 페이지까지 봐야 하는데… 오늘은 문제 몇 개 풀었더라… 오늘은 단어 50개를 외우자…" 시험 날짜라는 '데드라인'이 잡혀 있기 때문에 그 안에 뭔가를 해내야 한다는 강박관념 때문이겠죠. 그래서 자꾸 모래 위에 탑 쌓는 작업을 하는 겁니다. 그렇게 쌓는 건 무너질 수밖에 없습니다. 인정하세요.

시험이 끝나서 '영어공부 데드라인'이 사라지게 되면 '질'적인 공부를 하셨으면 합니다. 실제로 우리 입에서 나오는 말의 '양'은 그렇게 많지 않거든요. 자주 나오는 부분을 '제대로' 내 것으로 만드는 것, 하루라도 빨리 시작하셨으면 합니다.

명사의 종류 다섯 가지

명사숲으로 가는 길

영어를 '말'이 아닌 '지식'으로만 대하고 있음을 보여주는 단적인 예가 바로 이게 아닐까요.

고유명사   추상명사   물질명사   집합명사   보통명사

우리가 오랫동안 떠받들어 왔던 문법책에는 약속이나 한 듯 명사를 다음 다섯 가지로 분류하고 있습니다. 한 번 적어 볼테니 그냥 가볍게 보세요.

- 고유명사 – 고유명사는 말 그대로 한 명사에만 고유하게 속하는 명사로 대문자로 시작하죠. 가장 쉬운 예로 여러분의 이름이나 나라 명을 생각하면 됩니다.
- 추상명사 – 추상명사는 추상적인, 즉 우리 눈에 보이지 않는 개념을 나타내는 명사를 말합니다. time, peace, success 같은 단어 생각하세요.
- 물질명사 – 물질명사는 일정한 형태가 없는 명사를 말하는데 그냥 쉽게 액체, 기체, 고체 등을 생각하면 됩니다. milk, wood, oxygen 등이 있겠죠.
- 집합명사 – 집합명사는 말 그대로 여러 원소를 뭉뚱그리는 포괄적인 개념의 명사입니다. 집에 있는 책상이나 침대 등을 하나로 말할 때 나오는 furniture가 대표적인 예.
- 보통명사 – 보통명사는 가장 일반적인 개념의 명사를 말합니다. 모든 명사가 보통명사라면 정말 영어가 쉬울 텐데요. |그럼 재미는 없어지겠지만.| 지금 눈앞에 있는 book, computer, cup, telephone 등이 모두 보통명사입니다.

다른 분류할 때도 말했지만, 이런 분류 자체가 우리에게 해를 주는 건 아닙니다.

영어의 명사를 바라보는 또 하나의 시각을 제공하고 있거든요. "어~ 저렇게 나눠서 보는 방법도 있구나. 재미있네." 정도에서 그치면 괜찮습니다.

그런데! 저것을 가지고도 역시 '시험 문제'를 만들어냈던 게 우리 영어 교육이었습니다. 보기로 명사 네 개 달랑 나오고 "다음 중 추상명사가 아닌 것은?" 이런 식으로. 물론 지금은 이렇게는 잘 안 나오겠지만 |설마 아직도?|, 굳이 이 말을 하는 이유는 영어 한동안 안 하다가 다시 영어책 집어 들면서 저 다섯 가지 명사 구분부터 다시 해야 한다고 생각하는 분이 있을 것 같은 노파심 때문입니다.

알면 좋지만 몰라도 실제 영어 하는 데 아무 지장 없습니다.

자, 영어의 명사를 볼 때는 저렇게 다섯 가지 말고 '셀 수 있는 명사(Countable Noun)'와 '셀 수 없는 명사(Uncountable Noun)'로 나눠서 보세요. 앞에 나온 다섯 가지 분류가 우리를 어떻게 헷갈리게 하는지 아세요?

> "room은 '보통명사'이므로 셀 수 있다."
> "water는 '물질명사'이므로 셀 수 없다."
> "success는 '추상명사'이므로 셀 수 없다."

이렇게 나와 버리니 '보통명사' '물질명사' '추상명사'의 정의를 꼭 알아야 된다고 생각합니다. 그리고 결국 room은 항상 셀 수 있고 water는 항상 셀 수 없는 쪽으로 고정관념이 생깁니다. 그러다가 꼭 그런 게 아니라는 걸 서서히 알게 됩니다. 셀 수 있을 수도 없을 수도 있다는 걸. 그런데, 그런 경우가 너무 많이 나옵니다. 그때마다 '예외'라고 부르기가 민망할 정도로 많이 나옵니다. 그럼 짜증납니다. 결과는? 영어책 다시 집어 던지면서 아무 죄 없는 영어 욕하겠죠.

그냥 쉽게 가는 게 어떨까요? 백지 상태에서 출발하세요. 어떤 명사는 '~명사'라고 미리 분류할 필요도, CN인지 UN인지 미리 단정지을 필요도 없습니다. 상황에 따라서 CN이 될 수도, UN이 될 수도 있거든요. 그럼 우리가 할 일은? 네, 그 '상황'이 어떤 건지를 제대로 알고 있으면 되는 거 아닐까요? 물론 이것도 간단하지는 않지만 "무슨 명사니까 셀 수 있다 혹은 셀 수 없다" 식으로 하는 것보다는 훨씬 더 '사람답게' 영어를 배워갈 수 있습니다.

아무 개념도 없이 다섯 가지 중 어느 명사인지 외우기만 하는 '로봇' 영어는 얼마 못 갑니다. 아직도 이 분류법을 좋아하시는 분이 있다면, 혹시 이런 것 때문이 아닐까요? 일단 가르치기 정말 편합니다. '영어에는 1~5번까지의 명사 종류가 있고, 1, 2, 3은 셀 수 없고 4, 5는 셀 수 있다'라고.

그리고 대표적인 명사는 이러이러한 게 있다고 가르치면 되거든요. 시험 영어에서도 유용합니다. 명사 몇 개 가지고 문제 내면 되니까요. 배우는 입장에서도 무지 편합니다. 그렇게만 알고 넘어가면 되거든요. 다섯 개 외우는 데 시간 얼마 걸리겠어요?

여기까지는 괜찮지만, 이 분류법이 우리에게 이번에도 커다란 '착각'을 안겨준다는 게 정말로 큰 문제입니다. 시험에 나오는 특정한 명사 몇 개가 전부라는 '착각.' 그 명사 몇 개가 다섯 가지 중 어디에 해당하는지만 알면 명사는 대충 끝난다는 '착각.' 중요한 건 '기본 개념'입니다.

누구에게 영어를 가르치는 입장이라면 그냥 명사 분류법 하나 던져 주고 끝내는 것보다는 적어도 기본 개념은 가르쳐 주고 스스로 터득해 나갈 수 있는 방법을 알려줘야 하지 않을까요?

이 책에서는 명사를 조금은 다른 각도에서 보겠습니다.

 명사의 속성을 파악하는 正道는 '각개격파'예요. 보자기로 싸서 한꺼번에 하려고 해봐야 결국은 후회하고 맙니다. 그러나 각개격파를 하더라도 뭔가 하나의 기준이 있으면 더 편하겠죠? 그래서 문법이 필요한 겁니다. 일단 기본적인 개념을 알려드릴게요. 물론 그 개념을 가지고 '각개격파'에 나서는 건 여러분 몫입니다. 한 번에 모든 걸 다하겠다는 생각만 버리면 됩니다.

07 명사숲에서 만난 명사

1. '셈'의 개념
2. CN & UN의 기준
3. CN & UN 그리고 관사
4. 셀 수 있다가도 없다가도
5. family – 단수냐 복수냐?

01 '셈'의 개념

명사숲에서 만난 명사

어떤 아줌마. 우아한 걸음으로 과일 가게 앞을 지나가다 걸음을 멈춥니다.

과일 장수 : 사과 맛있어요. 좀 사가세요.
아줌마 : 어, 사과들 열 개에 얼마예요? 아니다, 사과들은 다섯 개만 하고 복숭아도 사자. 아줌마아, 사과들 다섯 개하고 복숭아들 다섯 개 주세요.
과일장수 : (얘, 뭐니?) @#$%@$#

뭔가 좀 이상하죠? 다름 아닌 "사과들, 복숭아들" 두 표현이 우리 귀에 상당히 거슬리기 때문이에요. 우리말에서는 사과가 두 개 이상이라고 꼭 "사과들"이라고 하지 않거든요. 그러나 영어에서는 거꾸로입니다. 다섯 개의 사과를 가지고 "사과들"이라고 하지 않으면 오히려 이상하게 보입니다. 사과는 셀 수 있는 명사이기 때문에 다섯 개일 때는 당연히 apples라는 복수 형태가 와야 합니다. 영어의 명사에는 CN과 UN이 있고, 지금처럼 CN이 여러 개를 말할 때는 반드시 복수 형태로 적어야 합니다. |UN일 때는 '여러 개'라는 개념 자체가 없겠죠?|

그럼 우리는 왜 "사과들"이라고 하지 않을까요? 아무리 생각해도 사과가 다섯 개니까 논리적으로 "사과들"이라고 하는 것이 맞는 것 같은데요. 아마도 우리말 명사 자체에 "세다(count)"는 개념이 별로 없기 때문일 겁니다. 살아오면서 우리말 갖고 "얘는 셀 수 있는 명사고 쟤는 셀 수 없는 명사래"라는 말

여기서 잠깐!!

UN, CN 잊지 않으셨죠? UN은 셀 수 없는 명사 Uncountable Noun, CN은 셀 수 있는 명사 Countable Noun. 이렇게 두 문자로 적기로 했었죠?

은 한 번도 들어 본 적이 없거든요. **똑같은 명사지만 영어의 명사는 셀 수 있는 명사와 그렇지 않은 명사가 뚜렷이 구분되고 우리말은 그렇지 않다는 점,** 바로 이 점이 두 언어의 근본적인 차이 중 하나입니다.

　사과 하나는 an apple

　사과 다섯 개는 five apples

영어를 처음 배우는 아이들도 다 알만한 내용. 그래서 쉽게 보일지 모르겠지만, 조금만 더 들어가면 쉽다는 생각이 싹 사라질 겁니다. 지금까지 본 문법책에 대표적으로 나온 명사 몇 개가 전부라는 생각, 그것만 암기하면 시험은 대강 볼 수 있다는 생각은 이제 버리세요. 영어를 '말' 이라고 생각한다면. CN & UN, 제대로 하기 위해서는 암기가 아니라 이해가 필요합니다.

02 CN & UN의 기준

명사숲에서 만난 명사

명사의 속성을 파악하는 正道는 '각개격파' 예요. 보자기로 싸서 한꺼번에 하려고 해봐야 결국은 후회하고 맙니다. 그러나 각개격파를 하더라도 뭔가 하나의 기준이 있으면 더 편하겠죠? 그래서 문법이 필요한 겁니다. 일단 기본적인 개념을 알려드릴게요. 물론 그 개념을 가지고 '각개격파'에 나서는 건 여러분 몫입니다. 한 번에 모든 걸 다하겠다는 생각만 버리면 됩니다.

CN/UN에 관한 커다란 원칙 두 가지 먼저 말합니다.

첫째, 어느 특정 명사를 CN 혹은 UN이라고 **미리 단정하지 마세요**. 하다못해 확실하게 CN이라고 말할 수 있는 book조차도 |물론 이건 거의 확실한 CN이지만.^^| 미리 넘겨짚지 마세요. 어떤 하나의 명사는 상황에 따라 CN도, UN도 될 수 있습니다. 이걸 결정하는 건 '그 명사가 어떤 뜻으로 쓰이느냐'이지, 그 명사 자체가 본래 그런 성격을 갖고 태어나는 게 아니에요.

둘째, CN/UN에 관해서 **하나의 뚜렷한 규칙은 없습니다.** |규칙이 없다는 게 원칙? 힘 빠집니다.^^| 물론 커다란 그림은 그릴 수 있습니다. 그러나 그걸 하나의 '규칙'이라고 하기엔 '예외'가 너무 많거든요. 특정한 뜻으로 나오는 어떤 명사가 CN인지 UN인지 확신이 없을

때는 사전(영영사전)을 보세요. 사전은 그런 거 찾아보라고 있는 겁니다. 사전을 활용하세요. CN/UN에 관한 확실한 규칙은 없지만 대강의 그림은 그릴 수 있습니다. 정말 대강의 그림입니다.

1. CN : 말 그대로 하나, 둘 하고 셀 수 있어야 합니다. 무지 쉬운 것 같이 들리지만 사실 어려운 말입니다. 하나, 둘 센다는 것에 대해 우리의 생각과 영어 원어민의 생각이 다르거든요. 영어는 저 사람들 말이니까 당연히 원어민 기준으로 생각해야지, 우리 기준으로 생각하진 마세요. 시험에 자주 나오는 advice, news 같은 단어들. 우리말로는 "충고 하나 해줄게, 좋은 소식 하나 있어"라고 하지만 저쪽 사람들은 "아니야! 우리는 advice나 news에 '하나'라는 말을 안 붙여"라고 하거든요. 이런 건 우리 입장에서 '머리'로 이해하려고 해봐야 잘 안 됩니다. 그럼 어떻게? 그렇죠. '머리'가 아닌 '입'으로 이해하려는 노력이 필요합니다.

2. UN : 말 그대로 하나, 둘 하고 셀 수 없는 명사들입니다. 같은 얘긴데요. 이것도 저쪽 사람들이 셀 수 없다는 말입니다. 우리 생각은 잠시 접어두어야 합니다. 예를 들면 situation(상황)이라는 명사가 있습니다. 우리는 "상황 하나, 상황 둘"이라고 안 하지만 영어 원어민은 그렇게 합니다. That was all I could do in a situation like that(그 상황에서 내가 할 수 있는 최선이었어). situation 앞에 a가 있는 게 보이죠? (눈으로 보지 말고 '입'으로 읽으면서 하세요.) UN에는 몇 가지 일반적인 특징이 있습니다.

1. 여러 명사를 원소로 포함하는 덩치가 큰 명사는 셀 수 없습니다. 가장 대표적인 것이 침대, 소파, 의자 등을 포함하고 있는 furniture.
2. 액체, 기체, 고체 등은 셀 수 없습니다. 이건 쉽죠? 물 하나, 산소 두 개, 이렇게는 하지 않으니까요.

3. 그리고 우리 눈에 보이지 않는 명사들은 보통의 경우 셀 수 없습니다. 사랑, 겸손, 친절 등. 뭐, 보여야지 세죠.

그러나 지금 세 가지는 너무나 일반적인 얘기들입니다. 항상 이렇게만 된다면 왜 영어가 어렵겠어요? 영어 명사들은 지금 설명을 보면서 저쪽에서 팔짱 끼고 비웃고 있을지도 모릅니다. 하지만 뭐, 저쪽에서 비웃거나 말거나 우리는 우리대로 조금 더 보죠.^^

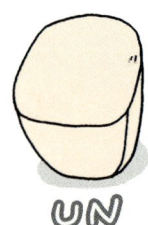

UN, 즉 Uncountable Noun을 다른 용어로 Mass Noun이라고도 합니다. mass는 '덩어리'. 그럼 UN의 그림이 조금 느껴지지 않나요? **UN은 뭔가 하나의 '덩어리' 그림. 반면에 CN은 '그 덩어리를 나눈 여러 조각'의 그림.** 그래서 CN은 하나, 둘, 셋 하고 세면서 복수형이 가능한 겁니다. 반면에 UN은 그 덩어리 자체로는 아무 것도 안 되기에 그걸 세기 위해서는 뭔가 단위를 붙여야 합니다. a cup of water, a piece of equipment 식으로. 근데, 이래도 영어는 비웃고 있을 거 같죠?^^ 뭐 어떻게 하든 말 몇 마디로는 설명이 잘 안 될 거 같네요. 실제 예를 보면서 풀어나가면, 혹시 영어가 아까 끼었던 팔짱을 빼고 "어? 뭔가 좀 되는데." 하고 흥미롭게 쳐다보지 않을까요?

CN & UN 그리고 관사 03

명사숲에서 만난 명사

CN/UN을 본격적으로 시작하기 전에 '관사' 얘기를 조금 해야 나중에 이해하기가 더 편합니다. 그리고 앞으로 문장을 볼 때 명사가 나오면 명사 앞에 어떤 게 오는지 유심히 살피세요. CN/UN에 따라 몇 가지 차이가 있거든요.

일단 명사의 단·복수 형태예요. UN은 셀 수 없는 명사, 따라서 복수형이 있을 수 없습니다. 따라서 어떤 명사가 복수형으로 나왔다면 그 명사는 CN으로 쓰이고 있는 겁니다. 앞에 관사가 나온다면 그것도 잘 보세요. 부정관사 a는 기본적으로 '하나'를 의미합니다. 따라서 a가 나온 명사는 CN이라는 것도 알 수 있습니다. few(many)/little(much)과 같은 수식어의 문제도 있습니다. few와 many는 CN과 함께 쓰이고 little과 much는 UN과 함께 나오거든요. 따라서, 복수형이 오거나 앞에 a, few, many 등이 오면 그 명사는 CN이라고 생각하면 됩니다. 물론 가장 이상적인 것은 지금 말한 과정을 거꾸로 하는 것입니다. 이미 어느 명사가 CN인지 UN인지 아는 상태에서 a를 붙이거나, much를 붙일 줄 알아야겠죠. 그러나 영어와 아직 친하지 않은 상태에서는 다른 사람의 글을 보면서 명사를 익히는 게 먼저일 것입니다.

우선 관사를 보고 명사의 속성을 엿보는 방법을 조금만 보고 갈게요. 먼저 부정관사 a. 부정관사 a에는 기본적으로 '하나'라는 속성이 있습니다. 따라서 CN 앞에는 a가 올 수 있지만, UN 앞에는 a가 올 수 없죠. 뒤집어서 생각하면, 복수형이 아닌 어떤 명사 앞에 a도 없고 아무 것도 없다면 그 명사는 UN으로 쓰이고 있는 겁니다. 반대로 CN이 복수형도 아닌데 명사 앞에 아무것도 없다면 이상한 거죠.

- <u>Power</u> corrupts and absolute power corrupts absolutely.
  권력은 부패한다. 그리고 절대 권력은 절대적으로 부패한다.

유명한 말입니다. power 앞에 아무것도 없습니다. UN이라는 걸 알 수 있습니다.

- He was <u>a power</u> in the music business. 그는 음악계의 실력자였다.

부정관사 a를 보면 여기 power는 CN이라는 걸 알 수 있습니다. 일단 이렇게 CN과 UN을 구분하세요.

그 다음 정관사 the. 정관사 the는 기본적으로 '셈이나 수'와는 관계가 없습니다. 명사의 다른 속성 중 하나인 '명사의 정체'와 관련 있거든요. 대화하는 두 사람 모두 어떤 명사인지 알고 있을 때는 명사 앞에 the가 옵니다. 이렇게 the가 오는 건 CN이나 UN 모두 해당됩니다.

- I remember <u>the advice</u> he gave to me. 그 사람이 내게 해준 충고 기억하고 있어.

UN으로 쓰이고 있는 advice. 일반적인 advice가 아닌, "그 사람이 내게 해준 충고" 쪽으로 의미가 제한되고 있습니다. 어떤 충고인지 정해져 있으므로 advice 앞에 the가 오고 있습니다.

- I really enjoyed <u>the book</u> you gave to me. 네가 준 책 정말 재미있게 잘 읽었어.

CN으로 쓰이고 있는 book. 역시 조금 전 문장과 같은 맥락에서 보시면 됩니다.

어떤 책인지 모르지만 대화하는 두 사람이 알고 있는 '특정' 책입니다. 그래서 book 앞에 the가 오는 겁니다. 따라서 앞에 the가 오는 것만 가지고는 CN과 UN을 구별하는 데 별 도움이 안 됩니다.

마지막 하나가 더 있습니다. 일명 '무관사'. 쉽게 말하면 앞에 아무 것도 없이 명사만 나오는 경우예요. 그런데 이때 명사가 단수형이면 UN이고, 복수형이면 CN이 되는 겁니다. 이 무관사는 어떤 명사의 '일반적인 혹은 전체적인' 성질을 나타내는 겁니다. 말이 어렵죠? 문장 보세요.

- <u>Power</u> corrupts and absolute <u>power</u> corrupts absolutely.
  권력은 부패한다. 그리고 절대 권력은 절대적으로 부패한다.

앞에 나온 문장입니다. 그냥 일반적인 권력, power 얘기예요. 이럴 때는 그냥 명사 하나만 달랑 쓰면 됩니다. 다른 거 붙일 필요 없죠. 그러나 CN은 다릅니다.

- Do you like <u>flowers</u>? 꽃 좋아하세요?

한 송이 꽃도 아니고, 내가 너한테 어제 준 꽃도 아닙니다. 말 그대로 그냥 일반적인 '꽃'입니다. 꽃 전체를 말하는 겁니다. 이럴 때 CN은 앞에 아무런 관사 없이 복수형이 나옵니다. 다시요, '복수형'입니다. 지금 말한 내용을 표로 정리해볼게요.

> **문장 속에 나오는 명사를 보고 CN인지 UN인지 구분하는 방법**
>
> CN이 단수형으로 나올 때에는 반드시 앞에 a나 the 같은 관사가 있어야 합니다. 없으면 복수형이어야 합니다. 그리고 UN은 셀 수 없는 명사니까, 앞에 a가 온다거나 복수형이 나오게 되면 이상합니다.

	부정관사 a	정관사 the	무관사
CN	O	O	복수형
UN	X	O	단수형

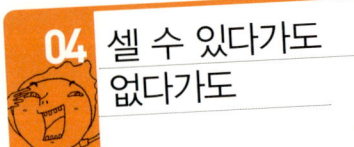

04 셀 수 있다가도 없다가도

명사숲에서 만난 명사

어느 명사에 대해 미리 CN/UN을 정해놓고 생각할 필요 없다고 했습니다. 상황에 따라 문맥에 따라 CN과 UN을 넘나드는 게 영어 명사들입니다. 그 구체적인 사례를 소개합니다. 얘기가 길어질지 모르니 느긋하게 읽으세요.

갈아버린 토마토

자! 토마토가 있어요. 앞에 나온 아줌마, 사과랑 복숭아 산다고 하다가 마음을 바꿔 토마토 10개를 삽니다. 집에 와서 그냥 먹을까 주스를 만들어 먹을까 고민하다가 주스를 만들기로 하고, 토마토 10개를 한 번에 믹서에 넣고 갈아버립니다.

봉지 안에 있던 10개의 토마토 vs. 믹서에서 나와 완전히 죽처럼 돼버린 토마토

분명히 같은 토마토이지만 둘의 상태는 달라도 너무 다릅니다. 그러나 우리말에서는 이 둘 사이에 아무런 차이가 없습니다. 뭐 어찌 됐든 토마토는 토마토니까요. 그러나 영어에서는 엄연한 차이가 있습니다. 봉지 상태에서는 분명히 하나, 둘 하고 셀 수 있었지만, 완전히 갈아버린 상태에서는 하나, 둘 하고 셀 수가 없게 된 겁니다. 앞의 경우는 셀 수 있는 명사(CN)가 되는 것이고, 뒤의 경우는 셀 수 없

는 명사(UN) 취급을 하는 게 영어예요.

 a I bought ten tomatoes on my way home.
집에 오는 길에 토마토 10개를 샀다. (CN)
 b I should add a little more tomato. 토마토를 더 넣어야겠는데. (UN)

 a 문장을 보면 tomatoes라고 복수형이 나온 것에서 CN임을 알 수 있습니다. b 문장에는 a little이라는 수식어에서 토마토가 UN이라는 게 보입니다. 자, 지금 내용이 CN과 UN을 구분하는 가장 기본적이면서 핵심적인 요소입니다. 'tomato=보통명사=CN' 식의 단순한 공식은 금물입니다. 하지 마세요. 문장 내에서 어떻게 나오느냐가 tomato의 성격을 규정하는 기준입니다. 하나, 둘 셀 수 있었던 토마토. 믹서에 넣고 갈아버리니까 액체 상태가 돼버렸겠죠? 보통 액체 상태에서는 하나, 둘 셀 수 없습니다. 액체가 나온 김에 액체 하나 더 보세요.

- <u>Milk</u> does a body good. 우유는 몸에 좋다.

milk 앞이 허허벌판입니다. CN이라면 이렇게 올 수 없다고 한 거 기억하시죠? 이렇게 액체 상태로 있는 경우는 대부분 UN이 됩니다.

- How much <u>oxygen</u> is in the air? 대기 중에 산소는 얼마나 많이 있나요?

기체일 때도 마찬가지겠죠? how many가 아닌 how much를 보고 oxygen이 UN인 걸 알 수 있습니다. 조금 전에 나왔던 milk로 다시 돌아갑니다. 액체 상태에서는 보통 셀 수 없습니다. 그래서 마시는 종류의 음식들은 대부분이 UN입니다. 그 대표적인 명사들을 적어볼게요.

beer, coffee, milk, tea, water, wine, yogurt

"물 하나, 물 둘, 우유 하나, 우유 둘" 하고 셀 수는 없겠죠? 그렇다고 얘들을 셀 수 있는 방법이 전혀 없는 건 아닙니다. 그냥 액체 상태에서는 셀 수 없지만 이걸 어디에 담게 되면 셈이 가능해집니다. 셈의 '단위'를 붙여주는 겁니다. 즉, 앞에 '단위 명사'를 붙여서 세는 거죠. "물 한 잔, 우유 두 컵" 식으로 그 단위를 명시하면 얼마든지 셀 수 있습니다.

- We sat, talked and split <u>two pitchers</u> of beer.
  우리는 앉아서 얘기도 하면서 맥주 두 피처를 나눠 마셨다.

피처 두 개가 아니라, 두 병이면 two bottles of beer, 두 캔이면 two cans of beer가 될 겁니다. 재미있는 건, 꼭 이렇게 눈에 보이는 단위만 있는 건 아니에요.

- He took <u>another gulp</u> of beer. 그는 맥주를 한 모금 더 들이켰다.

gulp는 뭔가를 먹을 때 "꿀꺽, 벌컥"의 그림을 가지면 됩니다. 물론 gulp (down)를 동사로 써도 되지만, 명사로 해서 '벌컥 들이키는 한 모금'이란 뜻으로 쓸 수도 있으니, 색다른 맛이죠? 그럼 gulp의 반대 그림을 갖는 단어는 뭘까요? 마실 때 찔끔찔끔 마시는 그림의 단어는?

- I took <u>a sip</u> of whisky and set down the glass.
  위스키 한 모금 마시고 잔을 내려놓았다.

네, sip입니다. 역시 동사로 사용해도 되지만 whisky 앞에 명사로 예쁘게 나오고 있습니다. 매일 보던 bottle이나 can 외에 gulp나 sip 같은 단어가 나오면 "아,

이렇게도 나오는구나"하고 한 번 더 보세요. 영어는 이렇게 실전을 통해 늘려가는 겁니다. 다른 문장 보세요.

- Let's talk over <u>a cup</u> of coffee. 커피 한 잔 하면서 얘기나 하죠.
- How much is <u>a carton</u> of milk? 우유 한 팩에 얼마예요?
- Love is getting someone <u>a glass</u> of water in the middle of the night.
사랑이란 한밤중에 누군가에게 물 한 잔을 가져다주는 것이다.

마지막 문장은 예쁘죠? 쿨쿨 자다가도 파트너가 "물 한 잔만"이라고 말하면 눈을 비비며 물을 가져다 줄 수 있는 것이 사랑이라는군요. 세 문장 모두 액체, UN으로 나오고 있습니다. 그런데 항상 이럴까요? 이미 앞에서 강조했지만, 이 정도로 간단하면 感 얘기 안 했을 겁니다. 자, 이제부터 CN/UN이 왔다 갔다 합니다. 식당에 갔는데 미국인 웨이터가 이렇게 말합니다.

- How <u>many coffees</u> for this table, sir? 여기는 커피 몇 잔 드릴까요?

해석은 "몇 잔"으로 했지만 cup은 안 보이네요. 그럼 "커피 몇 개 드릴까요?"가 되겠네요. 이 말을 듣고 "아니 커피 몇 개가 뭐야? 커피 몇 잔이라고 말해야지." 생각할 수 있습니다. 그러나 웨이터도 나름대로 할 말 있을 걸요. "아니, 그럼 당신이 커피를 잔으로 먹을 거지, 드럼통으로 먹을 거야? 굳이 말 안 해도 몇 잔이라는 건 알아야지"라고. 그러면서 끝까지 how many cups of coffee라고 안 합니다.^^ 보통은 단위 명사를 붙여야 하는 UN의 경우에도 그 단위를 일반적으로 서로 알 수 있는 상황에서는 그냥 CN 취급을 하기도 합니다. 그래서 one, two 등을 앞에 붙이고 복수형으로 사용할 수 있는 겁니다.

- How <u>many sugars</u> do you take? 설탕은 얼마나 넣으시죠?

설탕도 마찬가지. 설탕도 굳이 "몇 스푼?" 할 필요가 없는 거예요. 국자로 넣어 먹을 사람은 없을 테니까.

- I'd like <u>two coffees</u> to go, please. 커피 두 잔 가지고 갈 거예요.

커피도 간단하게 이렇게 말하면 됩니다. 앞에서 나왔던 맥주 경우도, 영화나 드라마 보면 I need a beer.나 Two beers, please.가 자주 나옵니다. 병인지 캔인지는 냉장고 열어보면 알 수 있겠죠. 재미있는 게 물, water예요. 영어와 친한 분이라면 "바다 위의 일정 구역"을 뜻할 때 waters라고 복수 형태가 나오는 거 보셨을 겁니다. 네, 보통 waters하면 이런 뜻이고 우리가 마시는 물과 관련해서 waters가 나오는 경우는 없었습니다. 네, '과거엔' 없었습니다. 그러나 생수가 보편화되면서 상황이 바뀐 겁니다. |뒤에 말하겠지만 '이메일' 때문에 mail의 용법이 바뀐 것과 마찬가지예요.|

- Consumers Quench Thirst with a Flood of Bottled <u>Waters</u>.

어떤 보고서 제목이에요. '갈증 해소'라고 말할 때 thirst와 quench는 거의 굳어진 표현입니다. 모 음료에 이렇게 써있는 거 많이 보셨을 거예요. a flood는 '단위 명사', '홍수'의 이미지처럼 뭔가 한꺼번에 쏴악 하고 밀려들어올 때 a flood of something입니다. 지금은 뒤에 생수가 나오니까 a flood가 딱 들어맞는 표현입니다. 위 문장은, 지금 시장에 물밀듯이 여러 종류의 생수가 나오고 있고, 소비자들이 갈증 해소를 위해 이 생수를 즐겨 마시고 있다는 쪽으로 이해하시면 됩니다. 제일 뒤에 있는 bottled waters 보세요. 이걸 보면 어느 특정 '생수 브랜드'를 a bottled water라고 한다는 걸 짐작할 수 있습니다. water에 a가 붙는 겁니다.

그리고 위 문장처럼 복수형도 나오는 거구요. 언어는 계속 변한다는 걸 실감할 수 있습니다. water가 이렇게도 나오니까요.

- I do prefer some <u>waters</u> over others. 난 특별히 좋아하는 생수 브랜드가 있어.

이젠 'water=물질명사=UN' 식으로 보지 않으실 거죠? 그런데 앞에서 "UN의 경우, 그 단위를 일반적으로 서로 알 수 있는 상황에서는 그냥 CN 취급하기도 한다"고 말했는데, 이게 또 항상 그런 게 아닙니다. '피(blood)'가 그 대표적인 경우. 보통의 경우라면 피는 UN입니다. |고스톱이 아니라면 피 하나, 피 둘, 이렇게는 안 하죠.^^| 액체이기 때문에 UN이라고 생각해도 되겠죠? 우리는 수혈하게 되면 cc라는 단위를 쓰지만 미국에서는 pint를 붙입니다. 모든 국민이 피는 무조건 pint로 센다고 알고 있다고 해서, "뭐, 그럼 pint 안 붙이고 a blood, two bloods 하면 되겠네"라고 생각할 수 있습니다. 그러나 그렇게는 하지 않습니다.

- I gave two bloods last year. |이렇게는 안 하고|
- I gave two pints of blood last year. |이렇게 하는 게 보통입니다.|

헷갈립니다. 마구 왔다 갔다 하죠? 한번에 외우려고 들지 말고 하나의 규칙을 찾으려고도 하지 마세요. 그냥 읽어가세요. 그게 맞는 거예요.

고유명사

이제 '이름'을 보겠습니다. 이름? 네, 우아한 말로 '고유명사'. 명사에 보면 유독 튀는 놈이 하나 있는데 그 놈이 바로 이 놈입니다. 뭐가 다를까요? 네, 고유명사는 '대문자'로 시작합니다. 제 이름은 '성호.' 부모님이 이 이름 지을 때 무슨 생각을 하셨을까요? 이 세상에 있는 수많은 '성호'를 생각하면서 그 중 하나라고 생각한 것은 당연히 아닙니다. 뭐 나중에야 성호라는 애가 저말고도 많이 있다는 걸 알게 되지만, 처음 이름을 만들 때는 그냥 저 하나 생각하고 만든 겁니다. 따라서 부모님 입장에서 보면 '성호'라는 명사는 '셈'의 대상이 아닌 겁니다. '하나' 밖에 없는 걸로 생각했으니까.^^| 그래서 보통 이런 이름과 같은 명사는 UN입니다. 또 이런 이름들은 다른 시시껄렁한 명사와는 차원이 다르기 때문에 대문자로 시작하는 영광도 준 겁니다.

> Korea, John, Mercedes Benz, (the) White House, (the) Chicago Bulls …

그런데 살다 보니 예상치 못한 문제가 생깁니다. 새로 이사온 옆집 아들 이름이 '성호'라지 뭡니까? 원래는 딱 하나만 생각하고 만들었는데 살다 보니 여기 저기 여럿이 있는 겁니다. 여럿이 있다? 그럼 CN인 거네요.

- Talks between officials from the <u>two Koreas</u> are underway on Cheju Island. 남북한 정부 관계자 간 회담이 현재 제주도에서 진행 중이다.

슬픈 현실이지만 이 세상에는 Korea가 둘 존재합니다. 우리 생각이야 하나지만 남들은 그렇게 안 봐줍니다. 따라서 Korea도 상황에 따라서는 셀 수 있는 명사가 되는 겁니다.

- He bought a Mercedes Benz yesterday. 그 사람은 어제 벤츠를 샀다.

벤츠라는 차 이름을 생각하지 말고, 벤츠라는 이름을 달고 돌아다니는 수많은 차를 머릿속에 그리세요. 그럼 CN의 모습으로 다가올 겁니다.

- Is it a Picasso? 그거 피카소 그림이에요?

위 문장과 비슷하죠? 여기 Picasso는 피카소라는 화가의 이름이 아니라 피카소가 그린 그림 중 하나란 의미.

- There are three Kennedys in Congress.
  미 의회에는 세 명의 케네디 의원이 있다.

Kennedy라는 고유명사도 언제든지 셀 수 있다는 걸 보여 줍니다. Kennedy가 세 명이니까 three Kennedys, 쉽죠?

- Marilyn & the Kennedys raises three questions.
  〈마릴린과 케네디家〉는 세 가지 의문점을 제기한다.

Marilyn & the Kennedys는 책 이름입니다. 케네디家 사람들은 모두 케네디란 이름을 가지고 있을 겁니다. 이 사람들을 한데 모아서 부를 때는 the Kennedys와 같이 'the+복수명사' 형태를 취합니다. 이름 역시 상황에 따라 얼마든지 CN도 되고 UN도 됩니다.

찢었더니 두 장?

자, 이제 조금 다른 얘기를 할까 합니다. paper로 시작합니다. paper가 '종이'의 뜻일 때는 UN입니다. 우리말 생각해봐도 "종이 하나, 둘, 셋" 말하지는 않죠? 그러나 paper가 '신문'의 뜻으로 나오면 CN이 됩니다. 이건 두 가지 설명이 가능합니다.

1. 재료는 UN, 그러나 그걸로 만든 제품은 CN

- paper : '종이'일 때는 UN, '신문'일 때는 CN
- iron : '철'일 때는 UN, '다리미'일 때는 CN
- ice : '물이 얼어 고체가 된 얼음'이라면 UN, 물을 얼음통에 담아 냉장고에 넣어 얼린 '얼음'은 CN. |CN의 경우는 "얼음 두 개만 넣어 줘" 할 때의 그 얼음|
- glass : '유리'일 때는 UN, '유리잔'이나 '안경'일 때는 CN
- rubber : '고무'일 때는 UN, 고무로 만든 '콘돔'일 때는 CN

앞에서 '덩어리, mass'의 그림을 말했는데 기억하세요? 고깃덩어리 생각해보면 어떨까요? 고깃집 가서 고기 시켰는데 덩어리 갖다 주면서 손님이 알아서 자른 후 구워먹으라고 하는 데는 없죠.

커다란 고깃덩어리 vs. 먹기 좋게 얇게 여러 개로 썰어놓은 상태

재료 상태의 '종이', 그 종이를 잘라 우리가 볼 수 있게 만든 '신문'. 쇳덩어리 상태의 '철', 그걸 가공해 옷을 다릴 수 있게 만들어놓은 '다리미'. 물이 얼어서 생긴 얼음 덩어리, 우리가 먹게 좋게 조그맣게 얼려놓은 '냉장고 얼음'. 커다란 원재료 상태의 유리, 그걸 잘라서 만든 잔이나 안경. 그냥 혼자 머릿속으로 이런 상상을 해보는 것도 CN/UN 이해에 도움이 되지 않을까요?

어떻게 보면 인간은 이기적인 동물이라는 생각도 듭니다. 방금 언급했던 명사들 보면, 재료 그 자체일 때는 우리 생활과 직접적인 연관이 없습니다. 그걸로 뭔가를 만들었을 때 우리는 비로소 "하나, 둘" 셈을 하기 시작하죠. 우리랑 별 관련도 없는데 뭣 때문에 복잡하게 셈을 하겠습니까?^^ 재료의 개념으로 쓰이는 다른 명사|당연히 UN이겠죠?| 소개할게요. gold, silver, coal, plastic, leather, coal, steel, wood 등이 있습니다. 같이 알아놓으세요.

2. 하나가 금방 둘이 되면 그건 하나가 아니지

CN은 "하나, 둘" 이렇게 셈이 가능한 명사라고 했습니다. 이걸 뒤집어 생각하면, 방금 하나라고 했으면 지금도 하나여야 합니다. 또 방금 둘이라고 했으면 계속 둘이어야 합니다. |복잡한가요?| 쉽게 말하면, 금방 하나라고 말하고 뒤돌아보니 둘이 돼 있으면, 원래의 것을 '하나'라고 말할 수 없다는 겁니다. 그렇게 되면 '셈' 자체가 의미 없어지는 거죠. 예를 들어, 종이가 있습니다. 종이 한 장을 들고 반으로 쭉 찢습니다. 어떻게 될까요? 두 개가 됩니다. 그 두 개를 들고 또 찢어 보세요. 네 개가 됩니다. 방금 하나라고 말한 '종이 하나'가 네 개가 돼버린 거죠. 그럼 최초의 종이 하나를 과연 '하나(a paper)'라고 할 수 있을까요? 애매하겠죠. 그래서 종이를 셀 때는 단위 명사를 붙여서 a piece[sheet/ream] of paper라고 해주는 겁니다.

그러나 신문일 때는 다릅니다. 굳이 piece나 sheet 같은 단위 명사를 붙일 필요가 없습니다. 그 자체로 이미 하나라는 개념이 있기 때문입니다. 아버지가 화장실에 신문을 가지고 들어가십니다. 나도 보고 싶다고 반으로 잘라서 보자고 할 수는 없는 노릇입니다. 종이 때와는 달리, 신문 한 부를 찢는다고 신문 두 부가 되는 건 아니거든요. 신문은 자체로 하나의 개념이 있기 때문입니다. 그래서 CN입니다.

지금 말한 '종이'와 똑같은 게 하나 있습니다. 바로 '분필'. 중학교 때 '분필은 UN'이라고 배우지만 도저히 이해할 수 없었거든요. 분필이 왜 UN인지? '종이' 생각하면 아시겠죠? 선생님이 칠판에 문제 네 개를 적고 아이들에게 나와서 풀라고 합니다. 그리고는 분필을 4등분 하죠. 조금 전에 하나였던 분필이 금방 네 개가 돼버립니다. 이 네 개 모두 분필로서의 기능을 제대로 할 수 있으니까 분명히 네 개라고 할 수 있겠죠? 이렇게 금방 네 개가 돼버리는 원래의 분필을 '분필 하나(a chalk)'라고 할 수는 없죠. 그래서 이 분필에게 단위 명사를 주는 겁니다. 두루 두루 쓰이는 단위명사 piece를 붙여 a piece of chalk라고.

하나라고 부를 수 있어야 그 다음 둘, 셋, 넷 나올 수 있으니… 셀 수 있습니다. 그럴 수 없다면 그 명사는 셀 수 있는 명사가 아닙니다.

a I need some <u>paper</u>. 종이가 좀 필요한데. (셀 수 없고)
b I was going out to buy <u>a paper</u>. 신문 사러 나가려고 했었어. (셀 수 있다)

a Are you saying that it is made of <u>glass</u>?
그게 유리로 만들어졌다는 말이야? (셀 수 없고)
b Would you like <u>a glass</u> of water? 물 한 잔 드릴까요? (셀 수 있다)

a Do you have any <u>coffee</u>? 커피 있니? (가루 상태의 커피, 셀 수 없다)
b Two <u>coffees</u>, please. 커피 두 잔 주세요. (마실 수 있는 상태의 커피, 셀 수 있다)

돈, 왜 못 셀까?

자, 이제 '돈' 얘기.^^ 중학교 때 '분필'만큼이나 결코 이해할 수 없었던 것이 "돈은 셀 수 없는 명사"라는 선생님의 말씀. "아니 맨날 세는 게 돈인데 왜 다른 것도 아닌 돈을 못 센다는 거지?" 하며 혼자 끙끙 고민하던 기억이 납니다. "돈은 셀 수 없는 명사니까, 복수형이 없고 앞에서 수식할 때는 many나 few가 아닌 much나 little이 온다." 맞는 말이지만, 이렇게만 외우면 영어가 하나도 재미없을 뿐더러 다른 단어에 응용할 수도 없습니다. 우리는 조금 다르게 볼게요.

money

지폐나 동전을 세고 있는 모습은 머리에서 지우세요. 셀 수 있다는 건 쉽게 말해 '하나, 둘, 셋'이라고 부를 수 있다는 겁니다. 이렇게 생각하면 수수께끼는 쉽게 풀립니다. 우리말도 "돈 하나, 돈 둘" 혹은 "하나의 돈, 두 개의 돈"이라고 하지 않거든요. 그럼 어떻게 셀까요? 돈을 셀 때는 1,000원 2,000원 이렇게 단위를 붙여서 세는 겁니다. 지금까지 본 단위 명사는 a piece[cup/flood] of something의 형태인데, 돈은 그 단위가 명사 뒤에 온다는 것만 다를 뿐입니다.

- How much money do you need? 돈 얼마나 필요하니?
- He gave me 500 dollars. 그는 내게 500달러를 주었다.

자, 일단 이러면 이해는 됩니다. 그런데 '돈'에서 하나만 더 생각해보세요. money는 그 안에 여러 가지 원소를 포함하고 있습니다. 여러 개의 알이 들어 있는 둥지 그림이 바로 money예요. 하나의 우산을 가지고 서너 명이 쓰고 가는 그림을 가져도 좋습니다. money라는 둥지에 들어 있는 알에는 동전도 있을 거고, 지폐도 있을 거고, 수표도 있을 겁니다. 그리고 우리가 실제 '하나, 둘, 셋'이라고 세는 것은 둥지가 아닌 바로 그 안에 들어 있는 '알' 인 셈입니다. 우리가 문법책에서 많이 봤던 '집합명사' 의 그림이 그려집니다. 자, 이제부터 '둥지' 에 해당하는 단어를 소개합니다.

furniture   앞에서 잠깐 나왔지만 furniture는 어느 하나의 가구 아이템이 아니라 table, chair, bed 등을 싸잡아 말하는 개념입니다.

- You may arrange furniture as you wish. 원하는 대로 가구 배치를 하렴.

money나 furniture 같은 명사들은 셀 수 없습니다. 반대로 이런 명사 안에 포함되는 각각의 원소들은 셀 수 있습니다. 몇 개만 더 볼까요?

equipment   우리말로 흔히 '장비' 라고 하는 단어. 우리말로도 참 막연하죠? 영어로도 그렇습니다. equipment 안에는 수많은 명사가 포진해 있습니다. 컴퓨터업계에서 equipment라고 하면 프린터, 스캐너, 하드드라이브 등등. 오디오에서 equipment라고 하면 앰프, 스피커, CD 플레이어 등등. 집에 있는 연장들(망치, 드라이버 등등)도 equipment. 하여간 무지 많죠. equipment는 셀 수 없는 명사지만 equipment에 속하는 위 명사들은 셀 수 있습니다.

- For farm machinery manufacturers, it's a chance to sell new equipment.
  농기구 제조업체들에게는 새로운 장비를 팔 수 있는 기회입니다.

baggage   우리말로 짐 '꾸러미' 라고 해야 될 겁니다. 여행갈 때 보통 가방 여러 개 가지고 가죠? 옷가방(a suitcase)을 포함해 모든 가방(a bag)을 포함해서 하나로 부르는 말이 baggage예요. baggage는 셀 수 없지만 그 안에 포함되는 suitcase나 bag은 셀 수 있습니다.

- How much baggage can I bring? 짐은 얼마나 가지고 갈 수 있나요?

`software` 너무 익숙한 단어이지만 software는 UN이라는 거 기억하세요. software 둥지 안에는 a word processor, a program, an application 등의 알이 들어 있습니다. application은 컴퓨터 프로그램을 말합니다. 여러분 컴퓨터에 깔려 있는 각종 프로그램은 software라는 둥지 안에 살고 있는 겁니다.

- The amount of space needed depends on how much software you plan to install. 얼마나 많은 소프트웨어를 설치할 것인가에 따라 필요한 공간은 달라진다.

software처럼 -ware로 끝나는 단어들은 대개 UN입니다. ware의 뜻이 '어떤 용도로 사용되거나 특정 재료로 만든 것들' 이거든요. 이 자체가 둥지의 개념인 것입니다. software의 반대 개념인 hardware 역시 UN입니다. 인터넷 게시판 등에 올라온 글을 보면 softwares, hardwares라고 나오는 경우가 종종 있는데, 이건 좀 이상합니다. UN이라고 생각하는 게 바람직합니다. ware가 들어가는 다른 단어로 kitchenware, silverware가 생각나네요.

- Expensive and trendy kitchenware is hotter than ever.
  최신 유행의 고가 주방기구의 인기가 그 어느 때보다 높다.

`underwear` 발음 때문에 헷갈릴 수 있는데 -ware가 아니라 -wear예요. 하지만 underwear 역시 둥지의 그림을 갖고 있는 UN입니다. underwear 둥지 속의 식구들은 다 아시죠?^^

- How many runners wear underwear under their running shorts?
  달리기 할 때 반바지 안에 속옷 입는 사람이 얼마나 될까요?

underwear를 줄여 undies라고도 합니다. 같은 의미의 undies가 복수형인 걸 보면 underwear가 여러 속옷을 포함하는 단어라는 걸 알 수 있습니다. 그리고 underwear 앞에 잘 나오는 단위 명사로는 pair, set, change 등이 있습니다. 특히 여행 갈 짐 챙길 때 change 많이 나옵니다. '갈아입을 옷' 정도의 뜻입니다.

- I'm going to take a change of underwear just in case.
  혹시 모르니까 갈아입을 속옷도 가지고 갈 거야.

homework work 자체가 '예술 작품(a work of art)'이라고 나올 때 빼고는 대부분의 경우 UN이거든요. 따라서 homework도 UN이 될 수밖에 없습니다. work가 오는 다른 단어로 paperwork도 있네요. 이것 역시 UN입니다.

- How much homework is too much homework?
  숙제를 어느 정도 선에서 내야 적당한 걸까요?
- All this paperwork is killing me.
  챙겨야 할 서류가 뭐 이렇게 짜증나게 많은 거야?

mail 인터넷과 함께 완전히 새로운 변신에 성공한 단어가 바로 mail입니다. 네, e-mail 때문에. 원래 mail은 '우편물'이란 뜻의 UN입니다. letters, packages, parcels 등이 mail 둥지 안에 있는 단어들입니다. 정작 mail은 그렇게 자주 나오는 단어가 아니었죠. 그런데 인터넷의 선택을 받고 난 후, 가장 자주 나오는 명사 랭킹에 들지 않을까 싶을 정도로 자주 사용하는 단어가 됐습니다. 그나저나 인터넷에서 애초에 e-letter라고 말하기 시작했다면 어떻게 됐을까요? 전 e-mail보다 더 좋은데…

- Send me an email at gsit@naver.com. 이 주소로 메일 보내.

an email 대신에 그냥 a mail만 나와도 됩니다. 아니, 제일 많이 나오는 건 그냥 mail을 동사로 해서 Mail me at gsit@naver.com. 사실 요즘 mail은 옛날로 치면 letter와 같은 거죠. 당연히 CN이 돼야 합니다. 그래도 mail은 원래 UN이라는 생각이 강해서인지 아직까지는 mail이 CN과 UN 양쪽으로 다 나오고 있습니다. CN의 예는 조금 전에 문장에서 봤고, UN의 예는 그 유명한 영화제목.

- You've got mail.

'둥지'가 되는 셀 수 없는 대표적인 명사

furniture
equipment
software
hardware
silverware
kitchenware
underwear
homework
paperwork

추상 vs. 구체

자, 이제는 우리 눈에 보이지 않는 애들을 볼 차례예요. 구체적인 모습이 없는 추상적인 개념 상태에 있는 명사들, 우아한 말로 '추상명사'. 성공, 용기, 건강, 행복, 시간… 모두 추상적인 개념의 명사들입니다. 이런 애들은 대체로 UN으로 나오는 경우가 많습니다. 이건 어떻게 보면 당연하겠죠. 뭐가 보여야 세고 있겠죠? 하지만 이렇게만 외워두기엔 반대되는 예외가 너무 많습니다. 추상적인 개념의 명사들 역시 마찬가지로 큰 그림을 보고 가야 합니다.

success

'성공'이라는 우리말 대응어를 가지고 있는 단어. 일반적으로 말하는 성공일 때는, "성공 하나, 성공 둘" 이렇게는 세지 않습니다. 눈에 보이지 않는 개념상의 '성공'이겠죠.

- Success is in the eyes of the beholder. 관점에 따라 성공에 대한 개념은 다르다.
- Success is when you look forward to going to work AND you look forward to going home. 성공이란, 부푼 마음으로 출근하고 또 같은 마음으로 퇴근 후 집으로 향할 수 있을 때.

두 문장 모두, success의 눈에 보이지 않는 개념적인 측면을 묘사하고 있습니다. 두 번째 문장은 누군가 How would you define success?라고 물어올 때 나오는 답일 겁니다. 그런데 and를 대문자로 쓴 걸 보니, 둘 중 하나는 쉽지만 두 가지 모두를 look forward to하긴 힘든가 봅니다. 성공이란 평범한 데 있다는 걸 보여주죠? 그러나 success는 추상적인 개념이 아니라 뭔가 '구체적인 모습'으로 형상화되는 경우도 얼마든지 있습니다.

- The movie was <u>a success</u>. 영화는 성공작이었다.

이럴 때는 '성공' 이라는 개념이 아니라, 성공적인 '결과' 를 말합니다. 연일 매진으로 표를 구하지 못한 사람들이 난리인 그림이 그려지면 됩니다. 이런 식의 구체적인 모습을 가지고 우리에게 다가올 때는 CN이 됩니다. 이렇게 '구체적인 성공의 결과' 를 뜻할 때는 얼마든지 a success로 나올 수 있어요. 사람일 수도 있고, 지금처럼 영화일 수도 있고, 프로젝트일 수도 있고, 그게 뭐든 successful한 결과가 나온 경우 a success가 될 수 있습니다. "엄청나게 성공적이었다, 엄청난 성공을 거두었다" 등, 우리말을 영어로 표현할 때, 동사 succeed나 형용사 successful을 써도 되겠지만 조금 생각을 바꿔서 명사 success를 써보는 건 어떨까요?

- It was a big[huge/great/phenomenal] success.

이런 발상의 전환을 통해 영어는 는다고 생각합니다. 형용사 huge, great, phenomenal(경이로운, 이례적인)을 써서 성공의 정도를 다양하게 표현할 수 있습니다. 반대의 뜻인 failure 역시 마찬가지예요. 문장 보세요.

- The fear of failure is worse than <u>failure</u> itself.
  실패를 두려워하는 것이 실패 그 자체보다 더 나쁘다. (UN)
- He is <u>a total failure</u>. 걘 완전 구제불능이야. (CN)

사람한테 붙이기는 좀 뭐하지만 a failure를 보면서 '실패작' 이라는 느낌을 가지세요. 두 문장의 차이가 보이죠? success와 failure를 통해 추상적인 개념과 구체적인 형태의 차이를 느끼시면 됩니다. 다른 단어 더 봅니다.

- In China, the WWII atrocities have long been <u>a national nightmare</u>.
  2차 대전 당시 여러 잔학상은 모든 중국 국민에게 다시는 떠올리고 싶지 않은 기억으로 남아 있다.

일반적인 atrocity의 그림은 UN일 겁니다. "잔인, 흉악"이라는 추상적인 개념이니까요. 그러나 지금처럼 복수형이 오게 되면 "구체적인 잔악행위"를 뜻하는 것입니다. a national nightmare를 보면서 일대일 대응식으로 "전국적인[국민의] 악몽" 식으로 이해하는 건 별로 도움이 안 됩니다. 단어가 주는 그림을 가지세요. 그러면 이해의 폭이 넓어집니다.

time

흔히 나오는 개념상의 '시간'은 보이지도 만질 수도 없고 여러 개로 나뉘어 있는 것도 아닙니다.

- It's <u>time</u> to hit the road again. 자, 이제 다시 출발할 시간이다.
- We don't need to hurry — there's plenty of <u>time</u>. 서두를 필요 없어. 시간 많아.
- <u>Time</u> is on our side. 시간은 우리 편이다.

세 문장 모두 막연하고 추상적인 시간 얘기. 그러나,

- There was <u>a time</u> when I felt I was on top of the world.
  세상을 다 가졌다는 생각이 들었던 때가 있었지.

이럴 때 time은 우리말로도 "시간"보다는 "~일 때, 경우(occasion)" 쪽에 가깝습니다. 여기서는 "어떤 생각이 들었을 때" 정도로 보세요. 앞에 나왔던 UN의 경우보다는 뭔가 그림이 더 구체적입니다. 이럴 때는 CN입니다. 이 문장은 가만히 보면 time 뒤에 when이 이끄는 관계사절이 오고 있습니다. 앞에서 잠깐 언급했고 뒤에 자세히 나오겠지만 관계사절은 '형용사 역할'을 합니다. 자, 그렇다면 재미있는 사실이 하나 보입니다. 즐거운 시간 보내라고 할 때 자주 나오는 표현이 뭐가 있죠?

- Have a good time.

부정관사 a와 형용사 good이 보입니다. 이럴 때는 그냥 막연한 시간이 아닙니다. 아주 '구체적인' 시간이죠. 예를 들어 신혼여행 떠나는 친구를 공항에 내려 주며 Have a good time. 이라고 하면 그때 time은 신혼여행 가서의 time으로 확 줄어드는 겁니다. 추상적인 개념일 때는 막연하면서 범위가 넓죠. 그러나 추상명사 앞에 지금처럼 형용사가 오게 되면 그 범위가 확 줄어듭니다. 더 구체적인 쪽으로 바뀝니다. 콕 집어서 말하는 거죠. 이렇게 되면 흔히 UN으로 생각하던 단어도 CN이 되는 경우가 있습니다. 그렇다고 UN 앞에 형용사가 오면 무조건 CN이 되는 건 물론 아닙니다. |다시 말하지만, 절대적인 '법칙'은 없습니다.|

a They want someone with <u>experience</u> for this job.
   이 일에 경험자를 원하고 있다.
b I had a <u>strange experience</u> the other day. 며칠 전 이상한 경험을 했어.

a 문장의 experience는 일반적인 경험을 말합니다. 반면 b 의 experience는 며칠 전 한 경험으로 의미가 구체화되죠? strange를 잘 보세요. 형용사가 왔습니다. 형용사가 왔기 때문에 '범위가 좁아졌다', 다른 말로 '의미를 제한한다'고도

말할 수 있습니다. 범위가 좁아지면서 왜 CN이 될까? 이해를 돕기 위해 다른 단어를 예로 들게요. 앞에 잠깐 나왔지만 우리가 마시는 음료는 보통 UN이라고 했습니다. wine을 볼까요?

| a | As we all know, <u>wine</u> is made from grapes.
다 알겠지만, 와인은 포도로 만든다. (그냥 일반적인 와인)
| b | The company produces <u>an excellent wine</u>.
그 회사는 양질의 포도주를 만들어낸다.

wine 자체는 셀 수 없는 명사지만 앞에 excellent가 오면서 의미가 제한됩니다. 이걸 이렇게 보면 어떨까요? wine 자체는 셀 수 없습니다. 그래서 "포도주 하나, 포도주 둘" 이렇게는 못 하는 거죠. 그러나 wine이라는 집합 안에는 우리 눈에는 안 보이는 여러 와인이 있을 겁니다. 1950년산 와인도 있고, excellent wine도 있고, 또 형편없는 terrible wine도 있을 겁니다. 이런 전체 wine 중에 excellent wine으로 의미가 제한된다는 말입니다. 여러 종류의 와인이 있지만 그 중 하나인 excellent wine이라는 측면에서 'an' excellent wine이라고 하는 겁니다. 다음 문장들도 같은 맥락에서 보세요.

- <u>A good education</u> is expensive. 제대로 된 교육은 돈이 많이 든다.
- He has <u>a good knowledge</u> of English. 그 사람은 영어를 많이 알고 있다.
- She has always had <u>a deep distrust</u> of strangers.
그 여자는 낯선 사람에 대해서는 항상 깊은 불신감을 가지고 있다.
- You've been <u>a great help</u>. 네가 아주 큰 도움이 됐어.

추상적 개념의 단어들 education, knowledge, distrust, help 모두 위 문장에서는 모두 CN으로 나오고 있습니다.

앞에서 wish 할 때 나왔던 I wish you a Merry Christmas. 기억하세요? Christmas에 a가 붙어 있습니다. 앞에 merry가 온 걸 보세요. 여러 크리스마스 중 merry한 크리스마스라는 그림을 그려보세요.

지금까지 살펴본 예를 외우려고 해서는 안 됩니다. 외워서 될 일도 아니고 외우라고 이렇게 적는 것도 아닙니다. 아니, 솔직히 말하면, CN과 UN이 문법책에 나오는 것처럼 그렇게 간단하지만은 않다는 걸 보여 드리고, 앞으로 명사를 볼 때 한 번 더 눈길을 주자는 의미에서 적은 겁니다. 수없이 많은 시행착오를 '스스로' 겪어가며 하나씩 알아가야 하는 게 영어의 CN/UN이거든요.

다시 강조! 외우려는 시도조차 하지 마세요!

05 family – 단수냐 복수냐?

명사숲에서 만난 명사

기존 문법책에 '집합명사와 군집명사' 라는 용어로 나오는 내용입니다. 간단히 적어볼게요.

a His family is a large one. 그의 가족은 대가족이다.
b His family are all early risers. 그 집 식구들 모두 아침 일찍 일어난다.

아마 가장 많이 인용되는 두 문장이 아닐까 생각합니다. family라는 한 단어를 a 문장에서는 '단수' 취급해서 is로 받고 b 문장에서는 '복수' 취급해서 are로 받고 있습니다. 그 이유는, a 문장은 '가족 전체'의 개념으로 본 거고 b 문장은 '가족 구성원 개개인'의 개념으로 보기 때문이죠. 그러나 이건 지역적으로 취향이 조금 갈리는 것 같습니다. 이런 구분은 미국영어 보다는 영국영어 쪽이거든요. 미국 구어체에서는 '개개인'의 개념으로 나온 명사도 그냥 단수 취급하거나, 아니면 members of his family 혹은 his family members 식으로 아예 명사 자체를 바꿔주는 경향을 보입니다. 미국 사람들은 일단 생긴 게 '단수형' 이면 그냥 의미까지 그렇게 생각하는 거 같고, 영국 사람들은 명사의 보이는 모습보다는 내면적 의미를 중시하는 게 아닐까 나름대로 생각해 봅니다. 여기서는 영국영어 쪽을 보겠습니다.

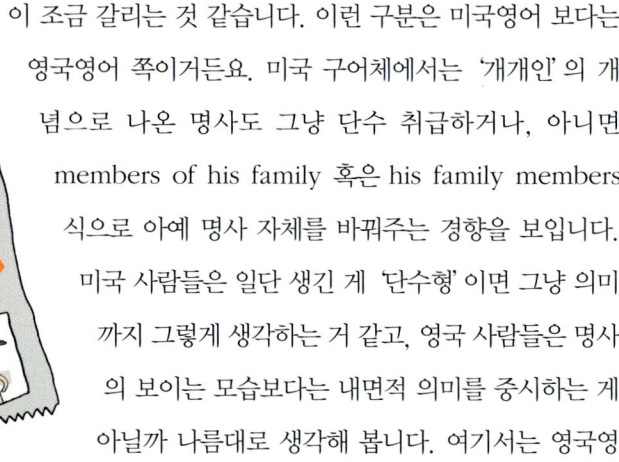

- The situation now is that <u>Manchester United have</u> officially asked about Park and the player has been informed of their interest. 현재는 맨체스터 유나이티드(이하 맨유)가 박지성에 대해 공식 문의를 해왔고 우리는 박지성에게 맨유의 관심 표명 사실을 알려준 상태이다.

박지성 선수가 맨유 입단하기 전에 나온 기사입니다. 이전 구단의 대변인이 한 말인데, 흥미로운 건 영국 축구팀 Manchester United를 '복수' 취급하고 있다는 점|has가 아닌 have가 오고 있죠?| 사실 미국 영어라면 이렇게는 안 할 겁니다. 미식축구팀 the Dallas Cowboys를 예로 들면,

The Dallas Cowboys are~   The Cowboys are~   Dallas is~

이렇게 셋 중 하나를 쓸 겁니다. |복수 명사는 복수 취급, 단수 명사는 단수 취급이죠?| 영국영어에서는 Manchester United를 '하나'의 무생물로 보지 않고, 그 팀 소속으로 뛰고 있는 '여러 명의 선수들', 즉 생물로 보는 겁니다. 미국 사람들 역시 Dallas라는 도시 이름보다는 Cowboys라는 닉네임을 더 자주 사용하는 걸 보면, 양쪽 모두 스포츠 팀은 'it'의 개념보다는 'they'의 개념으로 보는 경향이 강합니다. 단지, 미국 사람 눈에는 Manchester United가 엄연히 '단수' 명사인데 복수 취급을 하는 게 이상한 겁니다. 다음 문장 갑니다.

- I think the <u>government are</u> only threatening to use the police to provoke a confrontation. 정부에서 경찰력을 동원하겠다고 으름장을 놓는 것은 대치 국면을 조성하기 위한 것뿐이라고 생각한다.

'정부'라는 하나의 국가기관보다는, '관계 당국에 있는 사람들'로 보기 때문에 복수로 받는 겁니다.

- Our current main alliance is with Chelsea Football Club. <u>Samsung are</u> their main sponsor for 2005/6 and Samsung are working to maximise this opportunity in many ways.
  현재 삼성의 주요 홍보 파트너는 축구팀 첼시입니다. 삼성은 첼시의 2005/6 시즌 메인 스폰서이며, 이런 홍보 기회를 다각도로 최대한 활용하기 위한 노력을 펼치고 있습니다.

삼성전자 영국 사이트에 있는 글인데, 영국 사람의 글인가 봅니다. 이렇게 기업도 복수로 받는 경우를 영국영어에서는 흔히 봅니다.

- The <u>BBC are</u> well known for producing some excellent television programmes.
  BBC 방송국은 우수한 TV 프로그램 제작으로 잘 알려져 있습니다.

BBC도 기업이죠?

- The <u>band are</u> touring extensively over the next couple of months.
  밴드는 앞으로 약 두 달 동안 여러 지역을 순회하는 공연을 펼칠 예정이다.

"the band are", 보기엔 어색해도 일리가 있죠? 어제 밴드 정말 멋있었다고 할 때, It was fantastic.보다는 They were fantastic.이라고 하는 게 일반적이니까요. 그리고 미국영어에서도 앞에서는 the band를 단수로 취급해도, 나중에 대명사로 받을 때는 they로 하는 걸 흔히 볼 수 있습니다. 이렇게요.

- <u>The band</u> is fading in popularity, but <u>they</u> refuse to recognize that.
  밴드의 인기는 줄어들고 있는데 그 점을 인정하려 들지 않는다.

말하는 과정에서 순간적으로 밴드 멤버들이 떠오르고 생물체로 보이면서 복수로 바뀌는 건가요?^^ 무심코 지나가서 그렇지, 이런 경우는 지금 소개한 것 외에도 꽤 많을 겁니다.

우리말은 모두 '책'이지만 영어로는 the book(s)일지, a book일지, books일지 문맥과 상황에 따라 짚어내야 합니다. 특히, 글을 읽을 때 the를 무시하게 되면 문장은 다 이해가 되는데, 전체 내용이 파악되지 않는 이상한 일이 벌어집니다. 관사가 무시되면 writer와 reader가 서로 다른 길을 가게 될 가능성이 높습니다. 어찌 보면 '셈의 개념'보다 더 많은 感을 요구하는 게 바로 이 관사 부분일지 모릅니다.

08 명사숲에서 만난 관사

1. flower는 '꽃'이 아니다
2. the 예찬
3. THE vs. A
4. 전체를 표현하는 복수형
5. the의 구체적 용법
6. 하나와 다른 하나
7. 한정사

01 flower는 '꽃'이 아니다

명사숲에서 만난 관사

flower가 '꽃'이 아니라니… 혹시 스펠링이 틀린 걸까요? f-l-o-w-e-r 분명히 맞는데. 조금 억지스러운 면이 있지만, 여러분의 생각을 바꾸고 싶은 마음에 이렇게 써봤습니다. flower가 '꽃'이 되려면 'a' flower가 돼야 하거든요. flower만 나오면 f-l-o-w-e-r이라는 알파벳 나열 밖에는 안 될 수도 있습니다. a 하나 갖고 무지 까탈스럽게 군다고 생각하진 마세요.^^

flower가 '꽃'의 뜻일 때는 CN입니다. 영어에서는 명사가 CN으로 사용되면 반드시 한정을 해야 합니다. 이렇게만 말하면 팍 와 닿지는 않죠? 자! 그럼 쉬운 말로 합니다. 한정이라는 말은 그냥 'flower' 하지 말고 '어떤 flower'인지를 분명히 밝혀줘야 한다는 말입니다. 쉽게 말해 '콕 집어서, 구체적으로' 그 명사의 정체를 밝혀주는 거예요. |바로 앞 CN/UN 얘기에서 time과 a good time의 차이에서 다룬 내용입니다.| '어떤 꽃'인지 밝히라뇨? 장미인지, 코스모스인지를 밝히라는 말인가? 아닙니다. 이 세상엔 참 많은 종류의 꽃이 있습니다. 그런데 영어 명사에서 '많다'고 할 때는 단순하게 장미, 코스모스, 백합, 이런 차원을 넘어 한 가지를 더 생각해야 합니다.

'많다'는 의미는

- 이 세상에 있는 꽃 중 그냥 '아무 꽃 하나'를 말할 수 있습니다(a flower).
  지구상에 존재하는 '꽃 전체'를 가리킬 수도 있습니다(flowers).

어제 여자 친구에게서 선물로 받은 '바로 그 꽃'이 될 수도 있습니다(the flower).
우리 집 정원에 피어 있는 '많은 꽃'이 될 수도 있습니다(the flowers).

영어는 이렇게 생각합니다. ㅡ"아니! 꽃 종류가 이렇게 많은데 그냥 flower라고만 적어 놓으면 뭘 어떻게 하라는 거야? 분명히 밝혀줘야지!" 이렇게 '어떤 꽃'이라고 가르쳐 주는 역할을 하는 것이 바로 관사(article)예요. 위에서 말한 꽃 중 어느 범주에 들어가느냐에 따라 flower 앞에 오는 관사가 달라집니다. 일반적으로 관사를 a와 the 두 가지로 알고 있는데요, 하나 더 추가하세요. '아무것도 붙이지 않는 무관사' 이걸 하나 더 기억해야 합니다. CN 앞에 아무런 관사가 없을 때에는 복수형을 적습니다. 각각의 그림은 이렇습니다.

- a flower는 이 세상 꽃 중에 아무 꽃이나 꽃 하나를 말하는 겁니다. 특별하게 어떤 꽃인지 상관없는 경우라고 보세요.
- the flower는 우리말로 "그 꽃"이라고 하면 이해가 쉽겠죠? 특별하게 콕 집어서 말하는 경우입니다.
- flowers가 좀 어려운데요. 말 그대로 a flower가 "꽃 하나"라면 flowers는 "꽃 여러 개"를 말한다고 보면 됩니다. 꽃 여러 개를 말한다는건 꽃 전체를 가리킨다는 말과도 같습니다. 전체 개념을 표현할 때는 일반적으로 복수형이 옵니다. |물론 "그 꽃들"이라고 할 때는 the flowers.|

물론 관사만이 명사의 의미를 한정하지는 않습니다. my flower, this flower 식으로 해도 한정이 되겠죠. 무수한 꽃 중 '내 꽃' '이 꽃' 하고 범위를 좁혀 주기 때문입니다. 정리하면, 어떤 명사가 CN, 다시 말해 하나 둘의 개념을 갖고 있는 명사로 쓰일 때는 그냥 그 명사만 오면 안 됩니다. 반드시 앞에서 한정을 해줘야 합니다. 쉬운 말로 그 놈의 정체를 더 명확히 해줘야 한다는 겁니다. 그냥 아무 꽃 하나를 말하는 a flower인지, 아니면 콕 집어서 the flower인지, 혹은 my flower(내 꽃)나 this flower(이 꽃)와 같은 방식으로 한정시켜 표현해야 합니다. 일반적인 꽃 전체를 말할 때는 s를 붙여 복수형이 오면 됩니다. 어느 경우에도 CN은 그냥 혼자 덩그러니 올 수는 없습니다. 아니, 더 정확히 말하면 CN이 혼자 왔다면 이제 더 이상 CN이 아닌 겁니다. CN/UN 부분에서 본 내용을 다시 더듬어 보세요.

the 예찬　02

명사숲에서 만난 관사

자, 드디어 흥미지수 최고의 단어 정관사 the를 볼 차례가 됐습니다. 왜 흥미지수 최고? 볼 때마다 새로운 단어라서 그렇습니다. 볼 때마다 새롭다는 말은 뒤집어 말하면 아직 확실히 모른다는 거겠죠 |네, 저 아직 the를 확실히 잘 모릅니다.^^| 하지만 그렇기 때문에 제겐 흥미 만점입니다. 거꾸로 단순의 극치인 단어들, 예를 들어 carbon dioxide 같은 애들은 보기에는 복잡해 보이지만 뜻은 '이산화탄소' 하나 예요. 앉으나 서나 비가 오나 바람 부나 죽었다 다시 깨어나도 얘는 '이산화탄소' 하납니다. 여러분은 the와 carbon dioxide 중 어느 게 더 어렵죠? 겉멋 영어, 시험 영어는 carbon dioxide 쪽일 겁니다. 지금까지 the의 존재를 무시해온 분, the에게 눈길 줘야 합니다. 그래야 진정한 실력이 늡니다.

the는 흔히 정관사라고 합니다. 한자로 定冠詞, 영어로 definite article. 솔직히 저는 冠詞라는 말의 뜻을 잘 모르겠어요. 영어의 article 역시 잘 모르겠습니다. 그러나 지금 우리가 주목해야 할 주인공은 冠詞도 article도 아닙니다. 바로 'DEFINITE' 라는 요 놈, 요 형용사입니다! definite은 우리말로 '정해져 있는, 분명한' 정도로 이해하세요. 분명하다? 뭐가 누구에게 분명하다는 말일까요? 영어는 '말' 입니다. 연극배우의 독백이 아니라면, '말' 은 상대가 있기 마련입니다. 앞으로는 문장을 볼 때, "상대가 뭐라고 했기에 저 말을 하는 걸까?" 아니면 "저렇게 말하면 상대는 어떤 답을 할까?"를 생각하세요. 어떤 문장을 보고 그 문장 하나만 달랑 생각하는 건 '말' 이 아닌 '지식의 대상' 밖에는 안 되니까요.

the는 언제 나오느냐? 간단히 말하면 '너도 알고 나도 알 때', 다시 말해 '서로에게 분명한 명사 앞에' 옵니다. 조금 우아하게 말하면, '글'의 경우는 writer와 reader 모두 알고 있는 명사, '말'의 경우는 speaker와 listener 모두 알고 있는 명사 앞에 the를 붙여야 합니다. 이게 바로 definite article의 definite의 뜻이며, the의 구체적인 용법입니다. 그럼 반대의 경우는 어떨까요? 자신은 상대가 알 거라고 생각해서 the를 붙였는데, 상대는 그 정체를 모른다면? 대화가 자꾸 끊길 겁니다. 한두 번 정도는 괜찮습니다. 상대가 알아서 이해하려는 노력을 하니까요. 그러나 그런 끊김 현상이 계속 발생하면 글 읽고 싶은 마음 떨어지고, 말 듣고 싶은 마음이 줄어들지 않을까요?

시험 영어의 영역에서는 별거 아닌 존재로 무시당하는 게 바로 the이지만, 쓰기 시험이나 말하기 시험이 본격적으로 도입되면, '자연스러운 영어'와 '외운 영어'를 구분하는 잣대 중 하나가 바로 the가 되지 않을까 저 나름대로 생각합니다. 기존 문법책을 보면 the의 용법 몇 가지가 줄줄이 나옵니다. 그걸 한꺼번에 외우게 해주는 비법도 있습니다. 그러나 이제는 그렇게 한꺼번에 외우려고 하지 마시고 '말'의 관점에서 the를 보셨으면 합니다. 남의 글을 읽고 말을 들을 때도 중요하지만, 내 입에서 나오고 내 손으로 쓰는 영어를 생각한다면 이제는 the를 다른 관점에서 보세요.

우리말 문장 네 개 봅니다.

a 어제 책 샀어.
b 네 덕분에 책 찾을 수 있었어.
c 거기 책 좀 가지고 와.
d 책 좀 읽을 거 있니?

네 문장 모두 '책'이라는 명사가 들어 있습니다. 영어의 시각에서 보면 전부 '다른 책'일 수 있는데, 우리말에서는 전부 '그냥 책'입니다.

a 어제 책 샀어.

문맥에 따라, 이 말을 듣는 상대가 아는 책일 수도, 모르는 책일 수도 있습니다. 그리고 '사과들'에서 말했다시피, 복수라고 '들'을 일일이 명사에 붙이지 않는 우리말만 보고는 책이 한 권인지, 다섯 권인지도 확실하지 않습니다. 그러나 영어는 다릅니다.

b 네 덕분에 책 찾을 수 있었어.

이번에는 문맥상 말을 하는 사람과 듣는 사람이 알고 있는 책이므로 영어로는 the book|혹은 the books|이라는 짐작이 가능합니다.

c 거기 책 좀 가지고 와.

이거 역시 영어식 사고로는 the book|혹은 the books|이겠죠?

d 책 좀 읽을 거 있니?

이 문장은 문맥상 a book|혹은 books|일 가능성이 높습니다.

우리말은 모두 '책'이지만 영어로는 the book(s)일지 a book일지, books일지 문맥과 상황에 따라 짚어내야 합니다. the는 독해할 때도 염두에 두어야 합니다. 글을 읽을 때 the를 무시하게 되면 대개는 이런 결과가 나오거든요. "잘 읽었습니다. 개별 문장은 하나하나 다 이해되는데, 전체적인 흐름이 들어오지 않네요." 문장은 다 이해가 되는데, 전체가 이해 안 된다? 이런 경험이 있다면, 그 원인 중 하나가 the라고 생각해도 됩니다. 관사가 무시되면 writer와 reader가 서로 다른 길을 가게 될 가능성이 높습니다. 어찌 보면 '셈의 개념'보다 더 많은 感을 요구하는 게 바로 이 관사 부분일지 모릅니다.

일단 이 책에 나오는 설명을 잘 보세요. 그리고 나중에 여러분 스스로 영어를 읽고 들을 때 the에 계속 관심 가지세요. 물론 시간은 오래 걸립니다. 아니 죽을 때까지 관사를 100% 자연스러운 존재로 못 만들 수도 있습니다. 그러나 최소한 100%로 가려는 노력은 해야 하지 않을까요? ^^

THE vs. A 03

명사숲에서 만난 관사

고등학교 때 본 문법책에는 a와 the가 아래와 같이 나옵니다. 무지 간단하죠?

a	the
1. 하나의	1. 앞에 나온 말을 가리킬 때
2. 대표단수	2. 이 세상에 하나 밖에 없는 것
3. ~마다(=per)	3. 산맥, 강, 바다, 배, 신문, 잡지 등의 이름 앞에
4. 같은(=the same)	
5. ~라는 사람	

저 역시 이렇게 배웠고 이것만 외우면 관사는 끝인 줄 알았습니다. 그래서 그런지 우리 문법책을 보면 관사 부분은 정말 몇 페이지 안 됩니다. 물론 위의 내용이 틀린 건 아닙니다. 그러나 가장 중요한 관사의 기본 개념은 보이지 않는 게 아쉽죠?

일단, 두 가지 차이점부터 보세요.

the와 a를 구별하는 기준은 '서로에게 분명한 명사(definiteness)인지 여부' 예요. 다시 말해 '너도 알고 나도 알면' the, 그렇지 않을 경우에는 a입니다. |a는 CN일 때에만 해당되는 거 잊지 마세요!| a car를 가지고 몇 가지 예를 듭니다.

〈아들이 아버지에게〉
Can I use the car? 차 좀 써도 될까요?

아들이 아버지에게 하는 말이라면, 여기 나오는 차는 '그 집 차' 일 겁니다. 설마 옆집 차를 말하는 건 아니겠죠? 말하는 아들이나 듣는 아버지나 어떤 차인지 압니다. 그래서 the. |나도 알고 너도 안다.|

〈친구끼리〉
I saw a nice-looking car today. 오늘 근사하게 생긴 차 봤어.

이건 조금 다르죠? 말하는 사람 머릿속에는 nice-looking car가 있지만 듣는 사람은 아닙니다. 그래서 a. |나는 알지만 너는 모른다.|

〈친구끼리〉
I heard that you once had a red car. 너 옛날에 빨간색 차가 있었다며?

이번에는 말하는 사람 머릿속에 red car가 없습니다. 듣는 사람은 red car를 알고 있네요. 그래서 a. |너는 알지만 나는 모른다.|

〈남편이 아내에게〉
I need to buy a new car. 새 차 하나 뽑아야겠어.

말하는 사람이나 듣는 사람 머릿속에 new car의 구체적인 그림이 없습니다. 그래서 a. |나도 모르고 너도 모른다.|

네 개의 문장으로 굳이 적었지만, 말하고자 하는 바는 아주 간단합니다.

- 두 사람 모두 알고 있는 명사(CN/UN 모두 해당)의 경우에는 the가 온다.
- 두 사람 중 한 명이라도 모르는 명사(CN의 경우)의 경우에는 a가 온다. (단 UN은 a가 올 수 없으니 그냥 혼자 오면 된다.)

이 정도면 the와 a의 차이가 보이시죠? 어찌 보면 쉽게 보이지만, 실제 말하면서 이걸 다 생각해야 한다고 해보세요. 그렇게 만만한 놈이 결코 아닙니다.

지금 방금 한 걸 가지고 대화를 하나 만들었으니 괄호 안을 알맞은 관사로 채워보세요. 말하는 두 사람의 머릿속을 순간적으로 빨리 생각해야 합니다. 물론 실제 대화 시에는 한 번 나온 명사는 다른 대명사로 바꾸겠지만, 여기서는 연습을 위해 book이 계속 나오는 걸로 했습니다.

A Where is ( ) book I bought you last month?
B What book? Did you buy me ( ) book?
A Yes, I bought you ( ) book because you like reading ( ) books.
B Oh! Now I remember, but I have no idea where ( ) book is now.
A Didn't you like ( ) book?
B Not much. In fact, ( ) books are not what I like any more.
A What about ( ) books that they call 'classics'?
B Let's stop talking about ( ) books.

A 지난 달 사준 책 어디 있어?
B 무슨 책? 네가 나 책 사줬어?
A 그래. 네가 책 읽는 걸 좋아해서 책을 사줬잖아.
B 아! 기억 난다. 그런데 그 책 지금 어디 있는지 모르겠는데.
A 책이 별로였니?
B 별로였어. 아니 이제 책 읽는 건 별로야.
A 사람들이 '고전'이라고 하는 책도 안 좋단 말이야?
B 책 얘긴 그만하자.

우리말 해석을 보면 한 번만 빼고는 모두 '그냥 책' 일 뿐입니다. 그런데 영어는 무지 따지네요.^^ 두 언어의 근본적 차이 중 하나겠죠. 자, 생각해보셨으면 이제 같이 볼까요?

> A Where is (   ) book I bought you last month?
>   지난 달 사준 바로 그 책을 말하죠. the book!
> B What book? Did you buy me (   ) book?
>   그냥 책 한 권을 말하는 겁니다. a book!
> A Yes, I bought you (   ) book because you like reading (   ) books.
>   앞 괄호는 단순히 책 한 권을 사줬다는 말이므로 a book, 뒤에서는 독서를 좋아한다는 일반적인 의미의 여러 책을 말하므로 그냥 books!
> B Oh! Now I remember, but I have no idea where (   ) book is now.
>   A가 사준 책을 말하므로 the book!
> A Didn't you like (   ) book? 자신이 사준 그 책이므로 the book!
> B Not much. In fact, (   ) books are not what I like any more.
>   일반적인 책을 말하므로 books!
> A What about (   ) books that they call 'classics'?
>   고전이라고 불리는 책들을 지칭하므로 the books!
> B Let's stop talking about (   ) books. 일반적인 책을 말하므로 books!

이렇게 됩니다. 실제 대화에 적용하니 그냥 이론으로 알 때보다는 더 까다롭다는 걸 느끼셨을 겁니다. 지금 본 내용은 거의 100% 감각적인 겁니다. 원어민들은 a를 붙일지 the를 붙일지 혹은 안 붙일지를 놓고 거의 고민하지 않아요. 태어나서부터 계속해온 게 영어니까 당연하겠죠? 관사편 처음에 flower 소개하면서 말했던, **셀 수 있는 명사 전체를 표현할 때는 관사 없이 복수형이 온다**는 말 기억하시죠? 위의 대화에서는 A의 두 번째 대사와, B의 세 번째, 네 번째 대사에서 나오고 있습니다. 다음 얘기는 어떤 CN의 전체를 말할 때입니다.

전체를 표현하는 복수형 04

명사숲에서 만난 관사

제대 후 아르바이트로 학원에 나가면서 중학생들을 가르치던 후배가 있었습니다. 한 학생이 수업 시간에 다음과 같이 해석했다고 합니다.

학생 : 당신은 꽃들을 좋아합니까? 꽃들은…
후배 : "꽃들"이라고 하지 말고 "꽃"이라고 해야지.
학생 : 책에는 flowers라고 나와 있어요. flowers는 "꽃들"이 맞는데.
후배 : (진짜 그러네…) 그래도 꽃이라고 해야 돼.
학생 : 근데 왜 복수형을 쓰나요?
후배 : 자! 너희들 피곤하지. 오늘 수업 끝.

문법책에 보면 명사의 전체를 나타내는 방법에는 세 가지가 있습니다. 모든 책이 예문 형식도 거의 같죠. "무슨 동물은 어떻다" 식입니다.

<u>A tiger</u> is a dangerous animal. 호랑이는 위험한 동물이다.

호랑이 전체를 말하는 대표 단수의 개념으로 a를 붙인다고 외웠더니,

<u>The tiger</u> is a dangerous animal.

the의 용법에서도 같은 내용이 나오죠. 그러다가 더 밑으로 내려가면,

<u>Tigers</u> are dangerous animals.

라고 "명사의 복수형도 전체의 의미를 갖는다"고 나옵니다. 약간의 의미 차이는 있을 겁니다. 하지만 솔직히 저는 잘 모르겠습니다. 그리고 실제 이 세 가지를 이렇게 구별해서 쓰는지도 확실하지 않습니다. 우리는 실용적인 측면에서 간단하게 보겠습니다. 세 가지 모두 어떤 명사의 전체적인 개념을 나타내는 데 사용되지만 가장 일반적인 표현은 '복수형' 이라고 알아두세요.

자, 다시 꽃으로 돌아와서 "나는 꽃을 좋아해"라는 말을 하고 싶습니다. 이럴 때 꽃은 일반적인 꽃이므로 위의 호랑이 때처럼 I like a flower. I like the flower. I like flowers. 이렇게 세 문장 모두 가능하다고 생각하진 마세요. 지금은 I like flowers.가 어울립니다. 어떤 CN을 전체적인 의미로 말할 때는 이렇게 복수형이 입에서 나와야 합니다. 하나라는 제한도 없고, 서로 알고 있다는 제한도 없고, 말 그대로 아무 제한 없는 그냥 '꽃 전체' 일 때.

- **I like a flower.** – 물론 문법적으로는 맞습니다. 그러나 의미가 이상해집니다. a flower라고 하면 무슨 꽃인지는 모르겠지만 한 가지 꽃을 좋아한다는 말입니다. 따라서 이 말은 상대방이 "그 좋아하는 꽃이 무슨 꽃인데?"라고 되물을 가능성이 있습니다.
- **I like the flower.** – 우리말로도 '그 꽃' 의 의미. 예를 들어 두 사람이 지금까지 rose 얘기를 하고 있었다면 당연히 I like the flower.라고 말하겠죠. 이때는 the flower가 장미를 가리킬 겁니다. 그런데 일반적으로 꽃을 좋아한다는 말을 하면서 I like the flower라고 하면 듣는 사람은 '어? 내가 아는 꽃인가?' 순간적으로 헷갈리게 됩니다.

마찬가지로 노래 부르거나 책 보는 걸 좋아한다고 할 때 역시 복수형을 씁니다. I like singing songs. I like reading books. 하지만 이 문장도 사실 100점은 아닙니다. 완전하게 하려면 뒤의 명사들은 다 빼세요. sing하는 건 대개 song이고, read하는 건 대개 book이니까요. 말하나마나한 군더더기일 뿐입니다. 지금은 관사와 명사를 알아보기 위해 썼지만 이런 일반적인 목적어는 굳이 쓸 필요 없습니다.

'CN의 복수형' 머릿속에 집어넣으셨죠? 다음 갑니다.

05 the의 구체적 용법

명사숲에서 만난 관사

the의 구체적인 용법을 하나씩 보도록 하겠습니다. 여기는 얘기가 좀 길어질 테니, 느긋하게 보세요. 일단 the 하면 생각나는 두 가지가 있습니다. '앞에서 한 번 나온 명사 앞' & '유일한 명사 앞'

- A truck crashed into <u>a car</u> and <u>the car</u> exploded.
  트럭 한 대가 승용차와 충돌했고, 그 승용차는 폭발했다.

a car 그리고 the car 보이죠? 이게 the의 가장 기본적인 그림입니다. 지금 문장은 같은 명사가 계속 나와준 경우예요. 이러면 편하지만 항상 그런 건 아닙니다.

- <u>Princess Diana</u> died from injuries in a crash. <u>The princess</u> died at 4 a.m. after going into cardiac arrest. 다이애나 전 영국 왕세자비가 자동차 충돌사고에서 입은 부상으로 사망했습니다. 다이애나 비는 심장 박동이 정지된 후 새벽 4시에 숨을 거뒀습니다.

Princess Diana & the princess. 물론 가장 쉽게 하려면 the princess 대신 she가 오면 되겠죠?

- The situation now is that Manchester United have officially asked about <u>Park</u> and <u>the player</u> has been informed of their interest. 현재는 맨체스터 유나이티드(이하 맨유)가 박지성에 대해 공식 문의를 해왔고 우리는 박지성에게 맨유의 관심 표명 사실을 알려준 상태이다.

앞서 나왔던 문장입니다. Park & the player. 이 두 명사가 같은 사람임을 빨리 알아야 합니다. 관사 개념이 없으면 the player를 박지성이 아닌 '그냥 선수' 라고 이해하고 갈 수도 있습니다. 그냥 '선수' 로 오해하는 사람과 '박지성' 으로 바로 이해하는 사람의 이 기사에 대한 이해도와 영어실력 차도 큽니다. 이 두 명사가 같은 사람이라는 걸 글을 읽으면서 확실히 모르면, 들어서는 더더욱 알 수 없습니다. 더 나아가 자신이 직접 the를 붙여 말을 하고 글을 쓴다는 건 불가능합니다. 자, '앞에서 한 번 나온 명사 앞' 에 오는 the를 봤습니다. 앞에서 한 번 나왔기에, 결국 '너도 알고 나도 아는 경우' 가 되는 겁니다.

다음은 '유일한 명사 앞' 의 경우를 보세요.

- <u>The earth</u> revolves around <u>the sun</u>. 지구는 태양 주위를 공전한다.
- You are <u>the only one</u> I like in <u>the world</u>.
  이 세상에서 내가 좋아하는 사람은 너뿐이야.

earth나 sun이 여러 개 있는 건 아니겠죠? 두 번째 예문에도 명사 두 개가 보입니다. the only one과 the world. 역시 유일한 명사 앞에 the가 왔죠?

- Eric is <u>the best swimmer</u> in the class. 에릭이 우리 반에서 수영을 제일 잘 한다.

형용사의 최상급이 나온 경우. '가장 ~한 경우[사람]' 은 하나 밖에 없는 게 일반적입니다. 그래서 최상급 앞에도 정관사 the가 오는 게 보통입니다. '유일한 명사 앞' 에 오는 the였습니다. 유일하다면, 말하는 사람이나 듣는 사람 모두 알고 있을 겁니다. 결국 이것도 '너도 알고 나도 아는 경우' 라고 할 수 있겠네요.

자, 이제부터 조금 복잡해집니다. '너도 알고 나도 아는지' 여부가 '문맥'에 나와 있거든요. 네, '문맥' 입니다. 여길 제대로 하셔야 정관사 the를 제대로 이해한 겁니다.

A Where's your mom? 엄마 어디 계시니?
B She is in the kitchen, preparing dinner for the family.
부엌에서 식구들 저녁 준비하고 계세요.

앞에서 나온 명사도 아닌데 kitchen과 family에 the를 붙였네요. 그렇다고 이 세상에 유일한 명사라는 개념도 적용이 안 되는 것 같고. 어머니께서 부엌에 계시다고 했는데 어느 부엌일까요? 당연히 우리집 부엌일 겁니다. |설마 옆집 부엌?^^| 말하는 사람이나 대답하는 사람이나 다 우리 집 부엌을 생각하고 말하는 겁니다. 일반 가정이면 대개 부엌은 하나일 테니, 거의 습관적으로 the kitchen으로 나오는 겁니다. 그럼 the family의 the도 왜 그런지 보이죠? 네, 우리 어머니가 다른 집 식구들 밥 먹으라고 식사 준비하는 건 아닐 테니, the family는 우리 가족인 겁니다. 말하는 사람과 듣는 사람 모두 하나의 같은 family를 머릿속에 가지고 대화하는 모습이에요.

조금 다른 상황을 설정해 보죠. 아버지가 딸에게 주려고 예쁜 펜을 하나 샀습니다. 집에 와서 딸에게 주려고 보니 벌써 자고 있네요. 그래서 아버지는 책상에 펜을 놓고 갔는데 이걸 본 동생이 그 펜을 슬쩍 가져가버립니다. 다음 날 아침 아버지와 딸의 대화입니다. 빈 칸에 들어갈 관사를 생각해보세요. 두 사람의 머릿속을 따라가 보세요. 그럼 관사가 보입니다. |물론 원래대로라면 pen을 반복하지 않고 대명사 it 혹은 one으로 바꿀 겁니다. 지금은 설명을 위해 일부러 pen을 반복해서 적었습니다.|

아버지 : Do you like (　) pen? 펜 마음에 드니?
딸　　 : What pen are you talking about, dad? 무슨 펜이요?
아버지 : I bought (　) nice pen for you yesterday and put (　) pen on the desk. 어제 너 주려고 예쁜 펜 하나 사서 책상 위에 놔두었는데.
딸　　 : There was no pen on the desk. 책상에 펜 없었는데요.
아버지 : Well, I'll get (　) new pen today. 그럼, 오늘 새 걸로 하나 사올게.

Do you like <u>the</u> pen? 할 때까지도 아버지는 딸이 자기가 사준 펜을 알고 있다고 생각합니다. 그래서 the pen이라고 한 거죠. 그리고 딸이 전혀 모르고 있다는 걸 안 아버지는 I bought <u>a</u> nice pen for you yesterday.라고 합니다. 어제 산 펜은 그 시점에서 보면 일반적 개념의 펜이므로 문방구에 있는 여러 펜 중에 하나. 책상 위에 놓은 펜은 문방구에서 산 바로 그 펜이므로 put <u>the</u> pen on the desk. 오늘 새로 사줄 펜도 문방구에 있는 여러 펜 중에 하나겠죠. 따라서 I'll get <u>a</u> new pen today.

관사를 올바로 써서 위 대화를 고치면 다음과 같습니다.

아버지 : Do you like the pen?
딸　　 : What pen are you talking about, dad?
아버지 : I bought a nice pen for you yesterday and put the pen on the desk.
딸　　 : There was no pen on the desk.
아버지 : Well, I'll get a new pen today.

자, 어느 정도 가닥이 잡히세요? 문장을 너무 기계처럼 보지 마세요. 그럼 재미없어요. 제가 설명하면서 자꾸 "그림을 그려라"고 말하는데, 실제 머릿속에 대화 장면을 그려보는 것도 영어를 향상시키는 한 방법입니다.

- Princess Diana died from injuries in a crash. The princess died at 4 a.m. after going into cardiac arrest.

그림을 그리는 캔버스를 한 번 떠올려 보세요. 진짜로 머릿속에 그림을 그리는 겁니다. 첫 번째 문장 — Princess Diana. 그때까지 아무것도 그려져 있지 않던 캔버스에 다이애나라는 여인이 등장. 만약 Diana가 셀 수 있는 명사라면 a와 함께 등장했을 겁니다. 지금은 아니죠. 자! 이제 머릿속에 위치한 캔버스 안에는 다이애나가 들어가 있습니다. 두 번째 문장 — princess에 관해 말합니다. 말을 하는 사람과 듣는 사람 모두 캔버스에 그려져 있는 princess를 보고 있습니다. 두 사람이 같은 그림을 그리고 있는 셈입니다. 이 세상에 princess는 많을 겁니다. 그러나 굳이 다른 곳에 갈 필요가 없습니다. 캔버스 속에 자리잡고 있는 다이애나비를 꺼내 오면 되니까요. 꺼내오고 있는 모습이 보이죠? 그래서 'the' princess입니다. 다른 그림을 그려 봅니다.

A Do you have a pen? 펜 있니?
B No, I don't. 아니 없어.
A What happened to the pen that I gave you yesterday?
어제 내가 준 펜은 어디 가고?

마지막 문장에 있는 the pen은 첫 번째 문장에 있는 a pen과는 분명히 다른 펜입니다. 앞에서 a pen이라고 나왔으니까 the pen이라고 말한다고 할 수 없는 상황이죠. 다시 말해 마지막 문장을 말하기 전까지는 어떤 하나의 펜이 머릿속 그림에 있지는 않은 상황입니다. 그러나 마지막 문장을 말하면서 A의 머릿속 캔버스에는 이 세상 많은 펜 중에 '어제 B에게 준 펜'이라는 그림이 들어옵니다. 그래서 'the' pen. the pen이 나오는 순간 B는 어리둥절할 수도 있습니다. "아니, 내가 펜이 없다고 했는데 무슨 펜 얘기를 하는 걸까?" 하고 말이죠. 그러나 그때 I gave you yesterday라는 말이 나오면서 B의 머릿속 캔버스에도 '어제 A가 준 펜' 으로 펜의 그림이 그려지는 겁니다. 말하는 사람과 듣는 사람, 글 쓰는 사람과 읽는 사람 모두 같은 그림을 그려야 합니다. 서로의 머릿속에 다른 그림이 있으면? 그 때가 바로 '대화가 안 통할 때' 입니다.

조금 전 문장 중에 the pen that I gave you yesterday, 이 부분 한 번 보세요. 이 부분을 보면, '너도 알고 나도 알게 해주는 단서' 가 pen 뒤에 나오고 있습니다. 이 말을 듣던 B는 사실 the pen을 듣는 순간 "그 펜이라니 뭔 펜 말이지?" 하며 다음 말을 기다렸을 겁니다. 이런 흐름을 느끼면서 가야 글을 정확하게 읽는 게 아닐까 생각합니다.

그런데! the pen that I gave you yesterday 처럼 명사 뒤에 관계사절이 오면, 앞에 있는 선행사 | 지금은 pen |를 분명히 밝혀주는 역할을 하기 때문에 무조건 정관사 the가 오는 걸로 알고 있는 분이 간혹 있습니다. 관계사절은 형용사의 역할을 합니다. 따라서 명사 뒤에 관계사절이 오면 그 명사에 the를 붙인다고 하는 건, 형용사의 수식을 받는 명사는 무조건 the를 붙인다고 말하는 것과 같습니다. 그건 아니죠. a girl에 형용사 pretty가 왔다고 the pretty girl이 안 되는 논리와 같습니다. 제가 계속 강조하고 있는 한 가지! '너도 알고 나도 알면 the가 온다' 입니다. 예를 들게요.

- What happened to the pen that I gave you yesterday?

말하는 사람 머릿속을 생각하세요. 이 사람은 어제 you에게 펜 하나를 줬습니다. 그리고 you도 그 펜을 알고 있다고 생각하는 거죠. "내가 어제 너 준 거"라고 하면 어떤 건지 알 거라는 확신이 있으니까 the pen이라고 한 겁니다. 그런데 you

는 그게 기억 안 납니다.

- Did you give me a pen yesterday?

자기는 무슨 펜인지 모르니까 'a' pen. 그럼 '어~ 얘가 그 펜을 기억 못하나?' 하면서 어제 펜을 '하나' 주었다는 사실을 확인시켜 줍니다. 이렇게요.

- Yes, I gave you a pen yesterday.

pen이라는 하나의 명사에 대한 자신의 생각과 상대의 생각을 순간적으로 판단하고 내리는 결정이 관사라고 생각합니다. 문장 더 보세요.

- I will take you to a place that you will never forget.
  절대 잊지 못할 곳으로 널 데리고 갈게.

관계사가 뒤에 와서 a place가 더 분명해진 건 사실입니다. 그러나 I는 말을 듣는 상대방 머릿속에 place가 입력돼 있지 않다고 생각하면서 말하는 겁니다. 그래서 a place.

- He is a player who can play in several different positions in midfield.
  그는 미드필드에서 여러 포지션을 소화해낼 수 있는 선수다.

He에 관한 소개를 하고 있습니다. 여기서 또 재미있는 것 하나. a player who ~~ 이 부분을 보세요. 머릿속으로 이해하는 것과 이해한 것을 글로 옮겨 적는 것은 완전히 다릅니다. 문장 번역은 "그는 미드필드에서 여러 포지션을 소화해낼 수 있는 선수다"라고 뒷부분을 먼저 할 수도 있지만, 글을 읽어가는 순간 머릿속 이해는 이렇게 해선 안 됩니다. 그냥 앞에서부터 죽 뒤로 가야 합니다.

그렇게 이해하면 a player who~~ 부분이 어떻게 다가올까요? "who 이하라는 선수"가 아니라, "어떤 선수냐면? who 이하래" 식으로 다가오지 않을까요? 지금은 어떻게 생각하실지 모르겠지만, 언젠가는 "어떤 선수냐면?"이라는 어감으로 여러분이 받아들였으면 합니다. 이 얘기를 왜 하냐구요? 일단 문장 보세요.

- Bush is a president who thinks he is an action movie star.

이상하죠? 부시가 대통령인 거 모르는 사람이 있을까요? 그런데 왜 'a' president? 조금 전에 a player who에서 봤던 어감을 그대로 살리면 그림이 보입니다. 마치 이런 어감 — "너 부시가 어떤 대통령인줄 모를걸. 내가 가르쳐줄게. 어떤 대통령이냐면 ~~." 그림이 그려지나요? 'Bush=president' 라는 다 아는 내용을 가지고, 정관사가 아닌 부정관사 a를 이용해 지금과 같은 어감을 주는 문장 자주 보실 겁니다.

- President Bush doesn't have a clue how to run the economy.
  부시 대통령은 경제 운용에 대해 전혀 아는 바가 없다.

그런데 이렇게 안 하고,

- Bush is a president who doesn't have a clue how to run the economy.

이렇게 하면, 어감이 조금 달라지는 겁니다. "부시가 대통령이래, 그런데 어떤 대통령이냐면" 쪽으로. 물론 이렇게 안 좋은 내용만 오는 건 아니겠죠.

- He is a teacher who really cares about the students.
그 분은 진정으로 학생들을 신경 써주시는 선생님입니다.

우리말로 치면 "어떤 선생님이냐면 ~~"의 어감을 가지세요. 지금 내용 재미있나요?^^ 자, 이건 이 정도로 하고 the에 관한 다른 얘기 몇 가지 더 하겠습니다.

- Open the door. 문 열어.

이 문장 모르는 분은 아마 없을 겁니다. 습관적으로 the를 넣죠. 보통 이 말은 어떤 문 앞에 서서 하는 게 보통입니다. 말하는 사람이나 이 말을 듣는 사람이나 어떤 문인지 서로 알고 있는 겁니다. 그래서 습관적으로 the가 오는 거죠. 또 다른 예로, 교실에 들어오신 선생님께서 맨 뒤에 앉아 있는 성호에서 문 열라고 하십니다. 그때도 Open the door.일 겁니다. 보통 교실에는 문이 두 개인데 왜 the door? 또 선생님께서 교실에 들어오자마자 Open the door. 했다면 door가 앞에서 한 번 나온 명사도 아닌데 왜 'the' door? 그렇죠. 성호는 맨 뒤에 앉아 있습니다. 따라서, 선생님이 Open the door.라고 하실 때는 뒷문을 생각한 거고, 그 말은 들은 성호도 당연히 뒷문으로 이해하는 겁니다. 두 사람이 같은 그림을 그리고 있는 거죠. 그래서 the인 겁니다. 설마 성호가 자기 옆에 있는 문을 놔두고 교실 앞까지 뛰어가서 앞문을 여는 일은 없겠죠? 그럴 리는 없겠지만, 앞문하고 뒷문 사이에 정확히 가운데 위치에 앉아있는 성호에게 Open the door.라고 한다면, 성호는 헷갈려서 이렇게 여쭙겠죠. "선생님, 어느 문이요?"

엄마가 아이에게 말합니다.

- Did you feed the dog? 개 밥 줬니?

왜 the dog인지 이제 아시겠죠? 네, 말하는 엄마나 듣는 아이나 어떤 개를 말하는지 서로 알고 있기 때문입니다. 설마 옆집 개한테 밥 줬냐고 물어보지는 않을 겁니다.

salt(소금)는 UN입니다. 설렁탕 먹으러 갔습니다. 소금을 쳐야 하는데 소금이 저기 먼 곳에 있어서 "어이, 소금 좀 줘"라고 하려면 어떻게 할까요?

- Pass me the salt. 소금 좀 줘.

소금을 달라고 말하는 사람은 그걸 줄 사람이 자기가 어떤 소금을 말하는 건지 알고 있다고 생각하기 때문에 'the' salt라고 하는 것입니다.

자, 지금까지 the의 기본적인 내용이었습니다. 이런 기본적인 내용은 근본적인 이해가 필요합니다. 그러나 어느 정도 규칙적인 측면도 있습니다. 아마 대부분 문법책에서 여러분이 본 내용일 텐데, 중요한 것은 '악기 앞에는 the가 온다' 식으로 우리말로 알고 있어봐야 아무 소용없습니다. 영어로 하세요. '입'으로 익숙해져야 할 부분이 특히 이런 거니까요. 물론 아래에 적는 내용에도 '예외'는 존재합니다. 그러니 더더욱 외우려 들지는 마세요.

고유명사는 이미 그 속성에 '분명함'이 있습니다. 어느 한 대상을 부르는 이름이니까요. 그래서 대부분의 경우에 'the가 붙지 않습니다'. 나라 이름, 도시, 거리, 대학, 산, 호수 이름 등이 이에 해당합니다.

Korea, Germany, Seoul, Rome, Wall Street, Harvard University, Boston College, Mount. Everest, Lake Michigan

그러나 일부 나라 이름, 바다, 강, 운하, 산맥, 제도, 사막 이름에는 'the가 옵니다'.

the United States (of America), the Netherlands, the Philippine, the Atlantic Ocean, the Mediterranean Sea, the Hudson River, the Panama Canal, the Rocky Mountains, the Sahara Desert

시간, 수량의 단위를 나타낼 때는 'by the~' 의 형태가 옵니다.

- Sugar is sold by the pound. 설탕은 파운드 단위로 팝니다.
- I am paid by the hour. 저는 주급을 받습니다.

악기나 과학 기술 관련 명사 앞에도 the가 오는 게 보통.

- I can't play the guitar. 나 기타 못 쳐.
- Who invented the telephone? 전화를 발명한 사람은?

자, 이제 the에 관한 마지막 얘기예요. 문법책의 단점은 대개는 문장 하나만을 놓고 본다는 점. 그래서 문법책만 보는 사람들은 문장 밖의 영역에서는, 다시 말해 '문맥' 의 영역에서는 문법책에서 본 내용을 실전에 발휘하지 못하는 경우가 꽤 됩니다. the의 마지막 얘기를 통해 한 번 판단해 보세요.

영어는 반복을 싫어합니다. 그래서 일단 어떤 명사가 나오면 그 다음부터는 거의 예외 없이 it, they, he, she 같은 대명사로 받습니다. 영어 이해에서 제일 어려운 단어 중 하나가 'it' 이라는 말을 앞에서 했지만, 그만큼 어려운 게 지금 소개하는 내용입니다.

- Washington's ambassador to the United Nations John Danforth has resigned. In a brief letter to President Bush, dated November 22, the 68-year-old former Senator from Missouri said he would be going home to St. Louis to be with his wife.

존 댄포스 유엔주재 미 대사가 사임했다는 얘기. 대통령 앞으로 보낸 편지 내용이 이어지는데, 잘 봐야 할 부분이 the 68-year-old former Senator from Missouri. 이런 점이 우리말과 다른 영어의 특징입니다. 우리말이라면 십중팔구 "올해 68세의 前 미주리주 상원의원 댄포스는" 이렇게 나갑니다. 그걸 영어는 the 하나 넣고 이렇게 쓰는 겁니다. 이 부분을 읽으면서, "the가 있으니 앞에 나온 댄포스 대사구나… 올해 예순 여덟… 前 상원의원… 지역구는 미주리주… 아! 댄포스가 이런 사람이구나" 하고 바로 알아야 '독해가 된다'고 말할 수 있죠. 거꾸로 영어로 글을 쓸 때, 이렇게 the를 이용해 앞에 나온 사람에 관한 추가 정보를 줄 수 있어야 합니다. the 68-year-old former Senator from Missouri said라고 쓰는 사람과 Danforth, who is 68 years old and was a Senator from Missouri, said라고 쓰는 사람의 차이는 꽤 큽니다.

이런 부분이 '단순한 지식'으로서의 문법과 '실전 응용'으로서의 문법의 차이라고 할 수 있겠죠?^^ 몇 개 더 보세요.

- The situation now is that Manchester United have officially asked about <u>Park</u> and <u>the player</u> has been informed of their interest. (앞에 나왔던 글. the player = Park)
- Boston University is in <u>Boston</u>, a large city in Massachusetts. Most

- students enjoy life in <u>the big city</u>. They think it is exciting to have so many discos and stores not far from the campus. (the big city = Boston)

- <u>Rudy Baez</u>, who was paralyzed in a riding accident at Rockingham Park more than a year ago, has taken a job at Suffolk Downs. The 50-year-old former jockey was paralyzed from the chest down during the accident on August 4, 1999. <u>The 24-time riding champion</u> continues to undergo physical therapy and has learned to operate a specially equipped automobile that was donated by Suffolk Downs last spring. (the 50-year-old former jockey = the 24-time riding champion = Rudy Baez)

- <u>Sir Alexander Fleming</u>, the discoverer of penicillin, needed to go to Belfast. <u>The Nobel Prize winner</u> was going to give an important lecture there. When he arrived at London's Heathrow Airport, he was surprised to find that he and other passengers had no seats. The clerk explained that the government had booked fifty seats the last moment. (the Nobel Prize winner = Sir Alexander Fleming)

- <u>Choi</u> hadn't done anything physical since June 7, when he and pitcher Kerry Wood chased a popup. They collided and Choi fell hard, slamming his head on the ground. <u>The 6-foot-5, 240-pound first baseman</u> lay motionless for several minutes as the ballpark went silent. (the 6-foot-5, 240-pound first baseman = Choi)

해석은 일부러 안 적어봤습니다. 일단 혼자 해보세요. 몇 시간을 봐도 이해가 안 되면 앞표지 안쪽에 적어놓은 주소로 메일 보내세요. 그때 설명해 드릴게요.^^ 갑자기 문장이 길어져서 당황하셨나요? 저는 지금까지 계속 문장 하나만 해서 답답했는데, 이제 좀 영어를 보는 거 같은데요.

이것으로 the에 관한 얘기를 접겠습니다.

하나와 다른 하나 06

명사숲에서 만난 관사

a와 the의 차이를 설명할 때 거의 매번 인용하는 게 있습니다. 둘 중 하나는 one 이고 다른 하나는 뭐. 세 개일 때 하나는 one이고 다른 하나는 뭐, 나머지 하나는 뭐. |중 고등학교 때 선생님들께서 참 좋아하시던 내용| 엄밀히 말해 a와 the의 기본 개념을 알고 있다면 굳이 크게 다룰 사항은 아니었습니다. 자! 외워서는 안 됩니다. 외워서 될 일도 아니고 외우면 까먹습니다. 지금 나올 얘기는 앞에 나온 a와 the의 기본 개념을 이해했나 안 했나를 시험해 본다는 선에서 그치면 충분합니다.

'하나' 라는 명사는 one입니다. '다른 것' 이라는 명사는 other입니다. 그러면 a와 the를 이 두 단어에 붙입니다. 그러나 a 자체가 '하나' 라는 뜻이고 one도 같은 뜻입니다. 따라서 몇 개가 있든지 '하나' 라고 말할 때는 그냥 one이라고 하면 됩니다. '다른 것' 이라고 말할 때는요. 굳이 콕 집어서 말하고 싶지 않으면, 다시 말해 아무거나 한 개라면 a other가 됩니다. 하지만 other가 모음 [o]로 시작하므로 a가 an이 돼야 하구요. 이 둘이 합쳐져서 another가 나온 겁니다. 따라서 another는 other라는 명사에 부정관사 a가 붙은 겁니다. 반면 other를 콕 집어서 말한다면, 다시 말해 말하는 사람이나 듣는 사람이나 모두 알고 있는 경우에는 the other가 됩니다.

그럼 여러 개 중 하나는 one으로 하면 되고 다른 것들을 말할 때는 another가 될 수도 있고 상황에 따라 the other가 될 수도 있다는 결론이 나옵니다. 그럼 어느 때 another이고 어느 때 the other일까요? '다른 것' 이라고 하면서 그냥 아무 거나 다른 것 하나를 말하면 (캔버스에 아무 그림이 없는 경우) another이고 콕 집어서 말하면 the other입니다. 다시 말해 말하는 사람이나 듣는 사람이나 어떤 '다른 것'인지 알면 the other가 되는 겁니다.

1. **두 개가 있을 때 그냥 단순히 하나와 다른 하나를 말할 때** : 처음 하나는 특별히 지정하지 않았으므로 one, 다른 하나는 the other입니다. 둘 중에 하나를 말했으므로 당연히 다른 것이 무엇을 말하는지는 말하는 사람이나 듣는 사람 모두 알 수 있기 때문에 the other입니다.

2. **세 개가 있는 경우** : 처음 아무 하나는 one입니다. 두 개 남았죠. 그 중 다른 것 아무 하나는 another(an+other), 마지막 남은 것 하나는 '너도 알고 나도 아는' 경우겠죠? 그래서 the other입니다. 네 개, 다섯 개, 여섯 개, 천 개 이렇게 계속 나가도 |이렇게 가지는 않겠지만^^| 이제는 별 문제 없을 겁니다. 이 내용은 뒤집어서 생각할 수 있는 여유도 필요합니다. one하고 나왔는데, 그 다음 another라고 나오면, "아! 두 개가 넘나 보구나"라고 말입니다.

- He has two sons; one is still a baby, and the other a boy of ten.
  아들이 둘 있는데, 한 명은 아직 아기이고 다른 한 명은 열 살짜리 사내아이다.
- John had his books in one hand and his glasses in the other.
  존은 한 손에 책을 다른 손엔 안경을 들고 있었다.
- There must be another way of doing it. 다른 방법이 분명히 있을 거야.

마지막 문장 보세요. 이 문장이 나오기 전에 앞서서 한 가지 방법이 언급되었을 겁니다. 그러니까 another way라고 나왔겠죠? 그러나 가능한 방법이 정확히 몇 가지인지는 모르겠지만 딱 두 가지는 아니겠죠. 이렇게 나오는 another는 different(다른)와 같은 의미라고 할 수 있습니다.

- One way or another, we're going to get him.
  어떻게 해서든지 그를 꼭 잡고 말 거다.

one way or another는 "여러 방법이 있는데 하나(one)가 안 되면 다른 여러 가지 중에 하나(another)를 통해서 ~을 할 거다"라고 이해하면 됩니다. 잘 나오는 표현이니 꼭 알아두세요.

07 한정사

명사숲에서 만난 관사

솔직히 고백하자면, 저는 지금까지 여러분께 무지 중요한 한가지 사실을 숨기고 지금까지 얘기를 해왔습니다. 사실 처음 들어갈 때 미리 말했어야 하는데 그러면 내용이 너무 복잡해질 것 같아서, 꾹꾹 참고 있었거든요.^^ 이제 그 얘기를 하면서 '관사' 편 막을 내리겠습니다. 처음 관사를 들어가면서 다음과 같은 기본 내용을 말한 바 있습니다. "CN 앞에는 반드시 a나 the 둘 중의 하나는 있어야 한다. 아니면, 복수형을 써야 한다." 이것을 다르게 말하면…

a를 붙여 일반적 개념의 명사로 한정하거나 |범위를 좁혀 준다는 말입니다.| the를 붙여 어느 특정한 개념의 명사로 한정하거나 복수형을 만들어 전체의 개념으로 한정한다는 말입니다.

'한정' 이라는 말이 계속 보이네요. 쉽게 말해 명사의 정체를 밝혀주는 것. pencil이라는 CN이 있을 때, 아무 연필인지 특정한 연필인지를 범위를 좁혀주는 겁니다. 이렇게 범위를 좁혀주는 말이 a와 the 말고 여러 개 더 있습니다. 그리고 그런 애들을 한꺼번에 부르는 이름도 있어요. 바로 한정사(determiner)라는 것입니다. 그러면 지금까지 본 a와 the도 일종의 한정사라는 걸 아시겠죠? 가장 많이 나오는 한정사라서, 그리고 가장 기본적인 한정사라서 자세히 살펴본 겁니다.^^

한정사는 크게 두 가지로 나눌 수 있습니다.

1. '특정한' 개념으로 한정해주는 한정사 : the ‖ this, that, these, those ‖ my, your, his, her, its, our, their

- The car over there is my favorite. 저기 저 차가 내가 제일 좋아하는 거야.
- I bought this car from him. 이 차 그 사람에게서 샀어.
- Do you like my new car? 내 새 차 마음에 들어?

뭔가 손가락으로 딱 가리키고 있는 모습이 보이지 않나요? 이 그림으로 가장 대표적인 한정사가 바로 the.

2. '일반적' 개념으로 한정해주는 한정사 : a[an] ‖ some, any, several, every, no ‖ many, much, (a) few, (a) little 여기는 뭔가 '두리뭉실' '애매모호' 쪽의 그림입니다.

- I bought a new car yesterday. 어제 새 차 샀어.
- There were some cars parked along the street.
  길가에 차 몇 대가 주차해 있다.
- Not many people showed up. 사람이 많이 오지는 않았다.
- There was not much money left when I arrived.
  내가 도착했을 땐 돈이 많이 남아 있지 않았다.

이 그림으로 가장 대표적인 한정사가 바로 a.

이런 게 한정사예요. 사실 a와 the를 제외한 다른 한정사들은 그 뜻이 명확하고 우리가 잘 알기 때문에 한정사라는 생각 없이도 사용하고 이해하는 데 별 무리가 없습니다. 한정사 중 가장 골칫거리는 지금까지 살펴본 a와 the입니다. a와 the는 my, this 등의 한정사와 달리 명확한 뜻이 없거든요. 따라서 a와 the는 지금까지 계속 말씀드린 대로 그 뜻 이전에 개념을 잡는 것이 중요합니다. 이제 한정사의 개념을 알았으니 지금까지 나왔던 내용에 약간의 수정을 가해야겠죠?

CN 앞에는 반드시 a나 the 둘 중의 하나는 오거나 아니면 복수형을 써야 한다.

이제는 이걸 더 포괄적인 개념으로 수정하는 겁니다.

CN 앞에는 반드시 하나의 한정사가 오거나 아니면 복수형을 써야 한다.

반드시 '하나의' 한정사가 온다? 네, 한정사는 연달아 올 수 없습니다. the my pen이나 some the people처럼 나오지는 않죠. 아! 중학교 때 배우는 문법 사항 중 '이중소유격'이란 것이 있죠? 바로 이 내용이 한정사에 관한 것이었습니다. 중학교 때는 '관사와 소유격은 함께 쓰지 못한다'고 나옵니다.

- He is a my friend. (어색)

a와 my라는 관사와 소유격을 같이 쓰고 있으므로 이상한 문장.

- He is a friend of mine.

이게 더 자연스럽다고 배운 기억나죠? 자! 지금부터는 관사와 소유격만 함께 쓰지 못하는 것이 아니고 '한정사는 서로 같이 사용할 수 없다'고 알아놓으세요. 한정을 안 해도 틀리고 너무 많이 해도 틀리고… 영어 참 어렵네요.^^

　　형용사나 부사 부분은 사실 문법책에서는 별로 할 말이 없습니다. 여러분이 알아야 할 내용이 없어서가 아니라, 대부분이 문법의 영역이 아닌 용법의 영역이기 때문입니다. 그리고 그 용법은 '문법책'에 있는 게 아니라 '사전'에 있습니다. 형용사나 부사뿐 아니라 다른 단어의 쓰임새가 궁금하면 사전을 찾아보세요. 이 책에서는 형용사와 부사의 기본적인 그림만 그려 보겠습니다.

09

명사숲에서 만난 형용사·부사

1. 풍미를 더해주는 양념들
2. 명사에 맛을 내는 양념 – 형용사
3. 형용사의 용법
4. 원급·비교급·최상급
5. 동사·형용사·또 다른 부사에 맛내는 양념 – 부사

01 풍미를 더해주는 양념들

명사숲에서 만난 형용사·부사

물론 '형용사', '부사' 라는 이름이 따로 있지만, 이런 품사를 싸잡아서 modifier 라고도 부릅니다. 보통 '수식어' 라고 번역하는데, '꾸며준다' 는 뜻. 그런데 modifier를 가만히 보니 modify라는 동사가 보입니다. modify... 뭔가에 약간 '수정을 가해준다' 는 뜻이에요. 그럼 "꾸며주게 되면 느낌이 조금 바뀌겠네." 이런 생각이 드시나요? 그렇다고 하면 형용사나 부사가 하는 일이 뭔지 보이는 것입니다. 형용사는 명사에, 부사는 동사와 형용사 그리고 다른 부사에 변화를 주는 역할을 합니다. 형용사와 부사가 들으면 섭섭하겠지만 엄밀히 말해 형용사나 부사가 없다고 말이 안 되는 건 아닙니다. 없어도 되는 애들입니다. 그러나 아예 없다면 언어는 '삭막' 과 '애매모호' 그 자체일 거예요.

어떤 사람이 있습니다. 보니까 남자란 거 밖에 모릅니다.

- He is a man.

영어의 신이 형용사나 부사를 못 쓰게 하면, 우리가 저 사람에 대해 알 수 있는 정보는 오로지 '남자' 라는 것밖에 없겠죠? 여기서 man에 대해 뭔가 부가적인 정보를 주면서 man에 변화를 주는, 네, modify하는 역할을 하는 게 바로 형용사입니다.

- He is a young[healthy/handsome/wise/married...] man.

형용사를 통해 어떤 명사의 속성이나 특징 등을 알 수 있는 겁니다. 부사 역시 마찬가지.

- He runs.

이거 역시 "그 사람은 달린다" 밖에 없습니다. 궁금해집니다. 달리는 건 알겠는데, 언제 어디서 어떻게 얼마나 오래 또 얼마나 자주 달리는지도 알고 싶습니다. 그래서 부사가 등장합니다.

- He runs in the morning[in the park/fast/for thirty minutes/every day].

이렇게 동사 run에 의미를 더해주며 그 그림을 조금씩 바꿔주고(modify) 있는 게 부사. 부사는 동사 외에도, 형용사나 다른 부사에도 맛을 내는 양념이 됩니다.

설렁탕에 썰어 넣는 파가 없어도 설렁탕을 먹기는 먹지만, 왠지 개운치가 않습니다. 허전함이 느껴집니다. 형용사와 부사는 이 파와 같은 존재입니다. |너무 거창한가?^^| 형용사나 부사 부분은 사실 문법책에서는 별로 할 말이 없습니다. 여러분이 알아야 할 내용이 없어서가 아니라, 대부분이 문법의 영역이 아닌 용법의 영역이기 때문입니다. "다른 문법책에는 형용사 보면 많이 있던데, 왜 이 책에는 별로 없지?"라고 생각할 분을 위해 다른 문법책에 나온 형용사의 용법들을 전부 소개할 수도 있습니다. 그러나 그건 옳지 않습니다. 정확히 말하면, **형용사의 용법은 '다른 문법책'에 있는 게 아니라 '사전'에 있습니다.** 형용사나 부사뿐 아니라 다른 단어의 쓰임새가 궁금하면 사전을 찾아보세요. 이 책에서는 형용사와 부사의 기본적인 그림만 그리는 선에서 그치겠습니다. 금방 끝납니다.^^

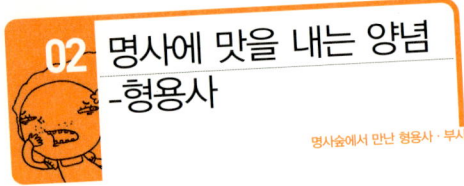

02 명사에 맛을 내는 양념
-형용사

명사숲에서 만난 형용사·부사

🧑 명사를 위해 태어난 그대 이름은 형용사

형용사의 일반적인 용법은 이미 '분사'를 다루면서 소개했답니다. 어떻게 할까요? 다시 보고 오실래요? 아니면, 그 부분 다시 적어드릴까요?…… |다시 적어달랠까봐 떨고 있음| 다시 적습니다.^^

beautiful, good, cool 등등의 형용사는 그 자체로서는 사실 별 의미가 없습니다. '아름다운' 이라고 수백 번 해보세요. 아니 수천 번 해보세요. 아무 의미 없습니다. 이 말을 하는 동안 사람들은 무슨 생각을 할까요? 그렇죠. "뭐가 아름다운데?" 이 생각을 할 겁니다. 형용사 없이 명사만 말할 수는 있지만, 명사 없는 형용사는 사실 생각할 수 없습니다. 형용사는 명사를 위해 존재하기 때문이에요. 형용사는 어떤 식이든 자신과 관계하는 명사가 반드시 있게 마련입니다.

형용사가 명사와 관계를 맺는 방법에는 보통 두 가지가 있다고 합니다.

- **She is very nice.** – nice라는 형용사와 관계있는 명사가 문장의 주어인 경우. "she는 nice하다" 식으로 풀어서 설명해주고 있습니다. "she는 어떤 사람?" "응, 좋은 사람" 이렇게 명사를 보충 설명해주고 있습니다. 이렇게 보충 설명한다고 해서 이런 nice를 문장 내에서 '보어'라고 합니다. 그리고 이런 식으로 어떤 명사를 풀어서 설명해줄 때의 형용사 용법을 문법책에서는 '서술적 용법' 이라고 합니다. 이 용어는 뒤에 다시 나옵니다.
- **That is a nice car.** – 이번에는 nice라는 형용사가 명사 car를 앞에서 수식하고 있습니다. 어떤 차인지를 밝혀주는 역할을 하는데 그 위치가 바로 명사 앞이라는 거죠.

이런 용법을 문법책에서는 '한정적 용법'이라고 합니다. '한정'이라는 용어 역시 다시 나옵니다.

기억하시죠? 네, 형용사는 이렇게 명사를 위해서 존재합니다. 그리고 명사와 짝을 맺는 방법에 따라 두 가지 용법이 있다고 말합니다. 이 두 가지 용법을 가지고 얘기를 풀어갈게요.

형용사 하면 일단 생각나는 건 beautiful, handsome 같은 단어. 그러나 이렇게 친숙한 단어 외에 문장 내에서 형용사의 역할을 하는 것들이 더 있습니다. 그런데 이미 앞에서 다 나왔으니 여러분이 알고 있지 않을까요? 뭐가 있었죠? 네, 일단 '분사'가 있었습니다. 현재분사(ing형)와 과거분사(p.p.) 기억하시죠? 부정사도 있었습니다. 명사 뒤에 오는 to부정사, 그렇죠? 분사와 부정사는 앞에 나왔으니 여기서는 그냥 넘어갑니다. 그리고 형용사는 형용사인데 '긴' 형용사라고 부르는 게 있습니다. 이건 아직 안 나왔거든요. 이 책의 마지막을 장식해줄 '관계사'가 그 주인공입니다. 이렇게 세 가지도 형용사라는 큰 틀에 넣고 함께 생각하세요. 자, 이제 하나씩 보세요.

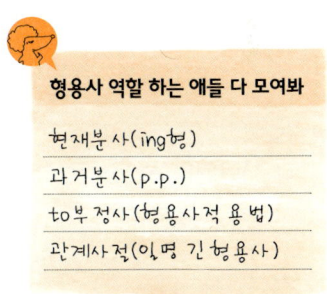

형용사 역할 하는 애들 다 모여봐
현재분사(ing형)
과거분사(p.p.)
to부정사(형용사적 용법)
관계사절(이명 긴 형용사)

개념 좀 잡자 – '한정, 제한, 수식'

한정, 제한, 수식… 사실 알아도 그만 몰라도 그만인 '우리말식 문법용어'입니다. 지금까지 여기저기서 이 세 용어를 볼 수 있었습니다만 이참에 한 곳에 모아보고 갈까 해요. 용어 얘기를 굳이 따로 하는 가장 큰 이유는, 제가 학교 다닐 때 영어 수업에서 이 용어들이 무지 자주 나왔던 기억이 있거든요. 무슨 말인지 잘 몰랐던 기억도 납니다. 혹시 지금도 이런 용어를 써가며 영어를 공부하는 분이 있다면 그 개념은 제대로 파악하고 가셨으면 합니다.

한정, 제한, 수식… 따지고 보면 세 용어는 비슷한 맥락에서 사용됩니다. 명사라는 하나의 거대한 축을 싸고도는 거죠. 형용사의 용법 중에는 서술적 용법과 한정적 용법이 있습니다.

>This book is interesting. 서술적 용법
>This is an interesting book. 한정적 용법

같은 interesting이라도 처음 문장은 주어 this book이 어떤 책이라는 걸 설명해주는 서술적 용법입니다. 그리고 두 번째 문장은 뒤에 나오는 book을 수식하는 한정적 용법이에요.

'수식하는 한정적 용법'이라… 말이 어렵죠? 쉽게 말하면 명사 앞에 나와 명사를 수식하면서 그 명사의 범위를 좁혀주는 겁니다. 다시 말해 "이 세상 수많은 책 중에 어떤 책일까? 응, 재미있는 책이야" 식으로 범위가 줄어드는 겁니다. 그게 '한정'의 개념입니다. 앞에서 명사 부분 할 때, time과 a good time의 차이 설명한 거 기억하시죠? 형용사가 명사 앞에 나와 명사를 콕 집어서 말한다고 했습니다. 그러면서 의미가 제한된다고 했습니다. 결국 제한이나 한정이나 기본 개념은 같습니다. 자, 그럼 형용사에는 '한정, 제한, 수식'이라는 말이 다 나오는 셈입니다.

>an interesting book

book이라는 명사에 a가 붙습니다. a가 없다면 어떤 책인지 참 막막합니다. 아무 책이나 되는 건지, 아니면 너도 알고 나도 아는 책인지 전혀 알 수 없죠. 그걸 a가

나타나서 일단 '아무 책이나 되는 거야'로 의미를 한정시켜 줍니다. 그래서 a는 '한정사'라고 부른다고 했습니다. 그런데 a book의 더 구체적인 정체가 궁금합니다. 그래서 또 한 번 범위를 좁혀줍니다. 이번에는 interesting이라는 형용사로. 그럼 그 범위가 팍 줄어듭니다. '재미있는 책'이라는 거죠.

결국 '한정, 제한, 수식'은 어떤 명사를 놓고 치장하는 그림으로 보면 됩니다. 그 치장에는 관사를 비롯한 여러 한정사도 참여하고, 또 형용사도 참여하는 겁니다. 형용사 하니까 생각나는 게 '관계사'. 관계사는 쉽게 말하면 '긴' 형용사라고 했죠? 형용사의 용법에 두 가지가 있듯이 관계사의 용법에도 두 가지가 있어요. 이른바 '제한적 용법 & 계속적 용법'입니다. 다음 두 문장은 학교 때 봤던 꽤 익숙한 문장일 겁니다.^^

> He has two sons who are doctors. 제한적 용법
> He has two sons, who are doctors. 계속적 용법

관계대명사 앞에 콤마가 없을 경우 제한적 용법으로 관계사절이 선행사를 수식하고, 콤마가 있을 경우 계속적 용법으로 관계사절이 선행사를 설명, 즉 서술해 준다고 책에 나와 있습니다. 눈치 빠른 분이라면, 조금 전에 본 형용사의 두 가지 용법과 일맥상통하는 걸 발견하셨을 겁니다. 제한적 용법은 '선행사를 수식하는 관계사절'이라고 했습니다. 수식과 제한이 또 같이 나오고 있습니다. 자, 지금 개념을 잡아 놓으세요. 나중에 관계사 할 때 또 나옵니다.^^

자, 그럼 문법책에 자주 나오는 '한정, 제한, 수식'이라는 용어가 명사를 축으로 돌아가며 형용사, 관사, 관계사와 관련이 있다는 사실을 이제 아시겠죠? 이 부분 역시, 문법책 여기저기서 단편적으로 익혀왔기 때문에 전체적인 개념이 부족한

부분이 아닐까 생각합니다. 전체 그림을 그리세요. 그러면 다른 부분에 응용할 수 있습니다.

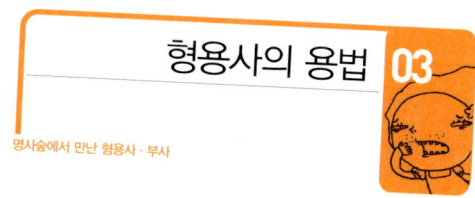

형용사의 용법 03

명사숲에서 만난 형용사·부사

🖐 서술적 용법

형용사의 서술적 용법 하면 생각나는 우리말 속담이 있어요. 바로 "긁어 부스럼."

    Jim looks happily. (X)

이렇게 쓰면 안 된다고 학교에서 가르쳐주는 문장 중 하나입니다. 우리말로는 "짐은 행복하게 보인다"지만, happily라는 부사를 쓰면 안 되고 happy라는 형용사를 써야 한다고 친절하게 가르쳐줍니다.

    Jim looks happy. (O)

일단 이해하기 힘든 게, 왜 '우리말'을 가지고 영어를 가르치려는 건지. 사실 이 얘기를 하자면 책 한 권이 또 나올 수 있습니다. 아니 비슷한 주제로 이미 책을 썼습니다. 여기서는 필요한 만큼만 간단하게 짚고 가볼게요.

어떤 영어 문장을 처음 볼 때는 '영어' 그 자체로 받아들여야 합니다. 우리말로 번

역하려 들지 말고 그냥 영어로 이해하는 거죠. 그래서 지금 이 부분 예문에는 번역을 적지 않겠습니다. 쉬운 문장들이니까 그렇게 걱정 안 해도 돼요.^^ 형용사가 서술적 용법으로 나와 주어의 보어로 나올 때 문장의 동사를 일명 a linking verb라고 합니다. 주어와 보어를 '연결시켜준다'는 의미예요. 대표적인 단어가 여러분 잘 아시는 be동사예요. 연결되는 형용사로 healthy를 써보겠습니다.

- Jim is healthy.

이건 조동사를 다룰 때도 말했지만, 100% 단정하는 말투입니다. 확신도가 떨어질 때는 좀 약하게 써야겠죠. 그럴 때 많이 나오는 단어가 seem 혹은 appear예요.

- Jim seems[appears] healthy.

그리고 또 어떤 게 있을까요? 옛날에도 건강했지만 지금도 여전히 건강하다고 말할 때가 있습니다.

- Jim stays[remains] healthy.

반대로 예전에는 건강하지 않았는데 건강해진 경우도 있겠지요.

- Jim becomes[gets] healthy.

하나의 흐름이 보이죠? 기본 그림은 Jim=healthy예요. 이 두 가지를 연결시키는 방법이 달라지고 있을 뿐. "Jim이 어떻게 healthy한가?"라는 차원에서 여러 가지로 바꿔 적고 있는 겁니다.

하나 더 볼까요? 이번에는 'she=sexy' 가지고 할게요. 표현 방식은 '외모가, 목소리가, 걸음걸이가 등등'으로 갑니다. 문장 구성은 조금 전과 다르지 않습니다.

- 섹시합니다.   She is sexy.
- 외모가 섹시해요.   She looks sexy.
- 목소리가 섹시해요.   She sounds sexy.
- 말하는 게 섹시해요. She talks sexy.
- 걷는 모습이 섹시해요. She walks sexy.
- 옷 입는 게 섹시해요. She dresses sexy.

모든 문장의 기본 그림은 'she=sexy'. 그런데 be동사 is 자리에 look, sound, talk, walk, dress 등이 오니까 어떻게 섹시한지 더 구체적인 의미가 됩니다. 자, 그럼 "Jim looks happily라고 하지 말라"고 하는 것이 얼마나 긁어 부스럼을 내는 격인지 아시겠나요? 영어를 그냥 영어로 가르쳐 주면 아마 학생들은 형용사인지 부사인지 생각도 안 할 겁니다. 그걸 굳이 우리말 번역에 끼워 맞추려니, 불필요한 문제를 만들어 가르치는 사람이나 배우는 사람이나 같이 고생하는 것입니다. "우리말로는 '행복하게' 보인다니까 시험 문제가 되겠는걸…"하고 말이죠. 차라리 "외모가 섹시하다"로 번역하면 She looks sexy.가 이상할 게 하나도 없습니다. 그런데 번역 자체를 "섹시하게 보인다"로 하니까 불필요한 문제가 발생하는 게 아닐까요?

하나 더 보세요. 그 유명한 discuss. "discuss는 타동사니까 뒤에 전치사 about이 올 필요 없다?" about이 와야 한다고 먼저 말한 사람 없습니다. 이 역시 긁어 부스럼입니다.

discuss라는 영어 단어에 대해 거의 맹목적으로 'discuss=토의하다' 라는 이상한 공식을 갖고 있기 때문에, 또 괜한 걱정이 든 것입니다. "우리말 할 때 흔히 무엇에 대해 토의한다고 하니까, discuss 뒤에 about을 붙이면 어쩌지?" 하고요. 그런데 영영사전 찾으면 talk about something (sometimes in more detail)이라고 나옵니다. '토의하다' 라는 말 없습니다. 그리고 뜻을 보면 알겠지만, 이미 about이 discuss의 의미에 포함되어 있어서 about을 붙이면, 했던 말 또 하는 격이 됩니다. 이렇게 discuss는 원래 태어날 때부터 about이 필요 없는 겁니다. 이상한 우리말 일대일 대응 방식에 맞추느라 사서 고생할 필요가 없습니다. 사실 이런 거 따지자면 며칠 아니 몇 달 밤을 새워도 모자랄 겁니다. 영어 단어에 '우리말 일대일 대응어' 맞추기 버릇을 빨리 버리세요. 그래야 영어가 늡니다.

한 가지 주의사항 추가합니다. 그렇다고 또 무조건 "look 다음에 happily 같은 부사는 절대 오면 안돼!"라고 외우지 마세요. 거듭 말하지만, 중요한 건 문맥입니다.

- They looked happily at each other.

서로 웃는 얼굴로 쳐다보는 그림입니다. 이건 또 happily가 아무 이상 없네요. 여기 look은 주어와 보어를 linking 해주는 기능이 아니거든요. 이런 거 하나 더.

a The dog smells good.
b The dog smells well.

a 문장에 good이라는 형용사가 온 걸 보면, 동사 smell은 주어 dog와 보어 good을 link하는 역할을 하고 있습니다. 방금 목욕을 했는지 개에게서 좋은 향기가 나는 겁니다. 반면에 b 문장은 link하지 않습니다. 부사 well이 온 걸 보면 알

수 있습니다. 후각이 발달된 개라는 뜻입니다. 문법을 기계적으로 외우는 사람은 나중에 실전에 가면 '문맥'이라는 거대한 벽에 막혀 앞으로 나가지도 못하고 주저앉게 됩니다. 항상 문맥을 보세요.

한정적 용법

자, 이제는 명사를 직접 수식해주는 형용사의 '한정적 용법'을 좀 보고 가겠습니다. 형용사가 명사를 수식할 때는 명사 앞에 위치하는 게 일반적이죠.

- I saw a familiar face at the next table. 옆 테이블에 낯익은 얼굴이 보였다.
- It turned out to be a fatal mistake. 치명적 실수였음이 밝혀졌다.
- Buying a used car takes time and research.
  중고차를 구매할 때는 시간을 갖고 여러 조사를 해야 한다.
- Some may think this is an impossible mission.
  이게 불가능한 임무라고 생각하는 사람이 있을지 모른다.

familiar, fatal, used, impossible 같은 형용사가 명사 앞에 보입니다. 그런데 때에 따라서는 명사 뒤에 형용사가 오기도 합니다. 마지막 문장에 나왔던 an impossible mission은 a mission impossible로 귀에 더 익을 거예요. 영화 제목|원래 TV 드라마 제목|에서 이렇게 뒤집는 것은 사람들의 관심을 환기시키는 효과가 있죠. '김봉두 선생'은 밋밋하고, 제목 같은 맛이 없지만, '선생 김봉두'하면 왠지 인물에 무게가 실리고, 제목다운 느낌이 나 듯이요.^^

이렇게 형용사가 명사 뒤에 위치해서 관용적으로 많이 나오는 것이 '~ General'일 겁니다. 직책으로 자주 나오죠. general은 '일반적인'이라는 우리말 대응어가 생각 나겠지만 이제부터는 general 하면 '특정 하나가 아닌 전체와 관련 있는'의 그림을 그리세요. 그래서 직책에 general이 붙으면 우리말로는 '총괄'의 개념이 들어갑니다. 즉, 그 동네에서 제일 높은 사람한테 general이라는 형용사를 붙이는 거예요. 그러니 아무리 멋있게 보여도 총 책임자의 위치가 아닌 분은 함부로 명함에 general 넣지 마세요.^^

Secretary General (of the United Nations)	유엔 사무총장
Director General (of the WHO)	세계보건기구 사무총장
Surgeon General	미 공중위생국장 (미국의 보건정책 총책임자)
Attorney General	미 법무장관 (미국의 치안담당 총책임자)

이런 용법은 복잡하게 생각하지 말고 그냥 입으로 익히세요. 그게 제일 편합니다. 반면에, 이런 관용적 용법 말고 형용사가 명사 뒤에 오는 경우가 몇 개 더 있습니다.

1. something | anything | nothing

- I need <u>something new</u>. 뭔가 새로운 게 필요해.
- There is <u>nothing wrong</u> with that. (거기에) 아무 문제도 없어.
- I had a feeling that she would be <u>someone special</u> in my life.
  나는 그 여자가 내 삶에 있어 특별한 존재가 될 거라는 느낌이 들었다.
- <u>Nobody present</u> knew the answer. 참석자 중 아무도 그 답을 알지 못했다.

2. 분사

- In this poll, <u>50 percent of those surveyed</u> said they disapproved of Bush's Iraq policy.
  이 여론조사에서, 응답자의 절반이 부시의 대 이라크 정책에 반대한다고 말했다.

- There's a strong correlation between <u>time spent</u> playing games and childhood obesity.
  게임 하는 데 들어가는 시간과 비만에는 매우 밀접한 상관관계가 있다.

첫 문장의 those는 '사람들', surveyed가 those를 뒤에서 수식. 사람들은 survey를 받는 대상이 되므로 surveyed가 오는 겁니다. 두 번째 문장을 보면 time spent가 있습니다. 뜻은 "playing games 하는 데 사용된 시간". time은 spend 당하는 대상이므로 spent가 온 겁니다.

3. to부정사

- This is a difficult <u>question to answer</u>. 이건 답하기 어려운 질문이다.
- With less than <u>five minutes to play</u>, he scored his second goal of the game. 경기 종료 5분도 남지 않은 상황에서 그는 두 번째 골을 성공시켰다.

question 뒤에 to answer가, five minutes 뒤에 to play가 있죠? 명사를 뒤에서 수식하고 있습니다.

낯가리는 아이들

형용사는 '한정적 용법'과 '서술적 용법'이 있지만, 모든 형용사가 두 가지 방식으로 자유자재로 나오는 건 아닙니다. 한 가지만 편식하는 놈들이 있습니다. 많지 않으니 너무 부담 갖지는 마세요. 간단히 보고 가세요.

1. **명사 앞에서만 수식하는 형용사들** : live, old ('나이가 많은'이 아니라 '오래된'의 뜻일 때), little, mere 등등

   - a live fish 살아 있는 고기

- John is an old friend of mine. 존은 오랜 친구야.
- That's a nice little house. 괜찮고 아담한 집이네.
- They were mere puppets. 그들은 단지 꼭두각시였다.

2. **명사를 설명만 해주는 형용사들** : asleep, afraid, alone, alive, alike, awake, well(형용사로 '건강한'의 뜻일 때), ill 등등, 주로 a-로 시작하는 형용사들입니다.

- He was asleep when I arrived. 내가 도착했을 때 그는 자고 있었다.
- She was afraid to go out of the house. 그녀는 집 밖에 나가는 걸 무서워했다.
- I was all alone in the house. 집에는 달랑 나 혼자였다.
- They are very much alike. 그들은 매우 많이 닮았다.
- Jane's been ill recently, but she's looking very well now.
  제인은 최근에 계속 아팠지만 지금은 꽤 건강해 보인다.

이렇게 보자기로 싸서 한꺼번에 하지 말자고 했는데, 저 역시 이렇게 묶어서 드리고 있네요.^^ 저는 묶어서 드리지만 여러분은 공부할 때 asleep... afraid... alone... alive... alike... awake... 하나하나 다뤄주세요. 묶어서 외워버리면 나중에 입에서 말이 되어 나오기가 어렵습니다. **'a- 로 시작하는 형용사는 주로 서술적 용법'이라는 큰그림만 가진 상태에서 나머지는 각개격파 해야 합니다.** 네, 문장을 계속 입으로 해보는 겁니다. "an asleep baby? 어! 이거 이상한데"라고 느낌으로 알아야지, "an asleep baby? a-로 시작하는 형용사는 주로 서술적 용법으로 나오니까 틀리는 거야" 식이 돼서는 안 됩니다.

원급 · 비교급 · 최상급 04

명사숲에서 만난 형용사 · 부사

형용사나 부사는 표현 방식에 따라 한 단어가 '원급 · 비교급 · 최상급' 이렇게 세 가지가 있습니다. 그렇게 어렵지 않은 내용이니 일단 간단히 적겠습니다. |지금 나오는 문장들은 설명을 위한 문장이라, 대체로 안 예쁩니다.^^|

He is tall.

키가 크다는 얘기, he 얘기만 하는 겁니다. 그런데 다른 사람이 그림에 등장합니다.

He is as tall as you.

he는 비교 대상인 you와 키가 같네요. 이른바 '원급 비교' 예요. 두 사람이 같다는 걸 보여줍니다. 제 생각엔 가장 어려운 게 이겁니다.

He is taller than you.

이제는 한 쪽으로 기운 모습. he가 you보다 더 큰 그림이 그려지네요.

He is the tallest boy in the class.

이 문장에서는 he가 자기 반에서 키가 제일 큰 애가 됐네요. 여기까지는 그렇게 어려워 보이지 않습니다. 까다롭다면, 단어에 따라서 혹은 용법에 따라서 비교급과 최상급을 만들 때 more나 most를 붙이는 경우도 있다는 정도. 그러나 계속 강조하지만 '형태' 공부는 그렇게 어렵지 않습니다. 더 어려운 건 '의미' 쪽입니다. 그 차원에서 몇 가지만 보고 갈게요. 제가 학교 때 보던 문법책에 보면 이런 내용이 있었습니다.

    as many – 같은 수, 동수 (同數)
    as much – 같은 양, 동량 (同量)

언뜻 보면 그냥 외우고 가면 되는 내용 같지만, 이 두 가지를 보면 저는 여러 가지 생각이 듭니다. 제 생각에 이런 표현정리는 문법책에 어울리지 않는 거 같거든요. 문법책에서는 기본 개념을 익히고, 이런 개별 표현은 여러분이 실전을 통해서 익혀야 합니다. 다른 표현도 많지만 굳이 이 두 가지를 선택한 이유는, 'as many는 같은 수'라고 무조건 외우기보다는 큰 그림을 가졌으면 하는 바람 때문이에요. 자, 얘기 시작합니다.

- He is tall and she is tall. |물론 이렇게는 안 쓰겠죠. 어디까지나 설명용 문장입니다.^^|

일단 he도 키가 크고, she도 키가 크다고 볼게요. 그런데, 누가 더 큰지 궁금합니다. 그래서 재봤더니, He is tall = She is tall인 거예요. 그럼 앞에서 본대로 두 문장 사이에 as를 적어주면 됩니다.

- He is as tall as she is tall.

영어가 제일 싫어하는 게 중복인데 이걸 가만히 놔둘 리 없을 겁니다. 그래서 나오는 문장이…

- He is as tall as she (is tall).

위 문장을 보고 괄호 안의 생략된 is tall 부분까지 생각해낼 수 있다면 더 좋겠죠. 이번에는 비교급 문장 하나 보세요.

- He likes me more than you.

자, 여기도 you 다음에 생략된 내용이 보이면 좋겠죠? 그런데! 이 문장은 좀 이상합니다. 두 가지 해석이 가능하거든요.

- He likes me. > You like me. = He likes me more than you.
  그는 네가 나를 좋아하는 것보다 나를 더 많이 좋아해.
- He likes me. > He likes you. = He likes me more than you.
  그는 너를 좋아하는 것보다 나를 더 많이 좋아해.

주격과 목적격이 you로 같아서 헷갈리는 겁니다. 이럴 때는 '문맥'을 보고 어느 쪽인지 판단하는 경우가 대부분이지만, 이렇게 달랑 한 문장만 주면 어느 쪽인지 분간하기 힘들겠죠. He likes me. > You like me.의 경우에는 He likes me more than you do.라고 끝에 do|여기서는 like의 의미 하나 붙여주면 의미가 명확해집니다. 원급이나 비교급을 볼 때는 그냥 'as+형용사/부사의 원급+as' 식이나 '비교급+than' 같이 형태만 보지 말고, as나 than 이하까지 보면서 의미를 생각해보는 여유를 가지세요.

- I am pretty tall, but my dad is taller. 나도 꽤 키가 크지만 아버지는 더 크시다.

이렇게 비교급 다음에 than이 생략된 경우에는 이해하는 데 별 어려움이 없습니다. 왜냐하면 비교급이 나오면 뒤에 than이 나온다는 걸 예상할 수 있기 때문입니다. 지금처럼 than이 안 나오면 '문맥'으로 금방 이해하고 가는 거 같아요. 그런데 원급의 경우는 완전히 달라집니다.

- He is as tall as she.

as tall처럼 as 다음에 형용사나 부사가 오면 이 as는 '원급 비교' 용법임을 알려주는 역할을 합니다. '비교'를 표현하는 거니까 당연히 비교 대상이 나와야겠죠. 그 비교 대상을 써줄 때 뒤에 또 as가 나오는 겁니다. 두 개의 as 역할을 아시겠죠?

- I am tall, and my dad is as tall.

비교급 뒤에 than이 나오지 않는 경우가 있는 것처럼 원급 비교도 '뒤쪽의 as와 비교대상'이 안 나올 때가 있습니다. 따라서 위 예문처럼 as tall만 나와도 "원래 뒤에 as가 있는데 지금은 안 나왔네"라고 생각하면 됩니다. 그런데 taller를 보면 뒤에 than을 기다리면서, as tall을 보고는 뒤에 나올 as를 기다리지 않는 것 같습니다. 그래서 as many나 as much 같은 지극히 당연한 내용이 문법책에 소개되고, 또 아무 생각 없이 그걸 외우고 있는 겁니다.

문장 보세요. 여군을 전투에 투입할 것인가에 대한 논란이 있었습니다. 결론은 여군은 실제 전투에는 방해가 된다는 쪽이었어요. 그리고 그 다음 문장이 이렇게 나왔어요.

- Women are not as tall and as strong. They don't have as much upper body strength.

as tall, as strong, as much upper body strength만 있고, 하나같이 뒤에 as 가 안 나왔습니다. 문맥상 as men(남자만큼)이겠죠.

상관이 자꾸 내 동료만 편애하는 겁니다. 나보다 걔가 일을 더 잘 한다고 말하면서. 그래서 내가 이렇게 말합니다. I can do the job just as well. 나도 걔만큼 일 잘 할 수 있다는 그림이 빨리 그려져야 합니다. as well as he (can)이 보여야 하는 거죠.

- Store brands can sell anywhere from 25 percent to 50 percent less than a comparable national brand. But are the store brands as good?

끝에 나온 as good 어때요? 보자마자 바로 이해해야 '진정한 이해'라고 했던 거 기억하시죠? as good as national brands입니다. a store brand는 할인점 같은 곳에서 자체 상표를 붙여서 파는 상품이고, a national brand는 전국적으로 유명한 브랜드, 다시 말해 일반적으로 우리가 잘 알고 있는 상품 브랜드를 생각하시면 됩니다.

원급 비교의 큰 그림을 가지고 있는 분이라면 어렵지 않겠지만, 기계적으로 'as many 동수' 'as much 동량' 식으로 외운 분은 지금 소개하는 간단한 문장에서도 막히게 됩니다.

- My brother speaks three languages, and I speak as many languages.

as many languages as he does라는 그림이 보이나요? 그럼 내가 할 수 있는 언어는 몇 개? 내 동생만큼 할 수 있으니까 앞에 나온 '세 개'입니다. 'as many'를 '동수(同數)'라고 굳이 외울 필요가 있을까요? '앞에 나온 수만큼'이라고 알고 있으면 그만입니다. 만약 as many를 따로 외워야 한다면, 이 세상 모든 형용사를 그런 식으로 외워야 한다는 결론이 나옵니다. 'as happy: 동행복', 'as kind: 동친절', 'as cute: 동귀여움'… 이런 식으로. 이건 아니겠죠? 사실 따지고 보면 별거 아닐 수 있는 내용을 이렇게 길게 설명하는 데에는 이유가 또 있습니다. "다른 문법책에는 형용사 보면 여러 가지 많이 있던데, 왜 이 책에는 없지?"라는 질문에 대한 제 반론이라고 봐주세요. 문법책에서는 큰 그림만 잡고, 나머지는 여러분이 문장을 통해 익혀야 합니다. 설마 'as cute: 동귀여움' 식의 설명을 원하는 건 아니겠죠?^^

05 동사·형용사·또 다른 부사에 맛내는 양념 - 부사

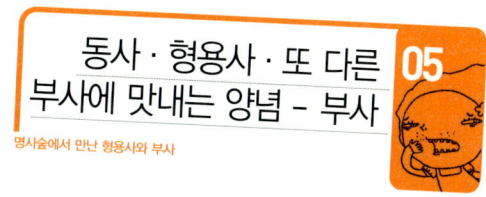

명사숲에서 만난 형용사와 부사

🗣 아름다운 들러리, 부사

부사의 큰그림은 처음에 간단하게 소개했습니다. 부사는 정말 말 그대로 부가적인 요소예요. 동사와 형용사를 치장해 주고, 또 때로는 부사를 꾸며주기도 합니다. 그냥 빨간 우산보다는 '무지 빨간 우산' 하면 뜻이 확 살아나죠. 그게 부사가 하는 일이에요. 부사에게는 섭섭하지만 부사는 문장에서 꼭 필요한 요소는 아닙니다. 없어도 말이 통할 뿐만 아니라 문법적으로도 아무 이상이 없는 게 부사입니다. 그럼 부사는 왜 있을까요? 형용사가 명사를 치장해주듯이, 부사는 동사나 형용사 그리고 다른 부사를 치장해 줍니다.

부사는 쉽게 생각하세요.

- I don't remember him very well.
  그 사람 잘 기억 안 나. (동사 remember를 꾸며주는 very well)
- It's terribly cold today.
  오늘은 지독히도 춥다. (형용사 cold를 꾸며주는 terribly)
- They're running unusually fast.
  그들은 보통 때와 달리 빨리 달리고 있다. (부사 fast를 꾸며주는 unusually)

부사는 구나 절 형태로도 많이 나옵니다.

- They were fighting that night.
  그들은 그날 밤 싸우고 있었다. (that night는 시간을 나타내는 부사구)
- I didn't go for that reason.
  그 이유 때문에 가지 않았다. (for that reason은 이유를 나타내는 부사구)
- I was shocked when I first saw you.
  널 처음 봤을 때 무척 놀랐어. (when 이하는 시간을 나타내는 부사절)
- If you agree, I'll go with him.
  네가 반대 안 하면 내가 그 사람과 함께 가지. (if 이하는 조건을 나타내는 부사절)

부사냐, 전치사냐

사실은 이게 무지 어렵습니다. 다음 두 문장을 보세요.

  a He is in his office. 그 사람 사무실에 있습니다.
  b You can go in. 들어가도 됩니다.

두 문장 모두 in이 있습니다. 그러나 다른 in입니다. a 문장의 in은 전치사이고, b 문장의 in은 부사예요.

  a A man came down the stairs. 한 남자가 계단을 내려왔다.
  b Sit down. 앉아라.

a 의 down은 전치사, b 의 down은 부사. 가만히 보면 공통점을 찾을 수 있을 거예요. 전치사일 때는 뒤에 뭔가가 나오고 있습니다. in his office의 his office, down the stairs의 the stairs처럼. 이렇게 전치사 뒤에 나오는 걸 전치사의 목

적어라고 합니다.

뒤집어서 생각해볼 수도 있습니다. 전치사(前置詞), 말 그대로 앞에 놓이는 말입니다. 무엇 앞에 놓일까요? 바로 자신의 '목적어' 앞이겠죠. 다시 말해 뒤에는 항상 목적어가 와야 한다는 겁니다. 그래서 이렇게 뒤에 목적어가 나올 때는 전치사, 그렇지 않으면 부사라고 생각할 수도 있습니다.

사실 전치사라고 알려진 단어들 — above, about, down, off, on, out, over, under, up... — 대부분이 부사로서의 용법도 가지고 있습니다. 순수하게 전치사로서만 사용되는 단어는 from, during 정도밖에는 없으니까요. 어느 때 부사이고, 어느 때 전치사인지를 구별할 필요는 없습니다. 시험에 나오는 것도 아니고, 실제 대화하면서 그런 걸 생각하면서 하는 건 더더욱 아니니까요. 중요한 건 전치사로 나올 때 용법과 부사로 나올 때 용법, 다시 말해 전반적인 용법을 알아야 한다는 겁니다. 가령 on의 용법을 달랑 '~위에' 하나만 알아선 턱도 없이 부족하기 때문에 하면 할수록 영어가 어려워지는 결과를 낳습니다. **따라서 흔히 전치사라고 알고 있는 단어들에 대한 단편적인 생각을 바꿀 필요가 분명히 있습니다.** 여기서는 그 얘기를 간단하게 하겠습니다.

간단히 하는 이유는, 엄밀히 말하면 문법보다는 용법의 영역이기 때문입니다. 이 부분 용법을 들어가면 아마 책 한 권을 새로 쓸 수 있을 정도가 될 거예요. 여기서는 on의 일부분만 보도록 할게요.

on에 대해 흔히 알고 있는 우리말 대응어는 '~위에'입니다. '~'라고 쓴 부분이 바로 영어 문장에서는 on 다음에 나오는 전치사의 목적어 부분이겠죠?

- I left the letter on the desk. 그 편지 책상 위에 놓고 왔어.

그러나 'on'은 이렇게 간단하지 않습니다. 아니, 가장 어려운 단어 중 하나라고 할 수 있을 정도로 무궁무진한 용법과 그림을 가지고 있죠. on을 보면 '~ 위에'라는 뜻 외에 '접촉'의 그림을 가지세요. 네, '접촉'입니다. 뭔가 서로 닿아 있는 그림을 그리세요. 반대로 '분리'의 그림을 갖는 단어는 off. 그래서 on과 off가 반대의 그림으로 나오는 경우가 무지 많습니다. 옷을 입는 건 put on, 벗는 건 take off, 스위치를 켜는 건 switch on, 끄는 건 switch off, 버스 등에 타는 건 get on, 내리는 건 get off… 등 많습니다. 자, 그럼 '접촉의 on'의 세계로 떠나 볼까요?

- I put on my coat and went to work. 코트를 입고 나서 출근했다.

put (myself) on my coat라는 그림을 가지세요. 코트와 내가 접촉하는 그림입니다. 흔히 put on을 '옷을 입다'로만 알고 있는데, 각종 옷|shirt, trousers, pants, underwear, jersey, dress, jacket 등|은 물론이고 몸에 걸치는 것, 다시 말해 내 몸과 접촉하는 것은 모두 put on이 가능합니다. 한 번 적어볼게요. watch, glove, socks, glasses, shoes, hat, belt, name tag, ring, deodorant, lotion, seatbelt, cross, earrings, eyelashes, tie, makeup… 심지어 '몸무게'도 나옵니다.

- I've put on a bit of weight and I should stay off the doughnuts.
  살이 약간 쪘으니 도넛은 멀리 해야겠어.

그림이 보이시죠? weight에 가서 붙고, doughnuts와는 떨어지고. on이 전치사로 '~ 위에'의 뜻으로 나올 때는 '~' 부분을 도와주기 위한 조연에 불과하지만, 이렇게 부사로 '접촉'의 뜻일 때는 자신이 주연임을 알 수 있습니다. 주연이니까 당연히 발음을 분명하고 명확하게 해줘야 합니다.

- He was standing there with nothing on.
  그는 아무것도 걸치지 않은 채 거기 서 있었다.
- I don't remember what he had on.
  그 사람이 뭘 걸치고 있었는지 기억 안 나.
- If you like that dress, you can try it on.
  그 원피스 마음에 들면 한번 입어보세요.

이 세 문장은 '입다' 라는 뜻이 on에 있음을 보여주고 있습니다. 자, 입는 얘기 그만하고 다른 문장 봅니다.

- He turned on the radio. 그가 라디오를 틀었다.

옛날 라디오 생각해보세요. 스위치를 돌려서(turn) on 위치에 놓으면 켜지던 라디오. 그러면 'turn something on'의 그림이 보입니다. 반대로 끄는 건 off. 여기 on과 off는 라디오 안을 상상해보세요. on 상태는 서로 떼어져 있던 회로가 연결되는 그림, 반대로 off는 연결이 끊어지는 그림입니다.

- Could you hold on for a minute? I've got another call.
  끊지 말고 기다려 주시겠어요? 다른 전화가 와서요.

hold는 '잡다' 쪽보다는 '잡고 있다' 쪽입니다. 다시 말해, '현상태 유지'의 그림이죠. 그럼 hold on이면 'on 상태를 유지' 하는 겁니다. 전화라면 연결된 상태(on)를 유지, 다시 말해 끊지 않고 기다리는 그림입니다.

on이 들어간 명사 몇 개 더.
- 간접 경험이 아니라 직접 체험했을 경우 hands-on experience
- 나들목(ramp)으로 들어가는 길을 an on-ramp
- 직접 근무를 통해 배우는 걸 on-the-job training

뭔가를 직접 자기 손으로 만져본 경험, ramp와 연결되는 길, job에 붙어 있는 상태에서의 교육, 모두 on의 '접촉' 그림을 보여주고 있습니다. 사실 이거 말고 더 있지만, 그걸 다 할 수는 없는 노릇이죠. 그랬다간 책 못 끝냅니다.^^ 기본 동사에 on이 붙어 나오는 일명 phrasal verb — get on, take on, bring on, come on, go on, put on, turn on 등 — 를 보면, 잠깐이라도 멈춰 그림을 그려 보세요. 신기하게 모호한 그림이라고 생각되는데도 머리에 '각인' 됩니다.

on의 다른 그림 하나 더 보세요. 선이 두 개 있습니다. 점선과 실선.

점선은 끊어져 있는 상태, 실선은 이어져 있는 상태. on은 '접촉'의 그림입니다. 그렇다면 두 선 중 어느 쪽이 on의 그림일까요? 네, 당연히 실선입니다. 실선은 점이 계속 붙어있는, 즉 접촉해 있는 그림입니다. 점선을 보면 '단절' 이 보이고, 실선을 보면 '계속'이라는 그림이 들어오나요? on의 기본 그림 중 또 커다란 한 축을 차지하고 있는 게 바로 '계속' 입니다.

on이 들어가는 '계속' 의 그림 중 가장 유명한 건 역시 go on.
- The meeting went on for over four hours. 회의는 4시간 이상 계속되었다.
- Life goes on. 다 털고 빨리 일어나야지.

역시 '계속' 의 그림은 go가 아닌 on에 있습니다. 앞에 동사만 바꿔 볼까요?

- I just want to get on with my life. 다 잊고 정상적으로 살아가고 싶을 뿐이다.
- We intend to carry on as usual. 늘 하던 대로 계속 해나갈 계획입니다.
- Dream on. It's not going to happen.
  꿈 깨라 꿈! 그럴 일은 없을 테니까. |직역하면 "계속 꿈이나 꿔라"|
- Talks have dragged on for over a year. 회담은 1년 넘게 지루하게 계속되고 있다.

'계속' 을 강조하고 싶으면? 그렇죠 on and on입니다. It could go on and on. 더 강조하고 싶으면? It could go on and on and on. |밤새 붙여도 됩니다.^^| 또는 '접촉' 의 그림을 갖는 on이 형용사처럼 be동사의 보어로 나올 수도 있어요.

- All the lights were on. 모든 불이 켜져 있었다.

이 정도 되면, 문법책 전치사 부분에 '~위에' 정도로 나오는 on이 실제 용법의 세계로 들어가면 어느 정도의 위력을 갖고 있는지 대충 감 잡으셨을 겁니다. on의 용법은 지금까지 잠깐 살펴본 것의 몇 배, 아니 몇 십 배는 더 있거든요. 문법책이 운전면허 필기시험용 문제집이라면, 용법은 우리나라 지도라고 생각하시면 됩니다. 다른 문법책에 나오는 '-ly' 계열의 부사들보다는 지금 소개한 전치사 같은 부사의 용법에 더 많은 관심을 가져야 합니다. '~위에' 의 on만 알아서는 한참 부족하거든요.

관계사절이란 who, which, where, how 같은 관계사가 앞에 나와서 이끌고 있는 절이에요. 절은 '주어+동사'가 들어 있는, '문장'이라고 생각하세요. 역할은 형용사인데, 생김새는 문장이기에 '긴 형용사'라고 했습니다. 일반 형용사보다 조금 길고 명사 뒤에 온다는 차이만 있다고 생각하면 그렇게 어려운 내용은 아닙니다.

10
명사숲에서 만난 관계사

1. 관계사절이란?
2. 관계사의 종류
3. 관계사 앞에 찍혀 있는 콤마
4. 관계사 이해하기
5. 실제 용법

01 관계사절이란?

명사숲에서 만난 관계사

관계사절이란 관계사 |who, which, where, how 등|가 앞에 나와서 이끌고 있는 절이에요. 절은 '주어+동사' 형태가 들어가 있는, 쉽게 말하면 '문장'이라고 생각하세요. 관계사절은 앞에서도 나왔지만 형용사 역할을 합니다. 단지 문장이기에 '긴' 형용사라고 했습니다. 따라서 용법도 일반 형용사의 용법과 마찬가지로 두 가지가 있어요. 일단 앞에 나왔던 내용 다시 가져와 적겠습니다.

- This is an <u>interesting</u> <u>book</u>. 이 책 재미있어.

여기는 interesting이라는 한 단어로 된 형용사가 뒤에 오는 명사 book을 수식하고 있습니다. 그런데 책에 대한 설명이 길어집니다. '스티븐 킹이 쓴 책' 이렇게요. 우리말은 이렇게 길어져도 명사 앞에서 당당하게 명사를 꾸며주지만 영어는 그렇게 못합니다. 명사 뒤로 빼는 겁니다.

- I recently read <u>a book</u> <u>which was written by Stephen King</u>.
  스티븐 킹이 쓴 책을 최근에 읽었다.

관계대명사 which로 시작하는 which was written by Stephen King이라는 관계사절이 명사 a book을 뒤에서 수식하고 있습니다. 그리고 이렇게 수식을 받고 있는 명사 a book을 '선행사'라고 합니다. |많이 들어보신 내용일 거예요.| 관계사절은 형용사의 차원에서 생각하세요. **일반 형용사보다 조금 길고 명사 뒤**

에 온다는 차이만 있다고 생각하면 그렇게 어려운 내용은 아닙니다.

- the umbrella which you bought for me 네가 나에게 사준 우산
- the people who live next door 옆집에 사는 사람들
- a TV show that I like 내가 좋아하는 텔레비전 쇼

그렇죠? "네가 나에게 사준", "옆집에 사는", "내가 좋아하는"에 해당하는 표현들이 앞에 있는 명사들, the umbrella, the people, a TV show를 수식해 주고 있습니다. 이게 관계사절이에요.

02 관계사의 종류

명사숲에서 만난 관계사

이제 여러 가지 관계사절을 볼게요. 앞에서도 그랬듯이 이렇게 '형식'을 먼저 보고 나중에 '의미'에 관한 얘기를 하겠습니다. 일단 문장 두 개 보세요.

- What is the name of <u>the new teacher</u>? <u>He</u> came here yesterday.
  새로 오신 선생님 성함이 뭐니? 그 분 어제 여기서 오셨어.

두 문장에 같은 사람이 보이죠? the new teacher 그리고 he. 이럴 때 관계사를 이용해 문장을 하나로 만듭니다.

- What's the name of <u>the new teacher who</u> came here yesterday?

여기서 잠깐!!

관계사 얘기를 위해 예로 드는 문장들은 좀 어색한 문장들이 많습니다. 다른 파트와는 달리 문장을 나누고 붙여보면서 설명을 하기 때문이에요. 책에 나오는 문장이라고 무조건 연습하지는 마시고, 잘 나온다고 하는 것부터 입에 붙이는 연습을 하세요.

자, 여기서 두 가지가 보여야 합니다. 첫째, 관계대명사 who 뒤에 동사 came이 오고 있습니다. 다시 말해, 관계사 who는 who came here yesterday라는 관계사절의 주어 역할을 하고 있습니다. 이때의 관계사를 '주격 관계대명사'라고 합니다. 목적어 역할을 할 때는 '목적격 관계대명사'겠지요. 둘째, 두 개의 문장이었을 때 the new teacher 와 he는 같은 사람이었습니다. 그 he가 지금 관계사 who로 바뀐 겁니다. 그렇다면, 선행사 the new teacher와 관계사 who 역시 같은 사람이라는 걸 알 수 있습니다. 이 부분은 관계사의 이해라는 측면에서 무지무지 중요합니다. 잘 기억하세요. '선행사=관계사'.

일단 관계사는 관계사절에서 하는 역할에 따라 몇 가지로 나눠볼 수 있습니다.

🤔 주어 역할

관계사가 관계사절에서 주어 역할을 하는 경우입니다.

- What's the name of the new teacher who came here yesterday?
  어제 오신 새로운 선생님 성함이 뭐니?
- I can't find the book which was here a minute ago.
  조금 전까지 여기 있던 책을 못 찾겠네.
- The people that live next door will move out tomorrow.
  옆집 사람들 내일 이사 간다.

관계사 who, which, that 모두 자신이 이끄는 절에서 주어 역할을 하고 있습니다. 관계사 바로 뒤에 동사가 나오는 걸 보면 잘 알 수 있죠? 자, 하나 더 봐야 할 게 있습니다. 선행사가 사람일 경우에는 who, 사물일 경우에는 which가 나옵니다. 그리고 that은 만능, 선행사에 사람이나 사물을 가리지 않습니다.

🤔 목적어 역할

관계사가 관계사절에서 목적어 역할을 하는 경우입니다.

- He's the one whom I was looking for. 그 사람이 내가 찾던 사람이다.
- Have you seen the umbrella which John bought for me?
  존이 나한테 사준 우산 본 적 있니?

- Here's the book <u>that</u> you asked for. 여기 부탁하신 책이 있습니다.

who, which, that 모두 자신이 이끄는 절에서 목적어 역할을 하고 있습니다. 의미상 was looking for, bought, asked for의 목적어거든요. 동사의 목적어 자리가 비어 있는 걸 보면 알 수 있죠. 선행사가 사람일 때는 whom, 사물일 때는 which가 나옵니다. that은 주어로 쓰일 때와 마찬가지로 사람, 사물 모두 받을 수 있습니다. 그리고 관계대명사가 목적어 역할을 할 때에는 생략할 수 있어요. 이건 잘 기억하세요.

소유격 역할

'~의' 라는 소유 표현에는 두 가지가 있는 거 다 아시죠? my, his, their 등의 소유격을 붙여주거나, of를 사용하는 겁니다. |my book, the color of his skin, the end of the road...| 이 두 가지를 관계사에도 그대로 적용하면 됩니다.

1. whose

보통 남자들은 머리가 긴 여자를 좋아한다고 하죠. 그런 여자를 본 겁니다.

- I saw <u>a girl</u>. <u>Her</u> hair came down to her waist.

그냥 봐서는 두 문장에 공통된 표현이 없기 때문에 관계사로 연결하기가 어려워 보이죠. 그러나 잘 보면 있습니다. 바로 a girl과 her입니다. 여기 her는 the girl's의 의미죠? 그래서 관계대명사를 이용해 두 문장을 간단하게 한 문장으로 바꿀 수 있는 겁니다. 이렇게 her와 같은 소유격 대신 나오는 관계사가 whose예요.

- I saw a girl <u>whose</u> hair came down to her waist.
  머리가 허리까지 내려오는 여자를 봤다.

2. of which

of가 나오는 경우도 있습니다.

- She wrote a book. I don't remember the title of the book.

여기는 같은 명사가 눈에 보이네요. book이 보이죠. 먼저 관계대명사 목적격이 들어가게 바꿔볼까요?

- She wrote a book which I don't remember the title of.

전치사를 관계사 앞으로 보낼 수도 있습니다.

- She wrote a book of which I don't remember the title.

그러나 소유격 '~의' 뜻을 갖는 of를 이렇게 명사와 떼어놓는 경우는 거의 없습니다. 그래서 the title까지 다 가지고 나오는 겁니다.

- She wrote a book the title of which I don't remember.

자, 잘 보세요. a book이라는 명사와 the title이라는 명사가 이어지고 있습니다. 이렇게 명사가 두 개 연달아 나오면 뒤에는 지금처럼 소유격 관계대명사가 나올 수 밖에 없습니다. 예상이 가능해지는 겁니다. 위에 나온 두 문장 다시 보세요.

She wrote a book. I don't remember the title of the book.에서 the title of the book 부분은 its title이라고 해도 무방할 겁니다. 이렇게 나오면 관계사 whose가 다시 등장합니다.

- She wrote a book whose title I don't remember.
  그녀는 책을 썼는데 그 책 제목은 기억나지 않아.

이렇게도 가능하겠죠? 여기 나왔듯이 소유격 관계사는 반드시 명사를 달고 다닙니다. 생각해보세요. '~의' 만 가지고 무슨 의미가 되겠어요? whose의 경우는 뒤에 명사가 오고 of which의 경우는 앞에 명사가 옵니다. |whose+명사 = the 명사 of which| 나중에 자세히 나오지만, 관계사를 이해할 때는 관계사 자리에 선행사를 넣고 그 상태에서 뒤의 절을 읽어야 합니다. a book whose title에 있는 whose를 보고 the book's라는 그림이 바로 떠올라야 한다는 것입니다. 뒤로 갔다가 다시 앞으로 와서 영어를 이해하는 경우는 결코 있을 수 없습니다.

부사 역할 I – when, where, why

자, 이제는 관계사가 관계사절 내에서 '부사'의 역할을 합니다. 부사 그러니까 무지 어렵게 들리는데, 쉽게 말하면 장소, 시간, 이유 등을 나타내는 표현이에요. 일단 문장 보세요.

- I'll never forget the day when I first saw you.
  널 처음 본 날을 절대 잊지 않을 거야.
- This is the place where you belong. 네가 있어야 할 곳은 바로 여기야.
- I don't understand the reason why you are not happy with that.
  네가 왜 그걸 마음에 안 들어하는지 난 모르겠다.

자, 위 문장에 나오는 when, where, why가 관계부사예요. 그냥 이렇게만 적어 놓으면 조금 어렵게 다가올 수 있습니다. 문장 두 개로 나눠드릴게요.

- I'll never forget the day. I first saw you on the day.
- This is the place. You belong to the place.
- I don't understand the reason. You are not happy with that for the reason.

이렇게 두 문장이 될 뻔한 걸 관계부사가 구한 겁니다. 그리고 부사(구) 대신 나오고 있기 때문에 관계부사라고 부르는 겁니다. 첫 번째 문장을 가지고 얘기를 더 할게요.

- I'll never forget <u>the day</u>. I first saw you <u>on the day</u>.

두 문장에 공통으로 나오고 있는 건 the day입니다. the day는 명사입니다. 따라서 the day를 대신 할 수 있는 관계사는 which라는 관계대명사겠죠. 그러나 on the day라는 부사구 전체를 대신할 수 있는 관계사가 있으니, 바로 관계부사인 겁니다. 여기서는 선행사가 the day라는 '시간' 관련 명사가 왔기 때문에, 관계부사 when이 어울리겠죠. 간단하게 기억하세요. 관계대명사 which=the day / 관계부사 when=on the day. 이중 다음은 관계부사 when이 나온 문장.

- I'll never forget <u>the day when</u> I first saw you.

이 문장 말이죠, 카멜레온 저리 가라 할 정도로 정말 변화무쌍합니다. 일단 하나를 먼저 보세요. 선행사 the day는 시간을 나타내는 관계부사 when 앞에 올 수 있는 가장 일반적인 선행사 중 하나인데, 이 외에 '시간' 하면 생각나는 명사가

|time, day, moment 등| 선행사로 오면 보통 선행사 없이 갑니다.

- I'll never forget <u>when</u> I first saw you.

선행사가 없습니다. 그리고 만능관계대명사였던 that은 관계부사 대신에도 나옵니다.

- I'll never forget <u>the day that</u> I first saw you.

that이 있죠? 그러나 실제 가장 많이 볼 수 있는 형태는 아래 문장처럼 관계부사 없이 가는 겁니다.

- I'll never forget <u>the day</u> I first saw you.

이게 가장 일반적인 문장입니다. 관계부사를 설명하면서, 실제로 가장 많이 나오는 문장은 관계부사가 없는 문장이라고 하니 좀 허탈하죠?^^ 이게 전부가 아닙니다. 관계대명사가 나올 수도 있습니다. 앞에서 봤지만 the day (명사) → which, on the day (부사구) → when입니다. 일단 the day 부분만 바꿔볼게요.

- I'll never forget <u>the day which</u> I first saw you <u>on</u>.

이렇게 됩니다. 뒤에서 혼자 외롭게 보이는 on을 데려다 원래 짝을 찾아주면,

- I'll never forget <u>the day on which</u> I first saw you.

the day on which 같은 표현도 무지 잘 나옵니다. 자, 같은 뜻을 가진 문장이 꽤

여럿 나왔습니다. 다시 강조하지만, 바꿔쓰기 연습은 하지 마세요. 그냥 각 문장을 입으로 읽어보세요. 그리고 영어를 많이 보면서 입에 붙여가는 겁니다. 여러분이 자주 보고 자주 들을 문장이 결국 여러분 입에 남게 됩니다. 다른 관계부사 where와 why 역시 같은 맥락에서 보시면 됩니다.

부사 역할 II – how

how도 관계부사지만 조금 전에 본 when, where, why하곤 조금 다릅니다. 그래서 이렇게 따로 보는 거예요. when이 '시간', where가 '장소', why가 '이유'를 표현한다면, how는 '방법'입니다. 다른 관계부사와 마찬가지로 how도 '방법'에 해당하는 가장 일반적인 명사가 있을 겁니다. 네, 바로 the way라는 명사예요.

- I like <u>the way</u>. He talks <u>in the way</u>.

그 사람 말하는 방식이 마음에 든다는 뜻입니다. the way라는 공통의 명사가 보이네요.

- I like <u>the way</u> <u>how</u> he talks. (어색)

그러나! 위 문장처럼 나오는 경우는 별로 없습니다. 관계부사 how는 선행사 the way와 같이 다니지 않아요.

- I like the way he talks.
- I like how he talks.

the way와 how 둘 중에 하나만 골라 쓰세요. 다른 관계부사 대신에 썼던 that이 나올 수도 있습니다.

- I like the way that he talks.

that이 있죠? 또, 관계대명사를 써서 표현할 수도 있습니다. 이렇게요.

- I like the way in which he talks.

'방식'을 뜻하는 way에 '~식으로' 라는 뜻을 만들 때는 전치사 in을 붙입니다. 그러니 the way 다음에 굳이 '전치사+관계대명사' 식으로 쓰려면 in which가 온다고 알아놓으세요.

선행사 역할까지 하는 what

선행사는 필요 없다고 말하는 관계사도 있습니다. 바로 what.

- I liked <u>what</u> he was wearing.

이럴 때 what은 'the thing+which'의 그림으로 보세요. 분명히 관계대명사인데 선행사가 없습니다. 자기가 선행사 역할까지 다 하기 때문이에요. "~인(하는) 것" 정도로 '일단은' 이해하세요. 지금 문장에서는 what 이하 관계사절이 동사 like의 목적어 역할을 하고 있죠? 선행사 the thing을 포함하며 what 이하 절은 '명사절' 입니다. 따라서 문장 내에서는 주어, 목적어, 보어로 올 수 있습니다.

- <u>What he said</u> was true. 그 사람이 말한 것은 사실이었다. (what he said가 주어)
- The truth is <u>what you believe</u>.
  진실은 네가 믿고 있는 것이다. (what you believe가 보어)

그런데 "~인 것"이라는 어감을 일단 보여드리기 위해 번역을 "네가 믿고 있는 것"이라고 했지만 부드러운 번역은 아닙니다. 문맥에 따라 여러 번역이 가능하겠지만, 이 문장은 "진실이란 네 마음속에 있다", 다시 말해 "자신의 믿음이 옳다고 생각하라"는 뜻이죠.^^ 이렇게 나오는 what을 강조하기 위해 what 다음에 ever을 붙여 whatever라고도 합니다. what이 'the thing+which' 의 그림이라면, whatever는 'anything+which' 예요. 뜻은 "~인 것은 무엇이든지 전부"로 하면 무난합니다.

- You can just write whatever you like in a blog.
  블로그에는 쓰고 싶은 것은 무엇이든지 쓸 수 있다.
- I'll do whatever it takes to win games.
  경기를 이기기 위해서는 무엇이든지 다 할 거다.

what의 감이 잡히죠? 일상 대화에서 이 what을 잘 활용하세요. 그런데 그렇게 어려워 보이지 않는 what이 입에서는 잘 안 나옵니다. 그 이유 중 하나는 무조건 what을 "~인 것"으로 맞추려는 경향 때문일 거예요. 그래서 앞에서 '일단은'이란 단서를 달았던 것입니다.

- That's what I said.

이 문장을 보고 "그것은 내가 말한 것이다"라고 이해하면, 나중에 what을 이런 용법으로 써먹기가 어렵습니다. "~인 것"이라는 틀에서 자유로워지세요. 가만히 음미해보세요. 이 문장이 말하려는 바가 결국 무엇인지. "그것은 내가 말한 것이다"보다 "내가 그렇게 말했어" 쪽 아닐까요? 이 틀을 깨기가 생각보다는 어렵습니다. 많은 연습이 필요한 부분입니다.

- That's what I'm talking about.
- This is what you get when you mess with us.
- That's what bothers me.

문장마다 두 개의 해석을 드릴게요.

- "그것은 내가 말하고 있는 것이다" vs. "내 말이 그 말이라니까."
- "이것은 우리한테 까불면 네가 얻게 되는 것이다" vs. "우리한테 까불면 이렇게 되는 거야"
- "그것이 나를 귀찮게 구는 것이다" vs. "그게 자꾸 신경 쓰이네."

세 문장을 어떻게 이해하는 게 여러분 영어에 도움이 될까요? 둘 중 오른쪽 해석 쪽으로 생각을 바꾸세요. 그러기 위해서는 저런 형태가 잘 나오는 '대화체' 영어를 많이 보는 게 좋습니다. 소설, 영화, 드라마에 보면 참 많이 나오거든요. 대화 속에서 느껴가세요. 그럼 조금씩 바뀔 겁니다.^^

문장 전체를 받아 버리는 which

관계사 중에 배포가 큰 놈이 있어요. 째째하게 명사 하나, 부사 하나가 아니라 앞 문장 전체를 받아 버리는 겁니다. 바로 which.

- She got married again, which surprised everybody.
 그녀는 재혼을 했고, 이 사실은 모두를 놀라게 했다.

which가 가리키는 건 앞 문장 She got married again 전체입니다. 그런데 전체를 받는지 어떻게 알까요? 굳이 설명을 하자면 선행사가 될 만한 명사가 바로 앞에 없기 때문이라고 하면 될 겁니다. 하지만,

- Last night Michael Jordan scored 32 points, which was nothing unusual.
  어젯밤 마이클 조던이 32득점을 기록했는데, 그것은 별 뉴스거리가 아니었다.

이런 문장처럼 which가 앞 문장 전체를 받지만, 바로 앞에 선행사처럼 보이는 명사(32 points)가 오는 경우는 얼마든지 있습니다. 그렇죠. 중요한 건 '눈에 보이는 형식'이 아니라 '문장 안에 들어있는 의미, 즉 문맥'인 겁니다. 문맥이 말해줍니다. 글을 많이 읽다 보면 또 영어를 많이 듣다 보면 자연스럽게 다가올 겁니다. 다른 관계사는 이렇게 which처럼 문장 전체를 받지는 않습니다. 그리고 잘 보면 문장 전체를 받는 which 앞에는 콤마가 오고 있죠? 이 책을 정독하고 계신 분이라면 형용사의 '한정, 제한, 수식' 편에서 관계사 용법 두 가지가 나왔던 걸 기억하고 계실 겁니다. 이제 관계사 앞에 콤마 찍는 문제를 한 번 살펴보겠습니다.

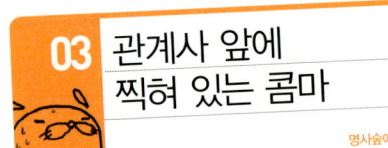

03 관계사 앞에 찍혀 있는 콤마

명사숲에서 만난 관계사

관계사 앞에는 콤마가 나오는 경우와 그렇지 않은 경우가 있습니다. 저는 학교 다닐 때 제한적 용법과 계속적 용법이라고 배웠습니다. 일단 제가 배운 내용을 적겠습니다.

> • He has two sons who are doctors. – 관계사 앞에 콤마가 없는 제한적 용법으로 who 이하 관계사절이 선행사 two sons를 수식한다. 따라서 뒤에 있는 관계사절을 먼저 해석하고 선행사를 해석한다. "그는 의사인 두 아들이 있다."
> • He has two sons, who are doctors. – 관계사 앞에 콤마가 있는 계속적 용법으로 관계사절은 선행사를 설명하는 역할을 한다. 해석은 주절(He has two sons)을 먼저 해석하고 관계사절(who are doctors)을 해석한다. 그리고 관계대명사는 '접속사+대명사'로 바꿀 수 있다. who are doctors=and they are doctors처럼. "그는 두 아들이 있는데 그들은 의사이다."

마음에 드세요? 저는 별로 마음에 들지 않습니다. 특히, 다른 건 그냥 넘어간다 해도 두 문장의 '해석 방식의 차이'는 영 아니라고 생각합니다. '제한적 용법'을 보면 관계사절을 먼저 해석하고 선행사를 해석한다고 합니다. 정말 그럴까요? 미국 사람들도 과연 그렇게 이해할까요? 여러분은 우리말 할 때, 뒤로 먼저 갔다가 다시 앞으로 와서 이해하나요? 아니면 그냥 나오는 대로 바로 바로 이해하면서 가나요? 만약에 뒤로 갔다 앞으로 다시 오는 식으로 머리를 굴려야 한다면 일상 대화는 있을 수 없습니다. 머리 아파서 대화 못 합니다. 깔끔한 우리말로 번역하는 게 아니고, 문장을 보고 머리로 이해하는 단계에서는 앞에서 뒤로 가는 겁니다. 제한적 용법이라고 예외가 될 수는 없습니다. 그리고 '앞에서부터 뒤로 계속 해석한다'고 해서 '계속적 용법'이라고 이름을 지은 거라면 이 이름도 바꿔야 합니다.

형용사의 용법에는 두 가지가 있다고 했습니다. 앞에 소개한 내용 다시 가져옵니다.

- **She is very nice.** – nice라는 형용사와 관계있는 명사가 문장의 주어인 경우. "she는 nice하다" 식으로 풀어서 설명해주고 있습니다. "she는 어떤 사람?" "응, 좋은 사람." 이렇게 명사를 보충 설명해주고 있습니다. 이렇게 보충 설명한다고 해서 이런 nice를 문장 내에서 '보어'라고 합니다. 그리고 이런 식으로 어떤 명사를 풀어서 설명해줄 때의 형용사 용법을 문법책에서는 '서술적 용법'이라고 합니다.
- **That is a nice car.** – 이번에는 nice라는 형용사가 명사 car를 앞에서 수식하고 있습니다. 어떤 차인지를 밝혀주는 역할을 하는데 그 위치가 바로 명사 앞이라는 거죠. 이런 용법을 문법책에서는 '한정적 용법'이라고 합니다.

서술적 용법은 말 그대로 명사를 보충 설명하는 겁니다. 한정적 용법은 명사가 어떤 명사인지 분명히 밝혀주는 역할을 합니다. 콕 집어주는 역할을 한다고도 말했습니다. 이걸 관계사에도 그대로 적용하면 됩니다. 형용사의 서술적 용법이라고 배운 게 관계사에서 말하는 계속적 용법입니다. 다시 말해, 계속적 용법은 '선행사를 보충 설명해주는 역할'을 합니다. 형용사의 한정적 용법이라고 배운 게 관계사에서 말하는 제한적 용법입니다.(한정, 제한, 수식 기억나죠?) 다시 말해, '어떤 명사인지 그 정체를 분명히 밝혀주는 역할'을 합니다. '한정'에 대해 다른 방법으로 설명을 덧붙여볼게요.

pencil이라는 명사가 있습니다. 이 명사는 한정을 해줘야 합니다. 상황에 맞는 한정사를 써서 한정을 하는 거죠. 처음에는 그냥 일반적인 의미의 pencil이라는 의미로 한정을 합시다. 'a' pencil이 될 겁니다. 이 상태에서 다시 한번 한정을 해주는 방법은 많을 겁니다. '그냥 연필'이 아니라 '(그냥) 어떠어떠한 연필'이라고 말하는 거죠. 제일 쉽게 떠오르는 것이 바로 형용사입니다. a pencil에서 a red pencil이 되면 '그냥 연필' 중에서 '빨간 연필'이 됩니다. 즉 red라는 형용사가 붙음으로써 언급되는 pencil의 범위가 좁아지는 거죠. 이렇게 범위가 좁아지는 게 '한정'의 의미예요.

자! 지금 말한 내용을 기억하면서 관계사절로 돌아갑니다. 관계사절은 무슨 절이죠? 형용사절입니다. 선행사를 수식하는 형용사의 역할을 합니다.

- Do you like the pen which I gave you?

위 문장을 보면 "내가 너에게 준"이라는 형용사절이 선행사 the pen을 수식하고 있음을 알 수 있습니다. 다시 말해 여러 펜 중 "내가 준 펜"으로 그 의미를 제한하고 있는 겁니다. 그러면 콤마가 있느냐 없느냐가 왜 중요한지 살펴보죠.

- He has two sons who are doctors. (제한적 용법)

콤마가 없는 경우는 관계사절이 선행사를 수식하는 경우입니다. 수식받는 명사와 형용사절을 콤마로 갈라놓을 수는 없겠죠. |a, red, pencil이라고 콤마를 넣지 않는 것과 같은 겁니다.| 수식이라고 간단하게 생각하지 말고 '제한'이라는 용어에 주의하세요. 의사라는 것이 두 아들에 제한되는 것입니다. 그에게 아들이 몇 명인지는 모르나 두 명은 의사라는 것입니다.

- He has two sons, who are doctors. (계속적 용법)

콤마가 있는 경우는 선행사를 설명하는 경우입니다. 콤마가 있는 곳까지 일단 문장이 마무리되고, 선행사를 설명하는 내용이 다시 이어집니다. "그는 두 명의 아들이 있다" (문장 멈추고) "그들은 의사이다" 입니다. 콤마가 있으니까 관계사절은 선행사를 수식(제한)하는 게 아닌 셈이죠. 콤마가 선행사와 관계사절을 갈라놓고 있는 것이 보이죠? 이렇게 이해하시면 됩니다. 해석 보세요.

　　a　He has two sons who are doctors.
　　b　He has two sons, who are doctors.

두 문장 모두 해석은 앞에서부터 뒤로. 그렇게 하면 의미가 틀려진다고 생각하실 수도 있습니다. 그러나 중요한 건 a 를 "그는 의사인 두 아들이 있다". b 를 "그는 두 아들이 있다. 그리고 그들은 의사이다" 식으로 다르게 해석할 필요없이 "그는 두 아들이 있네, 근데 걔들은 의사네"라는 메시지만 이해하면 됩니다. 그리고 콤마의 유무를 보고 제한이나 한정 여부를 판단하면 되는 거죠. 콤마가 없으면 "어떤 아들? 의사인 아들만 말하는 구나", 콤마가 있으면 "아들 두 명이네. 걔들 의사" 이렇게 머릿속에서 흘러가면 되는 겁니다. 제발, 네 제발, 관계사절을 보면 일단 눈이 뒤로 가는 나쁜 버릇은 버리세요.

글로 나와 있으면 콤마가 있는지 없는지 보면 되지만, 말로 할 때는 어떻게 구분할까요? 제한적 용법은 관계사절이 선행사를 제한하는 경우입니다. 이 둘을 갈라놓아서는 안 됩니다. 따라서 글을 쓸 때는 콤마가 들어가면 안 되고, 말로 할 때는 일반적으로 pause나 intonation 상의 변화가 거의 없게 됩니다. 그냥 한 번에 말해 버리는 거죠. 둘은 서로 떨어져서는 안 되는 사이니까요. 그에 반해 계속적 용법은 글에서는 콤마로, 말할 때는 잠시 쉬었다 하거나 억양상의 변화로 구분을 지어주는 겁니다. 그러나 말이든 글이든 가장 중요한 건 역시 '문맥' 입니다. 문맥이 말해줍니다. 단, 앞부분까지 제대로 이해를 해야 문맥도 제대로 나오겠죠? '의사인 아들 두 명' 말고 다른 예를 드리겠습니다.

- Have you ever been to Seoul which is the capital of Korea?
  한국의 수도인 서울에 가본 적이 있습니까?

which 앞에 콤마가 있어야 할까요? 아니면 없어도 될까요? 콤마의 유무와 문법적으로 맞고 틀리는지의 여부와는 관계없습니다. 단지 뜻이 달라질 뿐입니다. Seoul이라는 도시가 몇 개나 있다고 생각하세요? 만약 Seoul이라는 도시가 여러 개 있다면, 그 많은 서울 중 "한국의 수도인 서울"로 콕 집어서 말해야 합니다. 즉 제한을 해야 합니다. 그러나 그렇지 않을 경우는 굳이 제한할 필요가 없습니다. 상식적인 선에서 생각할 수 있는 답은 나왔다고 생각하는데요.

- Have you ever been to Seoul, which is the capital of Korea?
  한국의 수도 서울에 가본 적 있니?

이게 자연스럽겠죠. 그러나 글을 쓰는 사람이 세계에 Seoul이라는 도시가 여러 개 있다고 생각해서, "한국의 수도인 서울"로 제한할 필요가 있다고 생각하면 콤마 없이 쓸 겁니다. 하지만 상식적으로 여러 개의 Seoul 중 어떤 하나의 Seoul의 의미는 아니므로, Seoul과 which is the capital of Korea 사이에는 콤마가 있는 게 자연스럽습니다.

광주는 전라남도에 있고 경기도에도 있습니다. 광주일 때는 위의 서울과는 얘기가 달라지겠죠? 보통 사람들이 생각하는 광주는 전라남도 광주입니다. 따라서 우리나라 사람들도 경기도 광주를 말할 때 보면 '경기도 광주'라고 구체적으로 말하곤 합니다. 같은 논리가 영어에도 적용되는 겁니다.

- Have you ever been to Gwangju which is in Gyeonggi Province?
  경기도에 있는 광주 가본 적 있니?

이렇게 콤마 없이 경기도에 있는 광주라고 콕 집어서(제한을 해서) 써야 할 겁니다. 사실 위 문장에서 which is는 생략하고 Gwangju in Gyeonggi Province라고 하는 게 보통이지만, 지금은 설명을 위해 쓴 겁니다. 어떤 명사에 대해 단순히 정보를 추가하는 차원이면 콤마가 있어야 하고, 그게 아니라 어떤 명사인지 분명히 밝혀줘야 할 때는 콤마가 없어도 됩니다.

- He has two sons, who are doctors. (두 아들에 대한 추가 정보)
- He has two sons who are doctors. (여러 아들 중 현재 의사인 두 아들)

이 부분을 당장 이해하기가 어려울 수도 있습니다. 그러면 이해는 천천히 하세요. 문장을 많이 보면 자연스럽게 되니까요. 그러나 앞에서도 말했듯이, 뒤로 갔다가 앞으로 다시 오는 해석 방법은 버리세요. 꼭 버려야 합니다.

04 관계사 이해하기

명사숲에서 만난 관계사

우리는 관계사를 보면 일단 뒤로 가서 다 해석한 다음 선행사에 갖다 붙이려는 경향이 있습니다. 물론 번역을 해서 글로 쓸 때는 예쁜 우리말을 만들어야 하지만, 혼자 영어 공부하고 이해하는 단계에서는 굳이 완벽한 우리말을 만들 필요가 없습니다. 나 혼자 이해하면 그만입니다. 우리말 어순에 맞추어 영어를 이해하는 건, 하지 마세요. 앞에서 '선행사=관계사'라는 말 한 것 기억하시죠? 바로 이겁니다. 관계사를 보고 뒤로 가지 않고 그 자리에서 이해하고 넘어가려면 '선행사=관계사'를 이용하면 됩니다. 먼저 관계사의 선행사를 빨리 찾아내고, 관계사 자리에 선행사를 넣고 또 뒤쪽 절|관계사절|을 마저 이해하는 겁니다.

자, 그럼 관계사가 나왔을 때 어떻게 해야 하는지를 볼까요? 문장을 읽어갈 때의 제 머릿속 생각을 적어볼게요.

관계사 앞에 전치사가 없을 때

• What's the name of the new teacher who came yesterday?

"이름이 뭘까… 새로운 선생님 이름을 물어보네… 관계대명사 who, who는 앞에 나온 the new teacher… 그럼 who 자리에 선생님을 넣고 이해하자… 그 선생님 어제 오셨구나." 이렇게 하면 됩니다. 물론 "어제 오신 새로운 선생님의 이름이 뭐지?"라고 제대로 된 우리말을 만들고 싶은 충동이 있을 겁니다. 그러지 마세요! 나 혼자 이해하면 그걸로 끝난 겁니다.

- I can't find the book which was here a minute ago.
  → "책을 못 찾겠어... which... 그럼 which 자리에 the book을 넣으면 되네... 그 책 여기 있었구나... 조금 전만 해도."
- The people that live next door will move out tomorrow.
  → "그 사람들... that... that 자리에 그 사람들 넣고 이해... 그 사람들 옆집에 사네... will이 나온 걸로 봐서 여기까지가 이 문장 주어... 그 사람들 내일 이사 갈 거라네."
- Have you seen the umbrella which you bought for me?
  → "봤니?... 우산... which... 우산을 which 자리에 넣고 생각... 그 우산은 네가 사준 것..."
- Here's the book that you asked for.
  → "여기 있어요... 책... that... 그 책은 네가 부탁했던 거."
- I'll never forget the day when I first saw you.
  → "절대 안 잊을 거야... 그 날을... when... 그 날을 when 자리에 넣고 생각하자... 그 날에... 내가 널 처음 봤지."
- This is the place where you belong.
  → "여기가 바로 그 곳... where... 그 곳에... 네가 속하는... 아~ 네가 있어야 할 곳이라는 말이구나."
- I don't understand the reason why you are not happy with that.
  → "모르겠네... 그 이유를... why... 그 이유 때문에 네가 마음에 안 들어 하네." |why는 '그 이유 때문에, 그래서' 정도로 보세요.|

전치사 + 관계사

관계대명사 앞에 전치사만 오면 어떻게 해야 할지 몰라서 쩔쩔매세요? 그러나 기본은 같습니다. 선행사를 찾아서 관계사 자리에 넣고 그 자리에서 전치사와 합쳐서 이해하고 가면 됩니다.

- This is the house in which I was born.
  → "이게 그 집… in which… which 자리에 the house(선행사) 넣고 생각하면 끝… 그 집에서 내가 태어났다."
- There are several reasons, for which I can't go with you.
  → "몇 가지 이유가 있어… for which… 역시 which 자리에 reasons 넣고 생각… 그 이유 때문에 나는 갈 수 없어."
- He is the man for whom I would die.
  → "걔가 바로 그 사람… for whom… 그 사람을 위해… 난 죽을 수도 있어."

그렇게 어렵지 않죠? 관계사 자리에 선행사를 넣고 전치사와 합쳐서 그 자리에서 바로 이해하는 겁니다. 그런데, 방금 나온 세 문장과는 약간 성격이 다른 경우도 있습니다.

- He threw away the scripts on which I've been working for three days.

이런 문장은 on which의 which 자리에 the scripts를 바로 넣고 해석이 잘 안 됩니다 (사실 바로 넣고 바로 이해가 된다면 영어 독해가 상당 수준에 있다고 생각하셔도 무방합니다). 왜냐하면 우리가 일반적으로 생각하는 전치사 on(~ 위에)이 아니기 때문이죠. 이런 문장 이해의 관건은 'work on~'라는 표현의 용법을 알고 있느냐입니다. 모르면 이해가 어려워집니다. 무슨 특별한 규칙을 기대하신 분께는 죄송하지만 영어라는 놈이 그렇게 호락호락하지 않습니다. 위 문장을 둘로 나누면,

- He threw away the scripts. 그가 원고를 버렸다.
- I've been working on the scripts for three days.
  나는 그 원고 작업을 사흘 동안 해왔다.

만일 두 번째 문장에서 work on의 뜻을 몰라 이해가 안 되면 관계사를 이용해

한 문장으로 나올 경우는 더더욱 힘들어집니다. 문장 몇 개를 더 보겠습니다.

- This is the chance of which I've been dreaming all my life.
  이는 내가 평생 꿈꿔 온 기회이다.

역시 dream of를 알면 쉽고 그렇지 않으면 어려운 문장입니다. 그냥 읽는 겁니다. "이게 그 기회구나… of which (기회의?! 안 되면 일단 머릿속에 넣고)… 내가 꿈꿔온(dream은 목적어를 받으려면 of가 있어야 하니까 아까 선행사가 dream의 목적어구나)… 평생 동안."

- Have you ever thought about a possible disaster in which what you're doing now could result if you keep on doing it?

조금 긴 문장입니다. result 다음에 in이 올 때의 뜻을 알아야 합니다. 사실 in which 부분에서는 이해하기 힘들죠. 계속 읽어나가다 result가 나왔을 때 빨리 앞의 선행사 a possible disaster와 result를 연결시켜야 합니다. 이렇게요. "생각해 봤니? 있을지도 모를 아주 나쁜 일에 대해… 지금 네가 하고 있는 것이 초래할지 모를… 그 행동을 계속할 경우"

- Is this the car on which you spent all you have?

spend A on B가 'B하는 데 A를 쓰다(소비하다)'인 걸 알면 역시 쉬운 문장입니다. "이게 그 차야? 네가 쓴… 네가 가진 모든 걸…" 자! 이런 문장은 한도 끝도 없습니다.

이런 '전치사+관계대명사' 형태는 구어체에서는 자주 나오지 않습니다. 그러나 문어체에서는 자주 볼 수 있으니 꼭 알아두셔야 합니다. 또 이런 문장을 통해서 알아야 할 사항은, 기본적인 문법을 알고 나서는 정말 많은 문장을 보며 그 용법들을 터득해야 한다는 겁니다.

생각해보세요. 어떤 단어를 공부할 때 뜻 하나만 외우고 끝나지는 않는지? 반쪽 공부라고, 아니 반쪽도 안 된다고 말씀 드리고 싶어요. 어떤 단어를 공부할 때는 반드시 사전|영영사전|을 보고 그 단어의 발음에서 시작해서|입으로 해야 합니다.| 어떤 뜻이 있으며 뒤에는 어떤 전치사가 오는지 등을 모두 익혀야 합니다. 여러분은 이 단어를 알고 있다고 생각하지만 그 단어는 저쪽에서 여러분을 향해 그렇지 않다는 미소를 던지고 있을지도 모릅니다.

자, '전치사+관계대명사' 가 나왔을 때는 두 가지로 생각하세요.

- 선행사를 찾아 관계사 자리에 넣고 일반적으로 알고 있는 전치사의 뜻(in: ~에서, for: ~을 위해, by: ~에 의해 등등)으로 곧바로 이해한다.
- 곧바로 이해가 잘 안 될 경우에는 일단 '전치사+관계사'의 형태를 머릿속에 넣고 관계사절을 읽어나간다. 그런 후에 앞에 있던 전치사와 결합되는 단어를 관계사절에서 찾아 이해한다.

물론 이런 이해는 '실시간' 으로 이뤄져야 합니다. 실시간으로 되지 않는다면, 흔히 너무나 쉽게 말하는 "독해는 되는데 다른 게 힘들어요"라고 말할 자격은 없습니다.

실제 용법 05

명사숲에서 만난 관계사

이제 실제 용법의 차원에서 몇 가지만 보겠습니다.

첫째, 가장 먼저 목적격 관계대명사의 생략이 있습니다. 관계대명사가 목적어 역할을 할 때는 관계대명사 자체를 생략하는 게 가장 일반적입니다.

- He's the one (whom) I was looking for. 그 사람이 내가 찾던 사람이다.
- Have you seen the umbrella (which) John bought for me?
  존이 사준 우산 본 적 있니?
- Here's the book (that) you asked for. 여기 부탁하신 책이 있습니다.

앞에 나왔던 문장들입니다.

둘째, 선행사는 대부분 3인칭 명사의 몫입니다. I, you, we 같은 1, 2인칭 명사들은 선행사로 거의 안 나온다고 보면 됩니다. I who ~, you who ~, we who ~ 와 같은 형태는 아주 격식을 차리는 문체에서는 가끔 나오겠지만, 구어체로서는 아주 어색합니다. 그러나 우리가 영작하는 걸 보면 이런 게 자주 나옵니다. 특히 자기소개 같은 글에 자주 나오죠.

- I, who work for a bank, am 32 years old.
  은행에 근무하고 있는 저는 32세입니다.

상당히 어색하게 들립니다. 이럴 경우는 그냥 풀어서 쓰는 것이 더 좋습니다.

- I am 32 years old and work for a bank. 저는 서른두 살로 은행에서 일합니다.

그러나 강조 구문에서는 1인칭이 나오는 경우도 있습니다.

- It is I who am responsible for this project.

그러나 이 문장 역시 딱딱한 느낌을 줍니다. 일반적인 구어체라면 이렇게 할 겁니다.

- It's me that's responsible for this project. (that's=that is)
  바로 제가 이 프로젝트를 책임지고 있습니다.

위 문장은 it ~ that 강조 구문이에요. that 다음에 be동사 is가 온 것에 주목하세요. 뭐, 이거 저거 다 싫으면 I am the one [person] who's responsible for this project.라고 해도 됩니다.

셋째, whom이 점점 who로 대체되고 있습니다.

- What are friends for? 친구가 왜 있는데?[친구 좋다는 게 뭔데?]

문장을 전치사로 끝내는 게 일반적일까요? 과거에는 이렇게 전치사로 문장을 끝내는 것이 안 좋다고 했습니다. 문어체에서는 특히 더 했거든요. 왠지 전치사로 끝나면 허전한 겁니다. 앞에서도 말했지만, 전치사라는 놈은 뒤에 뭐가 오기 때문에 그 이름도 전치사거든요. 옛날 같으면 For what are friends?라고 했겠죠. 헤밍웨이 할아버지가 썼던 For whom the bell tolls?(누구를 위하여 종은 울리나) 식으로. 하지만 요즘은 전치사로 문장 끝낸다고 뭐라 그러는 사람 별로 없습니다.

아니, 오히려 For what are friends?라고 하면 |특히, 구어체에서는| 다른 사람이 쳐다볼지 모릅니다. 분위기 싸해진다고 할까요? 이제는 과감하게 전치사를 문장 끝에 놓으셔도 됩니다. 일단 이거 기억하시고 whom에 대해 보세요.

whom에게는 안타까운 일이지만, whom의 존재는 갈수록 잊혀지고 있습니다. 이러다가 몇 십 년 후에는 아예 없어지는 게 아닐지 모르겠네요.

a Whom did you kill?
b Who did you kill?

누구를 죽였냐는 문장이에요. 문법적으로 그리고 상식적으로 kill의 목적어 대신 나온 경우니까 목적격인 whom이 맞고, 격식을 차려야 하는 문어체에서는 whom이 안전합니다. 그러나 구어체로 넘어오면 whom보다는 who 쪽으로 가는 게 대세예요. |물론 문법에는 어긋납니다.|

다른 문장 보세요.

- From whom did you get that? 그거 어디서 났니? [누가 준 거야?]

이번에는 whom 앞에 전치사가 오고 있죠? 이 문장은 조금 전에 나온 대로 전치사를 뒤로 뺄 수도 있습니다.

- Whom did you get that from?

그러나, 지금 문장처럼 전치사가 뒤로 오게 되면 Whom did you kill? 같이 전치사가 없을 때보다 whom의 자리는 더 좁아집니다. 그래서…

- Who did you get that from?

구어체에서는 이렇게 who가 나오는 게 더 일반적입니다. who가 나오는 문장 더 보세요.

- Who are you going to take to the party? 파티에 누구 데리고 갈 거니?
- Who did you vote for? 너 누구 찍었니?

지금까지 본 문장에 나온 who나 whom은 관계사가 아닌 의문사였습니다. 그런데 whom이 형용사절인 관계사 역할을 할 때 역시 별로 많이 나오지 않습니다.

- This is the man whom I was talking about last night.
  이 사람이 어젯밤 내가 말했던 그 사람이에요.

이런 문장은 '말' 보다는 '글' 에 어울립니다. 이렇게 말하는 사람은 아마 거의 없을 겁니다. 이렇게 나오는 경우도 드문데, 전치사를 관계사 앞으로 빼기까지 한다면?

- This is the man about whom I was talking last night.

이론적으로는 가능할지 모르겠지만, 들을 일 거의 없는 문장입니다. 그러나 이런 식으로 이왕 전치사를 관계사 앞으로 가지고 나왔으면 whom을 써야 합니다.

- This is the man about who I was talking last night. (어색)

지금 문장처럼 '전치사 + who' 는 이상합니다. 그러나 전치사가 문장 뒤에 있는 상태에서는 목적격 whom 대신 who를 써도 됩니다.

- This is the man who I was talking about last night.

who가 나왔죠? 물론 문법적으로야 이상하지만, 그렇다고 아주 안 나오는 문장도 아닙니다. who 말고 관계사 that도 물론 가능합니다.

- This is the man that I was talking about last night.

목적격 관계대명사 that입니다. 그러나 that 역시 who와 마찬가지로 '전치사+that' 형태는 없습니다.

- This is the man about that I was talking last night. (어색)

그렇다면 구어체에서 가장 자연스럽고 자주 나오는 문장은? 앞에서 이미 말했으니 다 아실 겁니다. 네~ 그렇습니다. 관계사가 목적격으로 나올 때는 그냥 생략하는 게 가장 일반적입니다.

- This is the man I was talking about last night.

책을 마치며

자, 이제 책을 마쳐야 할 것 같네요.

영어에 관한 고민을 들을 때마다 제가 늘 하는 말이 있습니다. '머리' 보다 '마음' 이 더 중요하다.

'머리' 속에 10을 가지고 있는 사람과 8을 가지고 있는 사람이 있습니다. 그러나 영어에 대해 어떤 '마음' 을 가지느냐에 따라 10을 가진 사람에게서 5의 능력 밖에 안 나올 수도 있고 8을 가졌지만 7의 능력이 나올 수도 있습니다. 영어를 하나의 지식으로 생각한다면, 8을 가진 사람보다 10을 가진 사람을 더 높이 평가하겠죠. 그러나 영어를 하나의 말로 생각한다면 5를 보여줄 수 있는 사람보다는 7을 보여줄 수 있는 사람이 더 이상적입니다. 매일 문법책만 보는 분이라면 지금 말한 '10의 늪' 에서 빠져 나오세요. 죽어 있는 10보다 더 중요한 건 살아 있는 7이니까요.

책을 시작하면서 강조했듯이, 문법에 대한 생각을 바꾸세요. 그럼 영어에 대한 마음이 열리고, '지식의 영어' 가 '말의 영어' 로 서서히 변해갈 거예요. 그렇게 되면 웃으면서 영어 할 수 있습니다. 아셨죠?^^

98년에 나온 '뒤집어본 영문법' , 나름대로 최선을 다해 쓴 책이지만 역시 '머리' 쪽에 치중했던 게 아닌가 하는 아쉬움이 늘 있었습니다. 발상의 전환이라는 측면에서는 괜찮았지만, 문법을 '마음' 으로 받아들여 영어에 대한 느낌이 생기고 그런 느낌을 실전에 응용할 수 있는 방법 제시라는 측면에서는 미흡했다는 생각이

든 것도 사실입니다.

그래서 이렇게 'Again 뒤집어본 영문법' 이라는 이름으로 두 번째 시도에 나섰습니다. 거의 10년만에 다시 돌아온 뒤집어본 영문법은 '실전' 이라는 차원에서 썼습니다. 그래서 책의 전반적인 내용은 '1+1=2' 같은 확실한 공식과는 거리가 있습니다. 공식대로 세상을 사는 것도 아니고 공식대로 대화가 흘러가는 게 아니거든요. 이번 기회에 공식 가지고 외우려 드는 기존의 문법 공부에서 벗어나세요. 하나의 공식에 얽매이지 말고 여러 가능성에 여러분의 마음을 열고 영문법을 받아들이셨으면 하는 바람입니다.

다시 강조하지만 마음을 여세요. 말은 머리로 하는 게 아니라 마음으로 하는 겁니다. 여러분 머리가 아닌 여러분 마음속에 영문법 내용이 자리잡고 있어야 비로소 그 내용이 여러분 것이 됐다고 말할 수 있습니다. 머리가 아닌 마음에 집어넣기 위해서는 시간이 좀 걸립니다. 여러 시행착오를 겪어야 합니다. 그러나 시간이 걸리고 시행착오가 있는 게 오히려 당연한 거라고 받아들이세요. 아기가 "엄마"라는 단어를 자기 것으로 만드는 과정을 생각하세요. 그러면 시간이 걸리는 게 오히려 당연하다는 생각이 들 수 있습니다. 조급함을 버리면 이길 수 있습니다. 조급함을 버리면 영어를 즐길 수 있습니다.

이왕 시작한 영어, 다른 사람의 글이나 말을 제대로 이해하고 내가 직접 말도 해보고 글도 써봐야 하지 않을까요? 지식의 상태로 머릿속에서 잠자던 문법을 이제 깨우세요. 이제는 문법을 깨우고 함께 재미있게 놀아보는 겁니다. 이 책을 통해 여러분들이 그렇게 됐으면 하는 바람 간절합니다.

책 한 권이 나온다는 건 결코 쉬운 일이 아닙니다. 이 힘든 작업, 저 혼자만의 힘으로 되는 건 아니겠죠. 이 책이 나오기까지 많은 분들의 도움을 받았습니다.

1998년 '뒤집어본 영문법'이 처음 나왔을 때, 저는 네오퀘스트라는 영어 사이트 운영진의 일원이었습니다. 당시 사이트 운영을 통해 많은 것을 배웠고 수많은 좋은 분들을 만났습니다. 책이 처음 나왔을 때 격려를 아끼지 않았던 많은 네오퀘스트 회원분들, 지금은 어디서 어떤 모습으로 계신지 모르겠지만 잊지 못할 소중한 기억을 주신 그 분들께 다시 한 번 감사드립니다. 그리고, 당시 힘든 시기를 함께 걸었던 네오퀘스트 회사 식구들. 이제 각자의 길을 걸어가며 열심히 살아가고 있는 그 분들, 항상 웃음이 가득한 삶을 살았으면 좋겠습니다.

학원 강의라는 오프라인 매개체를 통해서도 많은 분들을 만났습니다. 영어에 관한 자신의 고민을 저에게 나눠주시고, 여러 면에서 부족한 제 수업을 들어주셨던 분들. 수업을 하면서 얻은 깨달음이 있기에 지금 이렇게 이 책이 나올 수 있었습니다. 수업을 통해 저는 정말 많은 것을 배웠습니다. 제가 생각해도 여러 면에서 빡빡한 수업이었는데(^ ^), 늘 함께 해주셨던 여러분께 감사드립니다. 이 책을 쓰면서 시작한 블로그를 통해 원고의 일부를 공개했습니다. 저로서는 새로운 경험이었지만 돌아보니 정말 잘 했다는 생각이 듭니다. 원고에 대한 소감을 들을 수 있었고, 오탈자 지적도 받았고, 여러 면에서 신선한 아이디어를 얻을 수 있었습니다. 또, 블로그를 찾아주신 여러분들 덕분에 외롭지 않게 무사히 책을 끝마칠 수 있었습니다. 감사합니다.

김영사 분들 역시 너무 고맙습니다. 자신의 책을 대하듯이 열정을 가지고 모든 작업에 힘써주셨던 정세라 님을 비롯한 편집부 여러분, 아이디어 넘치는 그림으로 책에 활력을 불어넣은 최영주 님, 이 책이 실제 세상에 태어나 주인을 찾아가기까지 보이지 않는 곳에서 힘써주신 모든 분들, 감사합니다.

제게 영어를 가르쳐주신 모든 선생님들. 그 분들이 지도가 있었기에 지금의 이 책이 가능했습니다. 영어의 세계로 인도해주시고 영어의 맛을 알게 해주신 모든 선생님들 감사합니다.

항상 저를 믿고 아껴주는 제 가족들. 제게는 너무나도 소중한 존재. 모든 면에서 항상 고마운 마음뿐입니다. 모두 건강하세요.

그리고 마지막 감사의 말. 여기까지 이 책을 읽어주신 분들, 항상 건강하고 행복하세요. 감사합니다. ^^

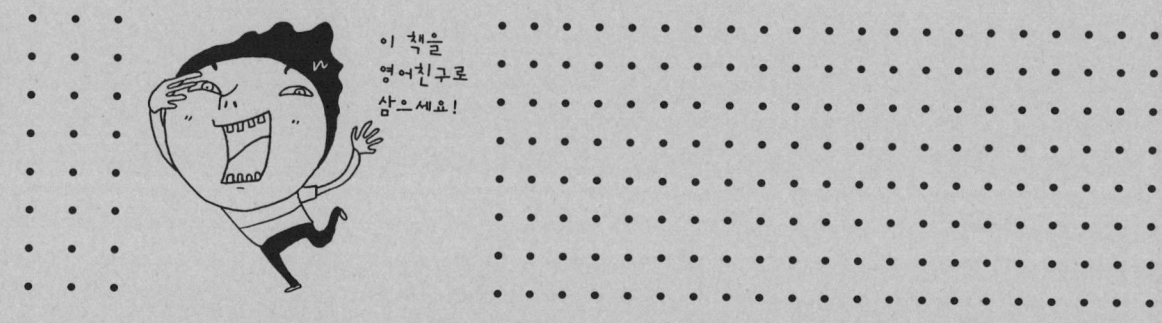